童謡・唱歌でたどる音楽教科書のあゆみ

明治・大正・昭和初中期

〈普及版〉

松村直行
Matsumura Naoyuki

和泉書院

はじめに

日本に於ける音楽文化・音楽教育は、多くの苦難を乗り越えて今日を迎えた。遠くは仁徳天皇の時代をずっと遡った時期に、朝鮮半島にあった任那に使節を派遣したという話が残っていることに始まり、その後の交流から様々な文物が移入されたと想像する大陸文化の影響の中に、音楽が含まれていたことは当然考えられる。法隆寺は学問所としても意義深い存在であったし、伎楽《ぎがく》を奨励されたといわれる聖徳太子以降、中国からの文化の導入に際して、音楽はますます盛んに移入された。文武天皇の大宝律令には教育に関する新しい制度が整備されて、国の行政関係の人物や学生たちには弾琴をも許したと言う。中国殷の時代に亀甲文字として生まれた文字は、今もその実物を中国各地の博物館でも見ることができるが、中国生まれの漢字が我が国に導入されて以後、我が国で作られた数ある漢字まで〔漢字〕と称するほど、文字特に漢字に関する文化も古くから我が国に深く浸透してきた。平安時代には特に音楽の隆盛が見られ、貴族社会では必ずこれを習得しなければならなかったという。そして徳川幕府の時代には武家と町人とが対立の時代にあるなかで、一般庶民の間でも音楽が盛んになって、特に庶民のうちの子女が師匠に師事して音楽も習得する者が多くなったなど、久しい年月を経るうちに、外来の音楽も我が国に適応させるべく、延々と続いた日本人の知恵と努力によって、我が国の音楽として様々な特色をもつ日本文化の一角を占めるようになった。こうして我が国の音楽文化・音楽教育は、明治時代に入って急速に国の発展に重要な位置を占めるまでに至ったのである。

〝日本人は、凡そ人類の創造し得た最高の文化を取入れて、これを消化し、保存し、更に日本的なるより優れたるものを創造する国民である。しかも芸術に関しては、いかなる外来の芸術をも理解し、これに惑溺することなく消化融合してしまふのである。〟

とは明治から昭和初期・中期の音楽教育の研究者遠藤《えんどう》 宏《ひろし》氏の著書『明治音楽史考』にある言葉であるが、確かに古来我が国では雅楽が伝承され続け、能楽が主に武家の間で栄え、徳川時代の三百年の間には浄瑠璃・歌舞伎などに加えて、箏曲・三味線音楽など様々な庶民音楽文化も、わが国固有のものとして今日まで伝承され続けた。そしてそれらは現在の日本人の生活においてもなお浸透し続けている、とも遠藤 宏は述べている。[1] 昭和三十一年（一九五六）に他界した宮城道雄《みやぎみちお》を待つまでもなく、明治二十年（一八八七）に文部省音楽取調掛が邦楽の曲集『箏曲集』を洋式の五線譜に示して発行するなど、邦楽と洋楽との融合がすでに始まっているが、今日では、例えば筆者の教え子で作曲家の松田《まつだ》 昌《まさ》が取り組んでいる尺八とピアノやエレクトーンとの組み合わせなどで、全国各地のホールでの演奏会は常に大好評を得ているし、彼がしばしば実施している学校生徒対象の音楽鑑賞会では、平素の生徒たちとは思えぬ真剣な鑑賞態度のもとに終えていつも大拍手。また同じく教え子で中国東北地方（旧満洲）出身の閻杰《えんき》が日本全国各地で行っている中国琵琶とシンセサイザーや尺八などとのアンサンブルの演奏会も、いつも一般人聴衆で超満員、またテレビでは篳篥《ひちりき》とオーケストラの共演などが流れたりと、今日ではどれもみな聴衆に少しの違和感も与えず自然に日本人の心に溶け込み、むしろ新鮮な感動を与えている。今や明治・大正・昭和中期まではとても考えられなかった新時代の和・中・洋折衷の音楽が庶民に深く慕われる時代に至っているのである。

本書『童謡・唱歌でたどる音楽教科書のあゆみ——明治・大正・昭和初中期——』では、明治初期に最初の近代的な音楽（唱歌）教科書が生まれる前後の我が国の音楽環境に始まって、第二次世界大戦が終わる迄の「教育法規」をベースに、主に筆者の蔵書と大阪教育大学附属図書館の蔵書に限定して、小・中・高等女学校及び師範学校で使用した音楽（唱歌科）教科書及び楽書について、その変遷を見つめ直してみた。それに加えて教科書に記載されなかった曲でも、全国的に学校であるいは家庭で子供たちが学び親しんだ曲が多く存在することも無視できず、それらについても一部本書に採り入れることにした。

また、**当時の法規や教科書名・人名・出版者名などに用いられている文字**（漢字・送り仮名）は、総て旧漢字・**旧仮名遣いであるが、本書では原則として、新字体、仮名遣いは原文通りの方針とした。**

また明治初期・中期の法令などを見ると、現在では全く使わなくなっている文字・仮名遣いもあれば、当時としても明らかに誤植に違いない漢字や、コンピューターでいくら検索しても出てこない漢字を発見したり、今では誤りとする漢字や仮名遣いで、当時は使われていたものもよく見かける。文字・言葉は歴史とともに変化するものである。以上のような事情から、文中にも頻繁に説明が必要になり、加えてことばの意味・文面の意味を少しでも深めるために簡単な説明を要する場合などには、（　）を付して記したものもある。

なお、発令された法規名は「　」、図書名は『　』、曲名は〝　〟、音楽取調掛が文部省に提出した報告書等は〈　〉で、また副教科書や教師用指導書類などはその図書名の前に○、そのうち特に重要なものは◎、文章中の歌詞や引用文は，　，、注意すべき語句は〔　〕（　）または《　》で示した。

また、童謡唱歌・歌曲については、一般には詩（詞）を基に音楽が生まれるということで、その曲の作詞者を尊重して先に示し、次に作曲者を示すのが順序であるが、**本書では唱歌教科書作成の初期は、先ず外国曲を選び出して、その旋律に邦語歌詞をつけることから始まっていて、それが大正・昭和へと時代が進んでもなお部分的には多**

く見られるという経過から、また〔音楽なのだから〕ということもあって、一つの試みとして今日の常識とは逆に作曲者名を優先して記した曲もある。

註

（1）『明治音楽史考』遠藤　宏著　東京有朋堂　昭和二十三年四月発行　p. 23

お願い：本書では沢山の歌曲を資料として採用いたしました。それに伴い多くの著作物を使用し、その著作者名を記し出典としています。それらの方々の著作権については慎重を期して調査し、許諾を頂きましたが、なお不明な方がおられますので、著作権継承者の方、或いはその方をご存じの方がおられましたら、弊社編集部までお知らせ下さいますよう、お願い申し上げます。

目次

はじめに　i

一　洋楽の日本への伝播　1
1　最初の洋楽伝来は教会音楽　1
2　軍楽の伝来と洋楽の普及　3
3　国産の洋楽器　11

二　「学制」の発布と音楽（唱歌）の扱い　15
1　「学制」発布までの大学教育事情　15
2　「学制」発布までの中・小学校事情　17
3　「学制」の発布　21
4　師範学校の設置　28
5　田中不二麿の自由教育論　29
6　幼稚園の発足　30
7　「学制」発布後の中学校の発足　31

三　音楽取調掛と特筆すべき人物 ―― 35
1　メーソンと伊沢修二、そして目賀田種太郎と神津専三郎　35
2　その他の音楽取調掛として貢献した人物　46
3　音楽取調掛の始動　48

四　最初の教科書『小学唱歌集』の出版 ―― 55
1　〔しょうか〕と〔しょうが〕　55
2　『小学唱歌集』初編・第二編・第三編　文部省（明治十四年十一月～明治十七年三月発行）　57
3　当時出版された音楽図書　90

五　『幼稚唱歌集』全 ―― 95
1　この教科書の発行について　95
2　内容　97

六　『普通唱歌集』全 ―― 101
1　この教科書の発行について　101
2　内容　102

七 音楽用語（明治初期～中期） 107
1 『楽典』文部省（明治十六年発行） 107
2 『音楽理論』鳥居 忱著（明治二十四年八月出版） 110
八 祝日大祭日儀式唱歌の制定 115
1 〔祝日大祭日儀式唱歌〕制定前に歌われた祝祭日唱歌 115
2 国歌撰定について 120
3 〔祝日大祭日儀式唱歌〕の制定（明治二十六年八月十二日） 132
九 教科書検定制度そして国定の唱歌教科書 145
1 教科書検定制度の実施と唱歌教科書 145
2 明治二十～三十年代の教科書と言文一致唱歌 147
3 教科書の国定化と唱歌教科書 171
4 その他の唱歌集など 173
十 〔唱歌科〕が義務教育の必修科目へ一歩前進 177
1 小学校教員採用試験に〔楽器使用法〕が初めて正式に加わる 177
2 〔日本教育音楽協会〕の活動 179
3 明治四十年代～大正中期の教科書・教材と童謡運動 179

4 大正末期から昭和初期までの教科書・教材 213
5 その他の唱歌・唱歌集 232

十一 「国民学校令」と音楽教科書 239
1 「国民学校令」と音楽教育の位置付け 239
2 国民学校の教科書 246

十二 中学校の変遷と音楽教科書 257
1 中学校の開設 257
2 教科書の編纂・検定と音楽教科書 259
3 中学校の教科書 261
4 その他中学校用副教科書・師範学校用図書 278

十三 高等女学校の変遷と音楽教科書 281
1 明治初期の女子教育 281
2 高等女学校の誕生 282
3 高等女学校の教科書 286
4 楽典など副教科書・師範学校用図書 他 296

一　洋楽の日本への伝播

1　最初の洋楽伝来は教会音楽

洋楽の日本への伝来は、鹿児島のヤジロウという男が、顔見知りのポルトガル人船員の勧めで国外に出てマラッカに行き、そこの聖母聖堂でザビエルと会って教えを受けたという話が残っており、帰国後日本に初めて洋楽を伝えたと想えるが実証は無い。天文十二年（一五四三）にポルトガル船が種子島に漂着した際に、はじめて日本に鉄砲が伝えられて、我が国の近代化への一つの大きなきっかけとなった。その後天文十八年（一五四九）七月にザビエルが鹿児島に渡来の際には、クラヴォ（cravo）を持参したとされていて、それが洋楽器の最初とする説もあれば、ザビエルは〔シナの海賊船〕に乗って、途中シケに襲われて荷物を海中に投げ込まなければならなかったほどの大変な航海であったので、楽器類の持参はとても不可能であったという説もある。[1]しかし当時来航のポルトガル船がシャラメラとフラウタも伝えたことはたしかであったようで、次第に頻繁に洋楽が日本に伝来しはじめ、日本人も演奏し始めたのは、キリシタン典礼音楽が最初と想われる。続く十七世紀初期には、東南アジア各地の日本人町の外国商館員や日本貿易商社の出先機関駐在所などへの移住邦人が、実に七千人から一万人もいたというから、その辺からも海外の音楽が伝わったことは当然考えられるにもかかわらず、そのような記述はどこにも見当たらない。また元和元年（一六一五）に大坂で一宣教師が老女に説法した記録（『吉利支丹物語』著者不明、寛永十六年＝一六三九＝刊行）に、教会音楽・典礼の効果の一端を示すオルガンの演奏を記しているという。寛永十年（一六三三）の第一次鎖国令前後の幕府のキリシタン弾圧によって、逆に日本は洋楽との関わりが強まった面もあるのではないかとも想える。寛永十四年（一六三七）島原の乱の後、オランダに限って貿易が許可されて以来、長崎出島から外国文化が急速に我が国に伝えられるようになって、ローマ天主教はイタリア人やフランス人によって長崎を起点として、またプロテスタント派はアメリカ人宣教師によって長崎を起点として広がり、ギリシャ正教はロシア人ニコライによってロシア軍艦の乗務員や領事館に礼拝のために函館に聖堂まで建てている。沢辺琢磨《さわべたくま》という人物が日本語の讃美歌を創作したという話も残っている。聖堂には日本人の聖歌隊も少人数ながら組織された。このようにしてギリシャ正教は函館を起点として広がった。

沢辺琢磨という人物は、坂本龍馬の高弟で、剣客として函館に脱走し、ニコライの布教する宗教（ロシア正教）を撲滅して彼を刺そうと決心して出かけたのであるが、逆にニコライに説服されて、正教会唯一の日本人信者となり、ここでロシア海軍の水兵が讃美歌を歌うのを聞いて、自分も歌ったという伝説も残っている(2)。

その後明治六年（一八七三）に、キリスト教制札が総て取り除かれて、我が国の信仰の自由が全面的に認められるに至って、仙台福音会をはじめ、長崎、横浜、神戸や阪神大震災で大きな被害を受けた大阪川口教会、東京の十字屋などが続々各宗派の讃美歌を翻訳刊行し、ギリシャ正教がアカペラで歌うほかは、全ての教会にオルガンを備えて歌うようになった。

また一般の庶民生活のなかでも、ヴァイオリンを長崎の遊女たちが演奏し始めたとも伝えられ(3)、ヴァイオリンは明治時代に入って、庶民の間にも大流行したという。そういえば明治生まれの筆者の母も少女時代からヴァイオリンを神戸在住のエフゲン・クレーンに習い、老いるまで教師をしていたのもその流れの一人だったのであろうか。

2　軍楽の伝来と洋楽の普及

また天保年間（一八三〇〜一八四四）には、長崎の**高島秋帆**《たかしましゅうはん》がオランダ式兵法を学び、軍隊の訓練に際して鼓笛隊の必要、軍楽隊の必要を感じていた。その後文久二年（一八六二）八月に発生した生麦事件に端を発した翌文久三年の薩英戦争において、薩摩藩はイギリス海軍の威力を知り、講和締結の後いち早くイギリスから軍艦や大砲を購入して、近代的な海軍の創設に着手した。この時沖合に停泊する軍艦から聞こえてくるイギリス軍艦の乗組員による軍楽の演奏を耳にして、その勇壮な雰囲気に飲み込まれ、明治新政府は海軍の創設を薩摩藩出身の川村純義《かわむらすみよし》に命じ、**我が国最初の軍楽がイギリス公使館付き楽長フェントン（John William Fenton：一八二八〜　？　）とその海兵隊の軍楽隊による伝習から発足**に至った。本格的な日本人による軍楽（吹奏楽による）は、明治二年（一八六九）九月に、島津藩の軍楽練習生三十二名が、前年にイギリス船で神奈川港に来た楽長フェントンの指導によって行われたのが最初と言われている。当時は軍楽隊とは言わず〔楽隊〕と称して、その時の日本人一行の、ちょんまげは切っていたが、帯刀して陣羽織に股引き姿という奇妙な姿は、当時の様子を描いた絵や写真でよく見かけるとおりのものであった。記録には吹奏楽の各楽器の担当日本人名も残っている。楽隊の最初の楽長は弱冠二十六歳の鎌田《かまた》真平《しんぺい》という藩士であり、初代海軍軍楽隊隊長は中村祐庸《なかむらすけつね》、陸軍は当時二十六歳の西　謙蔵が伝習生であった。軍楽については三浦俊三郎《みうらとしさぶろう》著『本邦洋楽変遷史』、楽水会編・橋本勝見《はしもとかつみ》監修『海軍軍楽隊　日本洋楽史の原点』[4]および中《なか》村理平《むらりへい》著『洋楽導入者の軌跡』[5]に具体的に示されている。

薩摩藩の島津公（島津斉彬）は西欧文化習得に熱心で、鉄炉、ガラス製造、電信機、電気、地雷、ガス灯、写真術などに取り組み、また外国型帆船、西洋型軍艦、蒸気船の造船事業など先駆的な一大軍需工場地帯を造り、軍楽の必要性についても早くから意識して積極的に取り組んだ。鹿児島市東部の磯《いそ》庭園（仙巌園）の隣に嘉永五年（一八五二）に斉彬が興した事業の拠点（尚古集成館）を見学すると、今もその歴史の重みに思いを寄せることができる。

フェントンは後に海軍の楽隊の専属となり、日本において最初の〝君が代〟を作曲しているが、このことについては「八　祝日大祭日儀式唱歌の制定」に述べる。彼の後をドイツ人エッケルト、中村祐庸、瀬戸口藤吉《せとぐちとうきち》が楽長を務め、海軍軍楽の演奏はさらに充実していった。

ここで明治九年（一八七六）四月の『教育雑誌』第一号にある記事の一部を取り出してみる。

・明治九年にロシア人が日本に芸術大学設立案(6)

（註　明治九年四月発行の『教育雑誌』第一号にはロシア人が日本に芸術大学設立の立案が記されていて、音楽に関して次のような項目を挙げている）

第二八欵《かん》　初級ヨリ大学校ハ他ノ各学科ヲ教授シテ其生徒ヲ試ム

歌学　絃声学　ホルテピヤーノ（楽器ノ名）　歌学論　管笛及ヒホルテピヤーノヲ奏スル論

…略…

第三〇欵　諸科ノ技術ヲ順序ヲ以テ四科ニ分テ生徒ヲ教授スル左ノ如シ

第一学課

歌学之部

楽譜素読　歌学規則階梯　声ノ仕方　ガンマ（楽譜ノ綴リ）

管絃規則階梯ホルテピヤーノ（楽器ノ名）規則階梯　音楽著作階梯

音学之部

…略…

他に必要な教授数などの記述もあるが、この案は実現していない。

次に当時の読売新聞記事の一部を取り出してみる。（最後の二項目は東京日日新聞の記事）(7)

・明治十二年一月十五日　日枝神社で祭典の神楽のあとに陸軍楽隊の奏楽の記事。

・明治十二年五月二十九日　独逸国皇孫ハインリッヒ君が新橋駅着のとき、陸軍楽隊が楽を奏し…の記事。

・明治十二年八月九日　有栖川宮《ありすがわのみや》の夜会で海陸軍楽…の記事。

・明治十三年六月九日　精養軒で音楽会の記事。ここで海軍省お雇い外国人何某が発起にて海軍の楽隊を拝借して音楽会を催す…の記事。

・明治十三年七月十七日　天皇・皇后両陛下が神戸から横浜に御着艦、御上陸の際に、東海鎮守府にては海軍の楽隊が楽を奏し、新橋ステーションにては陸軍の楽隊が奏し、赤坂までの御道筋は陸軍の諸隊が整列して奉迎。この時陸海軍の奏楽は〝君が代〟…の記事。

（註　ここで演奏された〝君が代〟はどの〝君が代〟かを推定すると、フェントン作曲のものとしか考えられない。今日の国歌〝君が代〟は明治十三年（一八八〇）十月に壱越調の雅楽の楽譜がその原型として完成していたが、ここにある記事はそれより三ヶ月早い時期であり、しかも壱越調の楽譜が洋楽風の楽譜になるのはそのあとで、それにようやく和声付けした楽譜が完成して、それを我が国の国歌として各条約国に通報したのが明治二十一年（一八八八）であって、その和声付けをしたのがエッケルトであったから、今の〝君が代〟はエッケルトの出番を待たねばならないからである。）

・明治十三年九月十七日　「音楽取調掛文書」第百十一号「音楽伝習規則」を掲載。

・明治十三年十月八日　「音楽取調掛文書」第百二十二号　伝習人入場許可…の記事。ここに第一回伝習人の志願者と入学許可した者の姓名等の記事。

・明治十三年十月二十六日　雅楽稽古所の演奏　来る三十日と三十一日の両日九段坂上富士見町五丁目の雅楽稽古所にて午前八時より午後五時まで神楽、舞楽、欧州楽、大倭楽、管絃、洋琴杯の大演習があります。の記事。

・明治十三年十一月六日　軍楽隊の卒業生が卒業後近衛隊を初め各鎮台へも楽隊を配置される。の記事。

・明治十四年二月二十四日　音楽取調掛伝習人募集の記事。

・明治十四年三月十五日　布哇《ハワイ》国皇帝を赤坂仮皇宮で、皇族・議員が参列して、式部寮の伶人の奏楽で歓迎の記事。

・明治十四年四月六日　伊国有名ノ芸人四名（其ノ頭取ウエラー氏）ハ高名ノ音楽師（ピヤニスト）ナリ…の記事。

・明治十四年四月八日　音楽会の広告：伊国人の楽奏〔コンセル〕を催す…。の記事。

◉ダクロン（Gustave Charles Dagron：一八四五〜一八九八？）　パリに生まれる。フランス陸軍のラッパ手。わが国の陸軍軍楽は明治四年（一八七一）に軍楽隊が発足して以来、イギリス陸軍の指導を受けていたものを、明治五年（一八七二）にフランス式に改めた時フランス陸軍伍長ダクロンが指導のために雇用された。中村理平氏は『洋楽導入者の軌跡』において、来日早々に「ダクロン」という誤称が始まったとしている。十一

図１　“抜刀隊”
『本邦洋楽変遷史』三浦俊三郎著　昭和６年10月発行　p. 193

年間滞在して帰国したようで、その間わが国の陸軍軍楽隊の基礎を築いた。明治十六年（一八八三）に日本政府から勲六等単光旭日章を贈られたとも同書にある。[8]

◉ルルー（Charles Edouard Gabriel Leroux：一八五一～一九二六）はパリに生まれ、パリ音楽院在学中に陸軍に召集されて軍隊の実績を積む。陸軍軍楽隊の指導をしていたダクロンの後を継いで、明治十七年（一八八四）横浜に上陸し、陸軍に配属されて厳しい指導をした。

彼が日本で作曲した"抜刀隊"（図１）は、陸軍戸山学校の分列式で演奏されたが、その後第二次世界大戦に至ってもよく使われた曲である。この曲の詩'我は官軍　我が敵は…'（外山正一《とやままさかず》作詞）で始まる主題は昭和期に入っても学生たちの間で非常に流行した勇壮な曲であり、ラジオでも度々流れて子どもたちもよく知っていたメロディーである。明治十九年（一八八六）十月二十四日にイギリス汽船ノルマントン号が沈没した事件があって、そのことを歌った歌がこのメロディーを使った第一号で、その後各種の歌に転用されたという。外山正一はフランス革命時の〝マルセイエーズ〟の愛国心を模倣した（愛国歌）を意図して創作したという。また、〝抜刀隊〟の詩は西南戦争での巡査隊の活躍を取材して作り上げたものとも言われているが、この曲のメロディーは、ビゼー作曲〝カルメン〟（一八七五年作曲）の影響を受けていることは確かで、その第二幕の軍楽の出だしに全くよく似ている。ルルーは在日中も自作を次々出版しているが、〝抜刀隊〟は彼の自作としては最後まで発表せず、明治二十一年（一八八八）にピアノ曲〝ピアノのための日本および中国風の歌〟に〝Batto Tai〟として挿入している。(9)

明治十六年（一八八三）に新築なった鹿鳴館でも、海軍のエッケルトと共に陸軍も演奏する機会が多くなっていったが、その後二年も経過すれば、『音楽雑誌』第一号（明治二十三年＝一八九〇＝九月二十五日発行）にある記事を見ると、日本人も結構鹿鳴館などでの演奏に多く出演している様子が見えてくる。次にその記事を抜粋してみる。(10)

・明治十八年　七月　二十日　音楽取調所にて生徒卒業式演奏会　一四曲
　同年　八月　十日　音楽取調所にて音楽改良有志者発企外国人数名演奏　九曲
　（註　発企外国人＝企画を発案した外国人という意味で、〝発企〟は今の〝発起〟と同意であろう。）
・明治十九年　七月　十日　鹿鳴館にて大日本音楽会員　一二曲
・明治二十年　三月　十七日　鹿鳴館にて大日本音楽会員　一二曲
　同年　七月　九日　音楽取調所にて取調所総員　一四曲
　同年　十月　十九日　華族会館にて大日本音楽会員　一二曲
　同年十二月　九日　華族会館にて大日本音楽会員　一二曲

・明治廿一年　二月　十一日　工科大学校にて紀元節祝賀会　四曲
　同年　七月　七日　東京音楽学校にて同校員の演奏会　一二曲
　同年十一月二十七日　鹿鳴館にて大日本音楽会員　一二曲
・明治廿二年　一月二十六日　鹿鳴館にて大日本音楽総会　〇（註　この〇は曲数不明の意味か？）
　同年　五月　八日　高等女学校にて慈善音楽会　一五曲
　同年　五月　十八日　鹿鳴館にて大日本音楽会員　一〇曲
　同年　七月　八日　東京音楽学校卒業式演奏会　一二曲
　同年十一月　三日　華族会館にて天長節立太子祝賀会　五曲
　同年十一月　二十日　鹿鳴館にて大日本音楽会員　一一曲
　同年十二月　十一日　鹿鳴館にて大日本音楽会員総会　〇（註　右に同じ）
・明治廿三年　一月二十七日　鹿鳴館にて大日本音楽会員　一二曲
　同年　三月　十一日　鹿鳴館にて欧州音楽博士テルシャック洋琴専門家ルイザシュレル夫人の臨時大音楽会　六曲

フランス人ダクロン、ルルーに続いて、陸軍では永井建子《けんし》が活躍し、後世に残る多くの軍歌を作曲している。また、作曲にとどまらず、作詞を手がけたものも多い。

◉永井《なが い》建子《けん し》（一八六六〜一九四〇）〝道は六百八十里〟（石黒行平《いしぐろこうへい》作詞）〝元寇〟（作詞作曲）〝月下の陣〟（作詞作曲）、日清戦争中に〝露営の夢〟〝雪の進軍〟（作詞作曲）。明治三十六年（一九〇三）から二年間ヨーロッパを視察、明治四十三年（一九一〇）には陸軍戸山学校軍楽隊を率いてロンドンの〈日英博覧会〉に出演。日比谷公園での奏楽も第一回から演奏を行った。明治四十年（一九〇七）の楽奏会でのオペラ〝ファウスト〟には、自らファウストに扮して出演しているなど多彩な才能の持ち主であった。

これらのうち昭和中期の終戦まで愛唱された軍歌を三曲だけ挙げてみる。

〝敵は幾万〟　山田美妙の作詞で、明治十九年（一八八六）に『新体詞選』に掲載していたもの〈戦景大和魂〉を小山作之助が作曲に際して、その一部を選んで曲名を〝敵は幾万〟とした。

　‚敵は幾万ありとても　すべて烏合の勢なるぞ

　　烏合の勢にあらずとも　味方に正しき道理あり‚

で始まる長い詩で、楽譜も四分の四拍子の二十八小節もある。

〝道は六百八十里〟　永井建子作曲、永井建子の指導を受けていた陸軍軍楽隊所属の当時陸軍軍曹石黒行平の作詞。のち石黒行平も楽長になる。歌詞は二十連の詩で作曲されたものは『音楽雑誌』に発表されて全国に拡がった。

〝雪の進軍〟　永井建子作詞・作曲　明治二十八年（一八九五）に『大東軍歌』に発表されたもので、この曲も昭和中期の終戦まで息の長い愛唱歌であった。

明治四年（一八七一）七月に廃藩置県を施行するまでに多くの藩に鼓笛隊や鼓隊が生まれていたのも、永井建子らが欧州諸国の鼓笛隊〈鼓隊〉の活動を見学して、日本でもその指導を続けたこともあって、各地に拡がったようである。また、

　‚宮さん宮さん　お馬の前で　ひらひらするもの　なんじゃいな　トコトンヤレトンヤレナ…‚

のメロディーがプッチーニの作曲したオペラ〝お蝶夫人〟に使われて、世界中に日本の音楽が紹介されたが、日本国内でもこの歌詞をつけて大流行した。その流行は昭和の中期頃までも延々と続いて、当時の子どもたちもどこでも口ずさんでいた。よく見るとこの曲は近代国家へひた走る日本の軍歌の始まりを示していたのではないかと以前から考えていたところ、堀内敬三《ほりうちけいぞう》が、

〝これは明治元年（二五二八）（註　西暦一八六八年（皇紀二五二八）二月は、まだ慶応四年であり元号を誤記している。また二五二八という数字は皇紀である。従って慶応四年、西暦では一八六八年である）二月に東征大総督有栖川宮熾仁（ありすがわのみや　たるひと）親王御指揮の下に錦旗を奉じ江戸城目がけて進発した薩・長・土・肥の兵士等が歌つたもので、品川弥二郎（奥羽鎮撫総督参謀のちの内務大臣・枢密顧問官。明治三十三年二月廿六日没）が作詞し、曲は大村益次郎（軍務官判事のち陸軍大輔。明治二年十一月五日没）等が相談して作つたと伝へられ、その曲節は日本俗謡調ではあるが非常に躍動的な行進調で従来の民謡にないものがあるので、恐らくは鼓笛楽の影響を受けてゐると察せられる。(11)〟

と具体的に言っている文面を発見した。やはりこの曲が日本製で最初に歌われ始めた軍歌と言えそうである。

3　国産の洋楽器

なお日本人が最初に製作した風琴《ふうきん》（オルガン）、提琴《ていきん》（ヴァイオリン）、ハーモニカ、洋琴（ピアノ）について簡単に見てみる。

風琴《ふうきん》（オルガン）は、織田信長の時代の天正九年（一五八一）に、日本キリシタン教会が二台オルガンを輸入し、一台は豊後臼杵（大分県）に、一台は安土（滋賀県）の教会に設置したのが、我が国に在ったオルガンの最初であ

るが[12]、横浜の西川楽器店主西川虎吉《にしかわとらきち》が、明治十七年（一八八四）に日本産の材料だけで試作した和風風琴が日本で製作された最初のオルガンである。彼がその五年後に内国勧業博覧会に出品した製品が三等賞を得て、オルガン製作に弾みがついた。一方浜松で医療機器の製作をしていた山葉寅楠《やまはとらくす》（この同じ漢字で とらきち と読む書もあるがこれは誤りであろう）が浜松の小学校で使用していた外国製のオルガンの修理を依頼されて、それを分解したことからオルガンの構造を知った。その一年後に山葉オルガンの製造そして改良を重ねて、明治二十二年（一八八九）に楽器会社を設立。完成した製品を明治二十三年（一八九〇）の内国勧業博覧会に出品して二等賞を獲得。その後寅楠はアメリカの楽器製造会社を視察。明治三十一年（一八九八）に日本楽器製造株式会社を設立して国内の販売に限らず、周辺の諸国に輸出するまでに発展した。

提琴《ていきん》（ヴァイオリン）は、名古屋で三味線の製造の家業を手伝っていた鈴木政吉《すずきまさきち》が、三味線に似たバイオリンという楽器が西洋にあると聞き、改良を重ねて明治二十三年に内国勧業博覧会に出品して三等賞を得た。そして明治の末期には海外への輸出も始めた。

ハーモニカといってもいろいろな種類がある。日本で教育楽器として扱ってきたのは大別して単音ハーモニカと複音ハーモニカの二種類であるが、明治二十四年（一八九一）に輸入され始めたといわれているのはどのようなものかは不明である。トンボ印ハーモニカや、日本楽器製造株式会社が大正初期に製作を始めて、急速に全国に拡がった[13]。

洋琴（ピアノ）は文政六年（一八二三）にシーボルトが山口県萩市の熊谷家に贈ったという記録が残っていて、それは今も保存されている。日本での製造は西川虎吉《にしかわとらきち》が部品全部を輸入して、明治二十年（一八八七）頃にわが国で最初のピアノを組み立てたというが、経営にいきづまって山葉と合併している。山葉寅楠は明治三十三年（一九〇〇）にピアノの響板と外部の木製部分を製作し、内部の部品を輸入して組み立てたのが、国産一号ということになっている。

以上のほかにも次々と各種教育楽器は開発されて、全国の教育現場に浸透していくが、上記のピアノ、オルガンを音楽授業担当の教員が唱歌・歌唱の伴奏に使用する以外には、児童生徒各自に楽器を持たせての器楽指導というものは昭和二十年の終戦までは全国的に殆ど進展を見なかったのが実状である。ハーモニカの中でも教育用の安価な簡易楽器ともいえるものすら、学校教育楽器としての活用は殆ど見られなかった。

註

（1）『洋楽伝来史』海老沢有道著　日本基督教団出版局　昭和五十八年二月発行　p.20
（2）『本邦洋楽変遷史』三浦俊三郎著　日東書院　昭和六年十月発行　p.86～87
（3）『明治音楽史考』遠藤　宏著　東京有朋堂　昭和二十三年四月発行　p.24
（4）『海軍軍楽隊　日本洋楽史の原点』楽水会編・橋本勝見監修　国書刊行会　昭和五十九年五月発行
（5）『洋楽導入者の軌跡』中村理平著　刀水書房　平成五年二月発行　p.67～102
（6）『日本の洋楽百年史』井上武士監修　秋山龍英編著　第一法規出版　昭和四十一年一月発行　p.12～13
（7）同　p.13～18
（8）註（5）　p.135～146
（9）註（5）　p.591～595
（10）『音楽雑誌』第一号　音楽雑誌社　明治二十三年九月二十五日発行　p.25
（11）『音楽五十年史』堀内敬三著　鱒書房　昭和十七年十二月発行　p.5～6
（12）註（1）　p.100・103
（13）註（2）　p.260

二　「学制」の発布と音楽（唱歌）の扱い

1　「学制」発布までの大学教育事情

日本の近代教育政策は、維新政府の教育政策として明治元年（一八六八）頃から京都で発足していたことから始まっている。維新政府は当初京都で始まったので、王政復古の立場から皇学を中心に据えた〔京都学校〕を設立して、天主教や其の他の海外から流入した様々な思想を排除しようとした。明治二年（一八六九）六月に京都府が出した〈京都学校の設置案〉には、皇学を中心とした皇学所と漢学所、洋学所の三学所を合併して〔西京学校〕の新設と医学校の設置も考えていた。一方その頃東京では行政官によって新しく「学校規則」が通達されて、大学校・開成学校・医学校の三部門によって大学を構成することになった。京都学校設立については皇学派と他派との紛糾が絶えず、東京での大学設置企画は一・大学本校・昌平校、二・大学南校、三・医学校・大学東校の三系列を構想して、この方は進展した。(1)

結局東京では旧くからあった昌平坂学問所が維新政府の管理下になって、そこが近代日本の教育のセンターとなったのである。明治二年一月に昌平学校と開成学校が開校の運びとなり、同年六月には医学校も加わって三校が各々別個に授業を始めたが、皇学と漢学の対立が続き、やがて大学は洋学中心へとその主流が移って、後に述べる「大学規則」と「中小学規則」の発令へと進むのである。

一方幕末以来洋学の発祥地である長崎では、済美館が明治元年（一八六八）に広運館と名称を変えて洋学局を設け、外人教師を多く雇い入れて、蘭学、清国・英国・仏国・露国等の各国語のほか、外国数学に加えて国学の授業も開いていた。入学希望学生は非常に多く、明治三年（一八七〇）には総数三百四十九名という数字があがっている(2)。次いで政府は幕府体制の頃にオランダ医学者松本良順がオランダ人医師ポンペと始めた精得館を接収して、日本最初の洋式の病院を開設していたのを、明治元年に医学校として大学校と小学校をも設置し、病院を医学校附属病院として再興し、新しい塾も開設して解剖局を建てた(3)。

大坂は政府としても重視した都会であった。慶応四年（一八六八）には大学設置の企画が始まり、開成所御用掛を派遣して洋学を興そうとした。そして同年三月には〔大坂学校〕の企画が相当進み、舎蜜局を同年七月に開設。まもなく舎蜜局も化学所と改名。明治二年（一八六九）には語学・数学などを教授する〔洋学所〕も開設された。明治三年には大坂洋学所を〔開成所〕と改名、大坂化学所が〔理学所〕と改名。〔大坂医学校〕は明治三年に実質官立となり、大学として管轄された(4)。

明治四年（一八七一）の文部省設置以前の教育政策は、一．大学設置に向けての政策、二．小学校設置に向けての政策、三．藩の教育政策、四．私塾・私学教育についての政策、五．海外留学についての政策の大きく五項目にわたる政策が検討されて以上のような進展が見られるが(5)、幕府が設けていた高等教育機関としては、京都・大坂・東京・長崎にすでに設置されていて、大学設置については京都でもその企画が進んでいた。しかし日本の首都が京都から東京に移って、大学設置についての企画も自ずから東京を中心へと移っていった。大学は政府の一部局とされて、既に設けられていた東京の諸学校を統一して総合大学を想定し、皇学主流で混乱が続いた京都も、大坂・長崎にある諸学校やその他の主な施設も、東京の大学が管轄する体制が進んだ。

当時の高等教育の系列は、主に皇学・漢学・洋学の三部門があったが、やがてその指導権を洋学が握るようになって、実学主義・科学重視へとその方向が向かうようになり(6)、それまでの京都を中心とした皇学や漢学は二次的な存在へと代わっていった。

2　「学制」発布までの中・小学校事情

小学校の開設についても、「学制」発布以前の明治元年（一八六八）頃からすでに各地で進行していた。明治新政府は大学設置政策を推進しながら、一方では国家としての基礎を築くことに重点を置いた子供たちの教育を高める政策を進め、民政の一環として全国各府県に〈郷学校《ごうがっこう》〉の設置を始めた。

東京府は
一．市民の子弟を放蕩無頼から守るため。

二．町役人・住人を手厚く世話すべきである。

三．必要な手当ては府から下げ渡すこと。

などをあげて(7)、これはそれまでの寺子屋や私塾とはかけ離れた考えを示している。明治元年に町々に流れた〈町触《まちぶれ》〉（京都や江戸で町奉行が町民に流した布告）は、まだ維新が始まったばかりの混乱期にある人びとが、貧困に苦しみ生活環境も極端に不安定であったことから、府としての民政の一環として貧民を救い、子どもを保護することが急務で、筆算稽古所としての郷学が必要となったのである。

このことは他県でも同様で、都会を遠く離れた地方においても、明治元年以降明治五年（一八七二）に至るまでに〔郷学校〕や〔郷学所〕〔県学校〕〔県学〕〔小学〕などの名称で各地に設立している。

政府の地方政策については、まず政府の直轄地から手をつけ始め、諸藩の領地や旧幕府の直轄地や徳川家関係の所領を政府の管轄にしていった。すなわち慶応四年（一八六八）四月に太政官の組織を定めて、地方を府・藩・県としたが、その後も政府軍による倒幕が進むにしたがって、維新後しばらく府・県・藩が混在していた状況を、治安の回復が進むにつれて徐々に旧幕府の所領を政府の管轄に置き換えて、府県を設けていった。(8) 当初は各府県長官（知事）には多くの公卿を任命し、戊辰戦争がようやく収まった**明治二年に、三条実美が岩倉具視に当てた書翰には〔小学校ヲ設ル事〕の一項目がみられる。これは府県の施政大綱を初めて示すもので、近代教育の原点である小学校に関する地方政策の出発点**となった。この〔小学校ヲ設ル事〕とは、小学校の設置を各地方行政の管轄としたことであり、これは非常に意味のあることであった。

この明治二年（一八六九）二月に政府が通達した**〈府県施政順序〉**での〔小学校ヲ設ル事〕の指示に続いて、同年三月に**〈小学校設置〉**を布告した。しかしそのための諸費用が莫大であり、各地方行政機関からの国庫の補助を求める声に応じて、政府は明治三年（一八七〇）十二月に管轄高一万石につき一石五斗の郷学米を各県に交付したことから、郷学の普及が進み、特に府学の建設を命じられた京都と東京・大坂には政府の厚い補助が与えられたこともあって、小学校の設置が急速に進んだ。(9)

・東京府学　東京では大学校・大学の設置・改革の過程を踏まえて生まれた。明治二年に大学校は大学とする布告が成され、開成所は大学南校に、医学校が大学東校に改名されたり短期間に様々な改革がみられるが、それは一般庶民のものではなく、主に貴族と士族を対象としたものであり、漢学を主としたものであった。これは藩校の制度が士族の教育を藩の費用でまかなったという従来からの慣行からのようであるが、(10) 中学校についても同様の状況が次のように生じていたようである。

・東京府中学校　明治三年（一八七〇）九月の布告に

　東京府下中学校ニ付華族士庶人ニ至ル迄入学被差許候事

とあり、中学校は華族・士族・公卿の子弟のほか、一般庶民にも開放した定めであるにもかかわらず、実態は華族が大多数で、一般庶民の入学希望は一人もなかったようである。開校した場所も非常に狭い用地に開校したのでたちまち手狭になり、大坂の岸和田藩邸に移っている(11)。

・**京都府中学校**　明治二年（一八六九）に皇学所と漢学所を廃止して、同年十二月に京都学校が二条城北隣にある二条邸に開設され、まもなく政府直轄から京都府の管轄に移行して京都府立となった。東京府学が漢学を主としたのに対して、皇学派が優位にあった京都も、この時には進歩的な考えが優位となっていて、学課は制度（行政）・経済・歴史・天度（天文）・地理・算学（数学）・究理（理学）・医学と幅広く、和・漢学に限らず海外の事（外国語をはじめ海外事情）にも学問の目を向けていた(12)。

・**京都番組小学**　京都での郷学校の設立企画は民政の基本として企画され、「公用備忘録」には

　地方官開国の目途は勧導教育保護の三つにあり　之を要すれば安民の一つにて、宜しく文明開化に進歩するを要とす(13)

とあり、地方官の職務は〝教育と保護の二つに止まる〟とした。保護とは、当時京都には地方から流れ込んできた民が多く、それらの人々の生活に配慮する政策を進める必要があったのである。こうして一つは流民への保護対策、一つは子女の教育に尽力した。

京都市内には、各町々に江戸時代から三百年も続く町組が存続していて、町の大年寄など同志総代によって設立・運用を考案した〈小学校会社〉による、小学校の永続維持、困窮者の助成、産業の広育を基本とした町ぐるみ

の教育施策が京都の府政を動かし、[14] そのような民政を基本とした京都府の〈小学校設立案〉は、新設の小学校校舎を、このような組織の会議場の役目も果たせる学校とするという奇抜なものであった。

京都市内に江戸時代以降存続している町組は、その総てが小学校設立を強く希望し、京都府に申し入れたことに府議会も感動して、従来の町組という組合を廃して、新たに〔**番組制度**〕を設けることにした。そしてそれは京都市を大きく上京と下京に分け、各々上京一番から上京三十三番まで、下京も一番から三十三番までとして、そのうち二箇所が二校合併で設立となったので、実質六十四の各町組（番組）に小学校を設立することとなり、**京都市は明治二年（一八六九）の一年間に、わが国で初めての小学校が総計六十四校も一挙に設立**されるに至った。それらは、元は市民の習字所が主で、京都に多く住む華族や士族は、当初の入学生に一人もいなかったようである。そのような実状から、それら六十四の小学以外に華族・士族・社寺の子弟のために、中学校の中に小学舎を特設する必要も論じられていた。[15]

そのような経過で設立に至った小学校は、上京第一番小学・下京第十三番小学などと称した。前記六十四校の中で最初に設立した小学校は明治二年五月二十一日に〔**上京第二十七番小学**〕**（のちの柳池《りゅうち》小学校）**で、**この小学校がわが国で最初に設立した小学校**ということになる。またこの年の十二月に、最後の六十四校目の〔上京第二十八番小学〕（現京極小学校）が設立されており、[16] のちに場所は移転して今は京都御所の東側の三条実美公を祀ってある梨木神社の北約一五〇メートルにあり、筆者も通った小学校（当時は国民学校）である。

福沢諭吉が明治五年（一八七二）五月に京都の小学校を視察に立ち寄ったときのことを『京都学校の記』に

> 京都の人々は、それまでの久しい京都から東京への遷都の打撃を、寂しくなってしまった京都に学校を設立して人材の育成で乗り越えようとした。

との内容を述べているのを筆者は目にしたことがある。

こうして迎えた明治三年（一八七〇）に、明治新政府が初めて示した総合的な学校設置計画「大学規則」・「中小学規則」（明治三年二月制定）が発布されて、我が国の近代教育を担う教育機関の概要が定められたが、当時想定した〔大学〕は政府の行政機関であり、〔中学〕の教育内容は、後の普通教育を主とする中学校とは異質のものであったし、〔小学〕は大学の予備教育段階としての初等教育機関、指導層のための教育機関でもあった。

3　「学制」の発布

明治五年（一八七二）八月に発布された「学制」こそが、今日に続く近代教育の基礎が確立されたことを示す教育法規であった。しかしその「学制」は、学校教育に音楽の必要性を示しながら、音楽（当時は唱歌）についての記述には〝当分コレヲ欠ク〟とある。法的に唱歌教育がスタートはしたものの、当時〔唱歌〕の指導内容も実施記録も無く全く不明。恐らく何も出来なかったのである。指導教師の養成もゼロという状況のもとに、どういう教材を用いてどのように教育を進めるのかは、その後の状況次第ということで、実状は暗中模索で苦難の道が続いた。

ここで明治五年八月三日に文部省布達として発布された「学制」について記してみる。[17]

教育法規等

（一）総　則

学　制

（明治五年八月三日文部省布達第十三・十四号
～明治六年四月二十八日文部省布達第五十七号）

…略…

〈（ ）内は直前の語句の振り仮名〉

第二百十四号

人々自（みづか）ら其身を立て其産（さん：しんだい）を治（をさ）め其業（げふ：とせい）を昌（さかん）にして以て其生（せい：いつしやう）を遂（とぐ）るゆゑんのものは他（た）なし身を脩（をさ）め智（ち：ちへ）を開き才芸（さいげい：ぎりやうわざ）を長（ちやう：ます）ずるによるなり而て其身を脩め知を開き才芸を長ずるは学（がく：がくもん）にあらざれば能（あた）はず是れ学校（がくかう：がくもんじよ）の設けあるゆゑんにして日用常行（にちようじやうかう：ひびのみのおこなひ）言語（げんぎよ：ことばづかひ）書算（しよさん：てならひそろばん）を初（はじ）め士官農商百工技芸（しくわんのうしやうひやくこうぎげい：やくにんひやくしやうあきんどしよくにんげいにん）及び法律（ほうりつ：おきて）政治天文医療（いれう：やまひいやす）等に至る迄凡人の営（いとな）むところの事学（がくもん）あらさるはなし人能く其才のあるところに応（おう：まかせ）じ勉励（べんれい：つとめはげみ）して之に従事（じゆうぢ：よりしたがひ）ししかして後初て生を治め産を興（おこ）し業を昌にするを得べしされば学問は身を立てるの財本（ざいほん：もとで）ともいふべきものにして人たるもの誰か学ばずして可ならんや夫（か）の道路（どうろ：みち）に迷（まよ）ひ飢餓（きが：くひものなき）に陥（おちひ）り家を破り身を喪（うしなふ：なくする）の徒（と：ともがら）の如きは畢竟（ひつきやう：つまり）不学（ふがく：がくもんせぬ）よりしてかゝる過ちを生ずるなり従来（じうらい：もとから）学校の設ありてより年を歴（ふ）ること久しといへども或は其道を得ざるよりして人其方向（はうこう：めあて）を誤り（あやま：まちがひ）学問は士人（しじん：さむらひ）以上の事とし農工商及婦女子（ふじよし：をんなこども）に至つては之を度外（どぐわい：のけもの）におき学問の何物たるを弁ぜず又士人以上の稀に学ぶものも動（やや）もすれば国家の為にすと唱（とな）へ身を立るの基（もとゐ）たるを知（しら）ずして或は詞章記誦（ししやうきしよう：ことばのあやそらよみ）の末に趨（はし）り空理虚談（くうりきよだん：むだりくつそらばなし）の途に陥り（おちひ：はまり）其論高尚

（こうしゃう）に似たりといへども之を身に行（おこな）ひ事に施（ほどこ）すこと能（あたわ）ざるもの少からず是すなはち沿襲（えんしう：しきたり）の習弊（しうへい：わるきくせ）にして文明（ぶんめい：ひらけかた）普（あま）ねからず才芸の長ぜずして貧乏破産喪家（びんぼうはさんそうか：まずししんだいくづしいへをなくす）の徒（と：ともがら）多きゆゑんなり是故に人たるものは学ばずんばあるべからず之を学ぶに宜しく其旨を誤るべからず之に依て今般文部省（もんぶしやう）に於て学制（がくせい：がくもんのしかた）を定め　…略…

右之通被　仰出候条地方官ニ於テ辺隅小民ニ至ル迄不洩様便宜解釈ヲ加ヘ精細申論文部省規則ニ随ヒ学問普及致候様方法ヲ設可施行事

明治五年壬申七月　　太政官

原文には、上記のように読みにくい漢字には（　）内のように読み仮名と同時にその意味まで判りやすく記してある（註　原本では読み仮名は右、意味は左に振り仮名を施してある）。それは、庶民の学力がまだまだ低かったことから成されたことであろうか。また当時の法律に用いられている文字は、総て漢字とカタカナで記されるのが普通であるが、ここでは主文の部分がカタカナに代わって平仮名を用いていることも、一般庶民にとっては少々学の有る人物でも、カタカナより平仮名の方が親しみ易かったからであろうか。またカタカナを用いた文章中には句読点や濁点も無ければ改行も一切無いので非常に読みにくい（註　この文面の主文は平仮名で濁点が付いている）。

そして、「学制」の具体的な条項は、上記文部省布達第十三・十四号別冊に示されている[18]。第一章から第二百十三章までの膨大な法令であり、ここではその第一章から第六章までを記してみる（註　今日では〔条〕で示すところを、ここでは〔章〕で表示している）。

○明治五年八月三日文部省布達第十三号別冊

学　制

大中小学区ノ事

第一章　全国ノ学政ハ之ヲ文部一省ニ統フ

第二章　全国ヲ大分シテ八大区トス之ヲ大学区ト称シ毎区大学校一所ヲ置ク

第三章　大学区ノ分別左ノ如シ

第一大区　東京府　神奈川県　埼玉県　入間県　木更津県　足柄県　印旛県
　　　　　新治県　茨城県　群馬県　栃木県　宇都宮県　山梨県　静岡県
　　　　　計一府十三県東京府ヲ以テ大学本部トス

第二大区　愛知県　額田県　浜松県　犬上県　岐阜県　三重県　度会県
　　　　　計七県愛知県ヲ以テ大学本部トス

第三大区　石川県　七尾県　新川県　足羽県　敦賀県　筑摩県
　　　　　計六県石川県ヲ以テ大学本部トス

第四大区　大阪府　京都府　兵庫県　奈良県　堺県　和歌山県　飾磨県
　　　　　豊岡県　高知県　名東県　香川県　岡山県　滋賀県
　　　　　計二府十一県大阪府ヲ以テ大学本部トス

第五大区　広島県　鳥取県　島根県　北條県　小田県　石鉄県　神山県
　　　　　山口県　浜田県
　　　　　計九県広島県ヲ以テ大学本部トス

第六大区　長崎県　佐賀県　八代県　白川県　美々津県　都城県　鹿児島県
小倉県　大分県　福岡県　三潴県
計十一県長崎県ヲ以テ大学本部トス
第七大区　新潟県　柏崎県　置賜県　酒田県　若松県　長野県　相川県
計七県新潟県ヲ以テ大学本部トス
第八大区　青森県　福島県　磐前県　水沢県　岩手県　秋田県　山形県
宮城県
計八県青森県ヲ以テ大学本部トス
総計三府七十二県
第四章　北海道ハ当分第八大区ヨリ之ヲ管ス　…略…
第五章　一大学区ヲ分テ三十二中区トシ之ヲ中学区ト称ス区毎ニ中学校一所ヲ置ク全国八大区ニテ其数二百五十六所トス
第六章　一中学区ヲ分テ二百十小区トシ之ヲ小学区ト称ス区毎ニ小学校一所ヲ置ク一大区ニテ其数六千七百二十所全国ニテ五万三千七百六十所トス

これを見て分かるように　明治新政府の初期には、今とは相当違った県名があった。北海道はまだ未開発でこの対象から外れていたが、右記第四章にあるように、今の東北地方に帰属して扱っている。

なお、この「学制」に示した学校は、その通り実現したわけではなかった。

明治六年（一八七三）六月に東京南校教頭としてアメリカ人モルレー（David Murray：一八三〇～一九〇五）を呼び、督務官（のちに学監）として文部省の学務をとらせた。モルレーは実によく尽くしたようで、その指導の下に教育の改革は大きく前進した。

明治六年の全国小学校の設立状況は、

	小学校総数	生徒数	全国平均就学率
明治六年	一二、九一六	一、二五九、二九四	三・七一
明治九年	二四、九四七	五、一六〇、六一八	三八・三一

と僅か三年後には就学率が飛躍的に伸びている。(19)

さて、音楽に関してどのような状況であったかを見てみる。「学制」発布後間もなく示された「**小学教則**」（明治五年九月八日文部省布達番外）や「**小学教則改正**」（明治六年五月十九日文部省布達第七十六号）には、「学制」にある〝当分之ヲ欠ク〟に準じて音楽（唱歌）の項目すらも記載がない。「**教育令**」（明治十二年九月二十九日太政官布告第四十号）では勿論、「**小学校令中改正**」（明治四十年三月二十一日公布勅令第五十二号）において、音楽科が曲がりなりにも初めて必修科目として扱われるに至るまで〝当分之ヲ欠ク〟あるいは〝当分之ヲ欠クコトヲ得〟などと記してある。(20)

学　制

（明治五年八月三日　文部省布達第十三・十四号
～明治六年四月二十八日　第五十七号）

〇小　学

第二十一章～第二十六章　…略…

第二十七章　尋常小学ヲ分テ上下二等トス此二等ハ男女共必ス卒業スヘキモノトス（教則別冊アリ）

下等小学教科

一〜十三　…略…
十四　唱　歌　当分之ヲ欠ク
…略…
○中　学
第二十九章
…略…
下等中学教科
…略…
十六　奏　楽　当分欠ク
…略…

明治六年（一八七三）の「**小学教則改正**」第三章小学各等科程度第二十七条に付記された表には、修身、読書、習字…図画…体操、などは示しているが、唱歌という教科については何も記していない。音楽は他教科と比べて、学校教育への取り組みが遅れていた。洋楽としてキリスト教の讃美歌は先述のように早くから伝播していたが、キリシタン禁制の高札が庶民の前から撤去されたのは明治六年であり、それより前の明治四年（一八七一）に横浜において『**摩太福音書**』を、当時未公認のままアメリカ人**宣教師ゴーブル**が出版している。その際に日本語訳の楽譜としては**我が国最初の『讃美歌』を訳しているが**、もちろんこれなど学校教育には全く関わるものではなかった。

4　師範学校の設置

明治五年（一八七二）九月には師範学校が東京に設置されて、設置初年度の学生募集に志願者は三百人を越え、明治六年には師範学校附属小学校も設置されて、全国各地の教員を参観させるなど、「学制」の実質的な準備はこの師範学校と附属小学校を中心に推進されるようになった。次いで大阪、宮城、愛知、長崎、新潟に師範学校の設立が続き、**明治八年（一八七五）五月にはわが国最初の官立の女子師範学校が発足**するに至り、それに伴って東京女子師範学校をはじめ、大阪府、鹿児島県そして全国各地にと、幼稚園・保母養成の必要性から保育練習科も設置され、幼稚園設置へと学齢未満児童の教育が輪を広げていった。

明治六年（一八七三）から八年の間に全国各地に師範学校の設置が続き、寺子屋がそのまま小学校として発足して、その教員は寺子屋の師匠が当たっているところもあったが、不足する教員の補充には、講習を実施してその受講者に資格を与えて教員とした場合もあった。また教員は徴兵制度からはずして、子どもの教育に専念させる配慮もした。その恩恵を受けて、古くから続く家業に携わる者や田舎の篤志家などの中には、自分の子どもに召集令状を回避させて自分のあとを継がせるために、子どもを師範学校に進学させて教師にした場合が多かった（しかし第二次世界大戦時には、たとえば筆者の担任教師（京都市立京極国民学校）に召集令状が来て、学年の途中で戦地へ向かい、急に次の担任が赴任してきたことがあった）。

「学制」は発布されて、それに続く教育課程政策が急がれた。しかしわが国は欧米のカリキュラムをそのまま模倣して採り入れることができず、国情に合わせた教育課程を作成するため、外国のそれを基礎にして作り上げたものが明治五年（一八七二）九月の「小学教則」であり、それに準ずる「小学教則概表」そして「小学教則改正」と続く。

田中《たなか》不二麿《ふじまろ》は、明治四年（一八七一）から六年にかけて、岩倉具視特命全権大使の一行に加わっており、遣欧使節として在欧の間に「学制」は発布されていた。従って田中不二麿は「学制」の草案にも立ち会っていなかったことになる。その後〈理事功程〉十五巻を報告、明治七年（一八七四）には文部大輔に就任。アメリカの教育制度の調査に携わり、欧米の自由思想・自由主義教育政策の実情に深く感銘して明治十年（一八七七）一月に帰国後、『米国学校法』を文部省から刊行。日本に招聘していたアメリカの教育家モルレーを明治十一年（一八七八）十二月まで学監として文部大輔田中不二麿に協力させた。モルレーは明治政府の教育改革に大きく貢献している。

師範学校の教科目はアメリカの〈サンフランシスコ案〉を殆どそのまま採り入れているが、その案には音楽が入っているにもかかわらず、わが国ではまだ図画と音楽は省かれている。

「学制」も発布六年後の明治十一年（一八七八）頃になると、様々な問題が噴出しはじめた。

5　田中不二麿の自由教育論

先述のように遣欧使節から帰国した田中不二麿は文部大輔に就任し、アメリカの教育制度調査のために出張し明治十年（一八七七）に帰国してから、まず〈私学教則自由化論〉で「学制」に拘束されない私学擁護論を掲げて、大輔に就任後初めて自論を表明した[21]。そして「学制」施行の初期・中期に実施されていたような急進督励策を緩和する方策を打ち出したことから、次第に田中大輔の主張に同調する意見も高まり、「学制」に基づいて各府県が独自に布令していた「小学教則」の改正が続々生じた。記録を見ると、殆ど総ての府県で改正を実施している。

当時はまだ従来の寺子屋が存続していて、寺子屋の師匠は各府県が発した「教則」を嫌い、公立の小学校教師に対抗意識を抱く者が多く、ひそかに子どもを自分の家塾にとり込み、保護者たちにもそれに同調する者もいたので、地方官は家塾の存在が公立小学校の普及を妨害するものとして、家塾を布令によって廃止した地域もあった。これらの地方官に対して、自由教育論を自論とする田中大輔は強く批判して、私学を擁護する発言もしているという当時の教育界は複雑な世相であった。

田中不二麿の教育論に基づいた「教育令」（別名「自由教育令」）は明治十二年（一八七九）九月に発令されて、七年余ぶりに「学制」と入れ替わり、「学制」は廃止されるのである。しかしそれも一年三ヶ月で改正され、四年九ヶ月後に再度改正と、明治初期にはしばらく教育政策も不安定な状況が続くのである。

6 幼稚園の発足

「学制」による小学校の発足と同時に小学校未就学学齢児童まで小学校に入れる保護者が徐々に増えて、文部省も地方官も当分これを見逃していたが、指導する教員の数に限界がきたこともあって、明治六年（一八七三）十月には〈幼児教育のために絵画玩具を配布〉の布達を府県に出している。田中不二麿文部大輔は、遣欧使節で渡欧の際に、各地の幼稚園も視察していたことから、幼稚園の必要を急務として、手始めに明治八年（一八七五）九月十三日に**わが国最初の国立幼稚園**が東京女子師範学校に設置されることになった。それに必要な保母の育成のために東京女子師範学校で生徒を募集した。

先に述べたわが国で最初に設立した京都の小学校六十四校中、最初に開業した京都市立柳池《りゅうち》小学校では、明治八年十二月に校内に〔幼稚遊技場〕を設けている。この遊技場では小学校で使用している〔掛図〕を保育の教材・教具としても活用しているのは画期的な手法であった。

中学校数（明治６～14年）

年次	公立中学校数	公立中学校生徒数	私立中学校数	私立中学校生徒数	中学校総数
明治６年（1873）	3		17		20
７年（1874）	11		21		32
８年（1875）	11		105		116
９年（1876）	18		183		201
10年（1877）	31	3,269	358	17,251	389
11年（1878）	65	4,494	514	24,524	579
12年（1879）	107	7,786	677	32,243	784
13年（1880）	137		50		187
14年（1881）	158（官立１）	11,224	14	1,031	173

7　「学制」発布後の中学校の発足

「学制」にある中学は上下二等あり、下等中学の修業年限は十四歳から十六歳の三年間、上等中学の就学年限は十七歳から十九歳の三年間となっている。この「学制」に準じた「中学教則」が「学制」の一ヶ月後の明治五年（一八七二）九月に府県に布達している。上の表で明治六年から十四年（一八八一）までの中学校数の状況を示してみた。総ての記録が正確に残っていなかったため空白のところもある。(22)

公立中学校の設立の経過については次のような三つの系統があった。

一．旧藩校を改革して設立した学校には熊本の藩校時習館の学風を継いで設立した熊本変則中学や、山口県萩市にあり、現在もその重厚な建物が残る明倫館などがあった。

二．旧官立英学校を改革して設立した学校では、愛知、長崎、新潟、広島、宮城にあった官立英学校が公立中学校になった。

三．府県が新規に設立した中学校は各地の事情で様々な経過を経て設立している。

私立中学校は明治四年（一八七一）に設立した双桂舎（東京・神田）、明治五年（一八七二）に設立した共学舎（東京・神田）、慶応義塾（東京・三田）、立教女学校（東京・湯島）など三十七校の中には洋学者が私塾として設立した学校が多い。しかし上記の表で判るように、特に東京では明治十三年（一八八〇）～十四年（一八八一）にかけて閉鎖する学校も続出した。これは明治十二年（一八七九）の教育令で中学校の設立条件を厳しくしたためであった。

この頃からそろそろ音楽（唱歌）教員養成・教科書作成など音楽（唱歌）に関する事柄が具体的に動き出す段階に入る。当初音楽（唱歌）教員養成のための〔音楽取調掛〕の用地を東京本郷にある文部省用地内第十六番館としたが、ここはモルレーの旧居を改築して転用したものであり、現在東京大学工学部の在る所である。その後〔音楽取調掛〕は上野四軒寺跡文部省用地教師館（現科学博物館付近）に移り、明治二十三年（一八九〇）に今の東京芸術大学音楽学部の位置に移転した。

明治十四年（一八八一）五月文部省通達の「小学校教則綱領[23]」には、

小学校教則綱領

（明治十四年五月四日文部省通達第十二号）

…略…

第一条　小学校ヲ分テ初等中等高等ノ三等トス

第二条　小学初等科ハ修身、読書、習字、算術ノ初歩及唱歌、体操トス

但**唱歌ハ授業法ノ整フヲ待テ之ヲ設クヘシ**

第三条　小学中等科ハ小学初等科ノ修身、読書、習字、算術ノ初歩及**唱歌**、体操

…略…

第四条　小学高等科ハ小学中等科ノ修身、読書、習字、算術、地理、図画、博物ノ初歩及**唱歌**、体操

…略…

第五条　小学科ノ区分ハ前三条ノ如ク定ムト雖モ土地ノ情況、男女ノ区別等ニ因テハ某学科ニ増減スルコトヲ得

…略…

とあり、唱歌は初等・中等・高等小学では教科としての存在価値は認められて、東京など一部では小規模ながら実施していたが、全国的に増減学科の減の一学科であった。

明治十九年（一八八六）四月公布の「小学校令」に準ずる明治十九年五月公布の「小学校ノ学科及其程度」(24)には、

（明治十九年五月二十五日文部省令第八号）

小学校ノ学科及其程度

…略…

第二条　尋常小学校ノ学科ハ修身読書作文習字算術体操トス土地ノ情況ニ因テハ図画**唱歌**ノ一科若クハ二科ヲ加フルコトヲ得

第三条　高等小学校ノ学科ハ修身読書作文習字算術地理歴史理科図画**唱歌**体操裁縫女児トス土地ノ情況ニ因テハ英語農業手工商業ノ一科若クハ二科ヲ加フルコトヲ得**唱歌ハ之ヲ欠クモ妨ケナシ**

といった但し書きが見られるのは、その実施に向けての苦しい実情を垣間見ることができる。これまでの〔小学〕が**ここで初めて〔小学校〕の名称に変わった**。

註

（1）『学制の研究』倉沢　剛著　講談社　昭和四十八年三月発行　p. 2〜23参照

(2) 右同 p.80〜81
(3) 右同 p.82〜83、84〜85参照
(4) 右同 p.90〜91、p.88〜103参照
(5) 右同 p.1
(6) 右同 p.2〜3
(7) 右同 p.137
(8) 右同 p.106〜108
(9) 右同 p.141〜143
(10) 右同 p.121〜122
(11) 右同 p.125
(12) 右同 p.126〜127
(13) 右同 p.134
(14) 右同 p.133〜136
(15) 右同 p.129
(16) 『京都小学三十年史』京都市小学校創立三十年紀念会編　第一書房　昭和五十六年九月発行参照
『京都の歴史　七　維新の激動』学芸書林　昭和四十九年四月発行　p.472
(17) 『学制百年史』資料編　文部省　帝国地方行政学会　昭和四十七年十月発行　p.11
(18) 右同 p.12
(19) 註(1) p.621〜623
(20) 註(17) p.13〜14
(21) 註(1) p.818
(22) 右同 p.886
(23) 註(17) p.81〜82
(24) 右同 p.89

三　音楽取調掛と特筆すべき人物

1　メーソンと伊沢修二、そして目賀田種太郎と神津専三郎

学校教育の教師養成について、明治新政府は明治四年（一八七一）九月に省内に編輯寮を置き（その後明治五年＝一八七二＝十月に文部省に教科書編成掛設置、同年に師範学校に編輯局を設置し、小学校教科書の編輯に当たらせたので、教科書の編輯は一時期二本立てとなった）教科書の編輯・翻訳に着手したが、音楽に関しては全く着手できなかった。

そのような状況のなか、明治八年（一八七五）に師範学校教育視察を兼ねての留学のため、文部省は当時愛知県師範学校校長であった伊沢修二《いさわしゆうじ》と、留学生監督官目賀田種太郎《めがたたねたろう》（一八五三〜一九二六）等に、アメリカへの留学を命じた。伊沢修二はブリッジウォーターの州立師範学校及びハーバード大学などに於いて、諸々の学科の研究と並行して音楽教育の実情視察も行い、ボストンの小学校見学でメーソン（Luther Whiting Mason）と知り合った。メーソンが当地において唱歌教育を独自の教育法で実施していた。

そこで小学生用の唱歌教材『唱歌掛図』（National Music Charts）の作成、小学唱歌教科書出版等大きな成果をあげている現状を知ることとなった。我が国には学校教育に音楽（唱歌）が公教育のひとつとして、未だ全く行われ

ていないことを目賀田種太郎とともに重く感じ、明治十一年（一八七八）四月に当時の文部大輔田中不二麿宛に、二人の連名で〈学校唱歌ニ用フヘキ音楽取調ノ事業ニ着手スヘキ在米国目賀田種太郎、伊沢修二ノ見込書〉を提出している。

図2　L. W. メーソン①

◉メーソン（Luther Whiting Mason：一八一八～一八九六、図2）　アメリカ東北部のメーン州ターナー生まれであるが、地図にも載っていない場合が多い。誕生日も最近は一八一八年四月三日とする書が出版されているが、従来は一八二八年四月三日とされてきた。どちらも確証はないようである。殆ど独学で音楽を研究し、ケンタッキー、シンシナティ、ボストンで教育に携わった。アメリカでの唱歌指導に当たっては、メーソンが考案した『唱歌掛図』を用いた独自の教授法を実践していた。明治九年（一八七六）に伊沢修二の進言による明治政府の招聘に応じ、ボストンを発つ際にはボストンの公学監督が、ボストンでの最良の教育家を日本に送り出す栄誉を祝辞で述べている。明治十三年（一八八〇）三月二日に横浜港に着き、早々に毎日四～五時間の授業担当を義務付けられて音楽取調掛などで教鞭をとり、ピアノ、ビヲラ、ビヲロンセロ、オルガン、銀製のフルートそしてそれら楽器の教則本を輸入し、自らのピアノ独奏などで範を示しただけでなく、ピアノの調律まで引き受けている。また招かれた政界・教育界などの各種催し物、講演依頼にも時間の許す限り出席するなど、日本の近代音楽教育の発展に寄与し、日本の近代音楽教育の開拓者のひとりとして活躍した。日本に招請の際に交わした契約では明治十三年四月一日から二ヶ年、とあり、明治十五年（一八八二）三月までであったものを、伊沢修二の強い要望に応えて三条実美太政大臣から、あと一年契約延期の許可が出て、明治十六年（一八八三）三月までに延期された。

しかしメーソンは、途中で自作の『唱歌掛図』のアメリカでの出版を急ぐ必要が生じたという理由で、明治十五年七月十三日に一時帰国を許された。帰国に際しては同年七月一日にメーソンが赴任初期から授業も担当した東京師範学校・同附属小学校、東京女子師範学校・同附属小学校・同附属幼稚園、学習院の各生徒、音楽取調掛伝習人などの送別演奏会を昌平館で、また同年七月三日には文部省専門学務局長、東京外国語学校長、東京師範学校長、女子師範学校長、学習院長、音楽取調掛長・同掛員などによる送別晩餐会が小石川植物園新築館で催されている。

伊沢修二はメーソンから学ぶものは多かったが、彼の帰国後については再度メーソンを招聘するよりも、彼に代わる人物を求めていたようで、メーソンの解雇手続きを進めてしまう。再来日を強く希望するメーソンの願いはついに認められなかったが、伊沢修二は帰国後のメーソンと文通を交わし合い、メーソンは日本からの留学生の世話をするなど、日本との関係は続いた。

〝彼の父ウィラードも音楽教育家で、独学で音楽を学び讃美歌の作曲もして、ボストン音楽学校の設立者でもあり〟と記した書があるが、これは同じメーソン姓の他の人物の誤りである。L・W・メーソンは日本政府から勲四等が贈られたが、その年、明治二十九年（一八九六）に六十八歳で亡くなった[2]。

◉伊《い》沢《さわ》修二《しゅうじ》（一八五一〜一九一七、図3・図4）　信濃国伊那郡高遠（現長野県伊那市高遠町）城下東高遠大屋敷に十人兄弟の長男として生まれる。高遠城内に今も残されている藩校進徳館に学び、十五歳にして同寮長となり助教の役を勤める。藩士数十名と共に江戸に学び、後京都の蘭学塾に入り英語・洋楽を学ぶ。

明治二年（一八六九）　再び東京に出て中浜万次郎などに英語を学ぶ。

明治三年（一八七〇）　大学南校（東京大学の前身）に入学。級長に推される。

図3　一般に知られている伊沢修二の写真③

図4　留学中の伊沢修二④

明治七年（一八七四）愛知県師範学校長。結婚する。

明治八年（一八七五）師範学科取り調べ視察のため高嶺秀夫・神津専三郎らとアメリカ留学し、マサチューセッツ州ブリッジウオーター師範学校に入学。

明治十年（一八七七）同校卒。南テキサス州の学術奨励会の席上で講演を行う。

明治十一年（一八七八）帰国、東京師範学校教員、文部省に体操伝習所を創設。

明治十二年（一八七九）東京師範学校校長、**文部省内に音楽取調掛を創設**。

明治十三年（一八八〇）**L・W・メーソンを日本に招聘**。

明治十四年（一八八一）～十七年（一八八四）**『小学唱歌集』初編～第三編発行**。

明治十九年（一八八六）文部省編集局長。

明治二十年（一八八七）**東京音楽学校（旧音楽取調掛）**を創立。

明治二十六年（一八九三）アメリカ、シカゴ万国博より初等教育音楽部長に推薦される。

明治三十二年（一八九九）東京高等師範学校校長。

明治三十九年（一九〇六）大阪市に吃音矯正出張所を設ける。

明治四十二年（一九〇九）機関紙『楽石叢誌』を発刊、「楽石社吃音出張矯正規則」を定める。その後重聴覚聾唖者矯正事業に尽力。

大正六年（一九一七）五月三日　脳出血のため死去。六十七歳、東京雑司ヶ谷墓地に埋葬。

弟達も東京で医師、京都で実業家、貴族院議員・枢密顧問官、楽石社副社長など、優秀な人物が揃っている。(5)


◉神津《こうづ》専三郎《せんざぶろう》（一八五二〜一八九七）信州小県郡芝生田村（現長野県小諸市）に生まれる。

明治二年（一八六九）十七歳で上京、箕作《みつくり》秋坪《しゅうへい》の塾や西洋人経営の塾で洋学を学ぶ。この頃『日本外史』を英訳する。

明治八年（一八七五）文部省から辞令〈師範学科取調ノタメ米国へ差遣候事〉を受け、アメリカに留学。伊沢修二、目賀田種太郎、小村寿太郎（東京開成学校（現東京大学）最初の留学生）らと共に総勢十三人。神津はニューヨーク州教育制度を担当。

明治十三年（一八八〇）東京女子師範学校の訓練兼教場総監事兼文部省教則取調掛。

明治十四年（一八八一）伊沢修二の招聘で音楽取調掛長（伊沢修二の補佐役）。

〔役職の内容〕

音楽取調掛と師範学校のカリキュラム作成、教員採用、年間学事暦作成、伝習生の成績、取調事業（教材の出版、俗曲改良、外人との折衝、外国文書の翻訳、音楽史・英語授業担当など）

明治十九年（一八八六）音楽取調掛主幹。

明治二十年（一八八七）東京音楽学校幹事。東京高等女学校兼務。

明治二十四年（一八九一）東京音楽学校教授兼幹事。同校長心得。著書『音楽利害』出版。

明治二十五年（一八九二）祝日大祭日歌詞及楽譜審査員に宮内省雅楽伶人達とこの任にあたる。

明治二十六年（一八九三）　祝日大祭日唱歌制定、この年東京女子高等師範学校教授を兼任。

明治二十七年（一八九四）　女子高等師範学校教授専任。

明治二十九年（一八九六）　台湾にわたっていた伊沢修二の招聘で、台湾総督府民生局学務部編集課長。

明治三十年（一八九七）八月　マラリアで死去　四十五歳。

以上、生涯を通して教育、特に音楽教育の出発点から多面にわたって伊沢修二に協力し、控えめな性格から伊沢修二の意向を十分に採り入れ、終始裏方として尽力したようで、業績を通して想像する彼は、多忙を極める人生を送ったことが窺える。(6)

明治十一年（一八七八）には留学中のアメリカより、アメリカの音楽教育の事情を確認するにしたがって、わが国の現状への改革意欲に燃えた伊沢、目賀田の心境が伝わってくる次のような書簡を文部省に送っている。(7)

〈学校唱歌ニ用フヘキ音楽取調ノ事業に着手スヘキ在米国目賀田種太郎、伊沢修二ノ見込書〉

（明治十一年四月）

現時欧米ノ教育者皆音楽ヲ以テ教育ノ一課トス、夫レ音楽ハ学童神気ヲ爽快ニシテ其ノ勤学ノ労ヲ消シ、肺臓ヲ強クシテ其ノ健全ヲ助ケ、音声ヲ清クシ、発音ヲ正シ、聴力ヲ疾《と》クシ、考思ヲ密ニシ、又能ク心情ヲ楽マシメ其ノ善性ヲ感発セシム　…略…　我省夙ニコ、ニ見ルアリテ唱歌ヲ公学ノ一課ニ定メラレシト雖モ、之レヲ実施スル亦易キニアラズ、例ヘバ我国ノ音楽ニ雅俗ノ別アリ、其雅ト称スルモノ調曲甚高クシテ大方ノ耳ニ遠ク、又其ノ俗ト称スルモノハ謳曲甚卑クシテ其害却テ多シ、畢竟此ノ如クニテハ之レヲ学課トシテ施スベカラズ、然ラバ西洋ノ楽ヲ採リテ直ニ之レヲ用キレバ事易キニ似タレドモ其ノ我ニ和スルヤ否ヤ又未ダ知ルベカラズ　…略…

（註　この文面は遠藤 宏著『明治音楽史考』に記された原文の通りに記したもので、文字に誤記・誤植があるようである。〝調曲〟は今日の表現では〝曲調〟のことであろう。）

続けて明治十一年（一八七八）五月にアメリカから帰国した伊沢修二は、留学中にメーソンと協力して作成した『唱歌掛図』を〔唱歌法取調書〕に添えて、同年六月に田中不二麿文部大輔に提出している。この『唱歌掛図』の内容を冊子にまとめ、生徒各自に教科書として持たせて教育の推進を計ろうとして刊行されたのが後述の『小学唱歌集』である。

文部省は明治十二年（一八七九）十月に〔音楽取調掛〕を設置し、伊沢修二は帰国後早々に文部省の命で東京師範学校校長と兼務で音楽取調御用掛となり、学校音楽教育を推進するには、先ず音楽教員の養成から取り掛かる必要性から、当時の文部卿寺島宗則《てらしまむねのり》に〈音楽取調掛見込書〉を目賀田種太郎とともに提出した。これは明治十一年四月に目賀田種太郎と共に、当時の文部大輔田中不二麿に提出した〈音楽取調掛設置ノタメノ上申書〉を具体的に書き改めたもので、その原文は相当長文であるが、ここではその項目のみを次に挙げてみる。(8)

音楽取調掛見込書　（明治十二年十月）

第一項　東西ニ洋ノ音楽ヲ折衷シテ新曲ヲ作ル事
第二項　将来国楽ヲ興スヘキ人物ヲ養成スル事
第三項　諸学校ニ音楽ヲ実施スル事

メーソンは、日本が「学制」を廃止して、それに代わる「**教育令**」を公布した明治十二年（一八七九）九月から六ヶ月後の明治十三年（一八八〇）三月に伊沢修二らの努力で来日したが、その直後伊沢修二は文部省学務課長宛に〈我国在来之音楽取調之事〉を伺っている。(9)

第一条　我国在来之音楽取調之事　（明治十三年三月）

右目的ヲ以テ雅楽所諸学校其他音楽演習致シ候場所ヲ巡覧為致我音楽之性質ヲ概了セシムベク候

音楽熟達之者ヲ時々招集致シ琴箏琵琶鼓弓横笛其他楽器ヲ奏セシメ其西楽ニ合否ヲ試ミ且種々問答ヲ尽シテ彼我異同之点ヲ査閲シ将来新曲ヲ作ルノ材料ニ供スベク候

…略…

続いて明治十五年（一八八二）一月に〈音楽取調事務大要〉が示された。(10)

音楽取調事務大要　（明治十五年一月）

第一　**諸種ノ楽曲取調ノ事**

諸種ノ楽曲中特ニ取調ヲ要スルモニハ本邦ノ部ニ在テ雅楽俗楽トシ外国ノ部ニ在テ西洋楽清楽トス　…略…

楽曲取調ノ方法ハ従来口伝ニ出デ楽譜ナキモノハ之ヲ精究審解シテ其楽譜ヲ作リ若シ其譜アルモ各種異様ノ方法ヲ用キタルモノハ之ヲ各国普通ノ楽譜ニ改メ精確明瞭ニ其曲調ヲ記スルヿヲ務ムベシ

…略…

第二　**学校唱歌ノ事**

学校唱歌ニ就キ要スル所ノ事項ハ楽譜及ビ歌詞ノ撰定、図書ノ編輯、楽器ノ練習及ビ唱歌普及ノ方法トス

楽譜ハ本邦人若クハ西洋人ノ作ヲ撰用シ歌詞ハ既有ノ楽譜ニ従テ作為スルモノト楽譜ノ撰定ニ先立チテ作為スルモノトノ二種トス

本邦人ノ作ニ出タル楽譜ハメーソン氏若クハ他ノ西洋人ニ托シテ其和声ヲ作ラシメザル可ラズ是レ此和声ノ事タル頗ル高尚ノ学科ニ属シ今日我音楽家ノ未ダ為シ能ハザル所ノモノナリ…略…　楽譜ノ撰定ニ先チテ歌作ヲ為ストキハ其句数字数等ヲ定メ他日楽譜ヲ作ルニ当リ極メテ唱歌ニ適切ナランヿヲ要スベシ

…略…

第三　**高等音楽ノ事**

…略…

本邦管弦楽ハ特ニ雅楽局ノ設アリテ之ヲ専修スルガ故ニ当掛ニ於テハ特別ノ理由アルノ際ニ非レバ之ヲ練習スルヲ要セザルベシ　…略…

第四　**各種ノ楽曲撰定ノ事**

国歌資料ノ撰定ヲ始メ其他将来当掛ニ於テ作ル所ノ楽曲ハ彼我雅俗流派ヲ論セズ至良ト認ムルモノハ之ニ和声ヲ附シ漸次蒐集シテ書冊ト作シ之ヲ世ニ公ニスベシ　…略…

茲ニ撰定スル所ノモノハ通常ノ和歌ニ異リ楽器ニ和シテ歌フベキ歌曲ナレバ其専旨トスル所モ亦楽曲ニ在リテ歌詞ハ之ニ次クモノトス

楽曲ハ総テ普通ノ譜法ヲ用キテ之ヲ記シ其最佳ナルモノヲ撰ビ、メーソン氏ヲシテ其和声ヲ作ラシメ　…略…

第五　**俗曲改良ノ事**

…略…

従来所用ノ俗曲中其曲ハ頗ル佳良ナルモ其歌詞ノ猥褻ニ流レ若クハ淫行ニ導クノ嫌アルニヨリ　公衆ノ前ニ於テ歌ヒ得可ザルモノ少カラズ是等ハ宜ク其歌詞ヲ改作シテ永存スベシ

…略…

此事業ニ就テハ当掛員中俗曲ニ通スル者ヲシテ先ヅ取用スベシト認ムル所ノ楽曲ヲ撰バシメ　然ル後之ニ適スベキ歌詞ヲ作ラシメ且其曲ヲ解剖シテ楽譜ヲ作リ輯《あつめ》テ書冊トナシ世ニ公行シ間接ニ俗曲ノ流弊ヲ矯正スルノ用ニ供スベシ

第六　**音楽伝習ノ事**

…略…

唱歌ヲ伝習スルハ最初簡単ナル単音歌曲ニ起リ漸次高等ノ唱歌に及ブモノトス

…略…

風琴（註　オルガン）ハ音調ノ狂ヒ極メテ少ク学校唱歌ノ授業ニハ最モ適当ニシテ且習ヒ易キモノナレバ之ヲ該校生徒ニ伝習セバ他日唱歌ヲ授業スルニ当リ大イナル助トナルベシ

…略…

第一の文中の〔清楽〕について少し述べておく。

清楽・明楽と月琴・陽琴

江戸時代より武士の間で習い事として好まれたものに、明楽と清楽があった。清楽は日本には文政の頃（一八〇〇年代）に長崎に伝わったといわれている。明治に入ってその二つを合わせて〔明清楽〕と称して、特に明治十五年（一八八二）頃からは相当流行したようで、音楽取調掛でもその演奏を行ったことがあるようであるが、明楽はほとんど用いることが無かったようである。楽器も中国の〔月琴〕や〔明笛〕を使い、大阪や東京にはプロの演奏家も輩出するほどになって、やがて明清楽は師匠格の人物が全国に存在するほどに人気があがったという。

明清楽器の中でも月琴はその改良まで手がけている。〔月琴《げつきん》〕は直径三〇センチほどの円形の楽器で胴は薄く、二〇センチほどの竿がついている四絃の楽器である。筆者も中国雲南省の片田舎で大変古びたものを購入して帰ったが、非常に簡素な作りで、当地では現在も古典舞楽などで演奏されており、庶民の間でも結構好まれて実用している楽器である。雲南省の街角では座り込んで月琴を手に一人で演奏を楽しむ姿も見掛けた。類似の楽器に〔陽琴〕もある。

明清楽については、実際には日本の教育には活用しなかった。

第二の文中〝他の西洋人〟はエッケルトを指している。

これらを基礎に、初めて取り組む学校教育に於いて必要な音楽教科書作成に当たり、伊沢修二にとっては日本在来の音楽をそのまま教材に用いることへの抵抗感から、しかし急務とする音楽教科書作成に関して、それらを可能なかぎり活用したいと望み、またメーソンにとっては、外国人から見た日本在来の音楽をどのように洋楽と融合させて、学校教育の中の音楽教育に採り入れることができるかという難問克服の困難な作業が待ち受けていたのである。

伊沢修二は新任のメーソンに、来日早々に東京師範学校附属小学校や附属幼稚園等において歌唱の授業をさせている。加えて時間を割いて日本各地も回り、日本在来の音楽の実態調査・収集・研究に奔走している。

メーソンの担当はそれだけではない。音楽教員養成学校である音楽取調所の授業科目と担当教師の記録を見ると、洋琴（ピアノ）・風琴（オルガン）伝習、高等歌唱伝習、管絃楽伝習、和声講義、とあり、その授業展開に必要な楽器類の必要から、早速スクエアピアノ十台等を輸入させ、またオルガンの材料を取り寄せて、日本人の一人を助手として自分で組み立てて、明治十四年（一八八一）にはその第一号を完成し実用している。

2　その他の音楽取調掛として貢献した人物

また我が国最初の女子留学生と言われていて、十年間アメリカに留学（ピアノ）して明治十四年（一八八一）に帰国した永井繁子（後の瓜生外吉海軍大将夫人）も、音楽取調掛のピアノ教授となり、伊沢修二に協力した一人である。

明治十三年（一八八〇）に東京・本郷にあった文部省用地（現東京大学）内に音楽取調所（極く短期間、音楽取調掛を〔音楽取調所〕と称した）が設けられ、同年六月に最初の音楽伝習人を募り、男女を問わず特に邦楽を習得した者は歓迎されて、約三十名の雅楽・俗楽等を習熟した者に洋楽を伝習させた。優秀な学生は在学中から指導に当たった者もいた。宮内庁雅楽課の芝《しば》葛鎮《ふじつね》、同じく伶人《れいじん》の上《うえ》真行《さねみち》、東儀彭質、奥《おく》好義《よしいさ》、辻《つじ》則承《のりつぐ》等が管弦楽の稽古を兼ねて助教となり、箏の山勢《やませ》松韻《しょういん》、国文学者の里見《さとみ》義《ただし》、加部《かべ》厳夫《いずお》や東京師範学校教員の稲垣《いながき》千頴《ちかい》等も加わって唱歌の作詞をさせており、このあと『小学唱歌集』には彼らの名がしばしば出てくる。鳥居《とりい》忱《まこと》、幸田《こうだ》延《のぶ》、遠山《とおやま》甲子《きね》、内田《うちだ》弥一《やいち》なども各専門分野を生かして非常に貢献している。

先述した軍楽以外の洋楽の演奏は、明治十二年には東京上野の精養軒や外国の公使館、横浜山手居留地などで度々行われるようになり、上流社会人といわれる日本人の多くには、洋楽を耳にする機会が増えていった。明治十四年十一月十八日の読売新聞記事を見ると、メーソンも来日の翌年（明治十四年）十一月に学習院記念式において、彼自身の演奏に加えて、彼が指導した音楽取調所の女生徒たちによる唱歌の演奏も披露し、同席の華族・文部省関係者等に大きな感動を与えたと記されている。

◉**上《うえ》　真行《さねみち》**（一八五一～一九三七）堀内敬三など〝うえ　さねつら〟と読んでいる音楽関係者もいるが、多くの研究者は〝さねみち〟と読んでいる。東京音楽学校教授。

◉**奥《おく》　好義《よしいさ》**（一八五八～一九三三）京都生まれ。明治三年（一八七〇）に上京して宮内省雅楽師となり洋楽も早くから学習し、音楽取調掛助教となる。楽典の研究も深く、洋風作曲もして**『洋琴教則本』は日本のピアノ教則本の最初のもの**。芝《しば》　葛鎮《ふじつね》ら四人はドイツ生まれの松野クララにピアノを習い、日本人のピアノ学習の先駆けである。当時三条実美家にピアノが入り、彼は友人たちとしばしば訪れては弾き続けてピアノを壊したというエピソードもある。

なお**三条　実美《さんじょうさねとみ》**（一八三七～一八九一）は京都出身で、京都御所東側の清和院御門前に自宅があった。明治維新時の元勲。文久二年（一八六二）に権中納言、国事御用掛、攘夷・天皇の権限回復を遂行の任に当たり、尊皇攘夷派公家の中心人物として頭角をあらわした。右大臣、太政大臣、内大臣という立場にも立ち、明治二十二年（一八八九）には内閣総理大臣、その至誠の人格が国家騒乱の難題を常に解決していった。五十五歳で他界し国葬を執り行われて、京都の邸宅跡に建つ〔梨木神社《なしのきじんじゃ》〕（当時は別格官幣大社）に祀ってある。この神社は第二次世界大戦終戦後、参道の萩で有名になっている。筆者はこの梨木神社のすぐ裏（北側）、西は京都御所の石垣に接した清閑な所に住んでいたので、毎夜のように目前の梨木神社の楠の木の大木にとまって休むフクロウの家族と、二階の筆者の勉強部屋の窓から目が合って、いつも〝元気か〟とか声をかけたものである。参道は毎日通学で通った道である。

◉**松野《まつの》クララ**（一八五二～一九四一？）旧姓ツィーテルマン、ベルリン生まれ。明治九年（一八七六）十一月十四日に東京女子師範学校附属幼稚園保母に就任、明治十二年（一八七九）三月九日式部寮伶人の三人と音楽取調掛の御用掛となって正式にピアノの学習指導を始めた。

3　音楽取調掛の始動

音楽取調掛の開設間もない明治十四年（一八八一）七月の〈音楽取調掛期末試業略配〉つまり音楽取調掛の伝習生（生徒）の期末試験の記録[11]の一部を記してみる。

後述の『小学唱歌集』の出版が明治十四年十一月であるから、その出版前に同書の内容が教材として既に用いられていたことになる。

音楽取調掛期末試業略配

（明治十四年七月）

唱歌ノ部

・楽器ヲ用ヰズシテ唱フ分　（曲……カヲレ、ハルヤマ、ワカノウラ、ハルハハナミ、ハルカゼ、ハルミニユキマセ）

・洋琴ヲ用ヰテ唱フ分　（曲……蝶々、閨の板戸）

・風琴ヲ用ヰテ唱フ分　（曲……眠レヨ子、君が代＝註　この曲は現在の〝君が代〟ではない、玉の宮居、隅田河原、大和撫子）

・琴及胡弓ヲ用ヰテ唱フ分　（曲……見渡セバ、春の弥生、蛍（註　この曲は現在知られている〝蛍の光〟）

・洋琴二人連弾　（曲……不明）

・洋琴三人連弾　（曲……不明）

・管絃楽演習（当掛助教）　（曲……富士山、オーストリア国歌、若紫、ほか略）

更に明治十七年（一八八四）二月に文部卿大木《おおき》喬任《たかとう》に提出した長文の〈音楽取調成績申報書〉にある創置処務概略の部分を見ると、明治十二年（一八七九）十月の〈音楽取調見込書〉第一項〔東西二洋ノ音楽ヲ折衷シテ新曲ヲ作ル事〕について次のように記している事も参考に挙げておく。(12)

音楽取調成績申報書

（明治十七年二月）

…略…

甲説……洋ノ東西ヲ問ハズ人種ノ黄白ヲ論セス、苟モ人情ノ同キ所ハ音楽亦同シテ可ナリ

…略…

乙説……各国皆ナ各国の言辞アリ風俗アリ文物アリ…略…音楽ノゴトキハ素《もとも》ト人情ノ発スル所人心ノ向フ所ニ従テ興リタルモノナレハ、各国固有ノ国楽ヲ有ス

…略…

丙説……　…略…東西二洋ノ音楽ヲ折衷シ今日我国ニ適スベキモノヲ制定スルヲ務ムベシト

…略…

前の〈音楽取調見込書〉並びに〈音楽取調成績申報書〉等の全文を見て、伊沢修二の意識の中に人種差別も全く見られない非常に国際的かつ民主的な立場に立っての、音楽教育になみなみならぬ意欲的な取り組みが強く感じ取れる。その一つの成果として完成したものに次の楽譜がある。

○**『箏曲集』**（COLLECTION OF JAPANESE KOTO MUSIC）（図5〜図8）

by Tokyo Academy of Music Japan　October, 28 th, 1888

文部省編集　東京音楽学校　明治二十一年十月二十八日発行

図5 『箏曲集』より“姫松”“桜”“花競”

平調子 Hira-Jōshi.

姫松 Hime-matsu.

No. 1.

第一曲

櫻 Sakura.

No. 2.

第二曲

箏
曲
集

図 7 『箏曲集』裏表紙

COLLECTION
OF
JAPANESE
KOTO MUSIC.
BY
TOKYO ACADEMY
OF
MUSIC.
JAPAN.

図 6 『箏曲集』表表紙

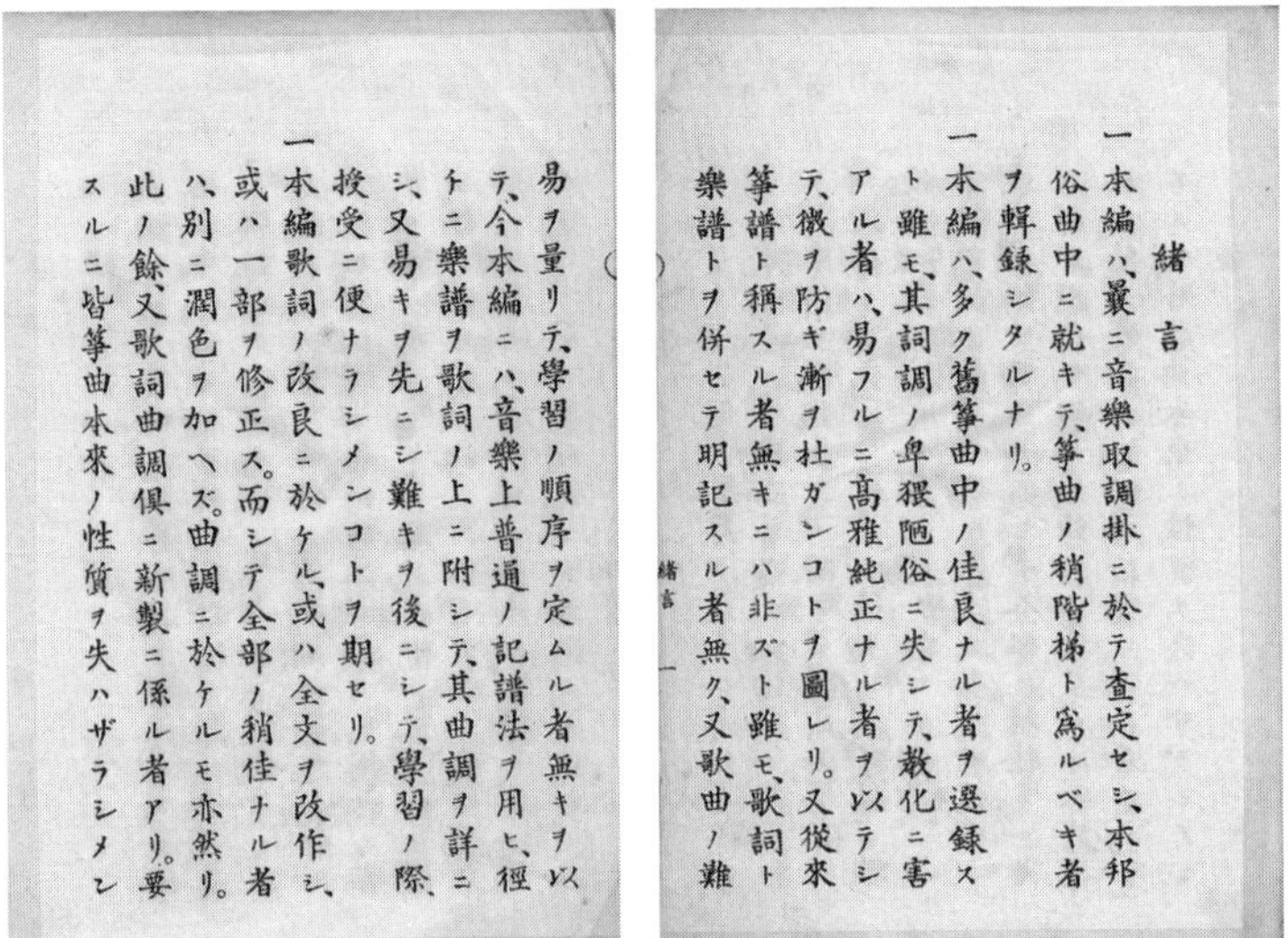

緒言

一本編ハ、曩ニ音樂取調掛ニ於テ査定セシ、本邦俗曲中ニ就キテ、箏曲ノ稍階梯ト爲ルベキ者ヲ輯錄シタルナリ。

一本編ハ、多ク舊箏曲中ノ佳良ナル者ヲ選錄スト雖モ、其詞調ノ卑猥陋俗ニ失シテ、教化ニ害アル者ハ、易フルニ高雅純正ナル者ヲ以テシテ、微ヲ防ギ漸ヲ杜ガンコトヲ圖レリ。又從來箏譜ト稱スル者無キニハ非ズト雖モ、歌詞ト樂譜トヲ併セテ明記スル者無ク、又歌曲ノ難易ヲ量リテ、學習ノ順序ヲ定ムル者無キヲ以テ、今本編ニハ、音樂上普通ノ記譜法ヲ用ヒ、徑ケニ樂譜ヲ歌詞ノ上ニ附シテ、其曲調ヲ詳ニシ、又易キヲ先ニシ難キヲ後ニシテ、學習ノ際、授受ニ便ナラシメンコトヲ期セリ。

一本編歌詞ノ改良ニ於ケル、或ハ全文ヲ改作シ、或ハ一部ヲ修正ス。而シテ全部ノ稍佳ナル者ハ、別ニ潤色ヲ加ヘズ。曲調ニ於ケルモ亦然リ。此ノ餘、又歌詞曲調倶ニ新製ニ係ル者アリ。要スルニ皆箏曲本來ノ性質ヲ失ハザラシメン

緒言 一

図 8 『箏曲集』緒言

“桜” を含めたこの『箏曲集』は邦楽曲を
五線譜に表示した最初の洋式楽譜である。

音楽取調掛が在来の音楽の中から選んで編集したもので、邦楽曲を洋式の五線譜に書き表したことによって、箏曲の近代化が急速に進むきっかけとなった。

註

（1）『音楽教育明治百年史』井上武士著　音楽之友社　昭和四十二年十二月発行　p.31より転載
（2）『音楽教育成立への軌跡』東京芸術大学音楽取調掛研究班編　音楽之友社　昭和五十一年七月発行　p.76〜92
（3）『明治音楽史考』遠藤宏著　東京有朋堂　昭和二十三年四月発行　p.7より転載
（4）『音楽教育成立への軌跡』東京芸術大学音楽取調掛研究班編　音楽之友社　昭和五十一年七月発行　p.4より転載
（5）『伊沢修二　その生涯と業績』高遠町図書館編著　高遠町　昭和六十二年十月発行　p.111〜119
（6）『明治音楽史考』遠藤　宏著　東京有朋堂　昭和二十三年四月発行　p.174〜175
（7）右同　p.52
（8）『日本の洋楽百年史』井上武士監修　秋山龍英編著　第一法規出版　昭和四十一年一月発行　p.19〜21
（9）註（6）p.75
（10）註（8）p.21〜23
（11）註（6）p.85〜88
（12）註（8）p.20

四　最初の教科書『小学唱歌集』の出版

1　〔しょうか〕と〔しょうが〕

〔唱歌〕の語は『竹取物語』や『源氏物語』にも出ているが、旧くは〔しょうが〕と読み、元々楽器に合わせて歌をうたうこと、または楽器の旋律を暗記するために、それを口でとなえてうたうように作られたものを指し、例えば尺八の都山流で『六段』の初句は〝レレツロロ〟、また箏の旋律を口で唱えるとき、〝テントンシャン〟等と言うようなものを唱歌（しょうが）と言う人もあった。それが明治のいわゆる学校唱歌以降〝しょうか〟と発音するようになった(1)。

このことについて大正五年（一九一六）に出版された『音楽』第七巻第二号に吉丸一昌《よしまるかずまさ》は次のように記している。

唱歌といふ語は竹取物語にも源氏物語にも出でたり。されど、今の発音と違ひ、竹取物語には、

日暮るゝ程、例の集まりぬ、人々或は笛を吹き、或は歌をうたひ、或はしやうが（註　しょうが）をし、

或は口笛《うそ》を吹き、扇を鳴らしなどするに。

とあり。源氏物語、若菜の巻には、

拍子取りてさうが（註　そうが）し給ふ。…略…
この中しやうがと云ふ発音は、近く明治の初年の頃までも称へ、今もなほ宮内省の伶人諸氏はしやうがと発音するなり。（さうがの語は遠くの昔滅び去りぬ。）

さて今と昔と其の名称の読みやうが異れるのみならず、その語意も亦今と昔と異りて、古くは今の如く、単に歌詞、または楽歌の意味には用ひず、器楽曲の旋律を口吟むの意味に用ひたり。即ち今の語にて云へば階名にて歌ふと云ふ意味に用ひたるなり。…略…

唱歌の詞は百済国の語なり。…略…

チリ、タリは素より百済の語にあらず、もとは笛の擬声音にして、謂ゆる笛の譜なり、笛曲の階名なり。これを以て見ても、唱歌といふ語の意味は、器楽曲の旋律を、その擬声音を以て口吟むの意に用ひたるを知るべし。…略…

古意にては、唱歌とは器楽曲を口吟む事を云ふなれども、後には小形式の声楽曲の歌詞の名称となり、足利氏以後の小歌の歌詞をは唱歌《しやうが》または章歌《しやうが》とも書き、…略…琴、三味線の歌詞をも同じく唱歌《しやうが》と呼ぶに至れり。されどなほ吾人が今日用ふる唱歌の意味にあらずして、恰も **Lied** の意味に用ひたるなり。吾人が今日用ふる唱歌の意味は、声楽曲の総ての歌詞を総活したる名称にして、**Gesang** の訳語なり。**Lied** は **Gesang** の一種類の歌曲たるは誰れも知れる事なるべし。…略…

そはともあれ、シヤウガの発音が明治となつて急にシヤウカと澄みて発音するに至りたるは何故か。…略…分明ならず。…略…

言語は変遷するものなり。今更これを濁りて発音するにも及ばざれど、…略…唱歌は昔の通りに **Lied** に充て **Gesang** をば楽歌とでも言ひ代へたきものなり。

以上の吉丸一昌の文章は、三浦俊三郎著の『本邦洋楽変遷史』より引用した(2)。結局 'しょうが' が 'しょうか' に変わった理由は不明ということである。

◉吉丸一昌《よしまるかずまさ》（一八七三～一九一六）　現在の大分県臼杵市に生まれる。東京帝国大学国文科卒。言語学、音韻学。東京音楽学校教授。『作歌法』ほか国文教科書、歌劇〝春日社〟、自作の詩に新人作曲による『新作唱歌』十冊を出版。学校唱歌や校歌は数百曲にのぼる。

2　『小学唱歌集』初編・第二編・第三編　文部省　明治十四年十一月～明治十七年三月発行

「学制」の発布と同時に教科書の選定・作成は重要な課題で、修身をはじめとしてどの教科もアメリカで使用されていた〔問答〕という形式の教育方法をまず師範学校で採り入れることになり、同時に『唱歌掛図』（Teaching Charts）も導入して、それらを急遽編集・製作した。それが五十音図、濁音図、単語図、連語図、算用数字図、形体図、線度図、博物図、体操図、羅馬数字図、和洋数字図、加算乗算掛図、色図等である。

当時『小学読本』四冊が明治六年（一八七三）に初版が刊行され、同七年（一八七四）八月に師範学校編、文部省刊行で小学校国語科教科書として用いられたが、これはアメリカの『ウィルソン・リーダー』(The School and Family Series, by Marcius Willson) を直訳したものであったし(3)、『小学算術書』も直観主義に基づいたペスタロッチ手法を採り入れて明治六年に刊行するなど、外国の教育方法を真似るところから出発している。しかしそれら教科書は出版されたが、どの教科も初期はそれをどのように教えるか、教える教師の養成も進まず苦難の道が続いた。このことは、修身もその例に漏れず、ヨーロッパの法律書や道徳書を翻訳したものを使用した。それらの教科に対して

図９　『小學唱歌集』初編・第二編・第三編

図10　『小學唱歌集』表表紙裏

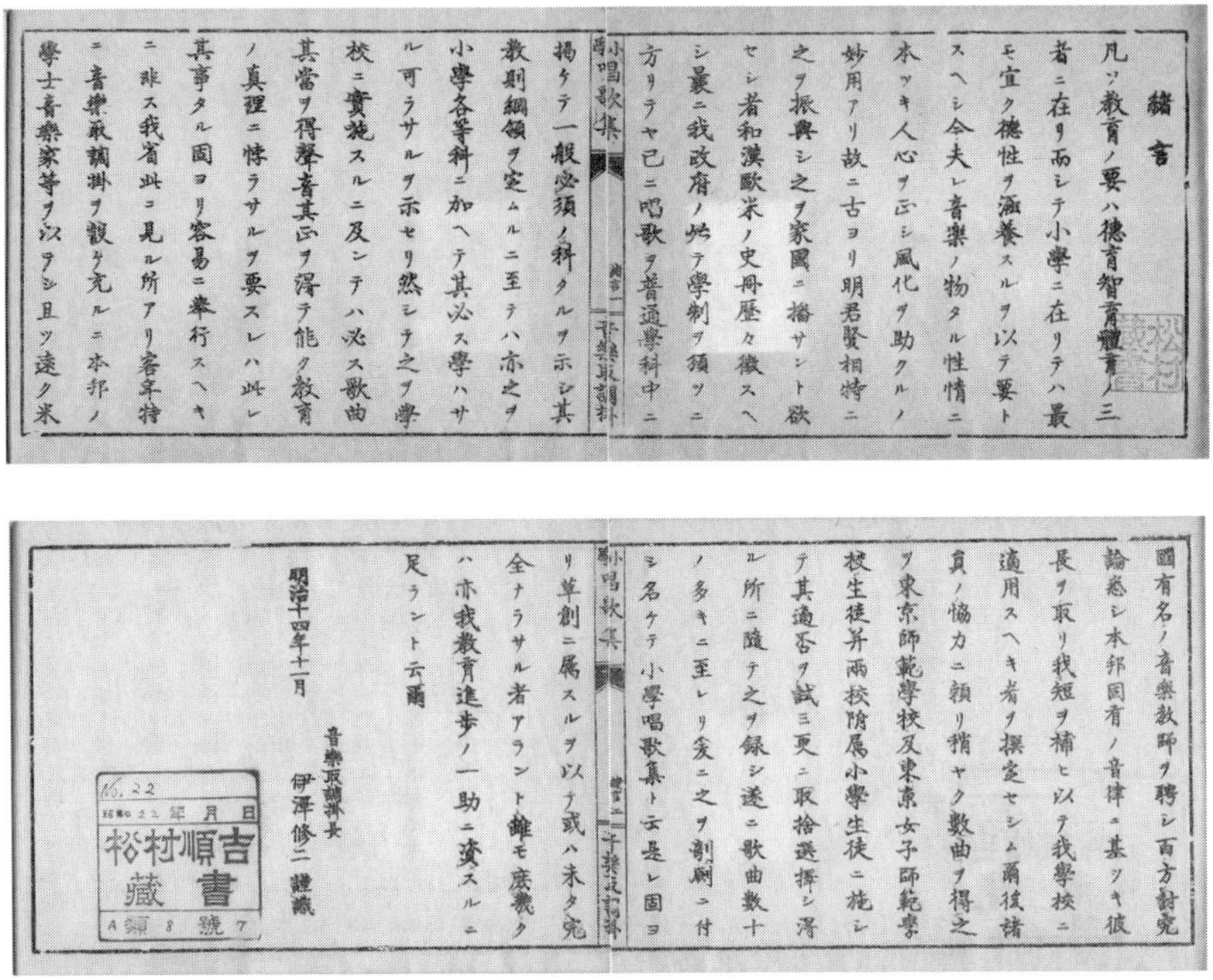

緒言

凡ソ教育ノ要ハ徳育智育體育ノ三者ニ在リ而シテ小學ニ在リテハ最モ宜ク徳性ヲ涵養スルヲ以テ要トスヘシ今夫レ音樂ノ物タル性情ニ本ツキ人心ヲ正シ風化ヲ助クルノ妙用アリ故ニ古ヨリ明君賢相特ニ之ヲ振興シ之ヲ家國ニ播サント欲セシ者和漢歐米ノ史冊歴々徴スヘシ曩ニ我政府ノ始テ學制ヲ頒ツニ方リテヤ已ニ唱歌ヲ普通學科中ニ掲ケテ一般必須ノ科タルヲ示シ其教則綱領ヲ定ムルニ至テハ亦之ヲ小學各等科ニ加ヘテ其必ス學ハサル可ラサルヲ示セリ然シテ之ヲ學校ニ實施スルニ及ンテハ必ス歌曲其當ヲ得聲音其正ヲ得テ能ク教育ノ真理ニ悖ラサルヲ要スレハ此レ其事タル固ヨリ容易ニ擧行スヘキニ非ス我省此ニ見ル所アリ客年特ニ音樂取調掛ヲ設ケ充ルニ本邦ノ學士音樂家等ヲ以テシ且ツ遠ク米國有名ノ音樂教師ヲ聘シ百方討究論悉シ本邦固有ノ音律ニ基ツキ彼長ヲ取リ我短ヲ補ヒ以テ我學校ニ適用スヘキ者ヲ撰定セシム爾後諸員ノ協力ニ頼リ稍ヤク數曲ヲ得之ヲ東京師範學校及東京女子師範學校生徒并兩校附属小學生徒ニ施シテ其適否ヲ試ミ更ニ取捨選擇シ得ル所ニ随テ之ヲ録シ遂ニ歌曲數十ノ多キニ至レリ爰ニ之ヲ剞劂ニ付シ名ケテ小學唱歌集ト云是レ固ヨリ草創ニ属スルヲ以ナ或ハ未タ完全ナラサル者アラント雖モ庶幾クハ亦我教育進歩ノ一助ニ資スルニ足ラント云爾

明治十四年十一月

音樂取調掛長　伊澤修二　謹識

図11　同　緒言

音楽は、その時期には教科書すら全く手をつけられない状態が続いていたのである。

そして先述のように、伊沢修二などがアメリカに留学する機会を得て後に、漸く音楽（唱歌）教科書の作成、出版へと踏み出すことになったのである。

我が国最初の音楽教科書『小学唱歌集』初編（図9～11）は、明治十四年（一八八二）十一月二十四日に文部省が出版している。この『小学唱歌集』初編・第二編・第三編ともに、表表紙の裏に〔小学校師範学校中学校教科用書〕とあり、今日の小学校教科書よりも幅広い生徒を対象としたことが判る。（註　但しこれは第三版＝明治十八年（一八八五）五月＝以降に限るもので、初版＝明治十四年十一月刊行＝と、第二版＝明治十七年（一八八四）九月再版＝には、その記載は無い）

実は、前章の3の〈音楽取調掛期末試業略配〉（p.48）に見られる歌唱曲は、総て次に記述する『小学唱歌集』に記載の曲である。ということは、〈音楽取調掛期末試業略配〉の記録が、明治十四年七月実施とあることから、我が国最初の唱歌集が出版される以前に、既にメーソンが音楽取調掛伝習生に教授する教材として使用していたことがわかる。ここで各編を概観してみよう。

なお、文部省唱歌の作成経過について知ることの出来る資料は極めて少ない。

初編　文部省　明治十四年十一月発行

①緒言　これは音楽取調掛長伊沢修二の言葉である。[4]

『小学唱歌集　初編』　（明治十四年十一月発行）

緒　言

凡ソ教育ノ要ハ徳育智育体育ノ三者ニ在リ而シテ小学ニ在リテハ最モ宜ク徳性ヲ涵養スルヲ以テ要トスヘシ今

夫レ音楽ノ物タル性情ニ本ツキ（基《もと》づき）人心ヲ正シ風化ヲ助クルノ妙用アリ故ニ古ヨリ明君賢相特ニ之ヲ振興シ之ヲ家国ニ播サント欲セシ者和漢欧米ノ史冊歴々徴スヘシ曩（註 'さき' と読む。往きし日、昔の意）ニ我政府ノ始テ学制ヲ頒ツニ方《あた》リテヤ已ニ唱歌ヲ普通学科中ニ掲ケテ一般必須ノ科タルヲ示シ其教則綱領ヲ定ムルニ至テハ亦之ヲ小学各等科ニ加ヘテ其必ス学ハサル可ラサルヲ示セリ然シテ之ヲ学校ニ実施スルニ及シテハ必ス歌曲其当ヲ得声音其正ヲ得（註 原書にはサンズイ）テ能ク教育ノ真理ニ悖《もと》ラサルヲ要スレハ此レ其事タル固ヨリ容易ニ挙行スヘキニ非ス我省此ニ見ル所アリ客年特ニ音楽取調掛ヲ設ケ充ルニ本邦ノ学士音楽家等ヲ以テシ且ツ遠ク米国有名ノ音楽教師ヲ聘シ百方討究論悉シ本邦固有ノ音律ニ基ツキ彼長ヲ取リ我短ヲ補ヒ以テ我学校ニ適用スヘキ者（物）ヲ撰定セシム爾後諸員ノ協力ニ頼リ稍ヤク数曲ヲ得　…略…未タ完全ナラサル者（物）アラント雖モ庶幾クハ亦我教育進歩ノ一助ニ資スルニ足ラント云爾

音楽取調掛長

明治十四年十一月　　伊沢修二　謹識

②楽典

音名……ハニホヘトイロ（但し、現在のハ（一点ハ）音がハ音（カタカナのハ音）となっていて一オクターブ低くずれている）。

階名……音階練習で一・二・三・～（ヒフミヨイムナ）の**数字譜**を示している。数字譜は移動ドによる読譜に活用し、昭和初期まで全国で使用していたが、その後現在のドレミ…に変わった。

（註　筆者の母＝明治四十四年三月生まれ＝は、小学校・高等女学校の生徒の時代に数字譜でも音楽の授業を学んだと言っていた）

後述の教科書の一部に五線譜を一切使わず、数字譜のみで出版したものもある。

③記載曲

・曲数　第一曲～第三十三曲　計三十三曲

・曲名

1．かをれ	2．春山《はるやま》	3．あがれ	4．いはへ
5．千代に	6．和歌《わか》の浦《うら》	7．春は花見	8．鶯《うぐひす》
9．野辺《のべ》に	10．春風《はるかぜ》	11．桜紅葉《さくらもみぢ》	12．花さく春
13．見わたせば	14．松の木蔭《こかげ》	15．春のやよひ	16．わが日の本
17．蝶々《てふ〳〵》	18．うつくしき	19．閨《ねや》の板戸《いたど》	20．蛍《ほたる》
21．若紫《わかむらさき》	22．ねむれよ子	23．君が代	24．思ひいづれバ
25．薫《かを》りに志らる、	26．隅田川	27．富士山《ふじのやま》	28．おぼろ
29．雨露《あめつゆ》	30．玉の宮居《みやゐ》	31．大和撫子《やまとなでしこ》	32．五常《ごじやう》の歌《うた》
33．五倫《ごりん》の歌《うた》			

・曲・歌詞について

曲の旋律は外国曲の場合、日本語に合わせる必要もあって、幼児が歌い易いように変えてあるものも多いようである。

1～12までは稲垣千穎《いながきちかい》の作詞。

3．″あがれ″　この曲の曲名は、元は″柳すすき″

歌詞一　′なびけ　やなぎ　河瀬の　風に…′

歌詞二　′まねけ　すすき　はなのの　風に…′

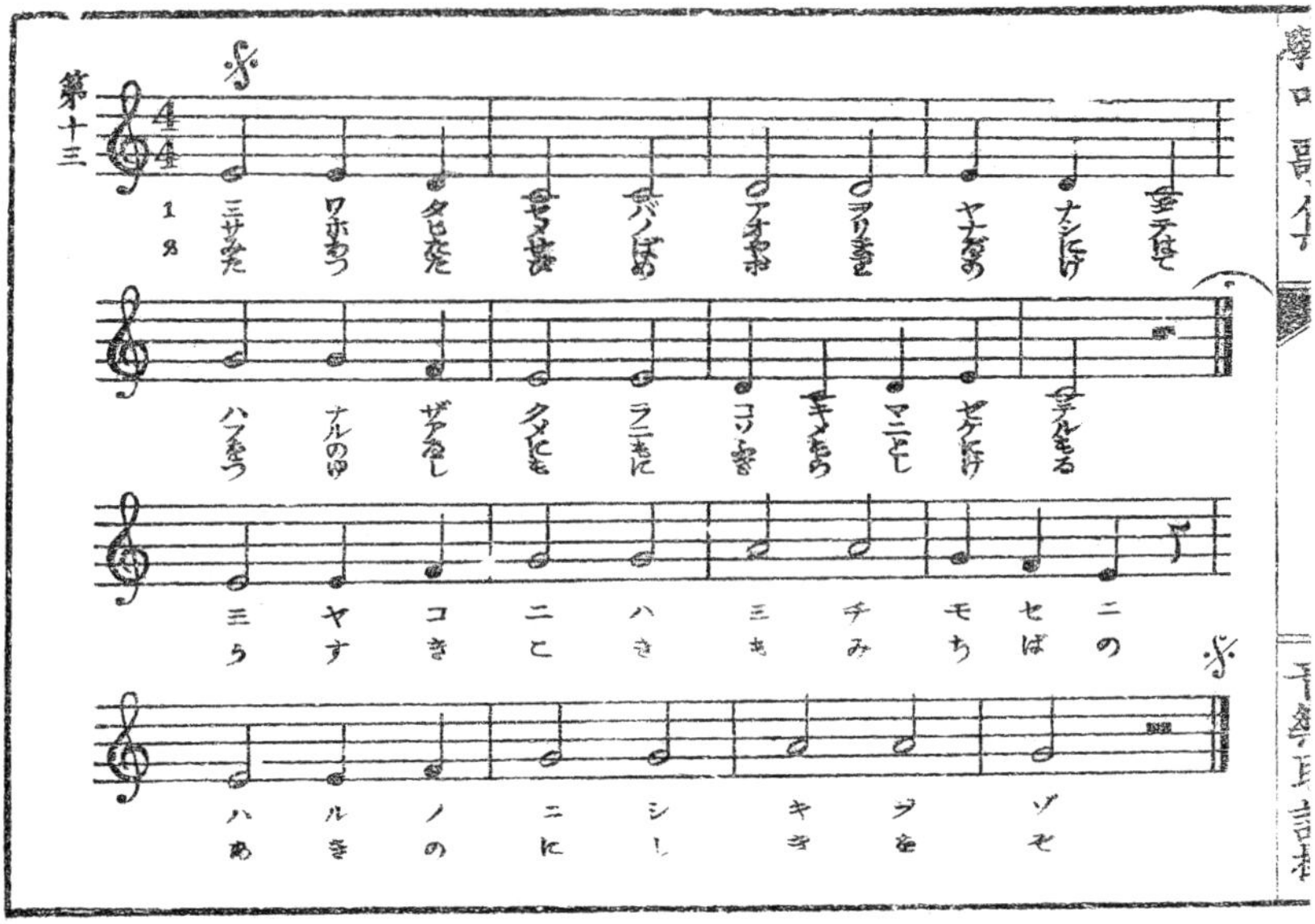

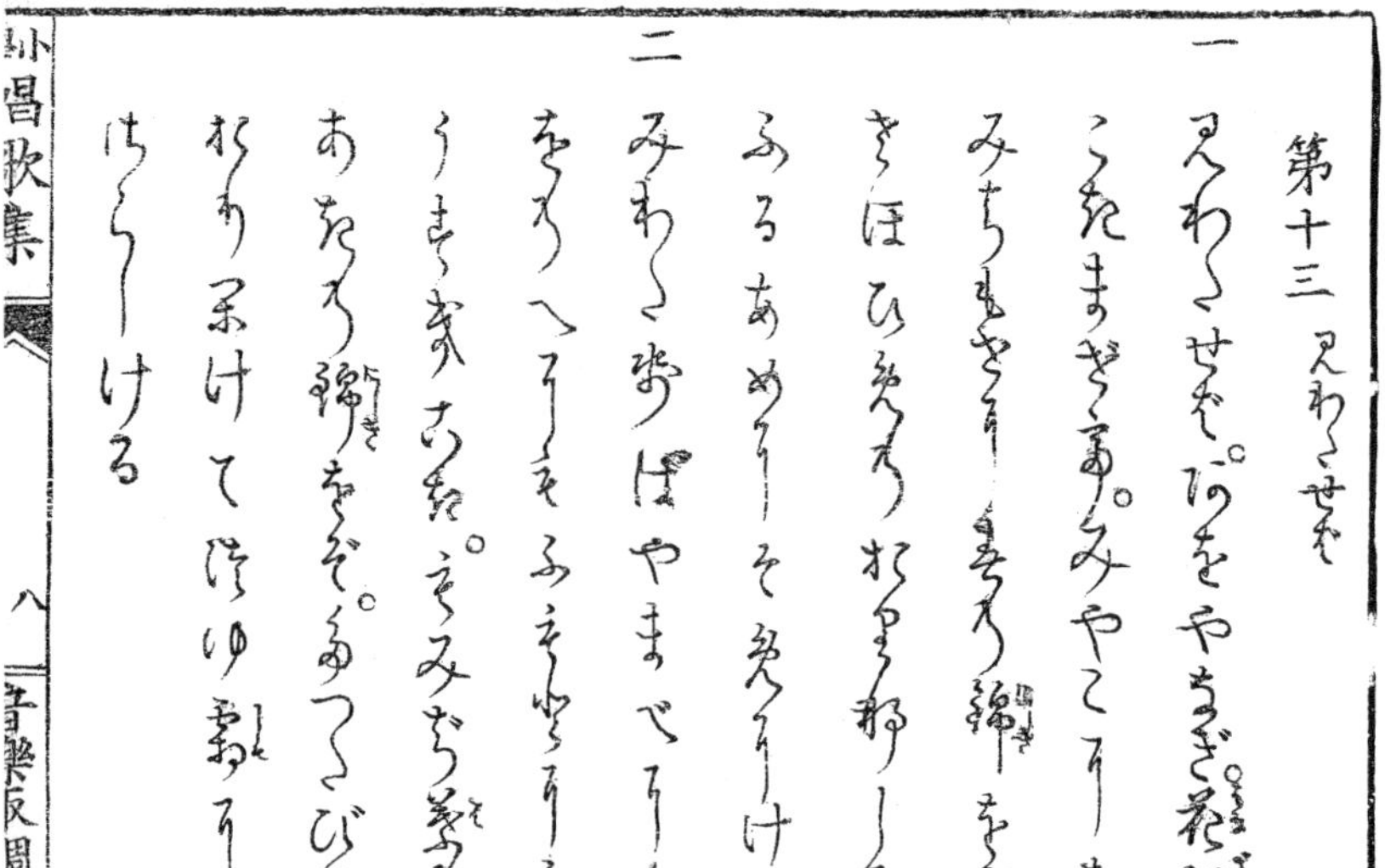

図12　13. “見わたせば” は “むすんでひらいて” の曲。（『小学唱歌集』初編）

としていたが、当時の大人の歌謡曲〝何をくよくよ川端柳…〟を連想し、〔徳性の涵養〕に弊害があるという批判があって、文部省が〝あがれ〟に変更したという経緯があった。『本邦洋楽変遷史』三浦俊三郎著には〝柳すすき〟の曲名で記してある。

13．〝見わたせば〟（図12）ルソー（J. J. Rousseau：一七一二～一七七八）が一七七五年に作曲。世界中で歌われており、我が国では〝むすんでひらいて〟の曲として知られている。歌詞一番は柴田清熙《しばたきよてる》（音楽取調掛）が『古今和歌集』春の部より採歌。二番は稲垣千頴の作詞。文部省唱歌検定制度が確立された明治二十六年（一八九三）頃までは、著作権というものが無く、文部省編纂の唱歌は自由に他の出版物に転載することができた。

15．〝春のやよひ〟呂旋法。鎌倉時代初期の歌人慈鎮和尚の歌集『拾玉集』にある今様《いまよう》の歌である。この詩は時代の古さを感じさせない優れた作品であるが、詩の一部は変更してあるようである。

〔和洋折衷〕からとみられる少々無理をして工夫をした跡が見える。洋楽風に主音ドで終止しているところである。

◉**慈鎮**《じちん》（一一五五～一二二五）元の名（在世中の名）は慈円《じえん》。関白藤原忠通の子、九条兼実の弟。

人情が厚く、歌人としても名高い。『新古今和歌集』には九十一首の歌が入っていて、西行に次いで多く、勅撰和歌集には計二百二十五首入っている。他に多くの歌を詠んでいる。百人一首にある

〝おほけなく　憂き世の民に　覆ふかな　…〟

は慈鎮の作。

17．〝蝶々〟原曲名は〝Boat Song〟で一般にスペイン民謡とあるが、確か昭和六十年代にNHKが実施した調査では、

その原曲はドイツ北部の牧草地帯で狩猟用のホルンで羊を呼び寄せるために用いていた曲であった（図13

の楽譜参照）が、十八世紀初頭＝一七一九年＝にメロディーも変化して"小さなハンス"というテーマで歌詞をつけて歌い始め、ドイツ中の子供たちの愛唱歌になった。今日ドイツでは二〜三の歌詞がついていて民謡に成り切っている。

と言っていた。日本には"Lightly row! Lightly row!"（ボートの歌）として入ってきたようである。それが、世界各国において各国語で歌われ続けている。

この楽譜はＮＨＫテレビの放映時に筆者が採譜したもので、ここには曲の出だしのみを記した（図13）。

邦語歌詞一番は愛知師範学校教員野村秋足《のむらあきたり》の作。原作は次のとおりで、戦後一部歌詞が不適当ということで変えて歌っている。二番の存在は余り知られていない。雀が早起きで、よく遊びよく働く姿を教育的に捉えて作詞したという。二番は稲垣千頴の作。

なお、この曲は文部省出版の『幼稚園唱歌集』にも記載されていた。

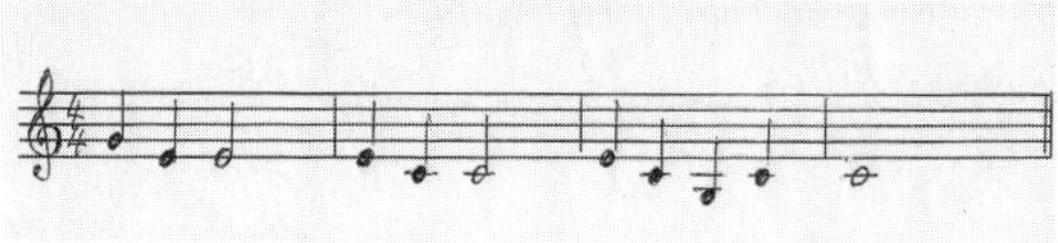

図13　17. "蝶々"のメロディーに似ているホルンのメロディー。

蝶々

一　てふ〱てふ〱　菜《な》のはにとまれ
　なのはにあいたら　桜にとまれ
　桜の花の　さかゆるみよに
　とまれよあそべ　あそべよとまれ

二　おきよ〱　ねぐらのすゞめ
　朝日《あさひ》のひかりの　さしこぬさきに
　ねぐらをいでゝ　こずゑにとまり

あそべよすゞめ　うたへよすゞめ

歌詞一の作詞は野村秋足で、その中の〝菜のはにとまれ〟の後は明治二十年（一八八七）十二月発行の『幼稚園唱歌集』には〝なのはにあいたら　ぼうしにとまれ〟となっている。蝶々が卵を葉に産み付けることを勧めているようでおかしいと、また〝菜のはにとまれ〟は〝菜の花にとまれ〟とあるべきだと金田一春彦《きんだいちはるひこ》（一九〇五～二〇〇四）は言っていた。拍数の関係で〝は〟としたのであろう。

〝なのはにあいたら　桜にとまれ〟について〝菜の葉に止まる蝶々は桜にも好んで止まるのか〟という疑問を、平成十四年（二〇〇二）ころに、ある民間テレビ番組が真面目に取り扱って本当に実験までしていたのは、馬鹿げているようなユーモアに満ちた番組であった。また団伊玖磨《だんいくま》（一九二四～二〇〇一）は〝なのはにあいたら　桜にとまれ〟を、菜の花ばかりに止まる紋白蝶をからかって〝たまの浮気を勧めた歌か〟と、これもユーモアにあふれた言葉である。

歌詞一の中の〝さかゆる御代《みよ》〟には、当時の世相からこのような表現を歌詞に入れなければ収まらなかったのであろうが、戦後〝花から花へ〟に変えた。

◉**野村秋足《のむらあきたり》**（一八一九～一九〇二）　通称八十郎。名古屋の生まれ。国学者本居宣長の孫弟子で明倫堂の助教、明治四年（一八七一）愛知師範学校教員時代に当時校長であった伊沢修二の命で〝蝶々〟の作詞をしたという伝えもあるが[5]、伊沢自身がアメリカ留学中にこの曲を知ったと言っているようで[6]、真実は不明である。

実は、この**〝蝶々〟には歌詞が三番四番もあった。**明治十四年（一八八一）に発行の『小学唱歌集』初編には初版以降、どの再版にも一・二番のみしか記載は無い（図14）が、この『小学唱歌集』初編・第二編・第三編を改めて一冊にまとめて出版した教育音楽講習会編纂の『新編教育唱歌集』（明治二十九年一月　東京開成館発行）に

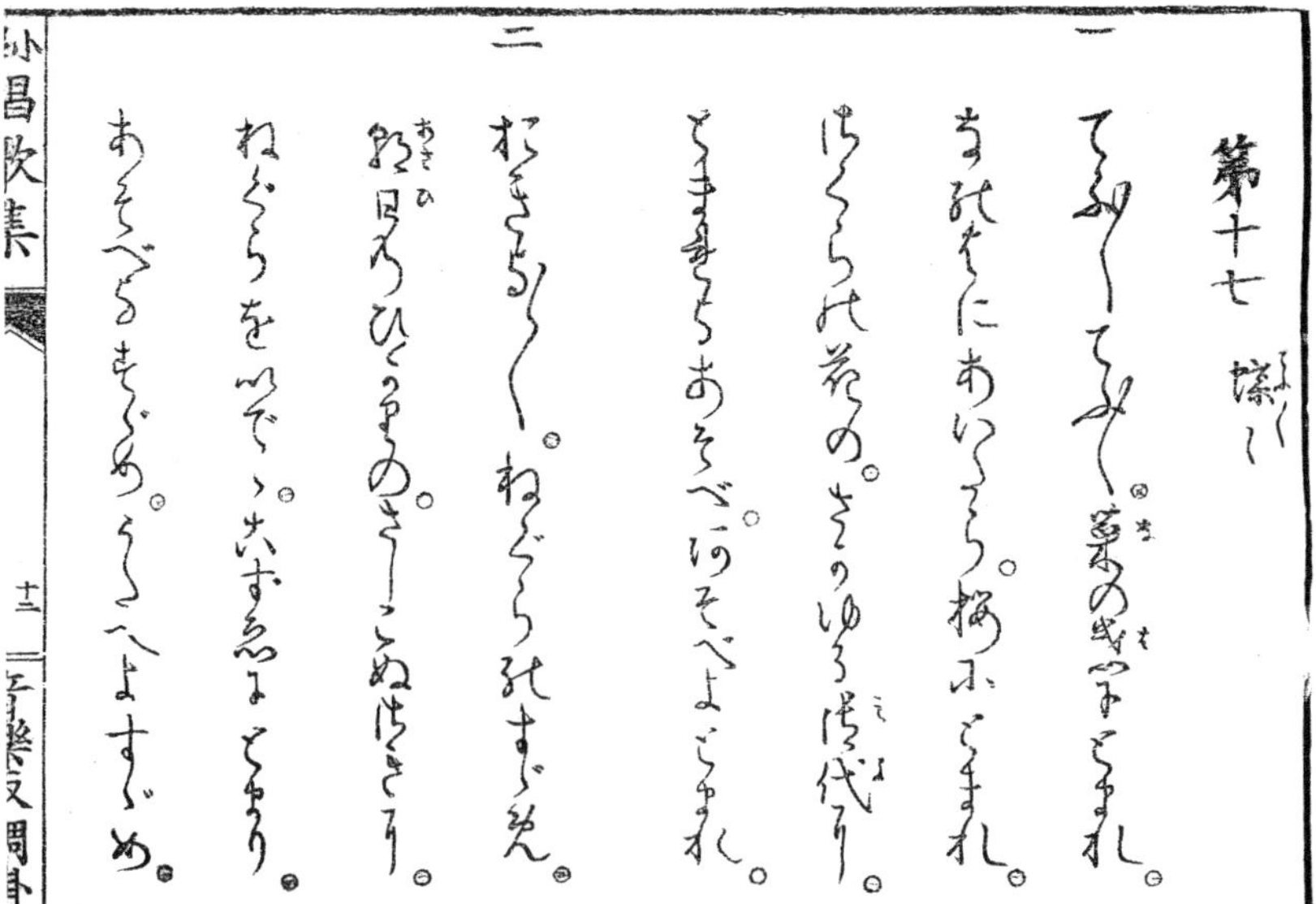

図14 『小学唱歌集』初編にある17. “蝶々” の楽譜と歌詞。歌詞は２番までである。

目を通してみると、この曲の歌詞に次の三番四番が記載されている（図15・16）。この『新編教育唱歌集』は、明治二十九年（一八九六）一月に初版、以降明治三十八年（一九〇五）八月に修正第五版が発行されていて（筆者の蔵書はその〈修正第五版〉）、歌詞三・四番が初版から記載されていたのかどうかは不明である。三・四番の作詞者も不明である。

この三・四番の存在を筆者が各地の講演で話題にしたあと、テレビ放送などで流れ始めた。

三　とんぼとんぼ　こちきてとまれ
　垣根《かきね》の秋草《あきくさ》　いまこそ盛《さか》り
　さかりの萩《はぎ》に　羽根《はね》うち休《やす》め
　止《とま》れやとまれ　休《やす》めややすめ

四　つばめつばめ　飛《と》びこよつばめ
　古巣《ふるす》を忘《わす》れず　今年《ことし》もこゝに
　かへりし心《こゝろ》　なつかし嬉《うれ》し
　とびこよつばめ　かへれや燕《つばめ》

18・〝うつくしき〟（図17）　スコットランド民謡〝The Blue Bells of Scotland〟（〝スコットランドの釣鐘草〟）、稲垣千頴の作詞。第二次世界大戦後も歌詞を変えて中学校教科書に採用されている。

原曲はアイルランド生まれの女優ドラン・ジョーダン夫人がロンドンで歌って有名になった。

原詩は戦地へ赴いた恋人を想う田舎の純情な少女の心を問答風に歌ったもの。

図15 『新編教育唱歌集』に載っている“蝶々”には歌詞が四番まであった。

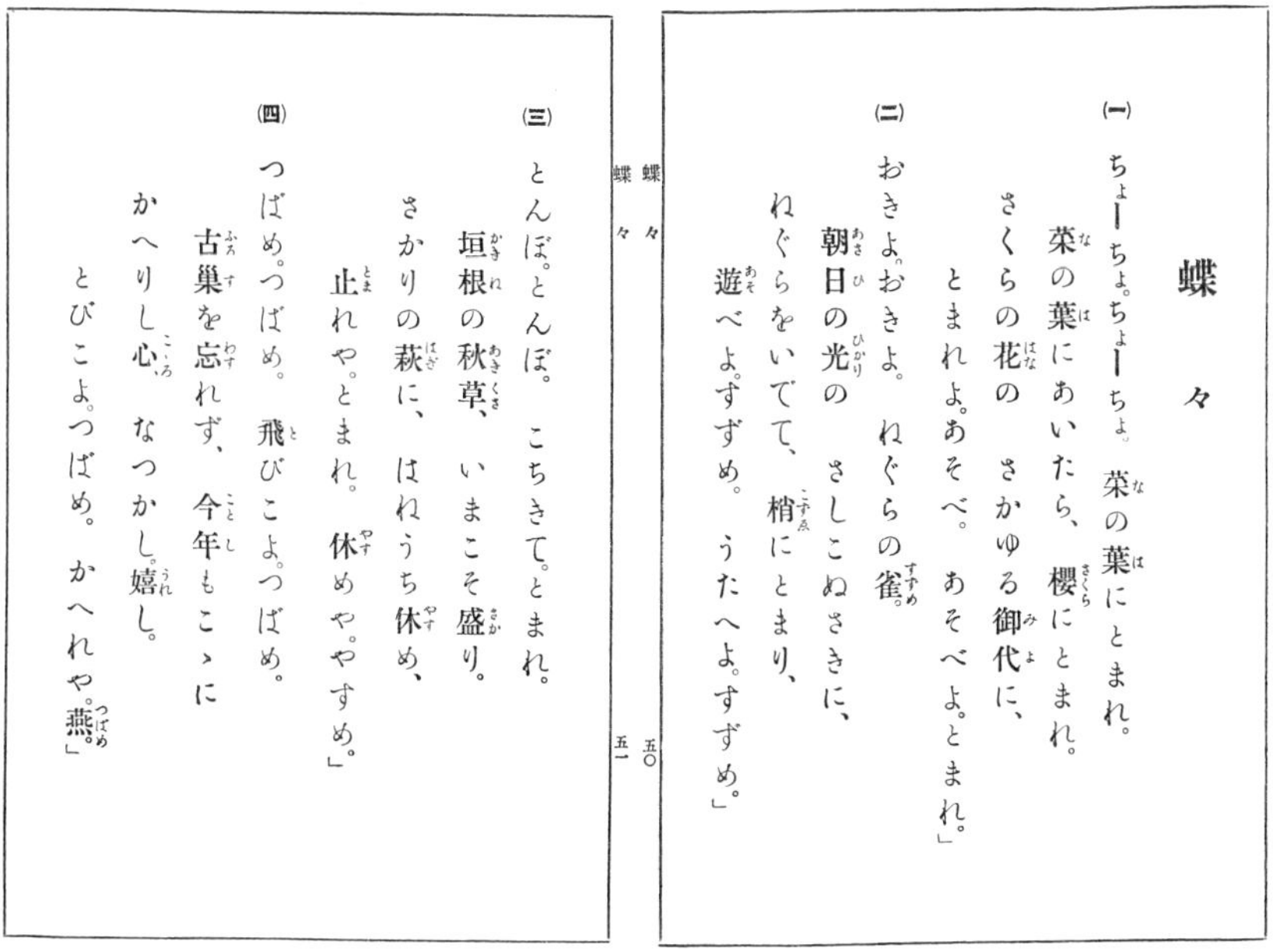
蝶々

(一) ちょーちょ。ちょーちょ。菜《な》の葉《は》にとまれ。
菜《な》の葉《は》にあいたら、櫻《さくら》にとまれ。
さくらの花《はな》の　さかゆる御代《みよ》に、
とまれよ。あそべ。あそべよ。とまれ。」

(二) おきよ。おきよ。ねぐらの雀《すずめ》。
朝日《あさひ》の光《ひかり》の　さしこぬさきに、
ねぐらをいでて、梢《こずゑ》にとまり、
遊《あそ》べよ。すずめ。うたへよ。すずめ。」

蝶々　五〇

蝶々　五一

(三) とんぼ。とんぼ。こちきて。とまれ。
垣根《かきね》の秋草《あきくさ》、いまこそ盛《さか》り。
さかりの萩《はぎ》に、はねうち休《やす》め、
止《とま》れや。とまれ。休《やす》めや。やすめ。」

(四) つばめ。つばめ。飛《と》びこよ。つばめ。
古巣《ふるす》を忘《わす》れず、今年《ことし》もこゝに
かへりし心《こゝろ》、なつかし。嬉《うれ》し。
とびこよ。つばめ。かへれや。燕《つばめ》。」

図16　『新編教育唱歌集』より

これに対して、稲垣千頴の詩は、彼の三人の息子を近衛兵として送り出した軍国の母の毅然とした心境を歌っている。
　〝うつくしき〟は〝可愛いい〟の意味の古語を用いたもので、明治時代の庶民はこのような歌から西洋に憧れを深めたようである。

19．〝閨の板戸〟　歌詞は稲垣千頴の作。

20．〝蛍〟（図18）　今日まで我が国でも歌い続けられている〝蛍の光〟（図19）。スコットランド民謡で、原曲名は当地の古語で〝Auld Lang Syne〟（久しき昔）。原曲に詩は幾つも有るようであるが、いずれも告別の内容で、我が国でも送別に際して用いられているのは、その影響もあるようである。しかし卒業式において用いられたのはずっと後のことらしい。作詞は稲垣千頴か？
　この曲を外国で聞いた日本人が、〝おい聞け。日本の歌がこんなところまで進出しているぞ〟と驚いたという逸話がある。[7]　つまりこの曲の旋律が日本の五音音階とそっくりであることから、

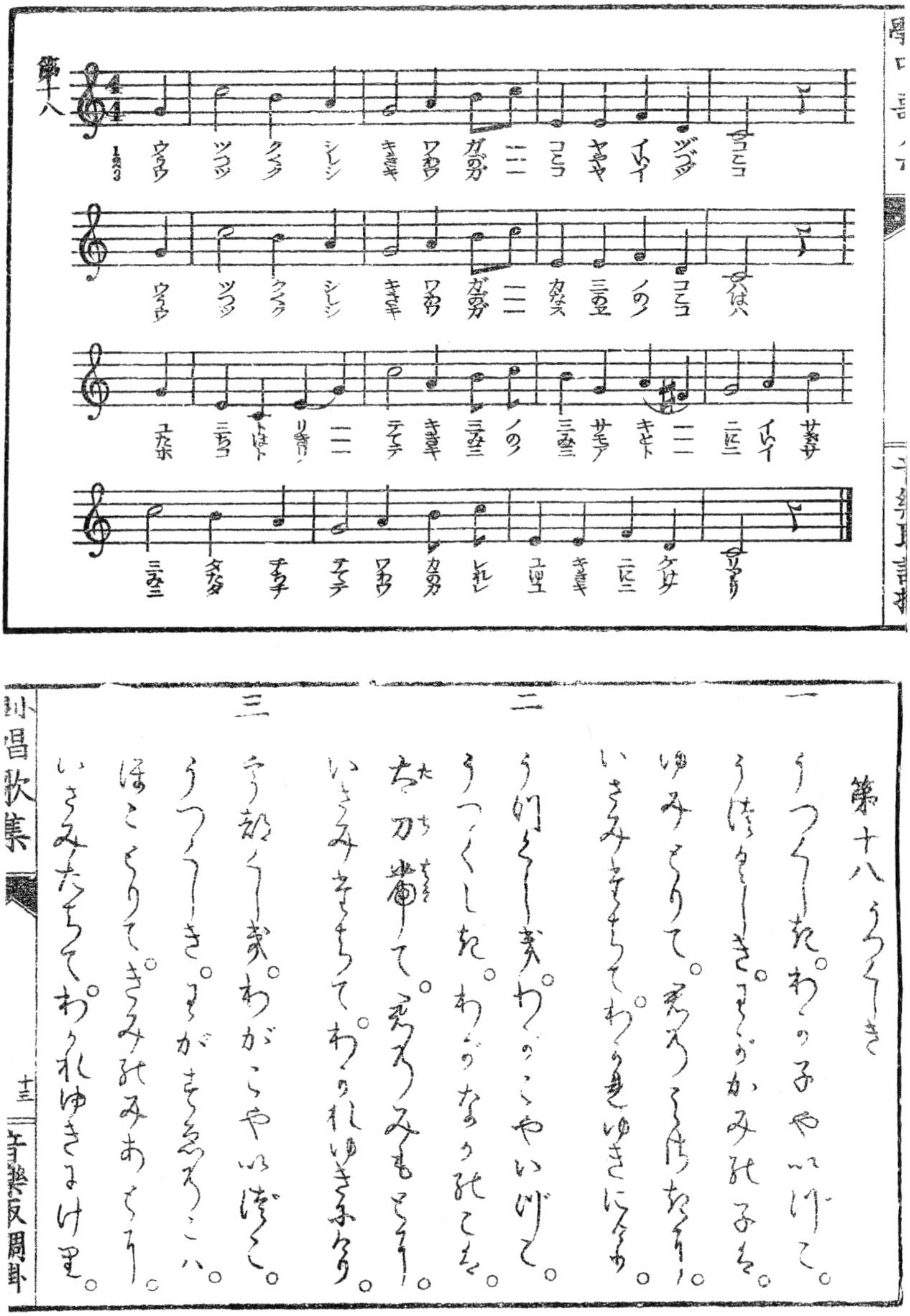

図17　18. “うつくしき”（『小學唱歌集』初編）

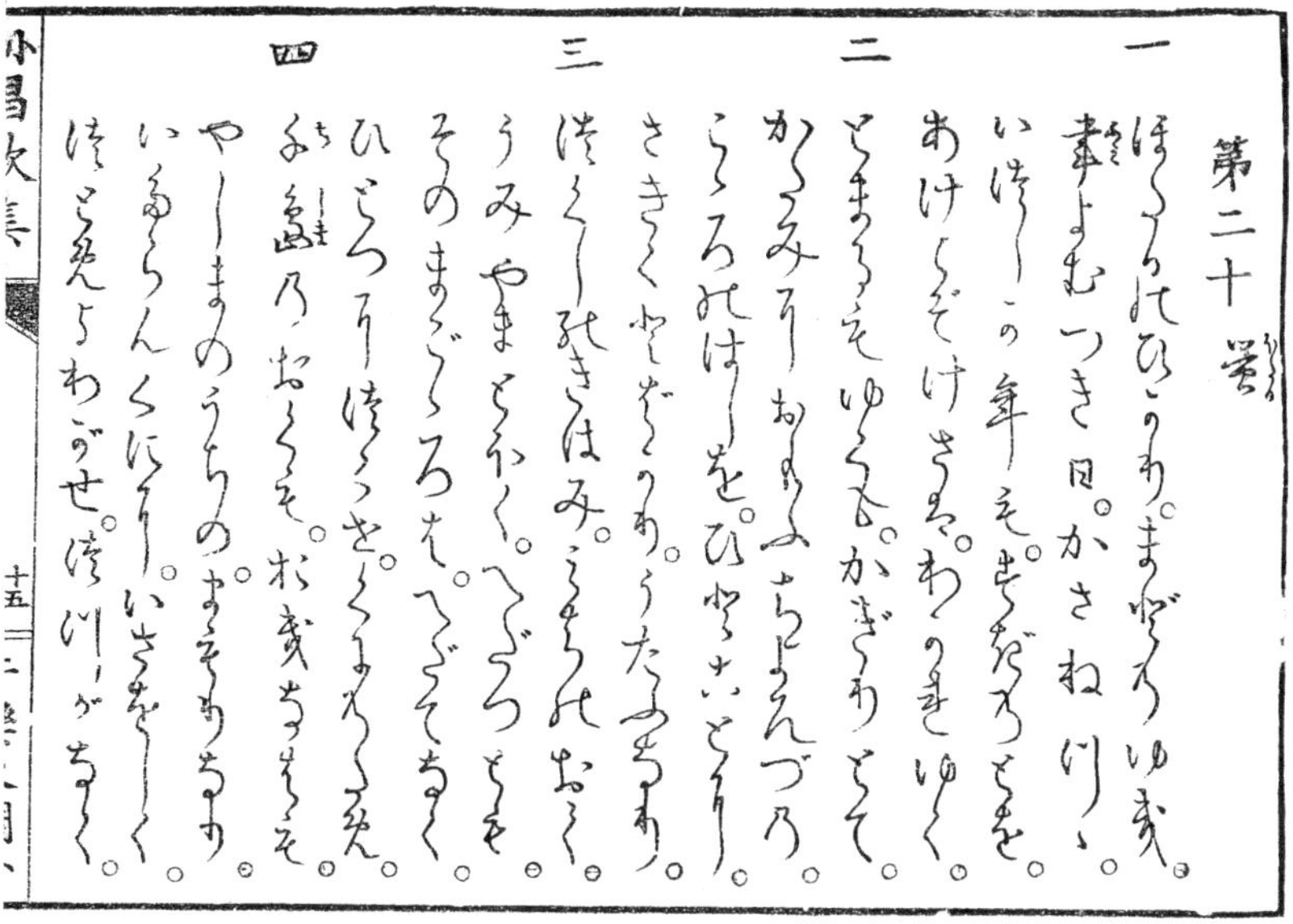
第二十　蛍《ほたる》

一　ほたるのひかり。まどのゆき。書《ふみ》よむつき日。かさねつゝ。いつしか年も。すぎのとを。あけてぞけさは。わかれゆく。

二　とまるもゆくも。かぎりとて。かたみにおもふ。ちよろづの。こゝろのはしを。ひとことに。さきくとばかり。うたふなり。

三　つくしのきはみ。みちのおく。うみやまとほく。へだつとも。そのまごゝろは。へだてなく。ひとつにつくせ。くにのため。

四　千島《ちしま》のおくも。おきなはも。やしまのうちの。まもりなり。いたらんくにに。いさをしく。つとめよわがせ。つゝがなく。

図18　20．“蛍”は今の“蛍の光”と同じ旋律。歌詞は四番まである。（『小学唱歌集』初編）

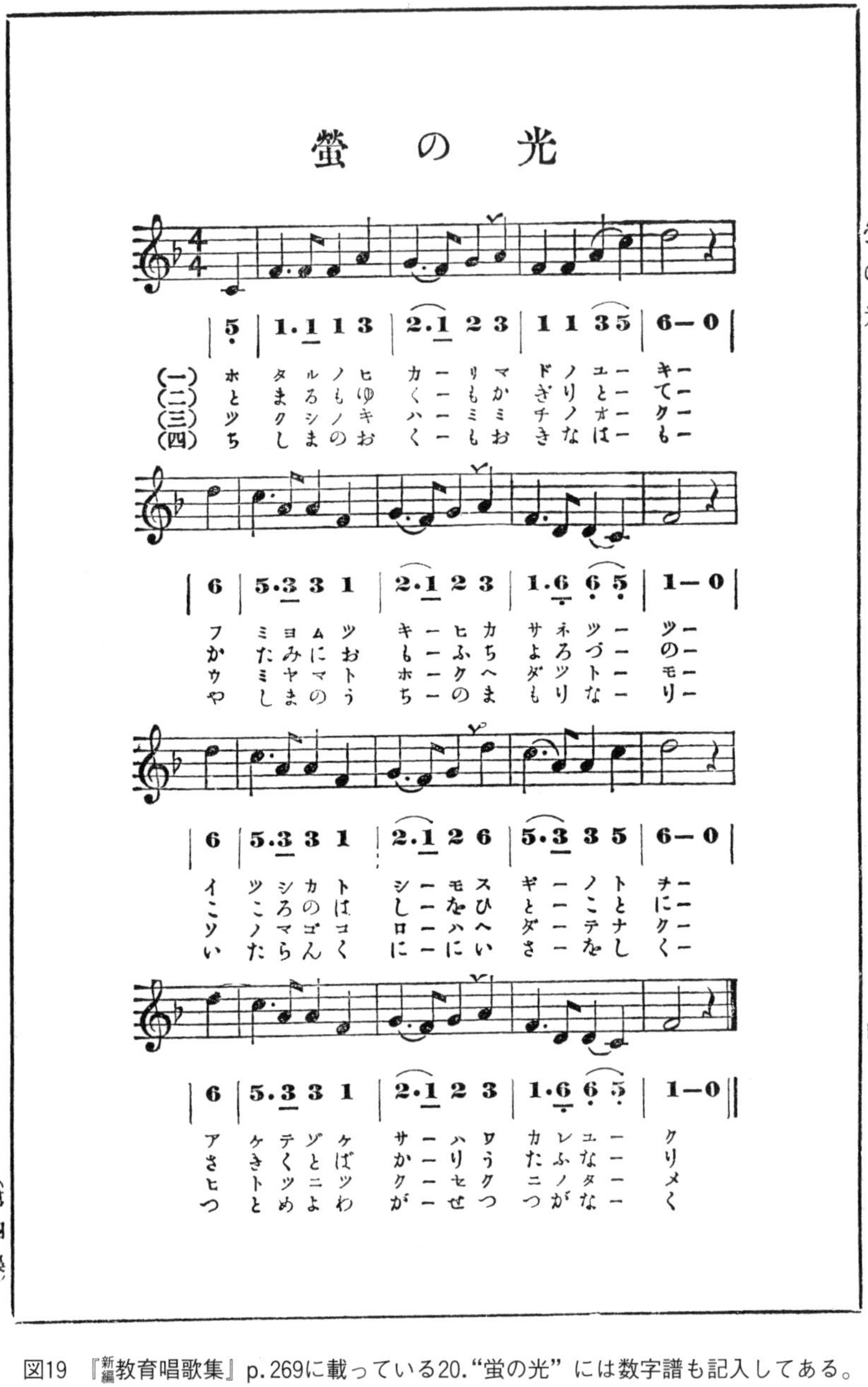

図19 『新編教育唱歌集』p. 269に載っている20. “蛍の光” には数字譜も記入してある。

日本の歌と思い込んでしまったのである。なおこの逸話は他にも記されている。

当時は〝曲の中に半音がなくて歌いやすい〟として評価されたという。

日本ではこの曲の使われる用途が、卒業式、デパートの日々の閉店、港での客船の出航、一年の最終時間、大晦日のＮＨＫ紅白歌合戦など今日では非常に幅広い。

往年の歌手で国民栄誉賞を受賞した藤山一郎《ふじやまいちろう》（一九一一～一九九三）は、この歌詞のアクセントとメロディーが一致しないので歌っていて不愉快だということから、生涯ステージでこの歌を歌ったことが無いという伝説が残っている。〝ほたる〟の〝た〟で四度も音高が上昇して、アクセントがつきやすいなど、メロディーとの不調和が気にいらなかったのであるが、明治初期の作詞において、外国曲に日本語の歌詞を付ける苦労に、いささか配慮が不足したのが災いしたということになるのであろう。しかし藤山一郎は子供の頃からこの歌が好きであったことから、言葉のアクセントがメロディーと合致した〝さよならの歌〟として自作の歌詞をつけている(8)。

陳　舜臣氏は

〝蛍の光〟は一番か二番だけだったように思う。あとの歌詞に問題があったのだ。

〝千島のおくも沖縄もやしまのうちの　まもりなり〟

私が小学校を卒業したのは昭和十一年である。日本の拡張時代で、千島より北の樺太も、そして沖縄より南の台湾も日本領ではないか、というクレームがついたらしい。台湾や千島を歌詞の中に入れたが、なんだか歌いづらかった。それよりも一番の最後の〝あけてぞ今朝はわかれゆく〟で結ぶのがやはりよいように思えた(9)。

と言っている。

歌詞一番　〝～すぎのとを〟……過ぎと杉を掛けてある。
歌詞二番　〝かたみに〟……互いにの意。
〝さきく〟……万葉時代の古語（幸く）で、元気での意。
歌詞三番　〝つつがなく〟……つつが（恙）無くで、健康での意。しかし当時の子供達は〝つつという名の虫が鳴く〟と理解した者が多かったという。これも陳氏のことば。子どもの時代には、そういうことが多々あるものである。

21.〝若紫〟　曲はスイスのネーゲリ（H. G. Nägeli）の作。歌詞は稲垣千頴の作で、早春の武蔵野の景物であった紫草をタイトルとしているという。

23.〝君が代〟　曲はイギリスの作曲家ウェブの作で、今の〝君が代〟とは異なった旋律と一部異なった歌詞の外国曲である。

歌詞一番　君が代の詞

この詞は『古今和歌集』に限らず、いくつかの古い歌集などに記載されているが、いずれも〝我が君は…〟となっている。しかし、江戸時代に版になった普通の『和漢朗詠集』は大抵〝君が代は〟となっていた。

〝古今集賀ノ部ニ載スル処ノ読人シラズノ歌ニテ「我君ハ千世ニ八千世ニ云々」ノ歌ヲ我君ヲ君ガ代ト替ヘシモノ也[10]。〟

君が代は　ちよにやちよに　さゞれいしの
巌《いはほ》となりて　こけのむすまで
うごきなく　常磐《ときは》かきはに　かぎりもあらじ

が『小学唱歌集』初編にある詞である。

歌詞二番　‘源三位頼政ノ作ニテ、今撰和歌集ニ載スル処「君ガ世ハ千尋ノ底ノサ、レ石ノ云々」ト云フ
歌ヲ用ヒ両首共結尾ノ三句ハ稲垣千頴ノ補足ニシテ聖代ヲ景仰欽慕スルノ愛ヲ表セシモノナリ。’

とは遠藤　宏の言葉である。(11)

24．〝思ひいづれバ〟　曲はスコットランドに伝わるもので、作曲者不詳。原詩はロバート・バーンズの作で、イギリスでは“Bonnie doon”で知られている。歌詞は稲垣千頴の作。（題名のバだけが片仮名で記してあるのは、原名のまま。）

25．〝薫りに志らる、〟　作詞は里見《さとみ》　義《ただし》。

26．〝隅田川〟　曲は古代ローマ時代のグレゴリアン・チャントの一曲で、作詞は里見　義。

27．〝富士山〟　曲はハイドン作の“Brightly Green”。

歌詞一番は、『万葉集』に山辺赤人が歌った‘富士ノ歌’

‘白雲モ　イユキハヾカリ　時ジクゾ　雪ハ降ケル’

歌詞二番は、『万葉集』より、読人不知の‘富士山ノ歌’

‘天津日ノ　影モ隠《かくろ》ヒ　照月ノ　光モミヘズ’

より採ったもので、加部厳夫《かべいずお》の作。(12)

29．〝雨露〟　曲はイタリア・シシリア民謡の舟歌。

31．〝大和撫子〟　曲は芝《しば》　葛鎮《ふじつね》。歌詞一番は稲垣千頴の作。二番は里見　義の作。

『小学唱歌集』初編（明治十四年十一月二十四日）を出版した直後の明治十五年（一八八二）一月三十〜三十一日に、

昌平館において〈音楽取調報告〉として、唱歌並びに音楽演習の演奏会が催されている。メーソンの指導の下に生徒・教師の演奏で、この『小学唱歌集』記載の曲其の他、単音唱歌、複音唱歌、三重音唱歌、洋琴独弾曲、同二人聯弾曲、同三人合弾曲、俗楽合奏＝洋琴・箏・三味線合奏（註　実際にはピアノを省略したらしい）、クヮルテット（演奏者は音楽取調所助教及伝習人等合奏洋琴管絃楽）とある。

また伊沢修二音楽取調掛長等取調掛が日本と西洋音楽の音律を解説しながら、雅楽（笙・篳篥《ひちりき》・笛・琵琶・箏の三管二絃）を使って、アポロ賛歌（約二千年前のギリシャの曲）を演奏し、続けて本邦俗楽として箏・三味線・洋琴などの楽器を用いて演奏。童謡：数え歌（三味線）、箏曲：六段（洋琴）（演奏者は箏の名人である山勢《やませ》松韻《しょういん》と洋琴は琵琶の達人・辻《つじ》則承《のりつぐ》）、長唄：村雲（三味線・箏・洋琴）（洋琴演奏は専門が笛の奥《おく》好義《よしいさ》）、東京女子師範学校附属小学生（百四十三名）及び学習院小学生（百二十八名）によって、『小学唱歌集』初編より七曲を洋琴の伴奏で演奏している。

なおこの催しには、北白川宮殿下・妃殿下、東伏見宮殿下・妃殿下、有栖川宮殿下・妃殿下、太政大臣三条実美夫妻、右大臣岩倉具視夫妻、外務卿井上馨夫人令嬢、元文部大輔田中不二麿夫妻、文部省御用掛西周等多数が招待された[13]。

我が国最初の小学校教科書『小学唱歌集』初編出版の一ヶ月後の明治十四年（一八八一）十二月に音楽取調掛が〈唱歌伝習人各府県カラ募集スルノ案〉を文部省に提出した。唱歌を指導できる教員の養成が中々はかどらなかったからであるが、文部省は唱歌も他教科と同じく師範学校に任せればよいと主張し、対立が続いた[14]。この案の文面の中に、

〈唱歌伝習人各府県カラ募集スルノ案〉（明治十四年十二月）

1．**音律ノ事**…略…音楽取調ノ結果既ニ判明シテイル音律ニオイテハ日本ト外国ノ差別ナク従テ我国固有ノ楽器

> モ西洋固有ノ楽器モ其音律ハ同一ニ帰スルコトヲ発見…略…律旋法、呂旋法ト人間諸情トノ関連性等
> …略…

とある。しかし日本の伝統音楽・わらべうたなどの音律と西洋音楽の音律とは微妙なところで異なるものである。この事について当時の知識では次のことがまだ理解できていなかったと思われる。

音律（Temperament）とは、音楽で用いる音の高さの相互関係を音楽的・数学的に確定したものを言う。そしてこれに応じて楽器の音高を決定することを調律という。従って音律を論ずる場合には、先ず其のときの音楽の音階が基礎となる。しかし音階だけでは各音の相対関係は正確な位置関係を明示できない。例えば、長音階と言っても平均率と純正律とでは各音の関係が異なる。そこに音階の各音の相互の音高関係を規定する必要性が生じてくる。音律は音の振動そのものではなく、振動数による比率が重要で、これによって二つの音の相対関係が明示できる。このように精密に見てみると、洋楽と従来から伝わる我が国の邦楽とは、その音律が完全に一致して成り立っているものではない。

第二編　文部省　明治十六年三月二十八日発行

①楽典――拍子名

今日では拍の捉え方として、一ト二ト三ト四トと唱えて学習するのが正しい手法である（註　しかし現実には、〝セーノ〟などと唱えて非教育的な掛け声で始める教師や生徒をよく見かける）が、ここでは〝タテトツ〟を基本にした唱え方を工夫している。この用法は、第十一章の〔松村式音名唱〕（松村《まつむら》順吉《じゅんきち》提唱）での母音を重視するところ

から考えついたのと同様の長所があり、その点を生かして使ったのであろうか。

②記載曲（註　原書には、曲の番号は初編から第二編・第三編へと続き番号になっているので、そのまま記す）

・曲数　第三十四曲〜第四十九曲　計十六曲

・曲名

34．鳥《とり》の声《こゑ》　35．霞《かすみ》か雲《くも》か　36．年たつけさ　37．かすめる空
38．燕《つばめ》　39．鏡なす　40．岩《いは》もる水　41．岸《きし》の桜《さくら》
42．遊猟　43．みたに《（源谷）》の奥　44．皇御国《すめらみくに》　45．栄行《さかゆ》く御代
46．五月の風　47．天津日嗣《（あまつひつぎ）》　48．太平の曲　49．みてらの鐘《かね》の音《ね》

・曲・歌詞について

34．〝鳥の声〟（図20）曲はドイツ民謡〝Winter ade!〟。‘冬よさらば…’の歌詞で、欧米でも学校唱歌として用いられていた。我が国でも幼児用のピアノ曲集などに簡単な楽譜で出ている。

35．〝霞か雲か〟（図20）ドイツ民謡。ネーゲリ（H. G. Nägeli）曲の原曲名〝Frühlings Ankunft〟（春の訪れ）。ここに記載の歌詞‘かすみか雲か　はたゆきか…’は加部《かべ》厳夫《いずお》の作歌。後にこれとは別に‘かすみか雲か　ほのぼのと…’の勝　承夫の作歌でも歌われている。第二次世界大戦後も、中学校教科書などに題名もこのままで記載されている。

●**加部《かべ》厳夫《いずお》**（一八四九？〜一九二二？）音楽取調掛の御用掛の一人、東京音楽学校の国語科教官。

36．〝年たつけさ〟（図21）ネーゲリ作曲で、ドイツ民謡になった〝Freut euch des Lebens〟。我が国でも戦後久しく中学校教科書に載っていた曲。反復記号、フェルマータを使用した曲。

37．〝かすめる空〟　原曲はシャーデ作曲、作詞者不詳。

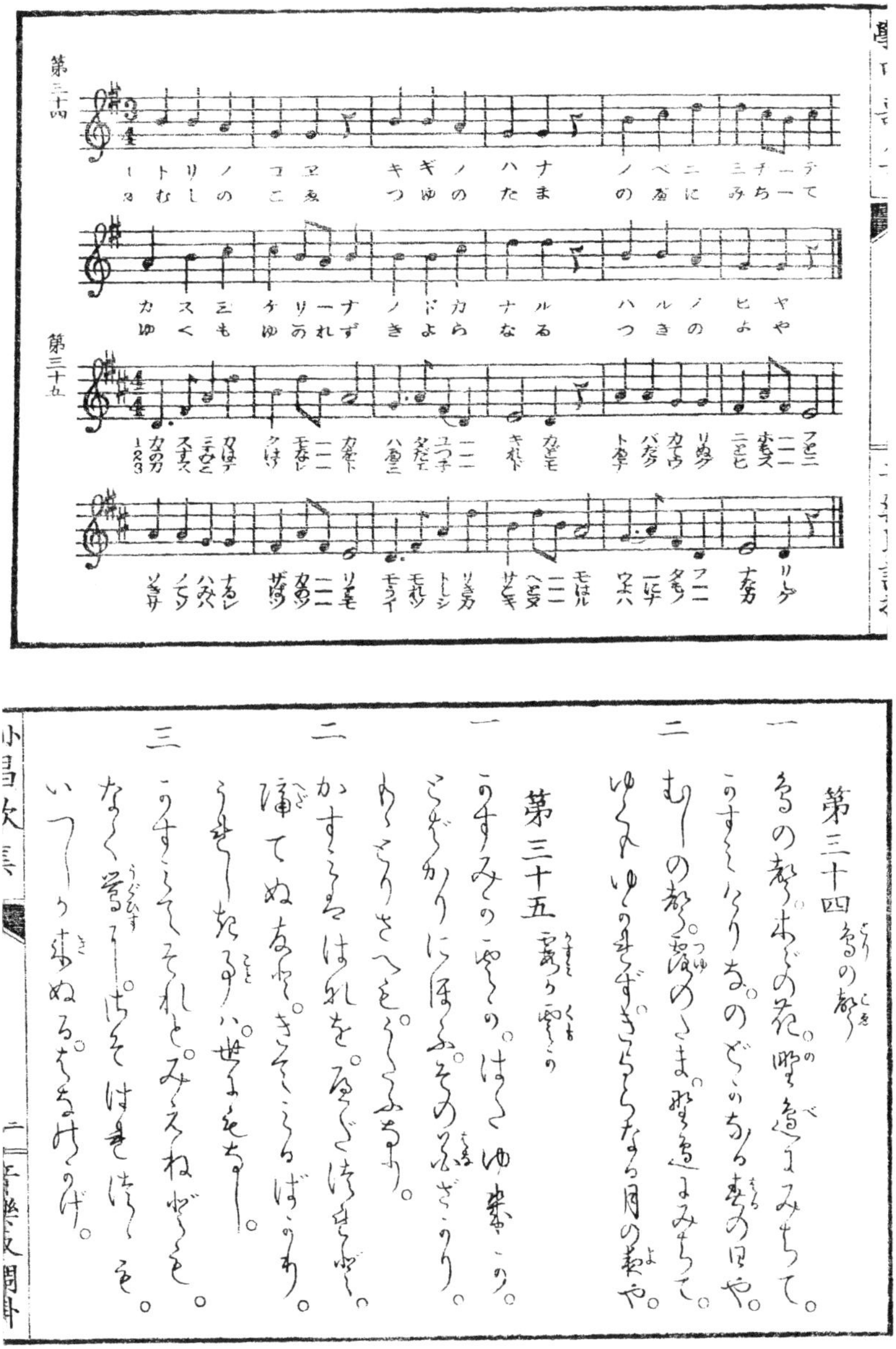

図20　34. “鳥の声” と35. “霞か雲か”（『小學唱歌集』第二編）

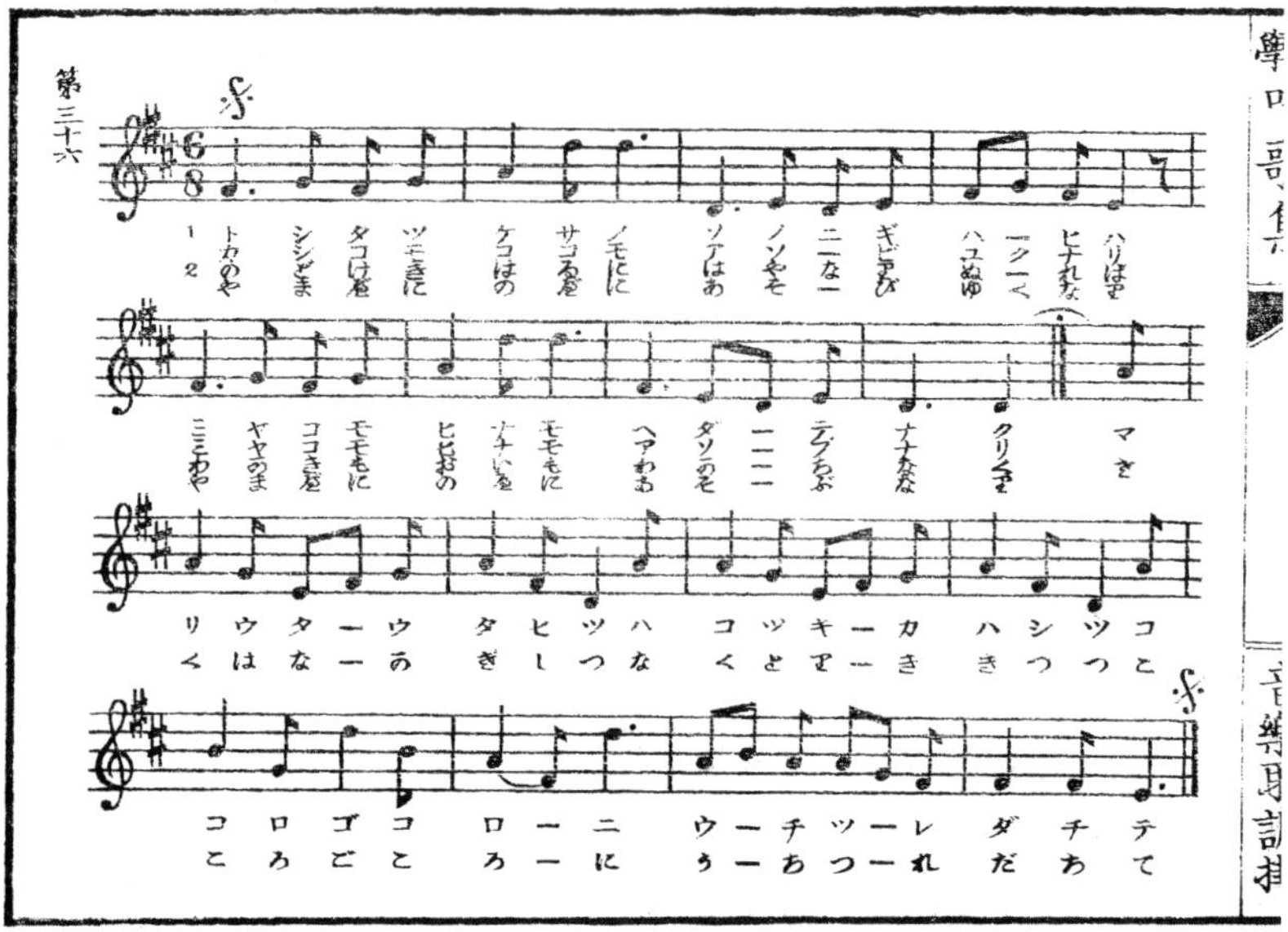

第三十六 年たつけさ

一 としたつけさの。そらのけしきも。みやこのひとも。なごやかにて。萬歳《まうざい》うたひつ。拍子つれかはしつ。こゝろごゝろに。うちつれだちて。かなたこなたを。あそびゆくなり。

都《みやこ》も鄙《ひな》も。あそぶなり。

二 のどけき春《はる》こし。はやきためれば。わかなをおいれ。のゝちかく。さく花かざしつ。ちかくゐるきゝつ。こゝろごゝろに。うちつれだちて。やまべ小野邊に。あそびゆくなり。山邊に野邊に。あそぶなり

図21　36．“年たつけさ”（『小学唱歌集』第二編）

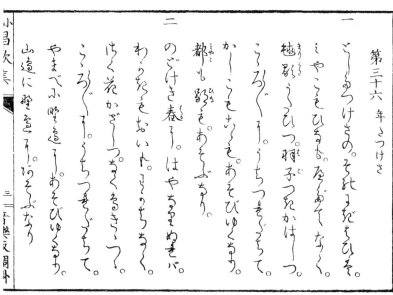

図22　45．“栄行く御代”（『小学唱歌集』第二編）

38.“燕” 八分の六拍子、シンコペーション、フェルマータを使用した曲。

44.“皇御国” 加藤司書（一章）・里見 義（二章）作詞。伊沢修二作曲。後の多くの教科書に記載される。

45.“栄行く御代”（図22） ポルトガル曲。原詩は十七世紀のラテン語による讃美歌。加部厳夫作歌。

46.“五月の風” スコットランドの曲で、ロベルト・アラン作曲。原詩は人々の食足りて世を楽しむという意味。
作歌は加部厳夫。

49.“みてらの鐘の音” 曲はハーク（Hark）作“The distant clock”。歌詞は里見《さとみ》 義《ただし》の作。

第三編　文部省　明治十七年三月二十九日発行

①記載曲

・曲数　第五十曲～第九十一曲　計四十二曲

・曲名

50. やよ御民《みたみ》　51. 春の夜　52. なみ風
53. あふげバ尊《たふと》し　54. 雲　55. 寧楽《なら》の都《みやこ》
56. 才女　57. 母のおもひ　58. めぐれる車
59. 墳墓《ふんぼ》　60. 秋の夕暮《ゆふぐれ》　61. 古戦場《こせんぢやう》
62. 秋草《あきくさ》　63. 富士筑波《ふじつくば》　64. 園生《そのふ》の梅《うめ》
65. 橘《たちばな》　66. 四季《しき》の月　67. 白蓮白菊《はくれんはくきく》
68. 学《まな》び　69. 小枝《さえだ》　70. 舩子《ふなこ》
71. 鷹狩《たかがり》　72. 小舩《をぶね》　73. 誠《まこと》ハ人の道《みち》

74．千里《ちさと》のみち　75．春の野　76．瑞穂《みづほ》
77．楽《たの》しわれ　78．菊《きく》　79．忠臣《ちゆうしん》
80．千草の花　81．きのふけふ　82．頭《かしら》の雪
83．さけ花よ　84．高嶺《たかね》　85．四《よつ》の時《とき》
86．花月《くわげつ》　87．治《をさま》る御代《みよ》　88．祝《いは》へ吾君《わがきみ》を
89．花鳥《はなとり》　90．心は玉　91．招魂祭《せうこんさい》

・曲・歌詞について

50．〝やよ御民〟　原曲はハイドンの〝四季〟の最初の曲〝春の歌〟。

53．〝あふげバ尊し〟（図23）　この曲は楽譜も歌詞もそのまま現在も用いられている。

明治以降、昭和の終戦後も卒業式で歌う学校が多く、式場で歌いながらむせび泣く生徒の姿を、伴奏をしながら筆者も毎年見てきた。歌詞の流れと旋律とが見事に合致しているところから、この曲の作曲者は日本人であろうとも言われていたが、『小学唱歌集』の原曲を研究している一橋大学名誉教授桜井雅人氏が〝あふげバ尊し〟の原曲とみられる歌は〝SONG FOR THE CLOSE OF SCHOOL〟（卒業の歌）であり、4部合唱で、メロディーは全く同じ、歌詞は卒業で友と別れるのを惜しむ内容で、一八七一年にアメリカで出版された本『THE SCHOOL SONG ECHO』に収録されていることを二〇一〇年頃に発見された。作詞者はT・H・ブロスナン、作曲はH・N・Dとあるが、どんな人物かは不明という。また、歌詞の〝仰げば…〟は文語体なので、詠み方も〝オオゲバ…〟としなければならないのに、従来〝アオゲバ…〟と歌ってしまっている。と『日本の唱歌』（上）明治篇　で指摘している。[15]

54．〝雲〟　原曲はイギリスのカルコット（John Wall Callcott：一七六六〜一八二一）の作曲、詩はW. Sugdenの

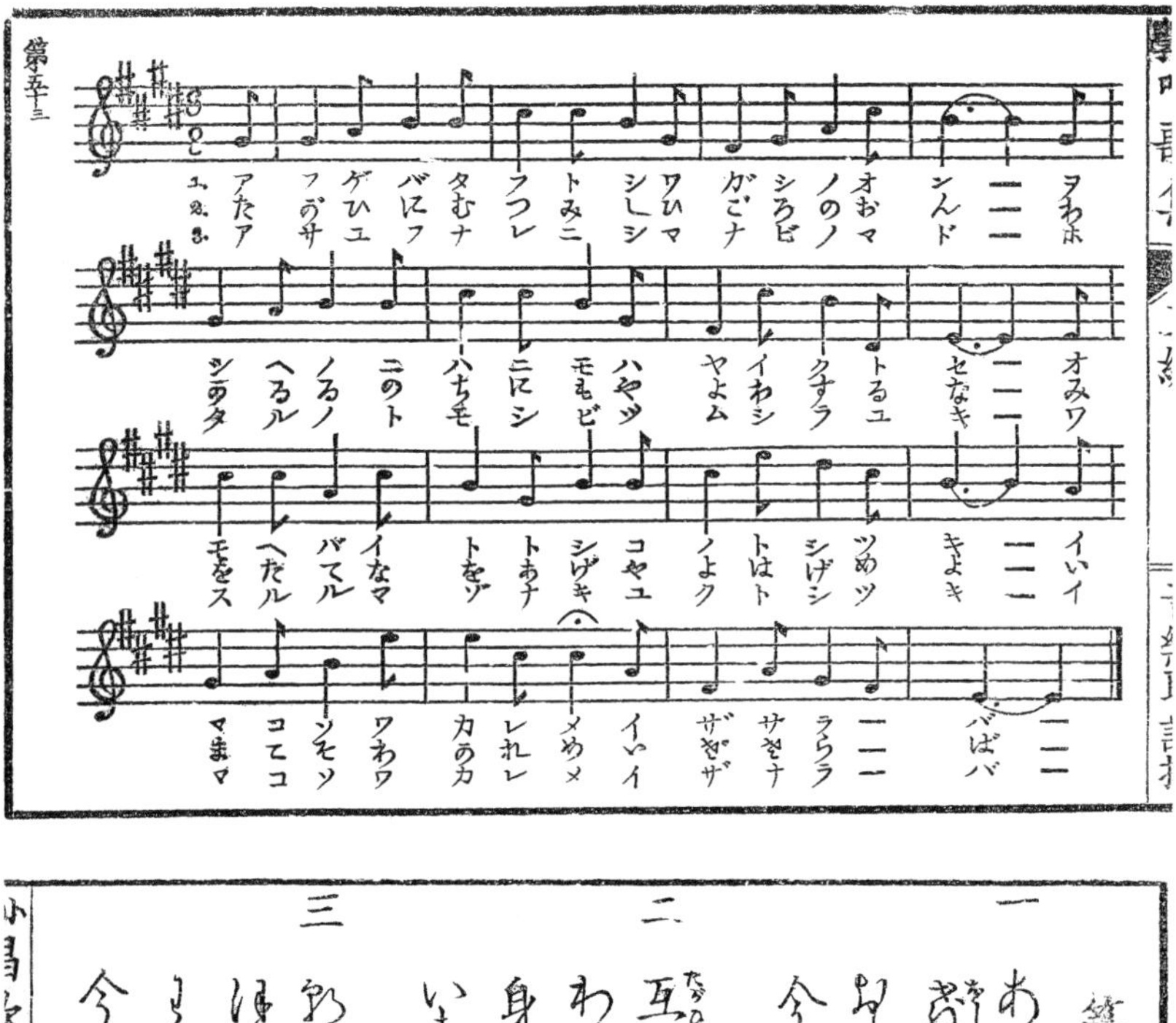

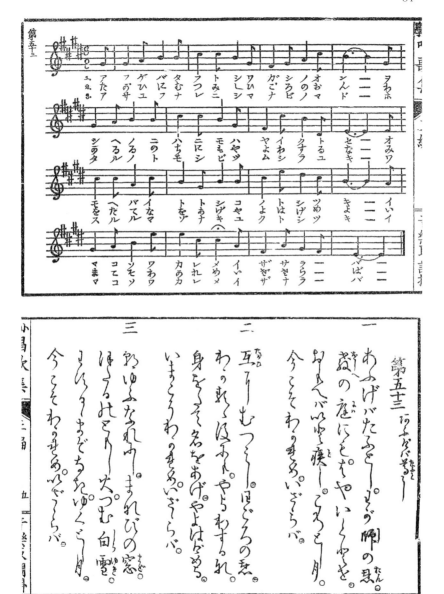

図23　53.“あふげバ尊し”の旋律・歌詞は、ともに平成期も同じ。（『小学唱歌集』第三編）

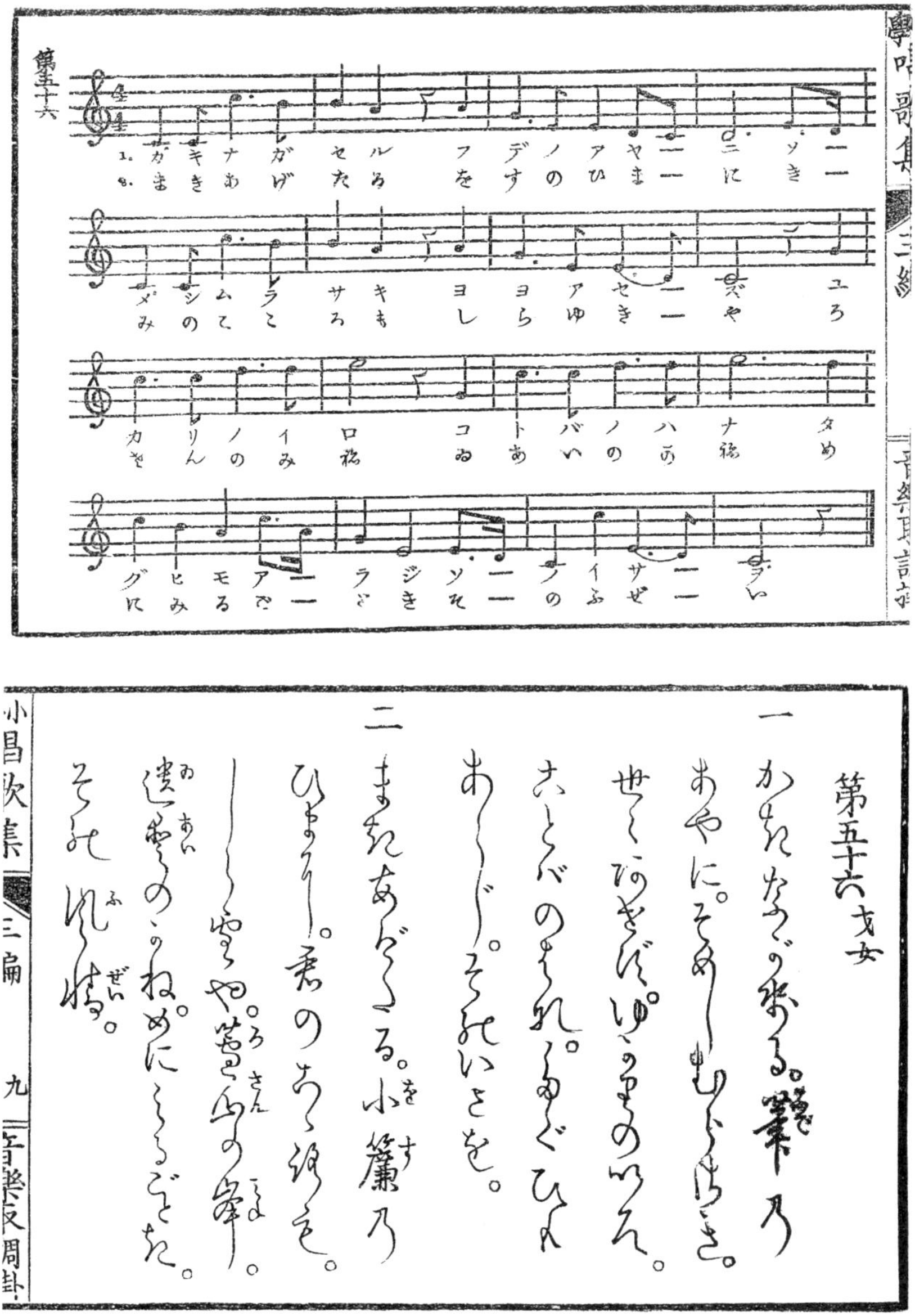

図24　56．“才女”（『小學唱歌集』第三編）

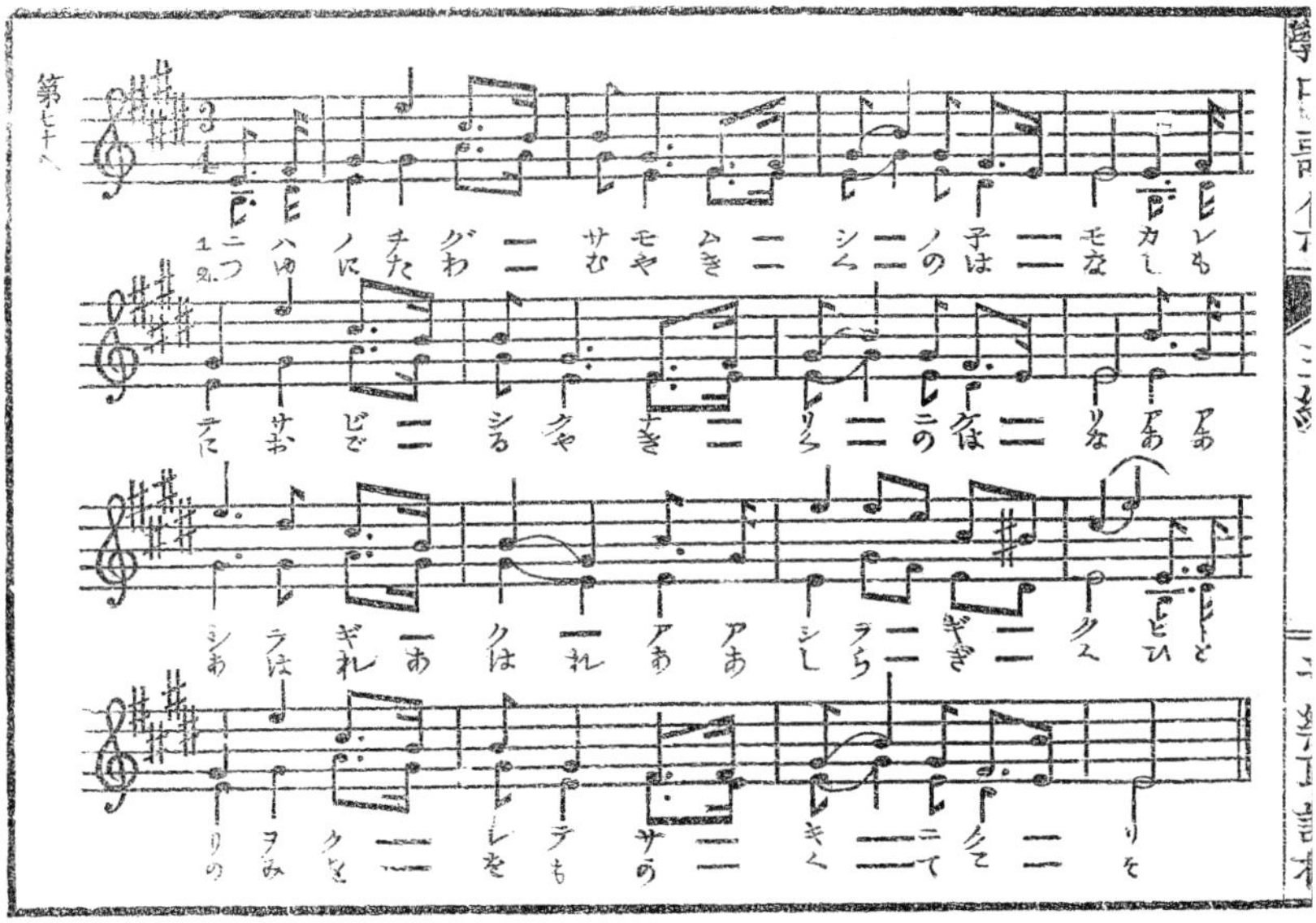

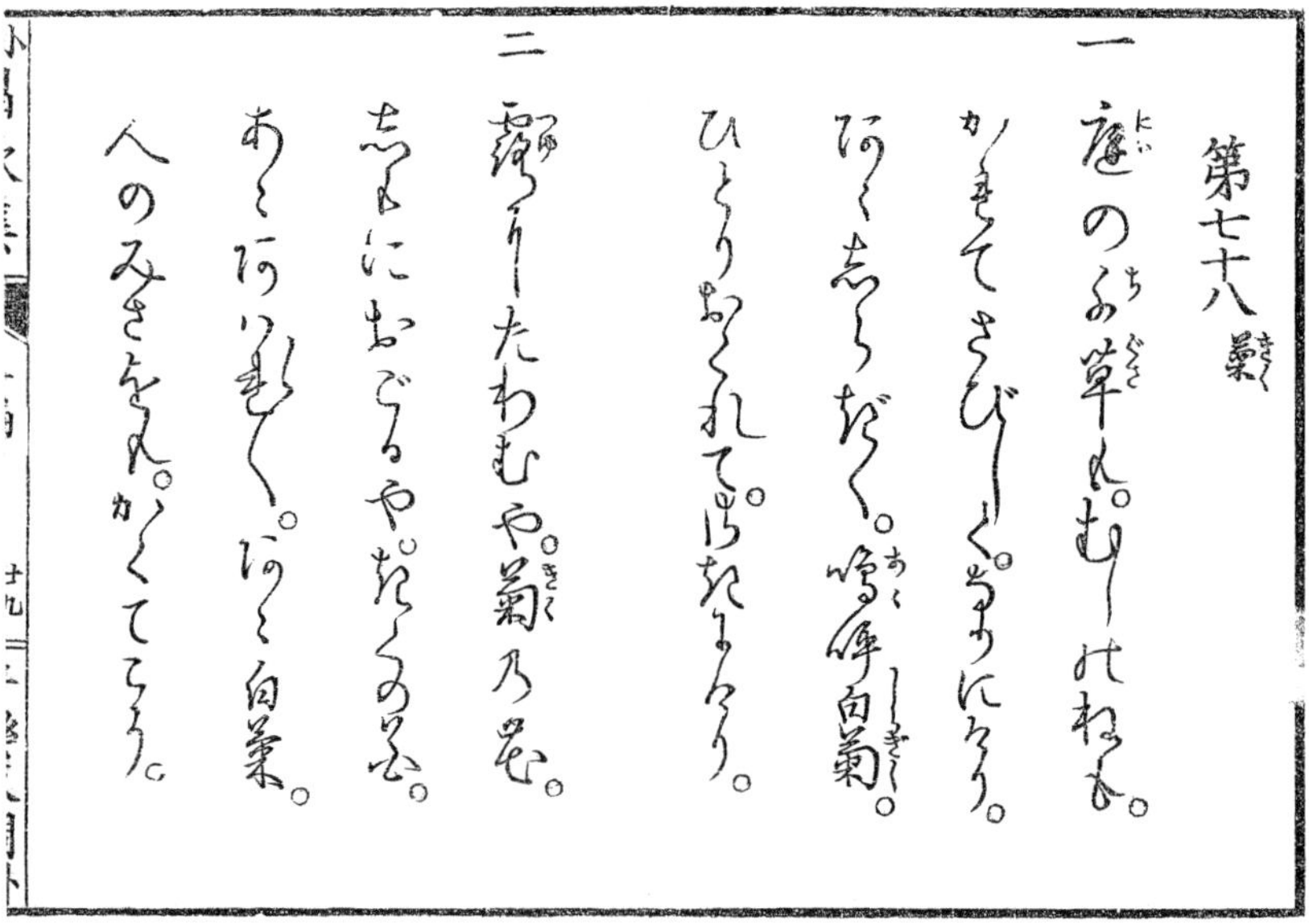
第七十八 菊《きく》

一 庭《にハ》の千《ち》草《ぐさ》もむしのねも。かれてさびしくなりにけり。あゝしらぎく。嗚呼《あゝ》白菊《しらぎく》。ひとりおくれてさきにけり。

二 露《つゆ》にたわむや菊《きく》の花。しもにおごるやきくの花。あゝあはれ〳〵。あゝ白菊。人のみさをもかくてこそ。

図25　78.“菊”（『小学唱歌集』第三編）は後の“庭の千草”

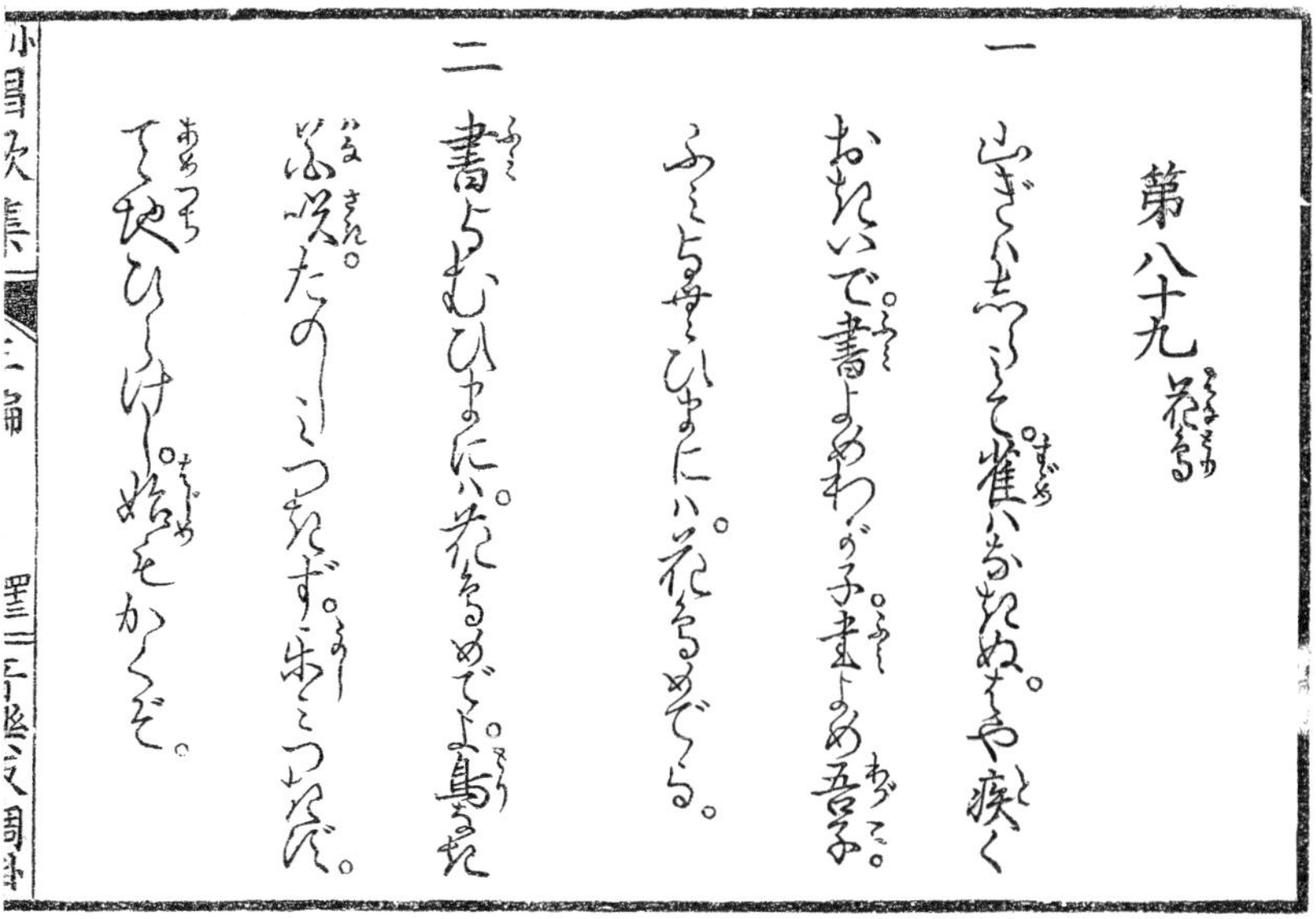
第八十九　花鳥《はなとり》

一
山ぎハしろみて雀《すゞめ》ハなきぬ。はや疾《と》く
おきいで書《ふみ》よめわが子《こ》。書《ふみ》よめ吾子《あこ》。
ふミよむひまにハ。花とりめでゝ。

二
書《ふみ》よむひまにハ。花とりめでよ。鳥《とり》なき
花咲《はなさき》たのしミつきず。たのしミつきず。
天地《あめつち》ひらけし。始《はじめ》をかくぞ。

図26　89.“花鳥”は今は〔ウェルナーの“野ばら”〕で知られている。(『小学唱歌集』第三編)

“The clouds that sail o' er hill and dale”が原詩で、Thomson編『The Training School Song Book』から採用した曲で、里見 義が作歌という自筆原稿を遠藤 宏は確認している。

55．“寧楽の都” 作詞者・作曲者不詳。'寧楽' は '奈良' をしゃれて書いたものらしいと金田一春彦は言っているが、奈良の古い表記である。

56．“才女”（図24）“アニー・ローリー”“Annie Laurie”（スコットランド民謡）の最初の弱起部分をカットしてある。スコットランドのジョン・スコット夫人（Lady John Douglas Scott：一八一〇〜一九〇〇）の作曲。

69．“小枝” 二部合唱曲。楽譜にナチュラル記号を用いている。

70．“舩子《ふなこ》” 曲は“Franklin square song collection ”より。里見 義作詞。

71．“鷹狩” 同声三部合唱曲。

73．“誠ハ人の道” 曲はW. A. Mozart作曲の“Trust and Honesty”、里見 義作詞。二部合唱曲。

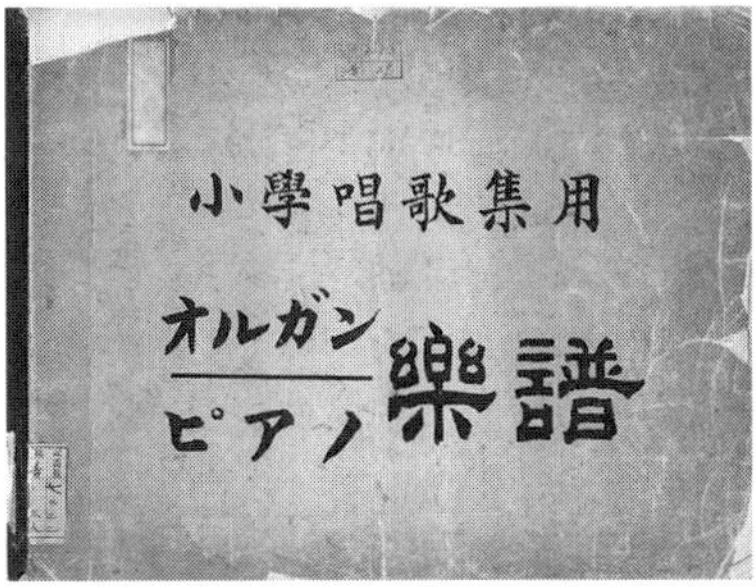

図27 『小学唱歌集用オルガンピアノ楽譜』

75．“春の野” この辺になると調子記号が四つの変イ長調やホ長調の曲が扱われている。

76．“瑞穂” 曲はドイツ民謡で題名は“ゆうべの歌”。

78．“菊”（図25）アイルランド民謡。トーマス・ムーア（T. Moore）の作詩でスコットランド民謡とされてきたが、原曲は中世のトロバドゥールの歌曲で、日本では“庭の千草”と言う題名で歌い続けられており、戦後久しく歌詞もそのまま中学校教科書にも記載されていた。歌詞は筆跡から里見 義と推定されている。

83．“さけ花よ” 曲はドイツ民謡。『ショイプリン子供唱歌集』の

"Autumnsong"。

89・"花鳥"（図26）　ゲーテの詩にウェルナー（H. Werner）が作曲した"The wind rose"。二部合唱曲、歌詞は里見　義。今もよく歌われている訳詩はこれとは異なる。"ウェルナーの野ばら"で知られている。

『小学唱歌集』の発行から十五年ばかり経過するが、小学校教育に関する次のようなものが出版されている。

○『小学唱歌集用オルガンピアノ楽譜』　版権所有・発行者兼編纂者東京音楽学校　明治三十二年六月発行（図27）

版権所有者・編纂者・発行者が東京音楽学校となっているが、当時東京音楽学校外国人雇い教師のルドルフ・ディットリッヒ（Rudolf Dittrich：一八六一～一九一九）が作成したもので、彼は緒言で次のように本書の目的・用法を述べている。(16)

緒　言

従来日本全国ノ諸学校ニ於テ用ヒ来レル、小学唱歌集三冊ニ載スル所ノ歌曲ハ、之ヲ種々ノ目的ニ利用センガ為メニ調査スルコトトナレリ即チ、第一唱歌ニ適用センガ為メ、容易ナルオルガン或ハピアノ伴奏部ヲ作リ、第二之ヲ以テオルガン、ピアノ初学者ノ練習ニ適当ナル材料ニ供シ、次ニ四部合唱初学ノ輩ヲシテ其音声練習ノ用ニ充テシムル是レナリ、以上ノ目的ヲ以テ各曲孰《いず》レモ特ニ注意シテ調査セリ、…略…

東京音楽学校雇教師　ルードルフ、ジットリヒ

3　当時出版された音楽図書（主に筆者の手元にある明治末までの主要なものを記載する）

1.『唱歌掛図』文部省　明治十五年四月刊行
教室の正面に掛けて一斉授業に活用したもので、実際には『小学唱歌集』の発行に先行して用いられた教材である。現物は東京芸術大学に保存されている。

2.『楽典』文部省　明治十六年七月印行（図28）
これは当時音楽取調掛で育ちつつある音楽学生達のための教科書であったが、この内容についてはこのあと〔七　音楽用語〕で記すことにする。

3.『音楽指南』（『National Music Teacher』）文部省　明治十七年四月印行（図29）
これは、文部省雇い教師L・W・メーソンが、アメリカで二十数年間小学生の唱歌指導に当たった経験に基づいて、既に出版していた唱歌教授法の内容を翻訳したもの。

音楽取調掛で実際に使用されていた教科書で、五百部印刷した。〔中学校・師範学校教科書〕という肩書きが中表紙に書いてある（この教科書による教授法については、『音楽教育成立への軌跡』東京芸術大学音楽取調掛研究班編　音楽之友社　昭和五十一年七月発行に詳しく記されている）。

4.『音楽問答』（中学校・師範学校教科書用）文部省　明治十七年七月印行（図30）
唱歌授業に於いて、教師が生徒達に問い掛ける種々の事柄について、問答風にまとめた非常に懇切丁寧な内容である。

〔問答〕の形式は、〔二「学制」の発布と音楽（唱歌）の扱い〕で触れたアメリカの〈サンフランシスコ案〉

図28　2．『楽典』

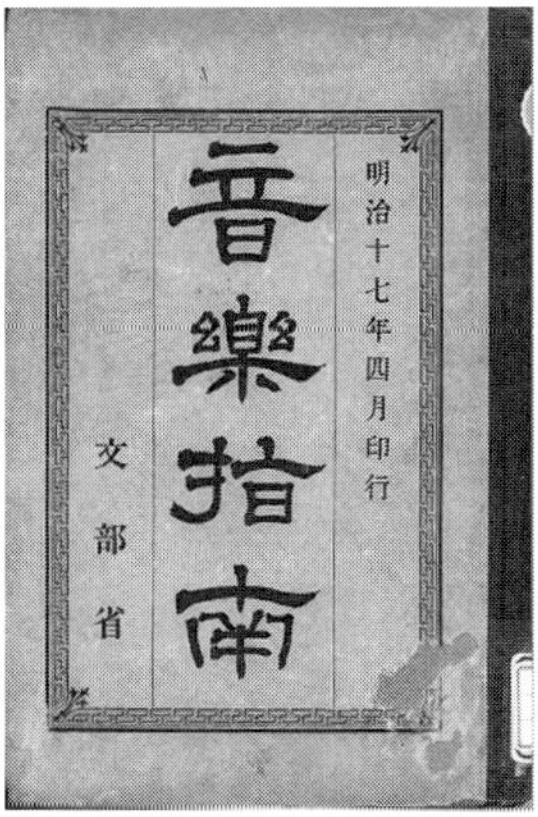

図29　3．『音楽指南』

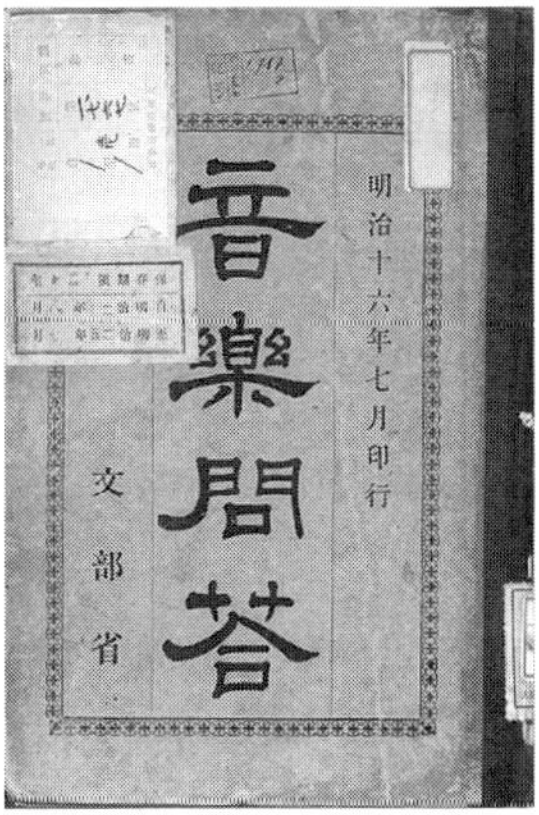

図30　4．『音楽問答』

図31　6．『音楽理論』

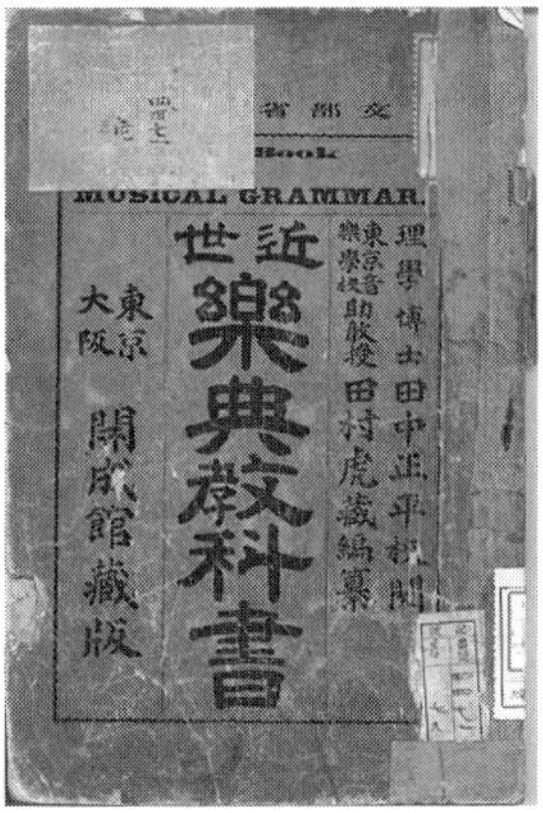

図32　9．『近世楽典教科書』

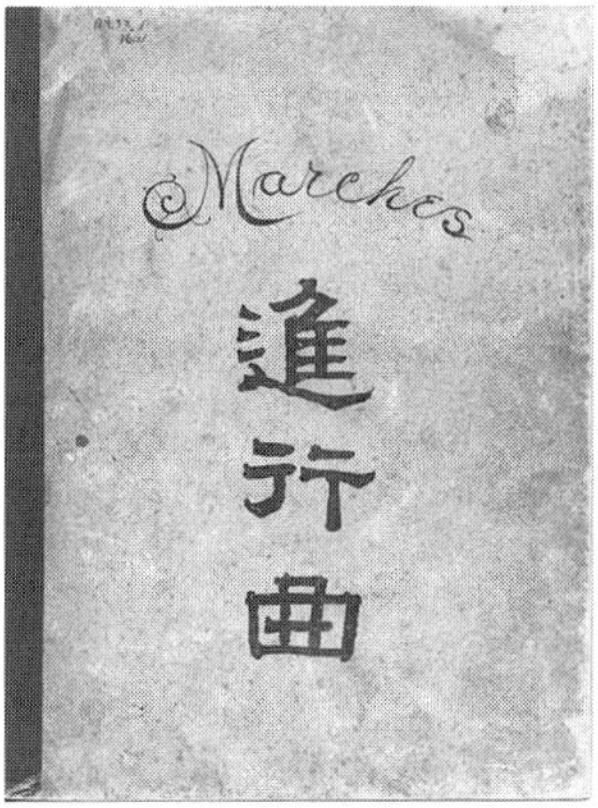

図33　13.『進行曲』

に用いられていた〔問答〕の形式をわが国の師範学校に採り入れたが、音楽の場合も同様に日本語に翻訳して出版されたものである。

5.『箏曲集』（『COLLECTION OF JAPANESE KOTO MUSIC』）BY Tokyo Academy of Music Japan　明治二十一年十月二十八日発行

6.『音楽理論』鳥居 忱著　東京金港堂本店　明治二十四年八月出版（図31）

ここに用いられている音楽用語は、文部省が明治十六年（一八八三）発行した『楽典』に出てくる用語以外のものが幾つかみられる。これらについても七に述べる。

7.『音楽利害』明治二十四年十一月発行

8.『補脩楽典入門』完　多《おおの》梅稚《うめわか》著　大阪中井書店　明治三十三年三月発行

9.『近世楽典教科書』田中正平校閲　田村虎蔵編纂　東京・大阪開成館　明治三十四年五月発行（図32）

10.『音楽訓蒙』全　ウィーベ著　菊地武信訳　文部省編輯局　明治三十五年三月発行

これは楽典の内容であるが、今日ではその存在を余り知られていない。

11.『方舞』（DANCE MUSIC）吉田信太編　共栄社楽器店　明治三十五年五月発行

12.『楽典教科書』全　著作兼発行者入江好次郎　明治三十五年六月発行

これはむしろ体育で使用した楽譜のようである。

13.『進行曲』（Marches）瓜生《うりゅう》繁《しげ》編輯　十字屋　明治三十六年十一月発行（図33）

当時は〔行進曲〕ではなかった。

14.『進行曲』（March）瓜生 繁編輯　十字屋　明治三十六年十一月発行

15.『初等楽典教科書』山田源一郎・多 梅稚共編　東京・大阪開成館　明治三十六年十二月発行

16.『教科適用進行曲粋』開成館音楽課編纂　東京・大阪開成館　明治三十七年十一月発行

17.『普通楽典大要』開成館音楽課編纂　東京開成館　明治四十三年十一月発行

他に幾種もの音楽図書が出版されているが実物が手元になく、それらの内容を検索するに至らなかったので、ここには省く。

註

（1）『世界大百科事典』15　平凡社　昭和四十七年四月発行　p.44

（2）『本邦洋楽変遷史』三浦俊三郎著　日東書院　昭和六年十月発行　p.114〜117

（3）『図説　明治百年の児童史』上　唐沢富太郎著　講談社　昭和四十三年九月発行　p.185

（4）『小学唱歌集』初編

（5）『明治音楽史考』遠藤　宏著　東京有朋堂　昭和二十三年四月発行　p.209

（6）『日本の唱歌』（上）明治篇　金田一春彦・安西愛子編　講談社文庫　昭和五十二年十月発行　p.33

（7）同　p.37

（8）読売新聞〔うた物語　唱歌・童謡〕蛍の光　平成十一年三月二十一日掲載記事

（9）朝日新聞〔六甲随筆〕陳　舜臣　平成十七年一月二十四日掲載記事

（10）註（5）　p.119

（11）同　p.119

（12）同　p.116

（13）同　p.132〜133

（14）『近代日本音楽教育史』Ⅰ　田甫桂三編　学文社　昭和五十五年九月発行　p.142〜144

『音楽教育成立への軌跡』東京芸術大学音楽取調掛研究班編　音楽之友社　昭和五十一年七月発行　p.409〜410

（15）註（6）　p.44

（16）『小学唱歌集用オルガンピアノ楽譜』発行者兼編纂者　東京音楽学校　明治三十二年六月発行

五 『幼稚唱歌集』全

1 この教科書の発行について

明治二十年（一八八七）三月という時期にこの教科書が愛媛県で発行されていることは意外である。我が国で明治二年（一八六九）に最初の小学校が京都で発足し、明治五年（一八七二）に「学制」が発布され、明治十四年（一八八一）から十七年（一八八四）にかけて最初の唱歌教科書『小学唱歌集』が発行された後、僅かの年月を経たばかりである。首都東京や旧都京都そして大商都大阪を遠く離れた、当時としては僻地と言える四国の愛媛県に於いて『小学唱歌集』と同格と思える唱歌教科書が誕生していた

図34 『幼稚唱歌集』全　表紙

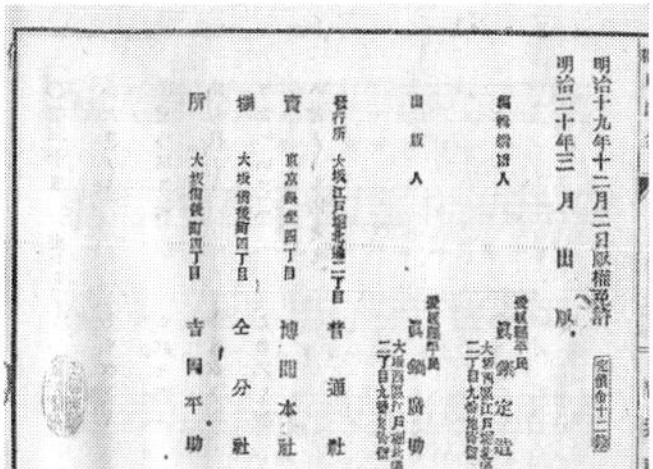
明治十九年十二月二日版権免許
明治二十年三月出版
（定価金十二銭）
発行所 大坂江戸堀北通二丁目
売捌所 東京銀座四丁目 博聞本社
大坂備後町四丁目 全分社
大坂備後町四丁目 吉岡平助

図35　同　奥付
個人名に〔平民〕の肩書きがある。

のである。つまりこの教科書は明治二十年（一八八七）十二月に文部省が出版した『幼稚園唱歌集』より九ヶ月早く、また伊沢修二と関わりがあるかも知れないと想える次項「六　『普通唱歌集』全」よりも一年余り早い時期に、この教科書は発行されているのである。しかも過去のあらゆる図書では、『幼稚園唱歌集』において初めて記載されたとされている曲〝進め〳〵〟が、この『幼稚唱歌集』（図34・35）に既に記載されている。ということはこれまでの定説は誤りであるということになる。このことから他にも全国各地で文部省発行の教科書が取り扱う以前に、その取り扱う曲が先取りされた教科書が発行されているかも知れないのである。残念ながら筆者の手元には、地方で出版されたものは、この愛媛県と次項「六　『普通唱歌集』全」に示す愛知県の教科書しか無い。

またこの『幼稚唱歌集』に記載の曲は、〝ず、め〳〵〟以外は他では見かけない曲がほとんどで、非常に地方色が豊かな選曲で成り立った教科書である。

本書の奥付にある発行日等の表示を次に示す。

明治十九年十二月二日版権免許　定価金十二銭
明治二十年三　月　出　版
編輯撰譜人　**愛媛県平民**　真鍋定造　大坂西区江戸堀北通二丁目九番地寄留
出　版　人　**愛媛県平民**　真鍋広助　大坂西区江戸堀北通二丁目九番地寄留
発　行　所　大坂江戸堀北通二丁目　普　通　社
売　捌　所　東京銀座四丁目　博聞本社
大坂備後町四丁目　仝　分　社
大坂備後町四丁目　吉岡平助

（当時の刊行物には個人名に〔平民〕や〔士族〕などと身分の肩書きを示している場合が多い）

2　内　容

①楽典　音階、音名、音符の表示を一ページ分のみであるが、簡単に説明してある。

②記載曲

・曲数　計三十五曲

・曲名

1．まなべよ〳〵	2．こどもこども	3．雨露うるほひて	4．こころはたけく
5．すゝめ〳〵	6．ここなる門	7．かざぐるま	8．友どち来たる
9．免ぐ連どはしなき	10．ゆけよ〳〵	11．我らがまり	12．かへり行とも
13．一羽の鳥は	14．みよみよ小児	15．むかし乃昔	16．黄金白銀
17．兄於と妹と（註　兄弟妹）	18．川瀬がさわぐ	19．我大君	20．大鼓を腰に
21．ますぐにたてよ	22．いはほのこけの	23．をりなす錦	24．花咲はるの
25．三千余まん	26．三千余まん	27．一ツトヤー	28．やよはなざくら
29．雲か雪か	30．馬ふとく	31．今より我らと	32．ゆけやわがこまよ
33．はちよみつばちよ	34．やだまは阿られ	35．来たれ〳〵	

『小学唱歌集』と同様、曲名も歌詞も総て漢字・ひらがな文字を崩した筆記体で書かれており、筆者自身も書家に読み方を問わねば不明の部分が幾つかあった。当時といえども、このようなくずした筆記体の文字を読める子どもは極めて限られていたに違いない。

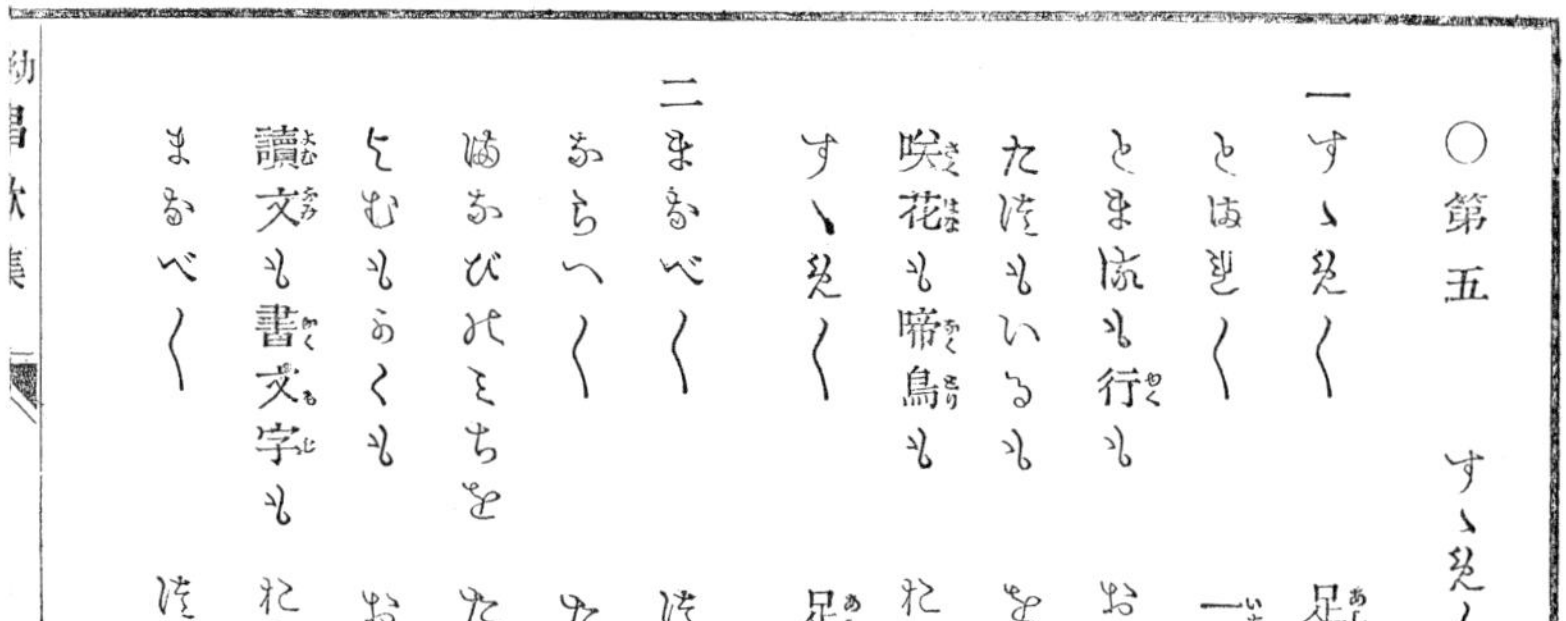

○第五　すゝめ〳〵

一　すゝめ〳〵　足《あし》とくすゝめ
とまれ〳〵　一度《いちど》はとまれ
とまるも行《ゆく》も　おしへのまゝに
たつもいるも　をしへのまゝよ
咲《さく》花《はな》も啼《なく》鳥《とり》も　それも白《しろ》き花園《はなぞの》や
すゝめ〳〵　足《あし》とくすゝめ

二　まなべ〳〵　つとめて學《まな》べ
ならへ〳〵　たゆまず習《なら》へ
あそびのみちを　たえせずならへ
よむもかくも　おしへのまゝよ
讀《よむ》文《ふみ》も書《かく》文字《もじ》も　それもしろきうひ學《まな》び
まなべ〳〵　つとめてまなべ

図36　5．“すゝめ〳〵”のメロディーは運動会でよく聞く曲。（『幼稚唱歌集』）

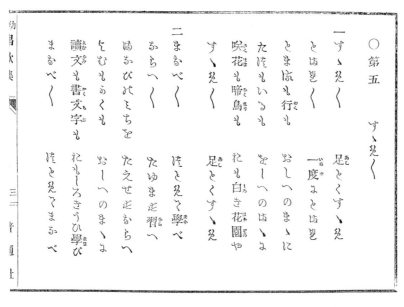

・曲・歌詞について

5．〝すゝめ〳〵〟（図36）　フランスの民謡であったが、後にアメリカで〝Children go to and fro〟という童謡になり、それをメーソンが教材に使っていたものを、日本に伝えたようである。

　メーソンが明治十三年（一八八〇）に来日早々東京師範学校附属小学校生徒に歌わせた曲で、ここでは〝すゝめ〳〵　足とくすゝめ…〟という歌詞を使っている。

六　『普通唱歌集』全

1　この教科書の発行について

明治初期の音楽教科書といえば、文部省発行の先述の『小学唱歌集』初編・第二編及び第三編がよく知られているが、五に記述の愛媛県の他、愛知県名古屋でも唱歌集が発行されている。伊沢修二が明治七年（一八七四）三月から八年（一八七五）六月までの僅か一年二ヶ月の短期間ながら愛知県師範学校校長を勤めたという事実が、時が経過して明治二十一年（一八八八）にこの唱歌集が出版された事と少しでも関係が有ったかどうかは不明である。

本書の発行日等の表示を次に示す。当時の時代の

図37　『普通唱歌集』全　表紙

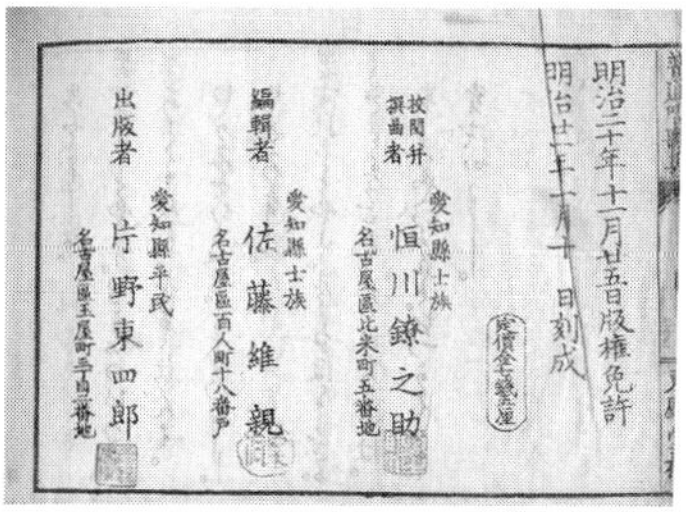

明治二十年十一月廿五日版権免許
明治廿一年十一月十日刻成
校閲并撰曲者　愛知縣士族　恒川鐐之助　名古屋區比来町五番地
編輯者　愛知縣士族　佐藤雄親　名古屋區百人町十八番戸
出版者　愛知縣平民　片野東四郎　名古屋區玉屋町三丁目一番地

図38　同　奥　付
個人名に〔士族〕〔平民〕の肩書きがある。

一面を知ることができる。

明治二十年十一月二十五日版権免許
明治二十一年一月十日　刻成
定価七銭五厘

校閲兼撰曲者　**愛知県士族**　恒川鐐之助　名古屋区比米町五番地
編輯者　**愛知県士族**　佐藤維親　名古屋区百人町十八番戸
出版者　**愛知県平民**　片野東四郎　名古屋区玉屋町三丁目二番地

2　内容

①緒言　初等教育に音楽の必要性を〝唱歌ハ普通学科ノ最モ欠クヘカラサルモノナリ〟と明言している。

②楽典　文部省の『小学唱歌集』では初編・第二編の初めにわずかに記載されているに過ぎないが、ここでは曲と曲の間に適宜挿入されており、音階、音名と階名、調子（ト長調・ニ長調・ヘ長調・変ホ長調など）、拍子、反復記号など各種記号、そして読譜にはやはり数字譜を併記している。

③記載曲

・曲数　計十七曲

・曲名

1．四季の曲　2．遊べとまれ　3．国のまも里　4．あかつきしらする
5．春のやよひ　6．君が代（図39）　7．ち里ぬべき　8．渦（図40）

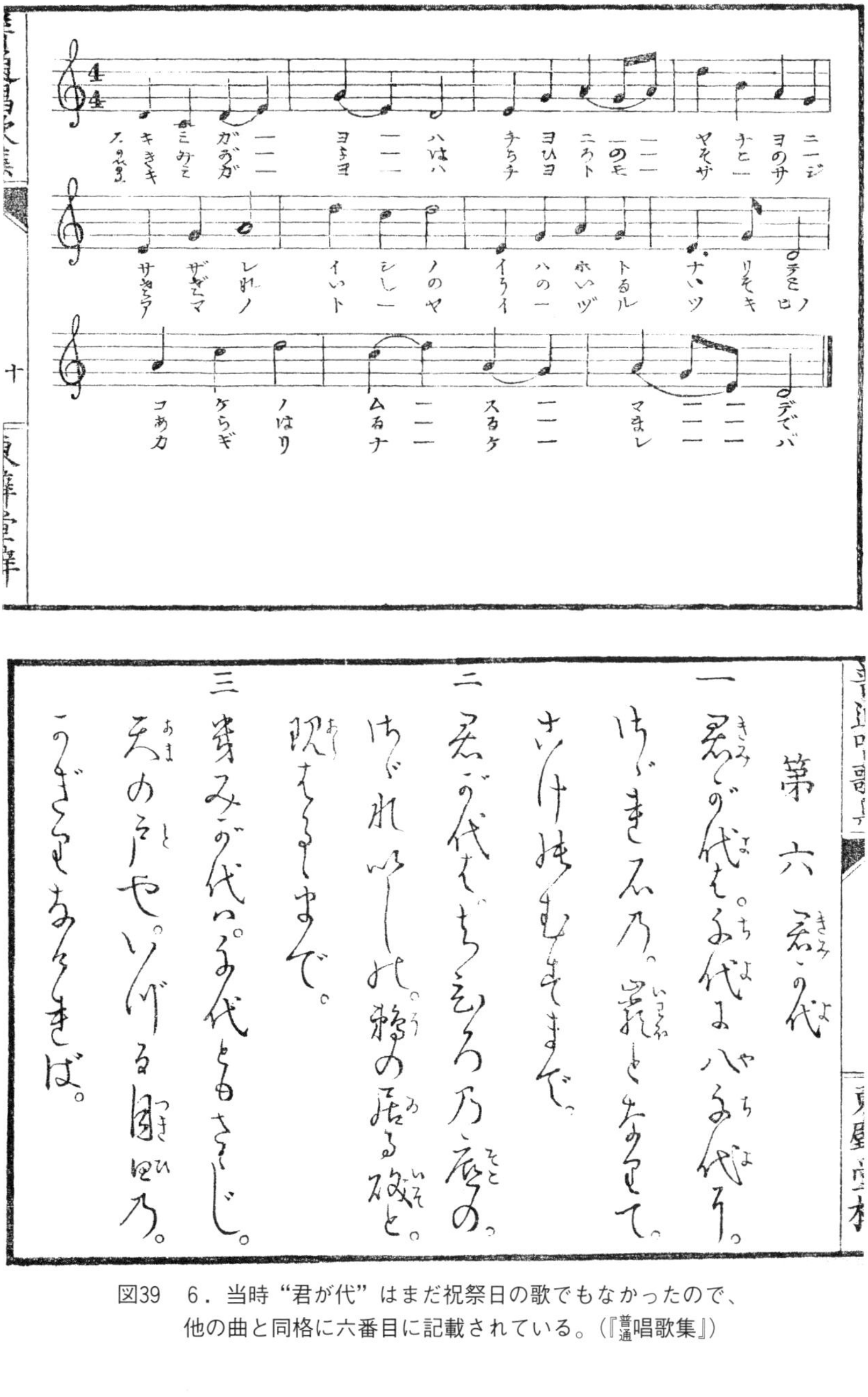

図39　6．当時“君が代”はまだ祝祭日の歌でもなかったので、
他の曲と同格に六番目に記載されている。（『普通唱歌集』）

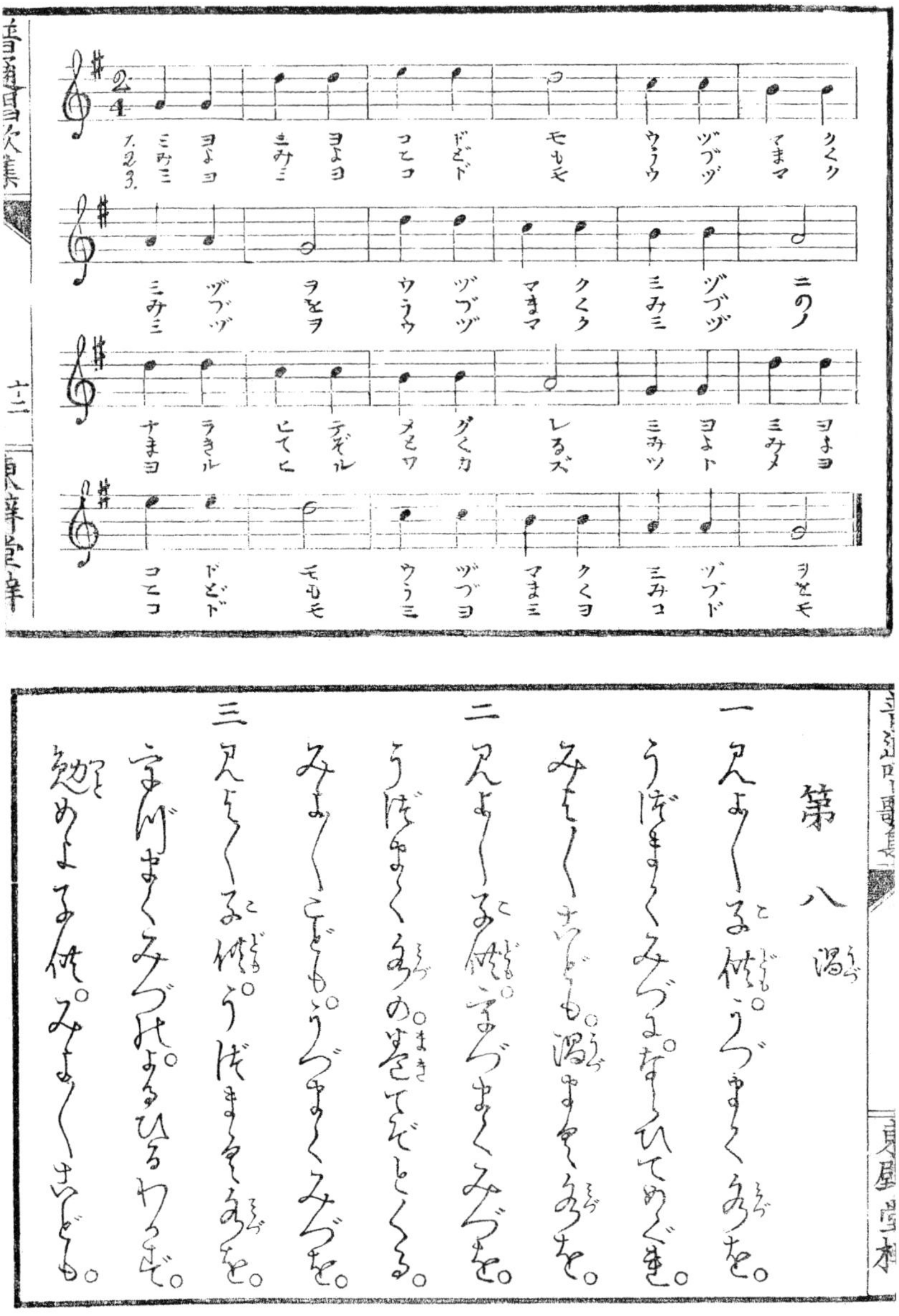

図40　8．“渦”は“ABC の歌”。(『普通唱歌集』)

図41　17. "鞠歌"は一～四十七番の歌詞の頭がいろは順に作詞されている。(『普通唱歌集』)

9・門　10・心はたけく
11・友だちきたれ　12・風車
13・進め〱　14・御代乃民草《みよのたみくさ》
15・年立かへる　16・学べよ〱
17・鞠歌（図41）

・曲・歌詞について

6・"君が代"（図39）この曲は今日の"君が代"である。後述のように明治十三年（一八八〇）には既に生まれていたが、我が国の事業として長期間検討されて〔祝日大祭日儀式唱歌〕が決定し公布されたのが明治二十六年（一八九三）八月十二日であり、**この楽譜が教科書に記載されたのは筆者が知るかぎりにおいて、これが最初である。**但しここでは歌詞が三番まで記載されている。

8・"渦"（図40）この曲はフランスの古歌が原形らしく、ドイツで古くから童謡として歌われていた"ABCの歌"で、"Twinkle, Twinkle, Little Star"の曲名及び歌詞でも世界中で歌われている。

13・"進め〱"作曲者は不詳。加部厳夫《かべいずお》の作詞。

この『普通《ふつう》唱歌集』全の出版とあい前後した時期の明治二十年（一八八七）十二月に文部省が出版した『幼稚園唱歌集』に記載されており、非常に活動的な曲趣から、当時すでに運動会などで利用したらしい。ほかにこのメロディーに〝風車と子供〟と題したものもある。その歌詞は次のような歌詞である。

‚まはれ　まはれ　車よ車　まはれ　まはれ　くるくるくると‛

17．〝鞠歌〟（図41）この曲の歌詞は延々四十七番まで記載されている。旋律は筆者が子供の頃に歌っていた〝数へうた〟‚ひつとや…‛と全く同じ旋律である。

七　音楽用語（明治初期〜中期）

今日教育現場で児童生徒たちに対して使用する音楽用語はある程度規定されている。しかしそれが西洋音楽に初めて真剣に取り組むようになった明治初期に、文化が大きく異なる我が国に適当な言葉・理解し易い用語に置き換える作業には、大変な苦労があったと想像する。階名の〔ドレミファソラシド〕について普魯細亜《プロシア》のブラウン氏が発明した〔ダーミーニーポーツーターベーダー〕は、当事国の国語の発音上の考慮もあったと思うが、またドイツ音名の〔CDEFGAHC〕やイタリア音名の〔ドレミファソラシド〕を日本の国語の五十音から〔ハニホヘトイロハ〕に当てはめたのはまだいい方で、明治の音楽教育の先駆者たち、国文学者などの先覚者たちが初めて取り組んだ難問に対する苦肉の策とでもいうものを感じる。

1　『楽典』[1]　文部省　明治十六年発行

現行	『楽典』での楽語
（ピアノの）白鍵	長鍵（ロングキー）
（同）黒鍵	短鍵（ショートキー）
一点ハ音	単点ハ音

現行	『楽典』での楽語
鈎	鈎
交響曲	合奏曲（シンフホニー）
全休符	一音休符

カタカナハ音	大字ハ音
ひらがなハ音	小字ハ音
ドレミファソラシ	ヒフミヨイムナ
階名	階名（シレブル）
ハ長調	ハ調長
譜表	策
スコア	貫策
五線四間	五線四空
音符	音符（ノート）
符頭	首
符尾	柄
音部記号	区符
高音部記号	頂品区符、ト字記号
低音部記号	低品区符、ヘ字記号
高音部譜表	ト号音部譜表
数字附低音	番号低音
低音部譜表	ヘ号音部譜表
調子記号（調号）	総符
音程	音程（イントルバル）
嬰	利（シャープ）
変	鈍（変）（フラット）
ソプラノ	秀品、頂品
アルト	高品
テノール	中品

二分休符	半音休号
アルペッジオ	全弦神速
アクセント	強声
アウフタクト、弱起	弱起
混合拍子	混合拍子
二拍子	折半拍子
三拍子	三拍子
三連符	三徐号
和声	和声
平行	並行
属音	徴
下属音	退徴
対位法	対合法
根音	根音（七の和音の根音に限り執政音）
切分音	分取動
転調	換行
移調	移換（うつしかえ）
f、mf、p	大音、中音、小音
クレッシェンド	漸大音（クレッセンド）
ディミヌエンド	漸小音（ジミニューインド）
スフォルツァンド	急大音
スタッカート	頓音
レガート	貫音、連合

バス	低品
曲想記号	発想記号
和音	和弦
臨時記号	臨時符
全音	全歩
半音	半歩
導音	導音（リーディングノート）
（音程の）転回	転回
オクターヴ	一甲
和音	合成音
長	太（メージョル）
短	少（マイノル）
完全	完全
協和・不協和	協和・不協和
主音	宮
長調	大旋律
短調	小旋律
調性	完宮
近親調	扈属調（コショクチョウ）
旋法	旋法
旋律	好調
スラー	連句
タイ	連合線、帯
ポーズ	延声記号（ポース）
ダ・カーポ	反始（ダカポー）
トリラー	顫り
アルペジォ	次第具音
アクセント記号	垂点（ダッシ）
トレモロ	単弦反復（トレモロー）
延長記号	延句、延声記号
教会音楽	寺院楽
室内楽	室内楽
ロンド	再唱
形式	式様
長音階	大旋梯子（メージョルスケール）
短音階	小旋梯子（マイノルスケール）
全音階	両宮梯子
半音階	潤色梯子
上行、下行	昇り、降り
複合拍子	雑合拍子
（音程の）転回	転置
奏法	走法

以上は『音楽教育成立への軌跡』(2) 東京芸術大学音楽取調掛研究班編が記したものに、筆者が改めて精査したものを追加した。

・人名、例えば次のように記している。
ヘンデル（Händel）→ハンデル（Häを ハ と読んでいる）
ハイドン（Haydn）→ヘーデン　コレルリ（Corelli）→コレリー　ルソー→ルーソー
・国名、地名の表示は、次のような漢字で表示している。
スイス →瑞西　スコットランド→蘇格蘭土　ポルトガル→葡萄牙
イギリス→英吉利　イタリア →以太利　インド →天竺国
ロシア →魯細亜　プロシア →普魯細亜　ギリシャ →希臘
オーストリア→墺斯利
・その他　カトリック→加特力

2 『音楽理論』(3) 鳥居 忱著　明治二十四年八月出版

現行	『音楽理論』での楽語	現行	『音楽理論』での楽語
上第一間（うえだいいっかん）	上一間（うえいちのま）	増一度	増第一度
下第一間（しただいいっかん）	下一間（したいちのま）	鈎	曲鈎
音部記号	音度記号	単前打音	単倚音
低音部記号	低音度記号・へ字の印	複前打音	嚙音
中音部記号	中音度記号・は字の印		
高音部記号	高音度記号・と字の印	トリラー	顫音
低音部譜表	低音度譜表	作曲家	製曲家

中音部譜表	中音度譜表
高音部譜表	高音度譜表
♮	還位記号
長六度	長第六度
長音階	長旋法・長音階
短音階	短音法・短音階
強弱	勢力
三連符	単三分音符
主音	主和絃
下属音	次属和絃
属音	属和絃
第七音	感音
弱起	弱拍了
シンコペーション	切分声
大楽節	楽句
動機	楽読
スラー	連・流
スタッカート	頓音
スタッカーティッシモ記号	長点記号
通訳	通弁
ターンなど	回音・順回音・逆回音
アンダンテ	平
クレッシェンドなど強弱の変化	塩梅（あんばい）
ダカーポ	ダカポ
フィーネ	フワイン
メトロノーム	拍節機

他に急速なテンポで装飾的に（音階的にまたは半音階的に）移動する奏法を艶音と名付けている。

本書中に，‘吾師（わが師）Mason 氏，の文字がしばしば出てくる。この出版に際して著者鳥居《とりい》忱《まこと》が仔細に亘ってメーソンの指導を受けながら著作したことがうかがえる。またこの著書の緒言には

緒　言

古人言あり。曰く「魚を得て筌を忘する」と。真に天下の知言なるかな。魚を得むと欲する者は、必ず先づ筌を修めざるべからず。筌を修めずして、魚を得むと欲す。焉《いづくん》ぞ得むや。音楽の楽譜に於ける其れ猶魚の筌に於けるが如し。故に音楽を学ばむと欲する者も、亦必らず先づ楽譜を修めざるべからず。其れ之を修めずして、唯

に之を学ばむと欲す。又焉ぞ得むや。而して音楽は人間娯楽の目的なり。楽譜は之に達するの手段なり。今其手段に依りて其目的に達す。是れ筌を修めて魚を得るの道なり。請ふ天下同好の士、宜しく其手段に依り其目的に達せしむことを。果して然らむか。古人の所謂魚を得て筌を忘る、者なり。

明治二十四年七月

著者誌

と古い諺を引用して福沢諭吉の『学問のすすめ』ならぬ〔音楽のすすめ〕を記している。元宮内省楽人で、楽人のころから笛の達人であった鳥居忱らしい文面である。

◉鳥居《とりい》忱《まこと》（一八五四～一九一七）は栃木県出身で東京府在住の肩書きが〔平民〕。宮内省雅楽課の楽人であったが、彼が二十五歳の明治十三年（一八八〇）十月に音楽取調掛伝習人入場許可（入学許可）を得た第一期生十八人のうちの一人である。

楽語の邦語訳は、メーソンが着任するまでにアメリカから目賀田種太郎に、音楽用語の邦訳語を作成しておくよう文書で指示したことから始まっている。メーソンが横浜に着く三ヶ月半前の明治十二年（一八七九）十一月二十日のことであった。それは着任早々に取調掛としての作業を、少しでも能率的に取り掛かれるように準備する必要があったからである。目賀田・伊沢らはその短期間に、邦語による楽語作成の前提ともいえる『西洋楽語小解』という本を作成した。これを基にして楽語が実用化できたのは、メーソンが着任して一年九ヶ月後の明治十四年（一八八一）十二月末日からで、まとまって実用した全音楽用語は前記一覧表のようなものであった。結局明治十六年（一八八三）七月文部省印行の**『楽典』が一応整った音楽用語を用いた最初の著書**のようであるが、続く鳥居 忱著作の『音楽理論』では楽語の多くがそれと異なっている。邦語による音楽用語がまだ流動的で、著作者の訳語が個人的な見解で、それぞれ自由に使われ著作されていた当時の状況が判る。

註

（1）『楽典』文部省　明治十六年七月印行　全ページ

（2）『音楽教育成立への軌跡』東京芸術大学音楽取調掛研究班編　音楽之友社　昭和五十一年七月発行　p.278～282参照

（3）『音楽理論』鳥居 忱著　東京金港堂　明治二十四年八月発行

八　祝日大祭日儀式唱歌の制定

1　〔祝日大祭日儀式唱歌〕制定前に歌われた祝祭日唱歌

我が国の祝祭日の制定は明治初年に種々成されたが、其の日々に歌う祝歌は無かった。従ってそれらの祝祭日には明治九年（一八七六）頃から作曲し始めた雅楽唱歌や、メーソンが来日の明治十三年（一八八〇）以降は、先述の『小学唱歌集』の中で適当と思われる唱歌を各学校が自由に選んで祝祭日に歌った。しかし歌唱指導ができる教師が総ての学校に配置されていたとは思えない時期であり、全く歌わなかった学校も多数あったに違いない。その後儀式唱歌制定については、明治二十二～二十三年頃から審議の対象になっていて、文部大臣は明治二十四年（一八九一）十月七日に全国の小学校長宛に次のような訓令を発している。これに関して『音楽雑誌』に次のような記事が出ている。[1]

●**唱歌に関する文部大臣の訓令**　今度文部大臣より各小学校長に向て爾来は予め府県知事の手を経て祝日或は大祭日に歌はんと欲する唱歌の可否を一応本省に問合すべし（十月七日）

祝日祭日歌詞及楽譜審査委員　御祭日祝日に用ゆる歌詞楽譜は大切なる事にてなにもかも忘り（註　妄の誤記か?）に使用せらるに於ては大に礼にかくるなきやの心配ありしが是に干（註　関と同意）して訓令あり尚ほ去る二十日東京音楽学校長理学博士村岡範為馳氏は審査委員長に大学教授文学博士黒川真頼高等学校教授野尻精一東京音楽学校教授瓜生繁子同上原六四郎文部視学官渡辺薫之助女子高等師範学校教授篠田利英同上真行文部属（註　属官は旧制の官吏の身分のひとつ）佐藤誠実東京音楽学校教授鳥居忱の各氏は審査委員に任ぜられたれば吾人は別に心配するに及ばざる事となれり

（以上原文のまま）

①主に『小学唱歌集』(2)の中の曲で祝日大祭日の儀式に用いるべき曲としたものは、次のように『官報』で各小学校に通達された。

官　報

（明治二十五年一月七日）官報二五五三号

去月二十九日附ヲ以テ文部省学務局長ヨリ、小学校ニ於テ、祝日大祭日ニ用フル歌詞及楽譜ニ関シ道府県等へ左ノ如く通牒セリ。（文部省）

従来祝日大祭日ノ儀式ニ用フル目的ヲ以テ著作シタル歌詞及楽譜ニ乏シク儀式施行ノ際不便尠カラザルベクト存候依テ先ヅ文部省、及東京音楽学校ノ編纂ニ係ル唱歌集中ノ歌詞及楽譜ニシテ右儀式ヲ行フノ際唱歌用ニ供シ差支ナキモノヲ挙ゲ別紙ニ掲載シ念為御通牒候尤モ該表中「君が代の初春」ハ一月一日ニ「天津日嗣」ヘ元始祭日及神武天皇祭日ニ「紀元節」ヘ紀元節ニ「瑞穂」ハ新嘗祭日ニ又「瑞穂」歌詞中新嘗ノ新ヲ神ト修正シテ神嘗祭日ニ「天長節」「我大君」ヘ天長節ニ其他ヘ適宜御ニ用ヒ相成リ可然ト存候此段申添候也以後『音楽雑誌』には、儀式唱歌楽譜を明治二十六年（一八九三）八月発行の第三十五号別冊附録として発売されるまで、毎号のように儀式唱歌の審議の進行状況が掲載されていて、音楽教育関係者の、このことについての関心度の高さをうかがうことができる。

続いて次の曲を選出して国家の祝日唱歌と一旦布告している。

『小学唱歌集』より十曲

初編より　4．いはへ　5．千代に　23．君が代

第二編より　44．皇御国《すめらみくに》　45．栄行《さかゆ》く御代　46．五月の風

47．天津《あまつ》日嗣《ひつぎ》　48．太平の曲

第三編より　76．瑞穂《みづほ》　87．治《をさま》る御代《みよ》

『中等唱歌集』より〝紀元節〟〝天長節〟〝君が代〟の三曲。

②他に、〝大祭日数へ歌〟が、一般に歌われていた数え歌〝ヒトツトヤ…〟の替え歌で歌われた記録がある。[3]

大祭日数へ歌

一月とや　一月一日四方拝　旭旗《はた》を樹《た》て　三日も賑ふ元始祭おめでたや
其月とや　其月の三十日《みそか》も　旭旗を樹て　孝明天皇　お祭日　お祭日
二月とや　二月の十一日紀元節　旭旗を樹て　三大節のお祝ひ日　お祭日
三月とや　三月三十日は旭旗を樹て　春季皇霊お祭日　お祭日
四月とや　四月の三日は御即位で　旭旗を樹て　お祭日　お祭日お祭日
五月とや　五月も六月も七月も　八月も　此月何れも　祭りなし　祭りなし

九月とや　九月の下旬《おわり》の二十三日　旭旗を樹て　秋季皇霊お祭日　お祭日
十月とや　十月十七日神嘗で　旭旗を樹て　恵みを祝へるお祭日　お祭日
十一月とや　十一月三日は天長節　日旗を樹て　二十三日新嘗のお祭日　お祭日
十二月とや　この月今年の年納め　一年は　三百六十五日ある　おめでたや

③『小学唱歌』巻一、巻二、巻三、巻四、巻五、巻六計六冊に祝歌を収録している。伊沢修二編　明治二十五〜二十六年発行

伊沢修二が東京音楽学校を退任後に出版した教科書で、先に出版された我が国最初の教科書『小学唱歌集』初編・第二編・第三編に記載できなかった曲を含めて、教育上是非含めたい日本的な旋律（雅楽調・俗楽調）より日本的な内容の歌詞を選んで編纂し出版したものである。

伊沢修二は、この編纂に当たってこの時期には既に〔祝日大祭日儀式唱歌〕制定の気運が高まっており、そのための委員会設置も目前に迫っていたことを意識していたのか、次のような祝日用の曲を改めて挙げている。

〔壹〕
〝君が代〟　作曲：林　広守
〝一月一日〟　作歌：稲垣千頴、作曲：小山作之助
〝紀元節〟　作歌：高崎正風、作曲：伊沢修二
〝天長節〟　作歌・作曲：伊沢修二

〔二〕
〝皇御国〟　作歌：加藤司書・加部厳夫、作曲：伊沢修二

〝春秋季皇霊祭〟作歌：阪　正臣、外国曲
〝神武天皇祭〟作歌：阪　正臣、作曲：芝　葛鎮　壱越調
〝新嘗祭〟作歌：加部厳夫、作曲：林　広継　壱越調
〝元始祭〟作歌：芙蓉、作曲：山井基万　平調
〝孝明天皇祭〟作歌：加部厳夫、作曲：多　忠廉《ただきよ》　盤渉調
〝神嘗祭〟作歌：加部厳夫、作曲：東儀季芳　盤渉調
〝治まる御代〟作歌：東宮鉄麿、作曲：不詳
〔巻三之上〕
〝地久節〟作歌：税所敦子、作曲：林　広守　壱越調
〝天長節歌〟作歌：高崎正風、作曲：伊沢修二
〔巻三之下〕
〝教育勅語拝読之歌〟作歌：阪　正臣、作曲：不詳
〔巻之五上〕
〝地久節〟（前同）
〝天長節〟（前同）
〔巻之五下〕
〝教育勅語拝読歌〟（前同）

以上、伊沢修二が〔祝日祭日儀式唱歌〕の制定を直前に控えて、それを強く意識して編集したと想われるこれら儀式唱歌の扱いを、その直後に決定された〔祝日大祭日儀式唱歌〕と照合してみると、〝皇御国《すめらみくに》〟〝地久節《ちきゅうせつ》〟〝孝明

天皇"　"治まる御代"が除かれ、伊沢修二の作曲したものも三曲中二曲が除外してある。

2　国歌撰定について

"君が代"の由来については、明治以降余りにも多くの人物が研究していて、それらの各論がまちまちで、いまだに歌詞の選者が誰かを正確に判定できていないと言っていいであろう。大体"君が代"の歌詞は千年以上も前からあった『古今和歌集』はもちろんだが、『和漢朗詠集』『古今六帖』『蓬莱山』、謡曲の"老松"などにもと、様々な年代に様々な分野で詠み慕われてきたものであった。しかし、佐藤仙一郎氏は

'君が代曲の歌詞の直接の出典はある種の和漢朗詠集である(5)'

と言っている。そして

'原形で朗詠集にとりあげられた後、写本とされる時に何かの理由で初句(註　わが君は)を改めた者があらわれたとみるべきである。安貞二年(一二二八)より四十年以上前に書かれた『古今集註』という本の註に、当時歌うときにはキミガヨハと言ったとあるが、その現象などは初句を改めた理由ではなかったかと思われる(6)'

図42　フェントン作曲の"君が代"は、〔幻の君が代〕と言われた。(4)

フェントンは非常に温厚篤実な人物であったと言われている。この"君が代"は突然作曲するよう依頼されて、きわめて短期間で作曲したようである。彼の人柄から、言われるまま真剣にとりかかったのであろうか。

と言い、他にも

〝第二句が「千代にましませ」というのと、第五句が「こけむすまでに」というのは平安朝に書かれたものであって、その後には見当らない…略…。今の君が代の形になったのは鎌倉時代以降とみてよいように思う。〟

〝これまで世に出た君が代関係の書の、音楽君が代の原歌であるとして載せているいろいろな古写本の写真には、ワガキミハの形のものが大部分であるが、これは音楽君が代の歌詞の原歌と言えるかどうか疑問に思う。[7]〟

と結んでいる。筆者にはその正否についての判断はできないが、この歌詞についての論争はまだまだ続くのではないであろうか。

〝君が代〟が国歌として制定されるまでの経緯についての実録も殆ど無い。イギリス軍楽隊を指揮するイギリス公使館付き楽長であった、**J・W・フェントン**が、天皇陛下に対する頌歌の必要性を明治政府に説き、明治二年（一八六九）九月に薩摩藩の軍楽伝習生三十名を指導して、明治三年（一八七〇）九月八日に越中島において薩摩藩・長州藩・土佐藩連合の閲兵式が明治天皇の前で行われた時に、自作の〝君が代〟を吹奏したという[8]（図42）。これが**〝君が代〟と名付けた曲が公式に演奏された最初**ということになるが、フェントンは、日本語がほとんどできなかったこともあって、日本の文化・日本人の情緒面の理解も浅く、また日本滞在中に日本語を十分にマスターできなかったにしても、彼の誠実な努力には敬意を表したい。フェントンは、彼の通訳を務めた鹿児島藩の原田宗助の唄った〝武士の歌〟の旋律を聴いて、これを元にして作曲したものである、と三浦俊三郎は『本邦洋楽変遷史』に記している[9]。

◉フェントン（John William Fenton：一八二八～？）アイルランドのコーク州キンセイルに生まれる。十三歳で少年鼓手兵として軍隊に入隊、三十六歳でイギリス第十連隊所属の軍楽隊隊長に昇進、軍隊の位はまだ軍曹であった。慶応四年（一八六八）三月妻アニー・マリア、娘ジェシーを連れて結婚四年目にイギリス軍艦で横浜に着いた。妻はその三年のちに病死。その約一年後に若いアメリカ人ジェーン・ピルキントンと再婚。

日本での生活は軍楽隊の指導によって日本の洋式楽隊の養成のほか、式部寮（うたのつかさ）も兼務となり、そこでの仕事は、皇室の行事に参加して演奏を行い、明治天皇の天長節では、純和式で執り行う宮中儀式の宴席での演奏も行った。フェントンにとっても非常に重責ある職務であったが、結果は宮中儀式において洋食をとりながら欧州楽を聴くという、古今初めての出来事とあって、歴史上も意義深い事柄であった。

フェントンにとって苦労であったに違いないが、軍楽隊のメンバーが、音楽に全くの素人、或は音楽の経験者といっても雅楽の出身者などが多く入隊したので、これも洋楽器の扱いは未経験、そういう組織の指導を任されたのであった。契約期間を終えた明治十年（一八七七）に、六年余の滞在期間の労をねぎらわれて、妻ジェーン・ピルキントンの故郷アメリカへと家族共々日本を離れた。離日後数年の消息は分かっているが、その後は不明である。[10]

その後も議論が続き、陸軍元帥大山《おおやま》巌《いわお》が『古今和歌集』巻七賀歌の部に詠まれている古歌で、読み人知らずの琵琶歌〝蓬萊山〟から〝君が代〟を選んだという説もある。[11]

明治五年（一八七二）の「学制」がその後〝画一的で国情に合わない〟という苦言が多く出はじめ、明治七年（一八七四）以降文部省で実権をもっていた田中不二麿が、その拘束力を緩和して発令されたのが、明治十二年（一八七九）九月の「自由教育令」といわれる「教育令」であり、その発令と同時に「学制」は廃止された。その頃に田中不二麿文部大輔が国歌撰定について改めて発案して、明治十三年（一八八〇）に海軍省が楽譜の作成を宮内省雅楽部に依頼し、雅楽部は〝君が代〟の詩を基にして数曲作曲した。その中から雅楽部長芝《しば》葛鎮《ふじつね》、陸軍軍楽長四元義豊、海軍軍楽長中村祐庸《なかむらすけつね》、雇教師エッケルト（Franz Eckert）の選定委員四名で、今日の〝君が代〟の楽譜が選定された。このことについては、'林 広守らによって奥《おく》 好義《よしいさ》の曲が選ばれた'（『標準音楽辞典』音楽之友社）とも言われている。上記四人の選定委員で撰定したはずが、宮内省雅楽部の重鎮であった林 広守が、楽譜の撰定に介入したのかとの想像も可能である。

◉林《はやし》 広守《ひろもり》（一八三二～一八九六） 大坂天王寺の楽人《がくにん》の家系に生まれる。林《はやし》 広倫《ひろみち》の三男。十歳より楽人となり、慶応元年（一八六五）雅楽の試験に満点で合格した。この試験が始まって二百余年間に満点での合格者は五人目だったという。京都宮中の楽人を兼ねて明治四年（一八七一）東京に移り、宮内省楽師・大伶人となる。五十六歳で雅楽部副長、楽士出身者では最高の資格であった。六十一歳で退職、笙《しょう》の大家、舞・琵琶の名手、雅楽の道で長期間第一人者の位置にあった。

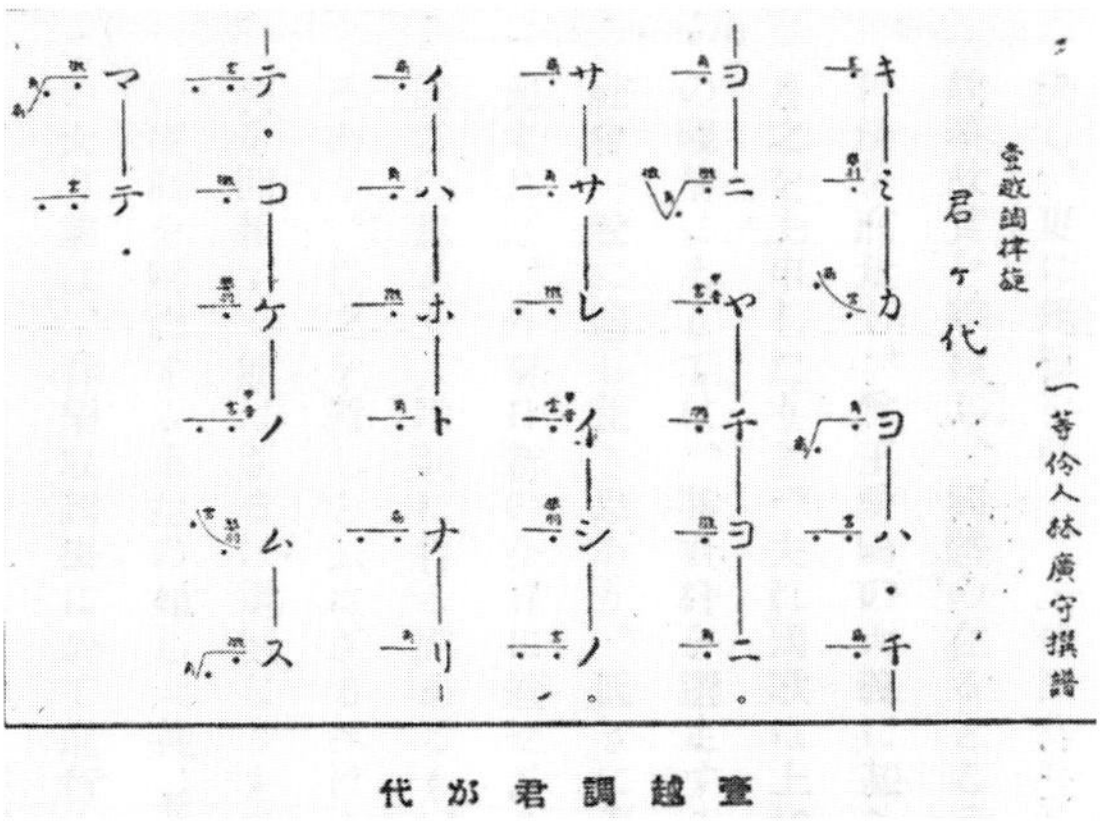

図43　壱越調の"君が代"楽譜⑫

こうして**明治十三年（一八八〇）十月末にはすでに"君が代"の楽譜は撰定済み**であったが、明治十五年（一八八二）に太政大臣からの〈国歌の制定令〉が出される前に、音楽取調掛に対して〔明治頌撰定ノ事〕について調査命令が出され、その命に応じて伊沢修二が提出した〈音楽取調成績申報書〉（後述）に〔明治頌撰定ノ事〕という項目を挙げている。しかし文部卿に提出した**〈日本国歌案〉**に対して、文部卿は

'日本国歌ノ名称ヲ止メ、明治頌ノ名称ヲ附シ、尚諸体数篇ヲ

歌
笏
笙
横
篳
箏
琵
よ に さ ざ れ
い し の い わ

國歌"君が代"（原作）

図44　エッケルトが和声付けした"君が代"の元となった原作雅楽楽譜⑬

"君が代"を二回反覆する場合には、二回目に於ては初めの四小節を 下の如くに演奏す。

歌
ほ と な り て
笏
笙
横
篳
箏
琵

こ け の む ー

撰ミ次第第二号ヲ逐フヘシ〟

と言い、結局この曲を〔天皇陛下奉祝の曲〕ということにして、〔国歌〕としての太政大臣布告ということにはしなかった。従ってこの時点では〔国歌〕は決定に至らなかった。

その後も外国の国歌の研究を続け、頌歌風、讃歌風、牧歌風、軍歌風など様々な歌詞内容・旋律に触れ、さて我が国ではとなると、ここでもなかなか決定に至らず、結局

〝国歌御撰定ノ後ト雖単ニ国歌トシテ御公布相成リ万一其効無キトキハ甚不都合ト存候条先ツ国歌案ノ名義ヲ以テ御公布相成リ候儀可然存候〟

と極めて慎重に対応することとなった。

図43の楽譜は、明治十三年（一八八〇）十月末にすでに撰定していた原作の楽譜（壱越調の旋律）で、この年の十一月三日天長節（明治天皇ご生誕日）に際して、宮内省楽師に依って宮中において初めて演奏された。後にこれを洋楽譜に改め、ドイツ人フランツ・エッケルトに命じて洋式和声を付けさせたのが、図44以下の四ページにわたる楽譜である。明治二十一年（一八八八）にこの楽譜を我が国の国歌として各条約国に通報している。以来国外でも国内でも、〝君が代〟を形式上〔国歌〕として久しく扱うようになった。

(14)

音楽取調成績申報書

（明治十七年二月）

音楽取調掛長　文部少書記官　伊沢修二

文部卿大木喬任殿

…略…

明治頌撰定ノ事

> ……略……
> 夫レ国歌ハ上述スル如ク其関係至大至重ノモノナルヲ以テ我邦音楽ノ現情（註　現状）ニ在リテハ其資料ヲ撰定スルニ難キ事殆ト言フベカラズ歌作高キニ勤ムレバ社会一般ニ適シ難キ恐アリ低キニ着意スレバ野鄙《やひ》ニ失スルノ患《うれい》アリ純然タル和風ニ拘泥スレバ外交日新ノ今日ニ適セザルノ恐アリ外風ニ模スレバ国歌タルノ本体ヲ謬ルノ患アリ歌詞ニ得ルトコロアルモ曲調ニ欠クトコロアリ豈《あに》之ヲ難シト言ハザルベケンヤ
> ……略……

文部省は改めて〔学校並びに国民が歌う国歌〕を撰定するように音楽取調掛に命じたことから、伊沢修二掛長を中心に早速取り掛かろうとするが、余りにも重要かつ困難な事業で、非常に苦慮の跡がこの文面から読み取れる。そして結局上記四名の選定委員によって選ばれたとされる**〝君が代〟を〔国歌〕ではなく〝君が代〟の曲名で最終的に儀式唱歌の一つとして公布することと**なったのである。

◎〝君が代〟の作曲者が林　広守となっている理由

楽譜の撰定委員によって決定した楽譜は奥　好義ひとりで作曲したとする説や、上記の公布を実施される際に林　広守によって補正訂正されて、林　広守作曲として発表されたという説もあるが、[15]一方文部省雅楽部の作曲した作品は、当時雅楽部の長であった林　広守の名で世に出す慣わしがあった、とする説もある。[16]また広守の長男林《はやし》広《ひろ》季《すえ》と奥　好義との合作だとする説もあって、[17]いずれにしても、今日では〝君が代〟の作曲者は林　広守となっているのは、実際には奥　好義ひとりの作であるにしろ、広守の長男広季と奥　好義の合作であったとしても、またそれらの作品に手を加えた人物が雅楽界の重鎮林　広守であったにしても、雅楽部の当時の慣わしで林　広守の名で世に出たことが不自然、不都合とは言えないのではないかとも思える。

なおこの〝君が代〟が奥 好義と林 広守の長男林 広季の合作だという説については、堀内敬三が『音楽五十年史』に

〝昭和八年の三月九日に雅楽界・洋楽界を通じての大先輩であつた奥好義が七十七歳で逝去し、其の時の新聞に『「君が代」の曲は奥好義と林広季（広守の長男、明治卅一年六月九日没）とが明治十三年の或る夏の夜、牛込見付内の雅楽課稽古所の宿直室で合作し、これを林広守に差出したのだ』。と云ふ記事が出た。これは奥氏の生前には発表されてゐなかつた説であるし、現存する「君が代」の雅楽の原譜には「林広守撰」と明記してあるのだから林広守の作であることを疑ふの要は無いが、或は奥好義・林広季の作つた原形に林広守が創意を加へて自己の作曲を完成したと考へられぬでもない。[18]〟

と言っている。話に〔宿直室〕まで出てくるのだから、また〔奥 好義が逝去した時の新聞記事〕ということから、〔合作〕の件は真実であると捉えて間違いないと思える。

〔祝日大祭日儀式唱歌〕を決定するという大事業が音楽取調掛で進行中に、太政官から〝君が代〟を国歌に制定するという布告が出されたので、事業が一時中断したが、国歌制定の儀式唱歌の必要性を主張する声が次第に高まり、文部省も其の歌曲の選定についてしばしば訓令を出したことから、前記のような儀式唱歌が各地で比較的自由に歌われていた。そしていよいよ制定に向けての最終段階、明治二十四年（一八九一）十月二十日に祝祭日（唱歌及楽譜）審査委員会を設けて上 真行、鳥居 忱、瓜生 繁、上原六四郎、神津専三郎、林 広守、納所弁次郎等を委員に選び、一年余りの審議の結果、明治二十六年（一八九三）五月に総ての作業を終えている。

そのときに一旦決定した曲は次の十一曲であった。

曲名	作詞者	作曲者

1. 一月一日　千家尊福　上　真行
2. 元始祭《げんしさい》　鈴木重嶺　芝　葛鎮
3. 紀元節　高崎正風　伊沢修二
4. 孝明天皇祭　本居豊頴　山井基万
5. 春季皇霊祭《しゅんきこうれいさい》　谷　勤・阪　正臣　小山作之助
6. 秋季皇霊祭《しゅうきこうれいさい》　阪　正臣　小山作之助
7. 神武天皇祭　丸山作楽　林　広守
8. 天長節《てんちょうせつ》　黒川真頼《まより》　奥　好義
9. 神嘗祭《かんなめさい》　木村正辞　辻　高節
10. 新嘗祭《にいなめさい》　小中村清矩　辻　高節
11. 勅語奉答《ちょくごほうとう》　勝　安房　小山作之助

その後、最終的には明治二十六年（一八九三）八月十二日に〔祝日大祭日儀式唱歌〕が正式に文部省告示第三号、官報第三千三十七号で公布されるに至って以後、第二次世界大戦の終戦まで、祝祭日には儀式唱歌として式場で必ず歌われるようになった。

〝君が代〟については、明治十三年（一八八〇）に壱越調の楽譜が完成していたという事柄を踏まえれば、平成十八年（二〇〇六）に国会を通過して〝君が代〟が正規に〔国歌〕となるまで、実に百二十六年の年月が経過していたのである。

3 〔祝日大祭日儀式唱歌〕の制定　明治二十六年八月十二日（文部省告示第三号 官報第三〇三七号附録で公布）

官報に記載された儀式唱歌は次の①〜⑧の曲である。⑨は昭和二年に追加制定された。

祝日大祭日儀式唱歌

	曲名	作詞者	作曲者	備考
①	君が代（図43）	古歌	林　広守	国歌とは言わなかった。
②	勅語奉答（図46）	勝　安房	小山作之助	10月30日明治天皇が国民道徳の根源、国民教育の基本理念を明示するために下したことば（勅語）を、儀式では校長が読み上げた。
③	一月一日（図47）	千家尊福	上　真行	
④	元始祭（図48）	鈴木重嶺	芝　葛鎮	1月3日天孫降臨。天皇の位の元始を祝い宮中で行われる祭。
⑤	紀元節（図49）	高崎正風	伊沢修二	2月11日神武天皇即位の日と設定。今の〔建国記念日〕。
⑥	神嘗祭（図50）	木村正辞	辻　高節	10月17日天皇がその年の新穀物を伊勢神宮に奉る祭。
⑦	天長節（図49）	黒川真頼	奥　好義	〔天皇誕生日〕。
⑧	新嘗祭（図51）	小中村清矩	辻　高節	11月23日天皇が新穀を天神・地祇にすすめ、親しくこれを食する儀式が行われる祭り。今の〔勤労感謝の日〕。
⑨	明治節唱歌（図52）	文部省選定（堀沢周安）	杉江　秀	11月3日明治天皇誕生日。昭和3年10月2日に追加制定。今の〔文化の日〕。

〔教育ニ関スル勅語〕は、当時全国の学校の玄関附近に造られていた奉安殿《ほうあんでん》という神殿造りの小さな建物の中に、

黒塗りの箱に入れて平素は収められているのを、式典の時のみ校長自らモーニング姿に白手袋でとり出し、式場（講堂）に整然と並ぶ全校生徒の前で箱の中の巻物〔勅語〕を厳粛な面もちで読み上げた。

そのあと全教職員、全校生徒が〝勅語奉答〟の歌を斉唱し、儀式を終えた。

奉安殿には、他に天皇皇后両陛下のご真影（肖像写真）も収められていた。

◉勝《かつ》 安房《やすふさ》（一八二三～一八九九）安房を堀内敬三は〝あわ〟と読み、井上武士は〝安芳：やすよし〟と漢字も読みも異なる。これは、明治になってから勝 海舟が、安房守であったことから安房と称し、のちに安芳と改名したからである。

◉千家《せんげ》尊福《たかとみ》（一八四五～一九一八）男爵、出雲大社宮司、神道大社教管長、東京府知事、貴族院議員、司法大臣。

◉上《うえ》 真行《さねみち》（一八五一～一九三七）宮内省楽師、雅楽家・作曲家。堀内敬三と井上武士は〝さねつら〟と読んでいる。京都生まれ。宮内省雅楽寮に入り、メーソン来日と共に入門、ヴァイオリンに長じていた。音楽取調掛の助教、のち学習院東京音楽学校で唱歌・和声学を教え、宮内省雅楽長も務めた。

◉鈴木《すずき》重嶺《しげね》（一八一四～一八九八）幕府勘定奉行、佐渡奉行、浜松県参事。和歌を村山素行《むらやまそこう》と伊庭秀賢《いばひでかた》に学ぶ。

◉芝《しば》 葛鎮《ふじつね》（一八四九～一九一八）宮内省雅楽部楽人。

◉高崎正風《たかさきまさかぜ》（一八三六～一九一二）歌人、薩摩藩士、男爵、枢密顧問官。明治初期には政府の命で欧米諸国を視察し、明治十九年（一八八六）御歌掛長、二十一年（一八八八）初代の御歌所所長となる。

◉木村正辞《きむらまさこと》（一八二七～一九一三）明治二年史料編輯・大学大助教、以後神祇官、太政官、文部省、司法省、宮内省を歴任。万葉集の研究に造詣が深く著書も多い。明治天皇に御進講もした。

◉小中村清矩《こなかむらきよのり》（一八二一～一八九五）文学博士、帝室制度取調掛、『古事類苑』編纂委員長。

◉辻《つじ》 高節《たかみち》（一八四一～一九〇五）雅楽師（笙）。

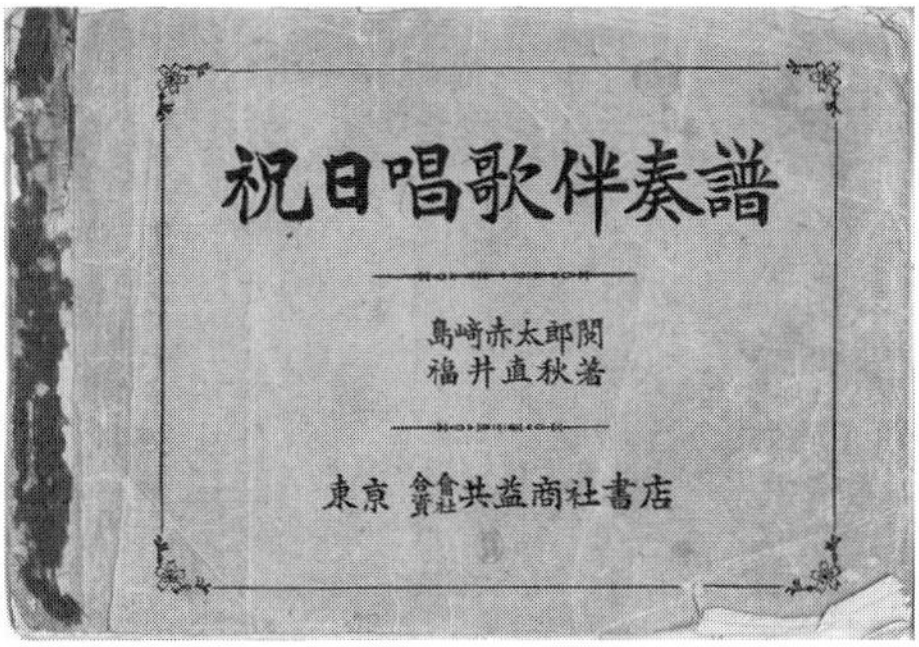

図45 『祝日唱歌伴奏譜』表紙

◉黒川真頼《くろかわまより》（一八二九〜一九〇六） 国学者、東京帝国大学教授、『古事類苑』編者の一人。

◉杉江《すぎえ》　秀《ひいず》（一八八一〜一九三九） 石川県金沢市生まれ。東京音楽学校甲種師範科卒、富山県師範学校教諭、大阪府立市岡高等女学校教諭、大阪府立天王寺高等女学校教諭、音楽教育会大阪支部長、日本音楽文化協会大阪支部評議員など、関西の音楽教育の指導的立場で活躍した。現在の大阪音楽大学が大正四年（一九一五）に大阪市、現在の中央区上町一丁目に〔大阪音楽学校〕として創設した当初から、当時大阪府立清水谷高等女学校教諭で大阪音楽学校の設立者である永井幸次《ながいこうじ》に協力した。筆者の学生時代（大阪学芸大学＝現大阪教育大学＝の特別教科音楽課程（通称〔特音〕）、今は〔教養学科芸術専攻音楽コース・芸術学コース〕に改組されている）の先輩で、奈良県桜井市に在住し、元奈良県立斑鳩《いかるが》高等学校教諭・同畝傍《うねび》高等学校教諭で作曲家の杉江満直《すぎえみつなお》氏（杉江　秀の孫）宅には、杉江　秀が明治末期から大正・昭和初期にかけて、大阪を中心に実施した数々の演奏活動等の記録が残されている。大正七年（一九一八）新築成ったばかりの大阪市立中央公会堂での演奏記録に、当時大阪府立天王寺師範学校（現大阪教育大学）教諭であった目賀田万世吉《めがたまよきち》や、筆者の祖父で旧制大阪府立市岡高等女学校教諭であった佐藤籌太郎《さとうかずたろう》、まだ若輩であった父松村順吉の名が随所に記載されており、当時の大阪府立師範学校教諭や大阪府立高等女学校及び中学校の教諭たちが、仲良く同じステージで音楽活動に努めていたことがうかがえる。[19]

杉江　秀は昭和二年（一九二七）に文部省が公募した新しい儀式唱歌〝明治節〟に応募し、見事当選して賞金千円が文部省から出た。当時の千円は相当な額であった。そして昭和三年（一九二八）十月二日に、それまでの儀式唱歌にこの曲が加えられた。

〔祝日大祭日儀式唱歌〕の楽譜は数多く出版されたが、図45は大正二年（一九一三）に発行された伴奏譜の表紙である。

これら〔祝日大祭日儀式唱歌〕は、官報公布の後『音楽雑誌』第三十五号（明治二十六年八月二十五日発行）附録として略譜で印刷されたのが民間で印刷された最初であり、共益商社版で明治二十六年（一八九三）九月十四日に『祝祭日唱歌集』が出版され、大正十年（一九二一）までに二十七版を重ねた。また同じ共益商社が『祝祭日唱歌楽譜』『儀式唱歌附祝日大祭日唱歌』、そして『祝日大祭日唱歌重音譜』（ドイツ人、東京音楽学校教師のディットリッヒ：**Rudolf Dittrich**が和声付け）が出版されて、最初の官報に記載のものと異なるこの楽譜が、その後全国の学校等に普及していくことになる（章末の図46〜図52参照）。

〝君が代〟の旋律にエッケルトは和声付けをした吹奏楽への編曲や箏合奏用にも編曲している。

◉**エッケルト**（Franz Eckert：一八五二〜一九一六）ドイツのシュレージェン（現ポーランド）の生まれ。軍楽指揮者、作曲家。

ブレスラウ及びドレスデン音楽学校卒、海軍軍楽隊長。陸軍の軍楽指導のために来日していたフランス人ルルーよりも五年早く明治十二年（一八七九）に海軍軍楽隊隊長として来日。明治三十二年（一八九九）まで海軍軍楽隊、音楽取調掛、宮内省式部職雅楽課、陸軍軍楽隊教師、文部省小学唱歌集編集顧問など我が国の音楽教育に尽力。帰国後はプロイセン王室楽長の称号を授けられた。

当時日本人に和声学を駆使して洋楽風の作曲ができるものはいなかったことから、〝君が代〟の邦楽としてすでに存在した原曲を洋楽の和声を用いて作曲した。

長年の在日中の厳しい教育は我が国の音楽の実力養成に大きく貢献したとして、その功績をたたえて勲位が与えられると同時に終身年金も与えられた。

エッケルトは明治三十四年（一九〇二）には朝鮮李王朝の新軍楽隊の楽長として朝鮮に渡った。

註

（1）『音楽雑誌』第十三号　音楽雑誌社　明治二十四年十月二十五日発行　p.15・19
（2）『明治音楽史考』遠藤 宏著　東京有朋堂　昭和二十三年四月発行　p.198
（3）『音楽雑誌』第十六号　音楽雑誌社　明治二十五年一月二十五日発行　p.15
（4）註（1）『明治音楽史考』p.190〜191
（5）『本邦音楽教育史』日本教育音楽協会編　音楽教育書出版協会　昭和九年九月発行　p.51より転載
（6）『日本国国歌正説』佐藤仙一郎著　全音楽譜出版社　昭和四十九年二月発行　p.37
（7）右同　p.38
（8）右同　p.271
（9）『本邦洋楽変遷史』三浦俊三郎著　日東書院　昭和六年十月発行　p.75
（10）註（3）p.160
（11）『洋楽導入者の軌跡』中村理平著　刀水書房　平成五年二月発行　p.67〜126
（12）註（7）p.159
（13）註（4）p.162
（14）『世界音楽全集』第十八巻「日本音楽集」田辺尚雄編　春秋社　昭和六年一月発行　p.1〜4
（15）『日本の洋楽百年史』井上武士監修　秋山龍英編著　第一法規出版　昭和四十一年一月発行　p.25
（16）『標準音楽辞典』25巻　音楽之友社　昭和四十一年四月発行　p.78
（17）『君が代の歴史』山田孝雄著　宝文館出版　昭和三十一年一月発行　p.185

(17)　右同　p.145
(18)　『音楽五十年史』堀内敬三著　鱒書房　昭和十七年十二月発行　p.84
(19)　『奈良県音楽近代史』平井　啓著　平成七年十二月発行　p.78〜81

一　月　一　日.

図47 “一月一日”

勅　語　奉　答

図46　“勅語奉答”

（以下図46～図52の祝日大祭日儀式唱歌は『世界音楽全集』第三十五巻　学校唱歌集　春秋社　昭和７年７月発行　p. 4 ～ 8 より）

紀　元　節.

天　長　節.

図49　“紀元節”“天長節”

元　始　祭.
♩=88.
芝 葛鎮作曲.
4
あまつ ひつぎの きはみなく あまつ しるしの
うごきなく としの はじめに すめがみを
まつり ますこそ かしこけれ よもの たみくさ
うちなびき のどけき そらを うちあふぎ とよさか
のぼる ひのみはた たてて いははぬ いへぞなき

図48 “元始祭”

神嘗祭

♩＝96.
辻高節作曲
7
いすずのー　みやのー　おほまへ　に　ことしのー　あきのー
かけぢかー　らーー　みきーみて　ぐらをー　たてまつ　りーー
いーはふ　あしたの　あさひか　げーーー　なーびく　みはたも
かがやきー　てーーー　にぎはふ　みよこそ　めでたけー　れ

図50 “神嘗祭”

新　嘗　祭.

♩=96.
辻 高節作曲.
8
たみやす かれと きさらぎ の としごひ まつり
しるしあ り ちまちの をだに うちなび くー
たりほの いねの うましい ね みけに つくりて
たてまつ る にひなめ まつり たふとし や

図51 “新嘗祭”

図52 “明治節”

九　教科書検定制度そして国定の唱歌教科書

1　教科書検定制度の実施と唱歌教科書

小学校の教科書を通して、全国に近代教育を普及させることを目指して、「学制」が実施された当初から、文部省は強く各教科の教科書の編集指導を続けてきたが、明治十年代の認可制度の種々不便な面を改造すべく、明治十九年（一八八六）五月に「教科用図書検定条例」を定めた。しかし翌明治二十年（一八八七）五月にはこれを廃止し、改めて「教科用図書検定規則」を公布した。これは小学校のほか中学校・師範学校にも実施され、その採択の方法を規定したもので、明治二十三年（一八九〇）十月の「**教育勅語**」発布以降は、特に修身教科書の内容等については厳格な基準を設けている。

検定制度の実施により、各教科の教科書は格段に統一がすすみ、検定済みの教科書は官報に公示されるようになった。明治二十年三月には「公私立小学校図書採定方法」が定められ、小学校の場合地方長官が審査委員を決めて実施された。

明治二十三年十月七日の「**小学校令**」には、その第十六条に、

「小学校ノ教科用図書ハ文部大臣ノ検定シタルモノニ就キ小学校図書審査委員ニ於テ審査シ府県知事ノ許可ヲ受ケタルモノニ限ルヘシ」

とある。

明治二十四年（一八九一）四月八日の文部省令「小学校設備準則」には次の様な事柄が記されている。

（明治二十四年四月八日
文部省令第二号）

小学校設備準則

…略…

第二条　校舎ニハ
天皇陛下及
皇后陛下ノ　御影並教育ニ関スル　勅語ノ謄本ヲ奉置スヘキ場所ヲ一定シ置クヲ要ス

…略…

第十一条　校具ハ…略…**楽器**…略…ヲ備フルヲ常例トシ…略…

第二条については、昭和二十年（一九四五）八月の第二次世界大戦の終戦まで実施されていた。第十一条の効果は恐らく殆どの小学校の場合、各普通教室にベビーオルガン（これは通称で小型のリードオルガンの一種）を一台ずつと講堂にアップライトピアノ一台（地域によってはグランドピアノ一台）が設置されたに過ぎないものと思われる。

明治二十三年（一八九〇）十月三十日の**「教育ニ関スル勅語」**、明治二十四年六月の**〔祝日大祭日儀式唱歌〕制定**に続き、明治二十四年（一八九一）十一月十七日の「小学校教則大綱」(1)には小学校の各教科の指導目的について示す中で、唱歌については初めて具体的な指導目的・内容が示されている。

> 小学校教則大綱
>
> …略…
>
> 第十条　唱歌ハ耳及発声器ヲ練習シテ容易キ歌曲ヲ唱フルコトヲ得セシメ兼ネテ音楽ノ美ヲ弁知セシメ徳性ヲ涵養スルヲ以テ要旨トス
>
> 尋常小学校ノ教科ニ唱歌ヲ加フルトキハ通常譜表ヲ用ヰズシテ容易キ単音唱歌ヲ授クベシ
>
> 高等小学校ニオイテハ初メハ前項ニ準ジ漸ク譜表ヲ用ヰテ単音唱歌ヲ授クベシ
>
> 歌詞及楽譜ハ成ルベク本邦古今名家ノ作ニ係ルモノヨリ之ヲ撰ビ雅正ニシテ児童ノ心情ヲ快活純美ナラシムルモノタルベシ
>
> （明治二十四年十一月十七日　文部省令第十一号）

2　明治二十〜三十年代の教科書と言文一致唱歌

言文一致

言文一致とは、書きことば（文）と話しことば（言）とを一致させようとすることで、明治時代以降のそうした試みを実施しようとした運動を〔言文一致運動〕という。日本語の口語の言葉と文字に書き表した場合の言葉とを一致させようと言うことである。元来日本では口語の言語と文字で書き表す場合の言語とはそれぞれ特色があって、表面の姿では両者が一致しないのがむしろ普通であり、口語言語とは別に文字言語が独特の変遷を経てきた。それを平素の話し言葉に近付けようとする考えは、明治維新に西周《にしあまね》ら学者が論じ合い、明治十三年（一八八〇）頃に学者の中には二〜三の試みも成されたようで、それを物集高見《もずめたかみ》が明治十九年（一八八六）に『言文一致』で論じたのが〔言文一致〕という名称の誕生である。(2)

言文一致唱歌

言文一致については、唱歌（音楽）教育関係でも伊沢修二が、すでにこの事について配慮の必要を感じとっていたが、我が国で最初に発行された幼稚園での使用を目的とした『保育唱歌』や音楽取調掛編纂の『幼稚園唱歌集』、主に小学校での使用を目的とした我が国で最初の小学生向けの唱歌教科書『小学唱歌集』などには文語体の歌詞が用いられており、それも崩した字体であって、内容ともども子供たちには非常に難解な歌詞であった。明治二十年代に〔言文一致唱歌〕について山田美妙《やまだびみょう》や東《ひがし》 基吉《もときち》の提唱で、彼の妻東 くめも〔言文一致〕の口語歌詞を作り出し、田村虎蔵《たむらとらぞう》・納所弁次郎《のうしょべんじろう》など、この運動に本格的に参画する作曲家が活動し始めた。当時の彼らが作曲した童謡は今日でも歌われているが、それらは今後も久しく子供たちに歌い継がれるであろう曲が多い。

◉**山田美妙**《やまだびみょう》（一八六八〜一九一〇）　本名山田武太郎。山田美妙斎とも言った。少年時代から尾崎紅葉と親交を結び、硯友社を組織して機関誌『我楽多《がらくた》文庫』を発行。のち婦人雑誌『以良都女《いらつめ》』の編集者。やがて硯友社を脱退して文芸雑誌『都の花』の主幹。また二葉亭四迷と共に言文一致運動の最初の実践者でもあり、評論、小説、戯曲、詩の各分野に活躍。しかし次第に文壇の主流から脱落して、明治末期頃には辞典の編集などに没頭するようになったという。明治以降昭和の終戦まで久しく一般に親しまれた軍歌〝敵は幾万〟（小山作《こやまさく》之助《のすけ》作曲）の作詞者。

◉**東《ひがし》　基吉《もときち》**（一八七二〜一九五八）　国文学者、東京高等師範学校教授。東　くめ（〝鳩ポッポ〟〝お正月〟など童謡作家）の夫。

田村虎蔵（当時東京高等師範学校附属小学校教諭）と納所弁次郎（当時学習院女子部教授）共編の『教科適用幼年唱歌』が明治三十三年（一九〇〇）に発行されているが、これに記載されている唱歌は総て言文一致唱歌である。

1.**『幼稚園唱歌集』**全　音楽取調掛編纂　文部省　明治二十年十二月発行

全二十九曲の中に、『小学唱歌集』に記載の曲も数曲ある。

2.**『明治唱歌　幼稚の曲』**第一集〜第二集

〝高等師範学校教諭　大和田建樹先生・高等師範学校助教授　奥　好義先生同選〟とある。発行日は不明であるが、明治二十年（一八八七）から明治二十三年（一八九〇）の間の発行である。

3.**『明治唱歌』**第一集〜第六集

〝高等師範学校教諭　大和田建樹先生・高等師範学校助教授　奥　好義先生同選〟とある。発行日は不明であるが、明治二十一年から明治二十三年の間の発行である。

4.**『唱歌萃錦』**第一集〜第二集　奥　好義編　共益商社書店　明治二十二年十二月〜明治二十三年九月出版

第一

〝国の基〟　〝御垣の内〟　〝国の姿〟　〝千代田の宮居〟

〝恵の露〟　〝高津宮〟

第二

目録（目次のこと）

〝勧学の歌〟　〝春〟　〝蛍狩〟　〝愛国〟

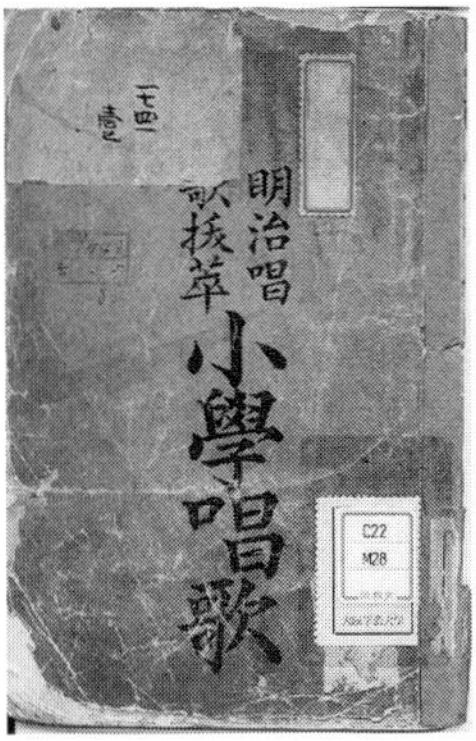

図54　6．『明治唱歌抜萃小学唱歌』

図53　5．『小学唱歌』全６冊
この教科書には各曲ごとに美しい挿し絵が描かれている。

〝春のあした〟　〝春風〟　〝運動会〟
〝御代の秋〟　〝じゆうの鳥〟　〝野遊〟
〝眠〟　〝水辺春暁〟　〝春興〟
〝朝の歌〟　〝誠のひとすじ〟　〝月の少女〟
〝園の遊〟　〝海路のうた〟　〝学説〟
〝歳暮〟

春を題材にした曲が全二十曲中六曲もあるという選曲の片寄った編集である。

5．『小学唱歌』巻之一～巻之六各上下を一冊にまとめて、計六冊　伊沢修二編輯　大日本図書株式会社　明治二十五年三月～明治二十六年九月発行　文部省検定済（明治二十六年九月、二十七年二月）（図53）

この教科書は本書「八　祝日大祭日儀式唱歌の制定」でとりあげているが、楽典内容として五音音階、各長・短調、拍子等、そして発音練習各曲の解説も非常に具体的で、歌詞の内容説明・その歌い方などに紙面を惜しまず使っている。巻之一の最初の曲**〝ゐのころ〟**（伊沢修二作曲）**は教科書に記載の最初の〔言文一致唱歌〕**である。

主な記載曲

図55　6.『地理教育鉄道唱歌』

〝かり〟　陽旋律の曲　‘かりかり渡れ　大きなかりは先に　小さなかりは後に　仲よくわたれ’

〝うさぎ〟　陰旋律の曲　‘うさぎ　うさぎ　なに見てはねる　十五夜お月さま　見てはねる’

6.『明治唱歌抜萃小学唱歌』大和田建樹・奥 好義共編　中央堂　明治二十八年三月発行　文部省検定済（明治二十八年九月）（図54）

この内容を見る限り、教師用とは思えないが、裏表紙に〔尋常小学校並高等小学校唱歌科教師用教科用書〕とある。従って生徒用の教科書があるはずであるが、筆者の手元には無い。

◉大和田《おおわだ》建樹《たけき》（たてき　ともいう：一八五七～一九一〇）　愛媛県宇和島市生まれ。宇和島の藩校で漢学、国文、和歌を習得し、広島外国語学校で英語を学ぶ。二十二歳で上京。東京大学古典教習所講師、東京高等師範学校教授、東京女子高等師範学校教授。大和田建樹作歌の〝鉄道唱歌〟第一集東海道編（正式名は『地理教育鉄道唱歌』）（図55）‘汽笛一声新橋を…’は、歌詞が六十六番まであり、多《おおの》 梅稚《うめわか》の作曲（上真行《うえさねみち》作曲と競作）で、明治三十三年（一九〇〇）に発表された名作である。『地理教育鉄道唱歌』としたのは、子供たちが歌いながら地理の知識も会得できるようにというねらいがあった。しかし京都もすっかり変貌してしまった。例えば45番と46番の歌詞をみると、

45.‘大石良雄が山科の　その隠家《かくれが》はあともなし
赤き鳥居の神さびて　立つは伏見の稲荷山’

46・〝東寺の塔を左にて　とまれば七条ステーション
　京都々々と呼びたつる　駅夫のこえも　勇ましや〟

とある。45・はともかく、46・にある東寺は、確かに当時は京都盆地のド真ん中にある京都駅の近くに位置しており、先ず目に入る建物は、かつては天空に聳え立つ東寺の塔であった。京都の誇る名刹東寺の塔は、寺の塔の中で日本一の高さを誇る高層建造物であり、唱歌以外の地理に加えて歴史の知識を学ぶ教材にもなったであろう。ところが今は京都駅自体が巨大な高層建造物になってしまい、周辺にはホテルや商業ビルばかりが立ち並んでいる。それよりも京生まれで京育ちの筆者にとって、見る度に非常に気になり不快な建造物がそこにある。京都という古都には全く似つかわしくない京都タワーである。東山トンネルを過ぎて京都駅前で徐行するころから一番目に付くものはそのタワーである。形状もそうだが、特に夜になるとピンクがかった妖艶な色に染まって目に付くのは不快感を伴う。三年ばかり前から京都市内にある騒動が起こっていた。それは従来からあった京都市条例に、市内の看板などの大きさやケバケバしい色彩を強く制限してあるにもかかわらず、現実にはそれを全く無視しているものが多く、今改めて強く取り締まる方向にあり、それに対して一部の企業・業者らが反発していた。この〔京都タワー〕は広告塔ではないが、その取り締まりの対象にするべきである。

かつては先ず目に入った東寺の塔は、今では京都駅の方がずっと高層になってしまったし、誰も気がつかないほどの小さな建造物になってしまった。東寺の塔は東から来れば駅に停車しても全く見えない。時代が変わり、今や〝鉄道唱歌〟はその教育的な存在目的を充分果たせなくなってしまったのである。

昭和三十九年（一九六四）に東京・大阪間に東海道新幹線が走り始めた当初から十数年間、車内の案内放送はオルゴールの演奏でこのメロディーが合図に流れていた。

○『地理歴史鉄道唱歌』　大東園南堂知足作詞　中村林松作曲　東崖堂　明治三十三年七月発行

大和田建樹の作品の他に常磐線から奥羽線（現在の東北本線）を歌った曲で、大東園南堂知足（大東園が号、南堂は姓、知足が名であろう。読み方は不明）の作詞、陸軍一等楽手中村林松の作曲で、東京の東崖堂から出版されたものであり、歌詞は六十四番までである。

曲には新旧の二種あり，一つはハ長調、もう一つはト長調となっているが、後者の曲調のほうが面白いので、こちらは改訂版ということになるのだろうと思う，と推理作家鮎川哲也氏は言っている。また鮎川氏は次のようなことも『唱歌のふるさと　花』（音楽之友社）に記している。[3]

〝（大東園南堂知足の歌詞は）上野駅を出発する第一番の歌詞は

「汽笛一声《いっせい》黒煙を、跡に残して上野をば、
長蛇《ちょうだ》の如く馳《は》せ出でて、瞬《また》く隙《ひま》に田端駅《たばたえき》」

となっており、（大和田建樹の曲の歌詞）東海道篇の第一番

「汽笛一声新橋を、はや我汽車は離れたり」

と歌い出しがまったく同一であることが指摘されている。ある書物には、大和田建樹氏が知足氏の作品から一部を借用したものとみて、そこにマイナス点をつけているそうだが、前記のように大和田作品が明治三十三年五月の発行、南堂知足作品が三十三年七月二十六日印刷、八月四日発行というふうに殆ど同時であることを考えると、どちらがどちらの作品からヒントを得たなどと軽々しく断定することはできないように思う。〟

京都のＪＲ奈良線稲荷駅に〔鉄道唱歌の碑〕が建てられたようであるが確認できていない。

大和田建樹の作詞で多梅稚とのコンビの作品に〝菅公〟〝散歩唱歌〟がある。〝散歩唱歌〟は明るい親しみ

やすい曲であるが、昭和初期にはすっかり忘れられている。詩・随筆・辞典・注釈など多数執筆の功績から、宇和島市野川の等覚寺境内に大和田建樹記念館がある。

鉄道唱歌は、この頃以降も色々作曲されている。

文部省唱歌〝汽車〟はもちろん鉄道唱歌の一種とみていいであろう。

○〝鉄道唱歌〟第二集（山陽・九州編）、第三集（奥州・磐城編）、第四集（北陸編）、第五集（関西・参宮・南海編）が、同じく明治三十三年に大和田建樹作詞で発表されている。

○〝新鉄道唱歌〟堀内敬三が作曲したもので、日本放送協会（今のＮＨＫ）が出版した〔国民歌謡〕第十五輯（昭和十二年五月発行）に第一編　作詞土岐善麿、第二十輯（昭和十二年七月発行）に第二編　作詞佐佐木信綱、第二十三輯（昭和十二年八月発行）に第三編　作詞与謝野晶子と、同じ作曲者で同じテーマそして同じメロディーの曲に三人の作詞者の詩を当てて発表しているのは極めて珍しい。伴奏譜はそれぞれ変えてある。

○〝新鉄道唱歌〟上野―仙台〔国民歌謡〕第二十八輯　日本放送協会　昭和十三年五月発行　土井晩翠作詞

杉山長谷雄作曲

○〝新鉄道唱歌〟直江津―金沢〔国民歌謡〕第三十六輯　日本放送協会　昭和十三年十月発行　相馬御風作詞、杉山長谷雄作曲

○〝はしれちょうとっきゅう〟山中恒作詞　湯浅譲二作曲　鉄道唱歌といえば、新しいところではこの曲があげられる。昭和三十九年（一九六四）六月十日に開業した東海道新幹線は、今までの鉄道車両には無かったその美しい流線型（この言葉も現代っ子にとっては死語となっている）に惹かれ、洗練された白とブルーの清楚な色彩に包まれた車両とスピードが子供たちの心を奪った。筆者が東北地方へ出張の際に、開業前に試運転で新しく完成したばかりの広軌道を静かに走る東北新幹線と平行して国道を走ったことを思い出す。その車体は東

海道新幹線とはまた違った美しい姿で、グリーンの一本の線が全車両を走り抜けていて、非常に新鮮に目に映った記憶がよみがえってくる。

戦前・戦時中に国家事業として巨大な構想をもっていながら、そしてまだ我々のような子どもでも大きな期待を抱いていたものに〔弾丸列車〕の夢があった。それは実現しないままついに終戦を迎えてしまったが、戦後十九年も経ってようやく東京～大阪間を世界一の猛スピードと世界一の安全性を保ちながら走る新幹線として登場した事は、日本人の総てが世界に向かって誇りとした画期的な出来事であった。そして子供たちがこの歌を元気に歌う声は日本中で聞こえたものである。

日本の新幹線は海外でも我々日本人の予想以上に有名になった。その雄姿の大きな画面（写真）が、上海東方明殊広播電視塔内の一階正面に設置されていて、上海在住の中国人はもちろん、中国国内外の観光客が一度は必ず訪れるその塔内の写真は来場者の目を集めた。中国人の子供たちが画面の前に走りより、興奮して〝シンカンセン、シンカンセン〟と日本語で嬉々として叫んでいる姿を思い出す。しかし幾度も中国を訪れているうちに、上海では日本の新幹線よりもずっと速い時速四三〇キロ＝走行中の僅か数秒間ではあるが＝も出るリニアモーターカーが上海駅から上海浦東国際空港駅までの極めて短距離ながら走り始めて、日本の新幹線が決して珍しい存在ではなくなったからか、今ではその日本の新幹線の巨大な写真は他のものに取り換わっている。一方台湾には日本の新幹線が初めて輸出され、非常に複雑な経緯を経て開業したのは、平成十八年（二〇〇六）十二月末のことである。台湾の人々にとっても、新幹線の営業開始は大変な快挙であったらしく、ここでもこの新幹線の新しい鉄道唱歌が、近い将来中国語で生まれるかも知れない。また中国でも日本の技術を採り入れた新幹線が平成十九年（二〇〇七）一月二十八日から上海と南京間、上海と杭州間の営業を始めた。

7．『新編教育唱歌集』第一集・第二集　大阪三木書店　三木佐助　明治二十九年一月、五月発行

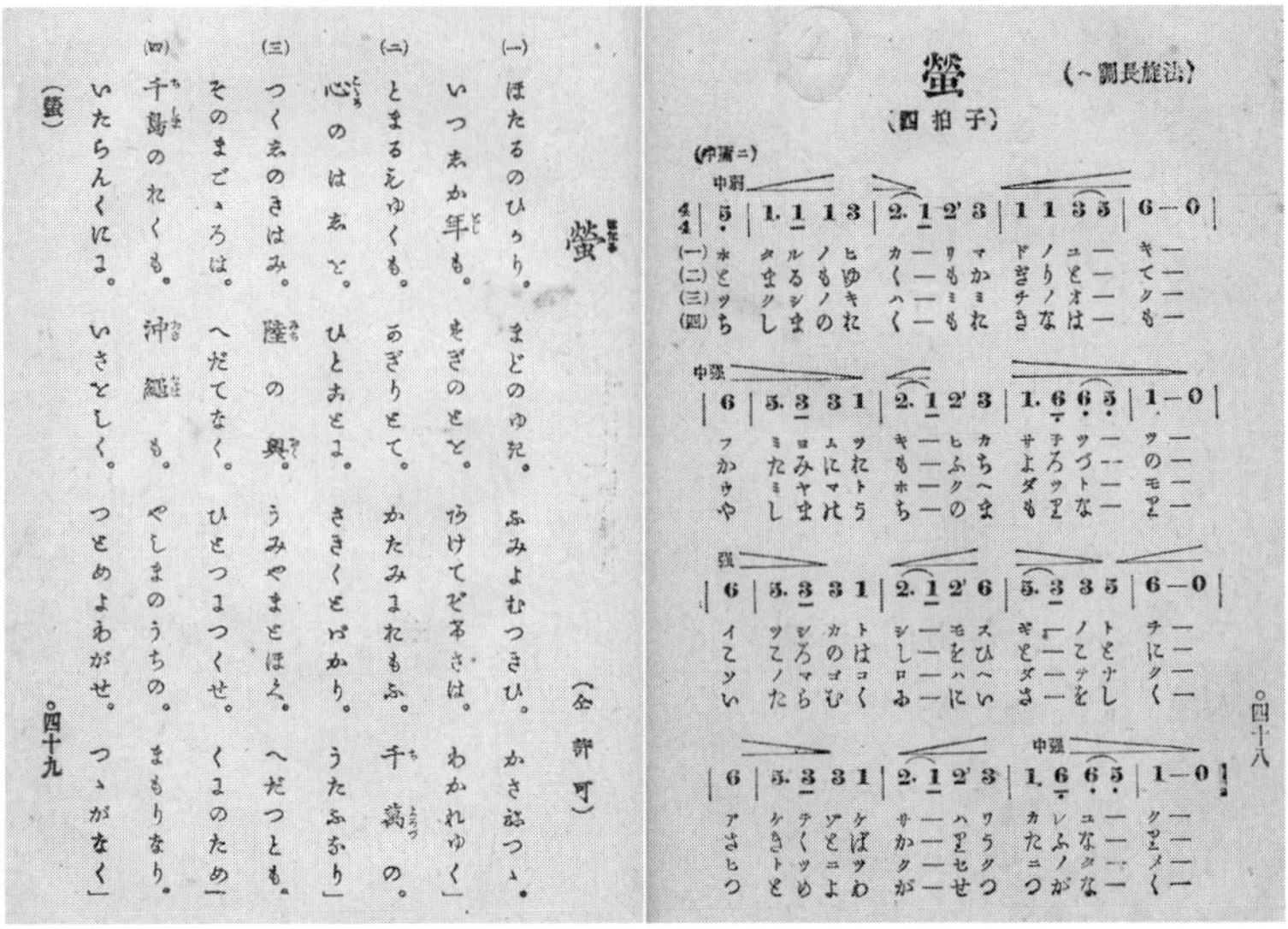

図56 “蛍” その後“蛍の光”に改名された。（『新編教育唱歌集』第一集）
楽譜はすべて数字譜で五線譜は一切使っていない。歌詞は四番まである。

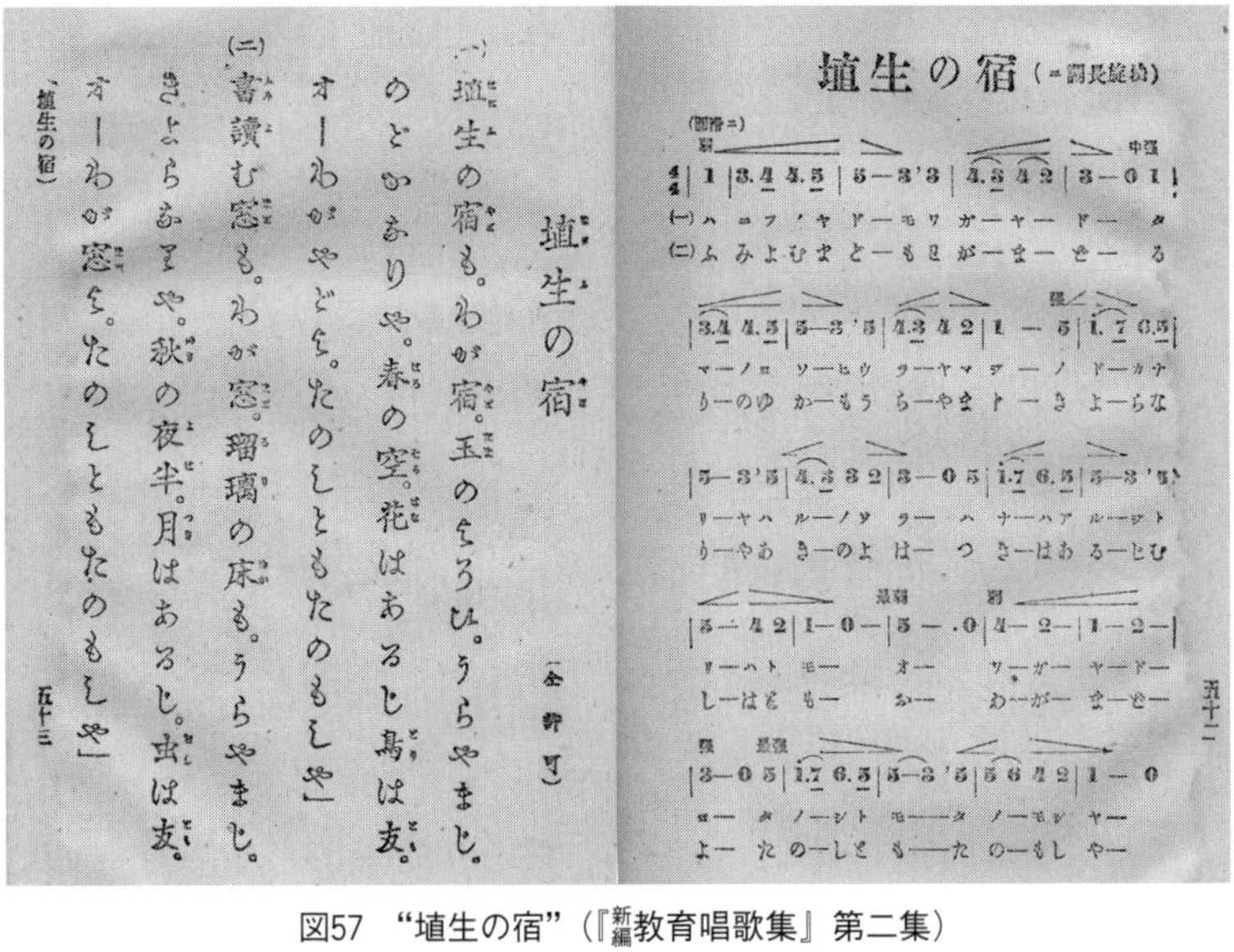

図57 “埴生の宿”（『新編教育唱歌集』第二集）
これも楽譜は数字譜。

本書の目的は高等小学校、尋常小学校、尋常師範学校、高等女学校、音楽講習会唱歌教材と幅広い用途を示している。

安西愛子はこの教科書について『日本の唱歌』（上）明治篇（講談社発行）に〝明治期の唱歌集を集大成した本〟と絶賛している。

特色として、**楽譜は五線譜を一切用いず、数字譜のみで表示**されている。

この曲集には珍しく**〝蛍の光〟**に三・四番歌詞が記してある（図56〝蛍〟）。

記載曲

第一集　計四十曲（以下番号は、原典（註、訂正第四版を使用した）では〝第一運動会〟の形。）

1 運動会　2 渦巻く水　3 橘　4 蝶々　5 風車　6 春の弥生
7 我日の本　8 皇御国　9 花咲く春　10 金剛石　11 五常の歌　12 天津日嗣
13 見渡せば　14 四千余万　15 薫に志らる、　16 進め〳〵　17 隅田川　18 若紫
19 環　20 大和撫子　21 矢玉は霰　22 蛍（図56）　23 霞か雲か　24 鏡成す
25 君が代の初春　26 四季の月　27 五倫の歌　28 白蓮白菊　29 織なす錦　30 思ひ出れば
31 君が代　32 勅語奉答　33 一月一日　34 紀元節　35 天長節　36 学校記念日
37 始業式　38 終業式　39 卒業式　40 新築落成

第二集　計二十九曲

1 日本三景　2 忠臣　3 汽車の旅　4 玉の宮居　5 朧ろ　6 雨露
7 千里の道　8 太平の曲　9 送別の歌　10 富士山　11 誠ハ人の道　12 めぐれる車
13 春の夜　14 岩もる水　15 雲　16 遊猟　17 忠孝　18 才女

19 秋草　20 五月の風　21 明治の御世　22 古戦場　23 戦死者を弔ふ歌
24 埴生の宿（図57）　25 祝へ吾君　26 寧良の都　27 御国の民　28 母の思ひ　29 国旗

三木佐助と三木楽器株式会社

●四代目三木佐助《みきさすけ》（一八五二～一九二六）　この『新編教育唱歌集』を出版したのは、三木楽器株式会社の四代目社長。

初代三木佐助は京都府相楽郡和束郷白栖村（京都府と奈良県の境付近を流れる木津川の北部にあり、今は和束町）に生まれ、文政八年（一八二五）に〔河内屋佐助〕という貸本屋を創業した。

三代目三木佐助社長は明治元年（一八六八）から『唐本』（中国語版）を出版し、中国へ逆輸出するなど出版会社も創めた。明治七年（一八七四）に『小学生徒必帯』、明治八年（一八七五）に『小学入門教授解』を出版するなど教育書店に参入。

四代目三木佐助社長は嘉永五年（一八五二）生まれ。明治十年（一八七七）に三木佐助を襲名し、この年は日本の各家庭にはじめて電灯がついた年で、日本人の生活に画期的な変革が訪れたのであるが、彼は科学書を出版して教育書店の仲間入りを果たした。その三年後の明治十三年（一八八〇）にL・W・メーソンが来日し、我が国の音楽教育が急速に発展を遂げつつある時期で、明治二十年（一八八七）に山葉寅楠《やまはとらくす》（三浦俊三郎は『本邦洋楽変遷史』で、やまは　とらきち　と読んでいる：一八五六～一九一六、和歌山県生まれ）が風琴（オルガン）を、鈴木政吉《すずきまさきち》（一八五九～一九四四、愛知県生まれ）がバイオリンの製作を始めるなど、日本で洋楽器の製造が立ちあがったのに合わせて、明治二十一年（一八八八）に社内に楽器部を創設して山葉オルガン関西大売捌所設立。東海道線が全通した明治二十二年（一八八九）には鈴木バイオリン関西一手販売権も獲得した。

明治二十五年（一八九二）には『バイオリン指南』、第一回オリンピック開催の明治二十九年（一八九六）に、先述の『新編教育唱歌集』を出版。エジソンが蓄音機を発明し、日本が金本位制を採り入れ、山葉が日本楽器製造株式会社を設立した明治三十年（一八九七）に、四代目三木佐助社長は大阪書籍組合の設立初代顧問役に就任。そして明治三十一年（一八九八）に日本楽器製造株式会社監査役に就任。大正四年（一九一五）に実施された第一回国勢調査の結果、日本の人口は六千万人に達していた。

第一次世界大戦勃発、パナマ運河開通、大阪音楽大学の前身大阪音楽学校が設立されるなど、世の景気高騰、教育の浸透に合わせて三木楽器は楽器・図書販売ともに順調に伸びた。大正十四年（一九二五）には、後述のように全国の音楽教育、特に女子音楽教育に必修教科書的な存在として君臨した『コールユーブンゲン』CHORÜBUNGENを出版した。（筆者の学生時代には、これが赤表紙の装丁に変わっていて、音楽に関わる受験生・学生の必帯の教科書であった）

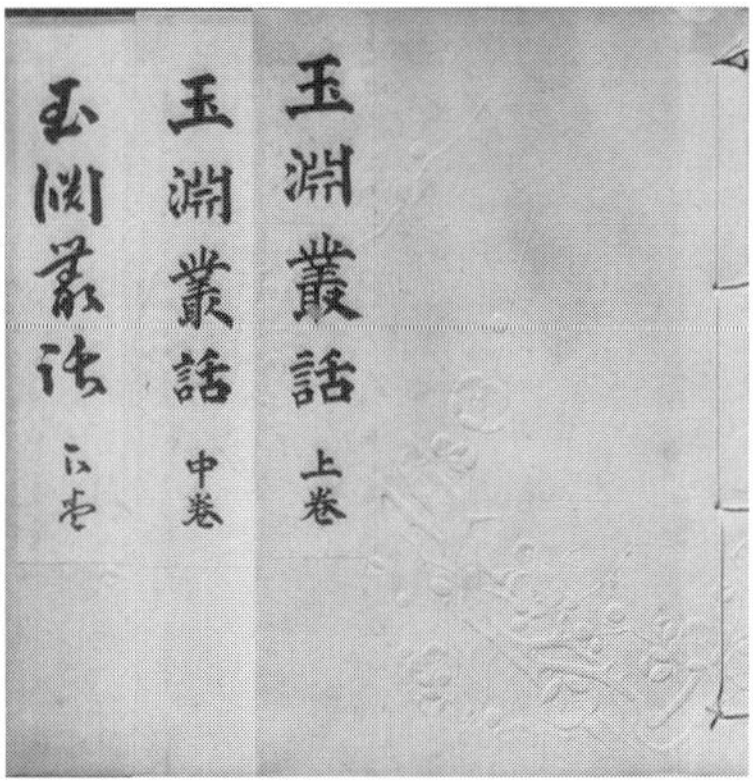

図58 『玉淵叢話』（明治三十五年八月発行）

四代目三木佐助三木楽器店社長が著したもので、三木家の歴史が克明に綴られている。会社の経営、多くの音楽関係者とのつながりなどを、謙虚な立場で書かれていて、その文面から彼の人柄・大阪商人の真髄を知ることができる。(4)

大正十四年（一九二五）本社社屋を新築したが、この建造物は現在も有形文化財として新築時と同じ姿で建っている。築後約十三年の昭和十三年（一九三八）に、筆者が五歳の頃、父松村順吉に手を引かれてこの建造物を訪れた時に、一階の明るく広い板張りのフロアーと、フロアーの奥に、ゆるくカーブして二階へ通じる大理石で造られた豪華で幅広い階段に目を見張ったこと、そこを上がり降りして嬉々として遊んだこと、淀川さんという名の品格のある番頭さん＝正式に近代的な常務とかの役職名があったのであろうが、社員も客も皆〝ばんとうさん〟とよんでいた＝が新製品のトンボハーモニカを下さったことなど、今でもはっきり記憶している。

大正十五年合名会社大阪開成館三木佐助商店設立後、五代目三木佐助社長就任。昭和二年（一九二七）日本ビクター大売捌元となり、昭和十八年（一九四三）六代目三木佐助社長襲名。昭和二十一年（一九四六）キングレコード関西売捌元。昭和三十一年（一九五六）三木楽器株式会社に改組。そして昭和五十九年（一九八四）に七代目三木佐知彦《みきさちひこ》現社長が就任後、昭和六十三年（一九八八）に創業百周年を迎え、現在も関西の音楽教育に大きく貢献している。(4)

8．『日本唱歌』一集～三集　多梅稚編　大阪三木楽器店　明治三十年六月発行

◉**多**《おおの》**梅稚**《うめわか》（一八六九～一九二〇）　宮内省楽士出身。東京音楽学校卒、大阪府師範学校教諭、東京音楽学校助教授。

梅稚＝〝うめわか〟は幼名であるが、いずれ元服の時に改める予定であったところ、時代も変わり元服という慣習も無くなり、そのままで通したという。〝おおの〟の〝の〟は付け読みで、紀貫之《きのつらゆき》や太安万侶《おおのやすまろ》と同じ用法。夏夫人も東京音楽学校器楽科（ピアノ）卒。

〝鉄道唱歌〟（汽笛一声新橋を　はや我汽車は離れたり…）は、大和田建樹の詩に多が作曲したものである。

9．『国教唱歌集』上巻・下巻　小山作之助編　共益商社　明治三十年八月発行　文部省検定済（学校唱歌科用明治三十一年十月）

日清戦争と日露戦争の中間の時期に発行した教科書で、第一ページに教育勅語全文が掲載され、続く緒言には、

国教唱歌集　（明治三十一年十月三十日）

緒言

夫レ普通教育に於ける唱歌のものたる、以て体育を補ふべく、以て智育を資《たす》くべく、以て美育を進むべし、特に徳育を成すに於ては効用の顕著なる他に比敵（匹敵）すべきものあるを見ず、……略……此書は則チ……略……修身科と聯絡せしむるの目的を以て、教育勅語の各綱に率合せんことを勤めたり、……略……此書所載の歌曲其数四十有余、悉ク邦人の手に成り概して平易暢達なり、其排列は教育勅語各綱の次序に準じて類集し……

……略……

とあり、明治二十三年（一八九〇）十月三十日公布の「教育勅語」の内容に準じて、歌詞を旗野十一郎《はたのたりひこ》、佐佐木信綱、中村秋香《なかむらあきか》、水戸光圀、伊沢修二、楠美恩三郎《くすみおんざぶろう》、千家尊福《せんげたかとみ》、作曲を小山作之助、上真行、納所弁次郎、奥好義、山田源一郎、鈴木米次郎など、当時の第一線の音楽教育関係者の協力で作成されたものである。

10.『新式唱歌』鈴木米次郎編　東京銀座　十字屋書店　明治三十年十一月発行（図59）

表紙の次のページに嘉納治五郎の達筆な〔移風〕と〔易俗〕の墨書を載せている。裏表紙に〔一名　トニックソルファー唱歌集〕とあり、第一ページから第七ページにかけて〔トニックソルファー〕について詳しく解説している。

新式唱歌　一名トニックソルファー唱歌集

ソレ教育ノ要旨ハ自然的ニ児童ノ智能ヲ開発スルニアタリ、音楽ニ於ケルトニックソルファー教授法ハ実ニ此主旨ニ適合スルモノナリ、……略……此頃学校長ノ許可ヲ得、実地ニ之ヲ小学児童ニ試ミタルニ果シテ効果ヲ奏シ我国児童教育ニ適当ナルコトヲ証スルヲ得、従ッテ一ツノ歌曲集ヲ作ルノ必要ニ迫レリ、……略……

総　論

起源、トニックソルファー音楽教授法ハ今ヨリ五十余年前英国ニ於テジヨンコーエン氏ガ嘗テグローバー女史ノdo re miナル文字ヲ洋琴《ピアノ》ノ鍵《キー》ニ張リ付ケ唱歌ヲ教授シタルヲ見テ考出シタルモノナルガ爾後非常ノ進歩ヲナシ終ニ全ク一派ヲナシ今日ニ至リテハ英米其他ノ諸国ニ伝播シ唱歌授業ノ一新法タルニ至リシモノナリ　…略…　従来我国ニテ風琴（註　オルガンのこと）ノ音ニヨリ唱歌ヲ教授スルノ方法ト少シク其趣ヲ異ニシ唯一箇ノ調音叉《チューニングホーク》及ヒ手指模範等ニヨリテ教授スルモノナリ而《しこう》シテ之ヲ授クルニハ又今日普通ニ教授スル如ク一度ヨリ二度、二度ヨリ三度等ノ如ク順次ニ音階中ノ各音ヲ練習セシムルニアラズシテ左ノ順序ニヨリ一度、五度、三度等ノ和絃練習ヨリ始ムルモノトス

…略…

特徴　トニックソルファーの特有の指導法は、手・指の形で発音の指示をすることや、楽譜も五線譜を用いず、Do、Re、Miはd、r、m、そのオクターブの違いを・、，、‥、d、e、gなどと、特有の記号で成り立っている。各種記号が細やか過ぎて、一見大変見にくい楽譜である。これを活用した音楽教育が日本で普及したとは耳にしないがヨーロッパでは当時一世を風靡したらしい（図59）。

11.『学校唱歌』上巻・下巻　明治音楽会編　十字屋　明治三十一年八月一日発行

作歌者は大和田建樹、旗野十一郎《たりひこ》、佐佐木信綱、鳥居《とりい》忱《まこと》、東宮鉄麿《てつまろ》など、多《おおの》忠基《ただもと》、島崎赤太郎《しまざきあかたろう》、東儀《とうぎ》季治など明治音楽会会員の会員による作曲で全十七曲。

12.『教科適用幼年唱歌』初編上巻・中巻・下巻　納所弁次郎・田村虎蔵共編　十字屋　明治三十三年六月〜三十四年六月発行

◉納所弁次郎《のうしよべんじろう》（一八六五〜一九三六）　仙台市生まれ。明治二十年音楽取調掛卒、同年東京音楽学校と改称された

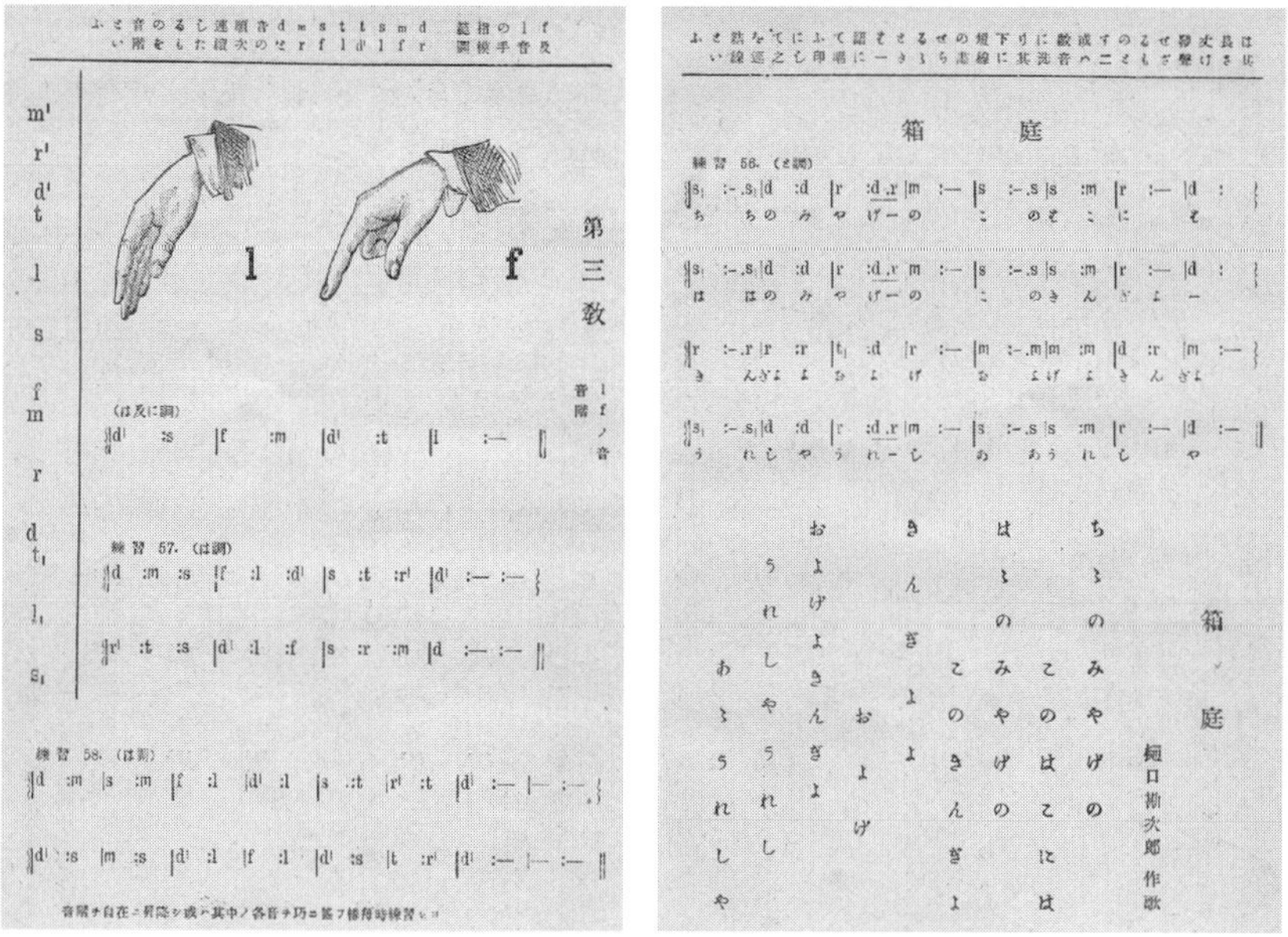

図59　10.『新式唱歌』に掲載の楽譜と指導法の挿絵
発音・発声などを手首や指の形・動き・記号を使って指導する。

母校で助教授、華族女学校（学習院の前身）女子部教授。田村虎蔵と共に言文一致唱歌運動に努めた。

◉田村虎蔵《たむらとらぞう》（一八七三〜一九四三）　鳥取県岩美郡岩美町生まれ。鳥取師範学校卒後、一時小学校教諭、東京音楽学校本科卒。東京高等師範学校教授の間、附属小学校教諭の兼務を通して納所弁次郎と協力のもとに、文部省唱歌よりも子供にとって理解し易い口語体を使用した音楽表現として、わらべ歌や我が国の伝承音楽に近い、いわゆるヨナ抜き旋法を使った童謡の作曲に努めた。そうして作曲したものに〝浦島太郎〟〝金太郎〟〝花咲爺〟〝大江山〟〝牛若丸〟などがある。小学校唱歌教科書も多く編集した。

13・『幼年唱歌』全十集『教科適用幼年唱歌』と同書二集（上巻・中巻・下巻）十字屋　明治三十四年四月発行

〔幼年〕となっているが、緒言では尋常第一学年から高等第四学年用と示している。

緒　言

…略…

一、題目、尋常科には、専ら修身、読書科に関係を有する事項、及び四季の風物に因みて之を取り、高等科には、更に地理、歴史、理科等の教科に関係を有する事項を加へ、以て各教科の統一を完からしめんことに力めたり。

一、歌詞、多年小学教育に経験を有する識者の手に成りて、児童の心情に訴へ、程度を察し、平易にして理解し易く、而も詩的興味を失はざるものより、漸く進みては、古今名家の作に及ぼし、以て国民感情の養成に資せんとせり。

一、曲節　…略…

と言っている。これは今日の総合学習の趣旨と合致している。

この上巻に〝大江山〟〝兎と亀〟、下巻に〝牛若丸〟等が記載されている。

〝兎と亀〟　石原和三郎作詞、納所弁次郎作曲

〝毬〟　田辺友三郎作詞、作曲者不詳

等は、ここで初めて教科書に記載された。

◉**石原和三郎**《いしはらわさぶろう》（一八六五～一九二二）　群馬県勢多郡東村（現みどり市東町）に生まれる。同村の花輪尋常小学校校長、坪内逍遥監修の『小学国語読本』の編纂に加わる。〝兎と亀〟〝浦島太郎〟などの作詞。

明治三十三年八月二十一日の「小学校令施行規則」には、

小学校令施行規則

（明治三十三年八月二十一日
文部省令第十四号）

…略…

第二十八条　紀元節、天長節及一月一日ニ於テハ職員及児童、学校ニ参集シテ左ノ式ヲ行フヘシ

一　**職員及児童「君カ代」ヲ合唱ス**

…略…

五　**職員及児童ハ其祝日ニ相当スル唱歌ヲ合唱ス**

…略…

…唱歌ヲ課セサル学校ニ於テハ第一号及第五号ノ式ヲ欠クコトヲ得

…略…

第百十二条　尋常小学校准教員ノ試験科目及其ノ程度ハ左ノ如シ

…略…

唱歌　単音唱歌

理科、図画、**唱歌ノ一課目若ハ数科目ハ之ヲ欠キ女子ノ為ニハ尚体操ヲ欠クコトヲ得**

とあり、〔祝日大祭日儀式唱歌〕が公に出て七年経過しても、なお祝日の歌を歌うことの全国実施は不可能であったことを示している。また教員採用試験は唱歌のみ、それも受けなくてもよいということで、唱歌指導の教員養成がなかなかはかどっていない実情も示している。

先述のように明治十九年（一八八六）に物集高見《もずめたかみ》が既に言文一致論を唱え、明治二十一年（一八八八）頃に小説家山田美妙が言文一致唱歌の歌詞を作っていたというが、帝国議会の中でも〔言文一致会〕が組織されたこともあって、田村虎蔵らが〔言文一致唱歌〕運動を実践し、それまでの文語体ではない口語体の読み易い歌詞による唱歌集を次々と発行した。

●東《ひがし》くめ（一八七七〜一九六九）　和歌山県新宮市生まれ。東京音楽学校卒、東京府立第一高等女学校（現都立白鷗高校）教諭。東京女子高等師範学校附属幼稚園の批評掛をしていた。夫の東 基吉（一八七二〜一九五八）が当時の文語体の唱歌歌詞を子供に理解され易い歌詞にと提唱し、くめがそれを実行して作り上げた詩に作曲された多くの童謡が残された。滝 廉太郎は一年後輩。滝と協力して東京女子高等師範学校附属幼稚園で使用するために『幼稚園唱歌』を編集。

〝鳩ぽっぽ〟　東京の浅草観音堂本堂前に〝鳩ぽっぽ〟の碑が建っている。

鳩の鳴き声を‚鳩ぽっぽ‛と言いだしたのはこの歌が始まりで、一つの単語にもなったことばである。

〝お正月〟　滝 廉太郎は幼少時に父の勤めの関係で富山に居たことがあるが、そのころに迎えた正月の印象が、東 くめの作ったこの歌詞に生かされているようである。東 くめは晩年に、子息でピアニストの東 貞一が住む大阪府池田市に在住していた。平成十年代に入って以来、今日も、池田市のゴミ収集車はこの曲を流して市内を走っている。

東《ひがし》 貞一《ていいち》と〔HIROTA〕グランドピアノ

東 くめの子息でピアニストの東 貞一は、第二次世界大戦も終戦間近いころ、食糧難に苦しみ、愛用のグランドピアノを手放したいがと筆者の父松村順吉に相談をもちかけられ、買い取ったそれは〔HIROTA〕ピアノと言って、非常に高度な性能をもつピアノであった。〔HIROTA〕のアップライトピアノは今もこの世に数台存在するらしいが、久しく我が家のピアノの調律を担当してくれていた名のある調律師が、最初に我が家を訪れた時に、〔HIROTA〕のグランドピアノは昔製作された非常に優秀なピアノであることは知っていたが、初めて見ました、と今も存在していることに驚いていた。このピアノは筆者が大学受験時にも愛用したものであるが、当時もう一台並んでいた真新しく、外見が大変豪華なYAMAHAの特製グランドピアノ（譜面台も湾曲した三本の脚も、掘りの深い豪華な装飾が施されていた）と比べて、断然〔HIROTA〕の音色の方が気に入って、学生時代もそれ以降の数年はそればかり弾いたものである。

〔HIROTA〕ピアノは、日本楽器製造株式会社（今のヤマハ）の技師であった〔ひろた〕という人物が、独立してドイツの〔ブリュートナー〕というグランドピアノをモデルに製作にとりかかり、生涯にアップライトピアノを数十台、グランドピアノを十数台製作したものであるということもその調律師の話で知った。

年月を重ねて流石にこのピアノも老体となり、その後は我が家の物置に保管していたのを、平成十年（一九九八）に筆者が大学を停年退官の時大修理しようと思い立ち、〔HIROTA〕ピアノはヤマハの技師であった〔ひろた〕という人物が製作したという経緯から、ヤマハに修理を依頼した。現在日本に、いや世界に唯一の存在かもしれないと言うことで、今では非常に貴重なピアノであることを知っていたヤマハの技師は興奮して来宅し、物置にあるそのピアノを彼の前で筆者が弾いてみたところ、その音色の重厚さに非常に驚いていた。工場に運び、数ヶ月を要した大修理を終えて自宅に戻ってきた。修理費は相当額（約二百万円）かかったが、今は新品のように輝いて、応接室に他のグランドピアノと並んでおり、我が家の家宝の一つとして大切に使用している。以上は教育楽器としての大役を果たしてきたピアノの、一つの歴史話である。

14．『幼稚園唱歌』　滝　廉太郎編　共益商社書店　明治三十四年七月二十五日発行

この唱歌集は幼稚園児のためのものであるが、小学校でも教材として歌われていた曲も多い。編集は滝 廉太郎がドイツ留学の直前に手掛けた事業で、全二十曲のうちの殆どが滝 廉太郎本人の作曲らしいが、どの曲にも作曲者として彼の名は記していない。

ここに記載の曲のうち後々まで久しく歌われ続けたもので、初めて世に出た曲に次のようなものがある。総て東 くめの詩による。

〝かちかちやま〟 〝雀〟 〝雪やこんこ〟 〝お正月〟 〝鳩ぽっぽ〟

15．**『尋常国語読本唱歌』** 小山作之助編　金港堂書籍株式会社　明治三十四年八月発行

これは同じ金港堂書籍が発行した『尋常国語読本』の内容を、児童に唱謡させるために平易な曲譜を選択したものである。但し編者が'平易'とは言っているものの、総て文語体の歌詞であり、現今の子供にはとても読めないし、歌詞の意味も理解しがたい。

16．**『高等国語読本唱歌』** 小山作之助編　金港堂書籍株式会社　明治三十四年八月発行

17．**『公徳唱歌』** 渋谷 愛作歌、田村虎蔵・納所弁次郎など作曲　東京今関栄蔵　明治三十四年九月発行

これは従来の文語体からようやく開放されて、（まだ僅かに文語体が残ってはいるが）口語体の歌詞で構成されている。

最初に記されている作成の主旨には

一　此小さい唱歌集は、小学校生徒に歌はせるために作つたのです。
二　此小さい唱歌集は、公徳養成の資料として作つたのです。
三　此小さい唱歌集は、唱歌教授の材料としてつくつたのです。

四　此小さい唱歌集は、言文一致の方針によつてつくつたのです。
五　桜の歌をうたはせる時には、すべて公園などの草木についての心得を教えてもらいたいのです。
六　古机の歌は、学校の道具を大切にすることを教えてもらいたいのです。

渋谷　愛　しるす

と、指導する教師宛ての文面までやさしい口語文に徹しているところは、その信念が強く伝わってくる。

この頃には次のような唱歌集が金港堂から出版されているが、出版社や発行日は不明のものもある。

○『世界一周唱歌』池辺義象《よしかた》作歌　田村虎蔵作曲
○『軍艦唱歌』大槻如電《じょでん》作歌　山田源一郎作曲
○『陸軍唱歌』大槻如電作歌　山田源一郎作曲
○『教育勅語唱歌』粟島三之助作歌　落合直文校閲　山田源一郎作曲
○『養蚕唱歌』秀英舎編輯　山田源一郎作曲

ほかに〝桃太郎〟〝狼と犬〟など童謡の楽譜類も発行している。

18.『学校唱歌』全二冊　東京銀座十字屋発行　著者・撰者・発行日などは不明。
19.『日本遊戯唱歌』五編　同　右
瓜生　繁《しげ》がこのようなものを手掛けていたことは、余り知られていない。
20.『修身教典唱歌』　同　右
21.『唱歌教科書』全四冊　北村季晴・島崎赤太郎・岡野貞一・石原重雄編　共益商社楽器店　明治三十五年四月二十日発行　文部省検定済（明治三十五年十二月十三日）

22．『**国語読本唱歌**』尋常巻の上・下　計二冊　帝国書籍株式会社編輯所編　明治三十五年四月発行
尋常科で巻の上・下二冊だけではないと思うが、あとは確認できない。

23．『**国語読本唱歌**』高等巻の一～巻の四　計四冊　帝国書籍株式会社編輯所編　明治三十五年四月発行

24．『**唱歌教科書**』巻一～巻四？　生徒用　共益商社楽器店編　明治三十五年四月発行
各巻学期別に学習曲を指定し、巻三以降は女子用の曲を別に数曲記載してある。

○『唱歌教科書』教師用　巻一～巻四　共益商社楽器店編　明治三十五年五月発行

25．『**国民教育新撰唱歌**』田村虎蔵編　十字屋　明治三十六年一月発行　文部省検定済（明治三十六年七月）
これは、概ね修身教材を基に編集されており、尋常科三年より高等科程度に使用が可としている。

序言に

> 我が国唱歌界の現状を察するに、彼の鉄道唱歌流行以来、児童唱歌、動もすれば軽佻浮薄に趨り、一種の俗謡と化し去らん嫌なきにあらず。即ち其教材は他教科と何等の関係を保たず、性情の淘冶に有効なるもの実に尠き感あり。　…略…

とあり、当時の子供たちに夢を持たせた多くの鉄道唱歌が先述のように次々誕生したが、その鉄道唱歌すらも非教育的と捉えているのは理解に苦しむが、当時は〔読本唱歌が唱歌の使命〕という考えが強くなりつつあったことからの動きであったと思われる。

3　教科書の国定化と唱歌教科書

それまでの教科書検定制度における、各都道府県の教科書審査委員会と民間の教科書会社の編集に疑問を持つ者が、〔国定化〕に改革すべきであると帝国議会に建議する状況が展開している最中の明治三十五年（一九〇二）に、教科書事件が発生したことがきっかけで、修身科に留まらず**全教科の教科書の国定化に向けて、急速に進展**した。

（註　教科書事件：明治三十五年十二月の教科書疑獄事件。東京金港堂と各府県教科書採択委員、県知事、視学官、師範学校・小・中・高女校長・郡視学官、代議士などが関わった全国的規模の贈収賄事件で検挙者数百五十七、有罪者百十六で自殺者も出た）。

明治三十四年（一九〇一）の帝国議会で、

〝小学校教育ノ国家ニ至大ノ関係ヲ有スルヤ、敢テ論スルヲ待タス、故ニ発行小学校用図書ハ国費ヲ以テ編纂セラレルコトヲ望ム〟

と建議。総ての教科書の国定化を要望した。これを受けて文部省が発令した明治三十六年（一九〇三）四月二十九日の「小学校令施行規則中改正」(5)では、教科用図書について、

小学校令施行規則中改正

（明治三十六年四月二十九日　文部省令第二十二号）

第五節　教科用図書

第五十三条　小学校教科用図書中修身、国語、算術、日本歴史、地理、図画ヲ除キ其ノ他ノ図書ニ限リ文部省ニ

於テ著作権ヲ有スルモノ及文部大臣ノ検定ヲ経タルモノニ就キ府県知事之ヲ採定ス但シ体操、裁縫、手工、理科
及尋常小学校ノ唱歌ニ関シテハ児童ニ使用セシムヘキ図書ヲ採定スルコトヲ得ス

……略……

と教科書の国定化が決定した。

このことについて『みんなで考えよう　日本の教科書制度　再び戦争の道具にさせまい』(6)で、尋常小学校の唱歌について〝児童に教科書を使用することを禁止した〟とあるのは、前記文部省令の読み違いであり大きな誤解である。事実、当時＝明治三十六年（一九〇三）前後＝に多種類の唱歌教科書が発行されていて、それらの総てが使用禁止になったという記事は音楽教育関係のどの書籍・雑誌類等にも記していないし、そのような大問題が生じたという記録も全く見当たらない。

日清・日露戦争のころから、国民の意識が国家主義・軍国主義の波に急激に流されていく中で、時代に即応した唱歌・音楽教科書の内容を求められ、そしてその指導力が益々重要視されることになっていった。

1．『教科統合少年唱歌』初編～第八編　納所弁次郎・田村虎蔵共編　十字屋　明治三十六年四月～明治三十八年発行

題目の〔**教科統合**〕の意味は、その緒言で

〝修身、国語・地理・歴史・理科等の諸教科にて教授すべき事項、及び季節に因みて之を取り、以て各教科の統一を完からしめんことに力めたり。〟

と述べている。今日実施されている〔総合学習〕的な発想とも解釈できるが、実態は当時の時代的背景から察し

て、今日の〔総合学習〕よりもっと深刻な目標が見え隠れしている。
このことは、以降の『読本唱歌』の類も同様である。

2.『国定小学読本唱歌集』尋常科巻之上・中・下　内田粂太郎・楠美恩三郎・岡野貞一共編　元元堂書房　明治三十七年五月～七月発行
文部省著作『尋常小学国語読本』にある韻文に曲譜を付けたもの。

3.『国定小学読本唱歌集』高等科巻之壱～巻之四　元元堂書房　明治三十七年五月～七月発行
文部省著作『高等小学国語読本』にある韻文に曲譜をつけたもので、当時既に取り掛かっていた言文一致唱歌運動とは、およそかけ離れた教科書が作成されていたことが判る。

出版社元元堂書房は『中学修身教科書』『高等女学校用国語読本』など教科書を多く出版している。

4.『国定小学読本唱歌』高等科第一学年用～第四学年用　田村虎蔵編　修文館　明治三十八年・月発行

5.『尋常小学唱歌』第一集　佐々木吉三郎・納所弁次郎・田村虎蔵共編　明治三十八年十月発行
言文一致唱歌に努めた田村虎蔵も、ここでは韻文歌詞を使っている。

6.『高等小学唱歌』第一集～第八集　納所弁次郎・田村虎蔵共編　明治三十九年十一月～四十年十二月発行

4　その他の唱歌集など

地域によっては教科書以外に副教科書として活用した唱歌集等が多数発行されている。

○忠勇義烈『皇国勇壮軍歌集』奈良　阪田一郎　明治二十七年一月発行
○『忠勇軍歌集』第一　小山作之助編　共益商社書店　明治二十八年二月発行

○『帝国読本唱歌』目賀田万世吉作曲　奈良文鱗堂　明治二十八年十月発行
　楽譜は数字譜で示している。
○『遊戯唱歌』第一集　改良子守歌、改良球歌、改良羽根歌
　球歌は手毬歌のこと。羽根歌は羽子板で遊ぶときの歌。総て数字譜である。
○『鉢の木唱歌』吉田恒三著　敬文館　明治三十四年十一月発行
　謡曲の中から、修身科の教材になっているものが多いが、これは北条時頼が行脚の途中、上野国佐野での一事蹟を歌ったもので、他に『羽衣唱歌』『兼平唱歌』『俊寛唱歌』などがある。但し歌詞だけで、メロディーは不明である。
○修正『小学読本唱歌』（尋常科用）目賀田万世吉作曲　奈良藻文堂書房　明治三十三年十一月発行
　目賀田万世吉は、当時奈良師範学校教諭であった。
○地理教育『鉄道唱歌』第一集〜第五集　多梅稚・目賀田万世吉作曲　三木佐助　明治三十三年十一月発行
○海事唱歌『航海唱歌』上巻・下巻　大和田建樹著　大阪開成館　明治三十三年十二月発行
○『地理歴史唱歌』一柳安次郎作詞　目賀田万世吉他作曲　奈良藻文堂書房　明治三十三年十二月発行
　第一集　奈良市、生駒郡、山辺郡、添上郡
　第二集　磯城郡、高市郡、南葛城郡、北葛城郡
　第三集　宇智郡、吉野郡、宇陀郡
○『重音唱歌集』一集・二集　計二冊　小山作之助編　共益商社楽器店　明治三十四年四月発行
　高等小学校以上の教育に用いるものとして編集された。
○日本全国『地理摘要唱歌』第一集〜第四集　常磐花香作詞　小山作之助作曲　田沼書店　明治三十四年六月発行

第一集　畿内、東海道　　　　　　　　　　第二集　東山道、北陸道、山陰道
第三集　山陽道、南海道、西海道　　　　　第四集　台湾、北海道
○歴史教育『日本歴史唱歌』第一集〜第四集　高橋健自作詞　目賀田万世吉作曲　大阪島誠進堂書店　明治三十四年四月発行
第一集　建国より聖徳太子の時代まで　第二集　大化の新政より平家の滅亡まで
第三集　鎌倉幕府より朝鮮征伐まで　　第四集　江戸幕府より明治二十七・二十八年戦役まで
○新潟県『地理唱歌』入江好次郎作曲　安達音治　明治三十四年二月発行
○『博覧会記念唱歌』一柳芳風子作詞　目賀田万世吉作曲　明治三十四年四月発行
○『唱歌幼稚園』目賀田万世吉著　三木佐助　明治四十四年六月発行
随所に見られる挿絵は大阪府立夕陽丘高等女学校教諭山田《やまだ》簾《れん》の作。実に美しい絵である。
歌詞は『万葉集』等から採ったもので三十八番まである。大阪で催された第五回勧業博覧会を記念して当時大阪府立天王寺師範学校教諭の目賀田万世吉が作曲したもので、近畿に限る唱歌として、多くの学校で歌ったものと見られる。
○『明治天皇御遺徳奉頌大正国民唱歌』一柳安次郎作歌　目賀田万世吉作曲　文友堂書店　大正元年九月発行
歌詞に出てくる人物・事件などの解説が詳しく記されている。

以上近畿を素材とした内容の出版が目につくが、このことは、たまたま筆者が近畿在住で、筆者個人の蔵書も、また自分の母校であり停年退官まで永年勤務した大阪教育大学の図書館の豊富な蔵書も近畿一円のものが収納し易かったということがあったからである。従って、視野を全国に拡げると各地にはまだまだ相当な種類の音楽教科書

・音楽関係図書類が保存されているに違いない。ここに記載していないが存在の知られている唱歌で、他の書に記載されているものもある。もしも全く書庫に埋もれてしまっている音楽関係図書があれば、当地の有志・教育関係者などが率先してそれらを発掘し、現代人に紹介されることを切に願ってやまない。

註

(1)『音楽教育明治百年史』井上武士著　音楽之友社　昭和四十二年十二月発行　p.47
(2)『世界大百科事典』9　平凡社　昭和四十七年四月発行　p.555
(3) music gallery 35『唱歌のふるさと　花』鮎川哲也著　音楽之友社　平成四年五月発行　p.60～62
(4)『玉淵叢話』三木佐助著作兼発行者　東京開成館　大阪開成館　明治三十五年八月発行
(5)『学制百年史』文部省　帝国地方行政学会発行　昭和四十七年十月発行　p.335
(6)『みんなで考えよう　日本の教科書制度　再び戦争の道具にさせまい』教科書検定訴訟を支援する全国連絡会教科書制度検討委員会　代表・永井憲一編　教科書検定訴訟を支援する全国連絡会　昭和五十七年七月発行　p.17

十 〈唱歌科〉が義務教育の必修科目へ一歩前進

1 小学校教員採用試験に〈楽器使用法〉が初めて正式に加わる

明治四十年（一九〇七）三月二十五日発令の「小学校令施行規則中改正」では、

（明治四十年三月二十五日　文部省令第六号）

小学校令施行規則中改正

第百九条第一項及第二項ヲ左ノ如ク改ム

小学校准教員ノ試験科目及其程度ハ…略…

音楽　唱歌、楽器、使用法

…略…

と小学校教員の採用試験内容は明治三十三年八月二十一日（一九〇〇）の「小学校令施行規則」では唱歌のみであったのが、ここで**楽器を加えたことは大きな進歩**である。しかしどれほどのレベルで実践されたかは極めて疑問である。

明治四十年三月二十一日の「小学校令中改正」では、

小学校令中改正 （明治四十年三月二十一日 勅令第五十二号）

…略…

第十九条　尋常小学校ノ教科目ハ修身、国語、算術、日本歴史、地理、理科、図画、**唱歌**、体操トシ女児ノ為ニハ裁縫ヲ加フ

とある。ここで留まっておれば、唱歌科目が完全に必修科目に決定となるところであるが、この改正の〈附則〉に、

附則

第十九条ノ教科目中**唱歌**及…略…ノ教科目**ハ当分ノ内之ヲ欠クコトヲ得**

と記してあり、**それまでの本文中の'当分之ヲ欠クコトヲ得'などが消えて「附則」の中に移して記されているこ**とは、**一歩前進した扱い**になったと見ていいであろう。

なお尋常小学校の修業年限が六年となった明治四十年（一九〇七）三月の「小学校令中改正」によって国民共通の基礎課程が確立したが、当時の小学校就学率は男子九八・五％、女子九七・四％と既に大変高率になっていた。

2　〔日本教育音楽協会〕の活動

〔言文一致唱歌〕を旗印に教科書作成に努力した作曲家田村虎蔵《たむらとらぞう》や納所弁次郎《のうしょべんじろう》、童謡作詞家海野《うんの》厚《あつし》などに続いて、その後の多くの音楽・唱歌教科書作成に当たって大きな役割を果たした組織に〔日本教育音楽協会〕（大正十一年＝一九二二＝九月発足）がある。東京音楽学校教授・助教授を中心に人材を集め、創立総会は東京神田一ツ橋の東京音楽学校分教場で催され、創立当時の音楽教育関係・文学関係の錚々たる人物が名を連ねている。その名を次に挙げてみる。

小山作之助、安達 孝、安藤 敬、大和田愛羅、奥山フサ、菊池盛太郎、草川宣雄、福井直秋、保科寅次、松園郷美、外山国彦、松島 彝、山本正夫、鈴木米次郎、青柳善吾、島崎赤太郎、納所弁次郎

〔日本教育音楽協会〕は今も存在し、全国吹奏楽コンクールを主催するなどの活動を続けている。筆者も理事の一人として大学停年退官まで関西地区の代表を久しく務めた。

3　明治四十年代〜大正中期の教科書・教材と童謡運動

1．『尋常小学読本唱歌』文部省著作　明治四十三年七月十四日発行

①特色

・小学校の国定の唱歌科用図書として文部省が著作した最初の教科書である。

・明治十四年（一八八一）から明治十七年（一八八四）に出版された『小学唱歌集』は文部省が発行した教科書で

あったが、著者・編集者は伊沢修二であり、文部省は発行者であって文部省が著作したものではなかった。

・国定の音楽教科書は作詞者・作曲者の名前をすべて伏せているので、後世それらの解明には非常に困難を伴い、日本近代音楽館資料委員であった森 節子氏は‚文部省唱歌誕生の唯一の資料は『小学唱歌教科書編纂誌』‚と言っているほどである。[1]

・曲は総て邦人の作。

・歌詞は言語・文字の配列に一定の規律がある韻文の教材を採用した。

②編集委員

上 真行、小山作之助、島崎赤太郎、楠美恩三郎、岡野貞一、南 能衛の六名で、いずれも当時の音楽教育に携わった第一人者である。

③記載曲　全二十七曲の題名

カラス	ツキ	タコノウタ	こうま
かへるとくも	ふじの山	とけいのうた	母の心
春が来た	虫のこゑ	日本の国	かぞへ歌
ゐなかの四季	家の紋	何事も精神	たけがり
近江八景	舞へや歌へや	三才女	水師営の会見
我《われ》は海の子	出征兵士	同胞こゝに五千万	鎌倉
国産の歌	卒業	アサガホ	

〝こうま〟作詞・作曲者不詳。

　〝はいしい　はいしい　あゆめよ小馬…〟の歌詞。小馬は親馬に対する子馬のようである。

〝虫のこゑ〟作詞・作曲者不詳。虫の鳴く音を〝声〟と表現することは非常に日本的である。西洋では虫の鳴き声はノイズと捉えるようである。人間の右脳と左脳の音の捉え方の違いが日本人と欧米人では異なることからも、多くの外国人よりも日本人の音の捉え方・日本語が非常に情緒的であると言える。しかし筆者が大学院で教えた中国人留学生たちは、中国もその傾向があると言っていたことからすると、中国や韓国・日本などアジア諸国の人々はこのことについて共通の感覚を持っているのかもしれないと最近になって思い始めた。

〝かぞへ歌〟

　江戸時代から江戸の町で歌われ始めた俗謡・わらべ歌で、歌詞は元々

　〝一つとや　一夜明くればにぎやかで　にぎやかで、お飾り立てたり松飾り…〟

という楽しい情緒あふれたものであった。この曲は、手まり歌として扱っている書（『東京のわらべ歌』日本わらべ歌集7、尾原昭夫著、監修浅野建二、後藤捷一、平井康三郎）にもある。それが後に教科書記載となった時点で教訓的な堅い内容になり、〝一つとや　人々忠義を第一に　あふげや高き　君の恩　国の恩…〟となった。この歌詞は非常に教訓的で堅いながら、同じ数え歌も昭和十七年（一九四二）発行の『初等科音楽』（二）では、〝一つとや　ひとりで早起き　身を清め　日の出を拝んで　庭はいて　水まいて〟と日常生活の柔らかい表現による教訓内容に変わっている。歌詞については様々なものが作られ、昭和二十年（一九四五）の終戦以後も小学校四年の教科書で詩の内容を変えて記載されている。

　また、元来都節《みやこぶし》の旋律であったものを、レをドに置き換えて五音音階に変えたものが教科書に記載された。

〝水師営の会見〟佐佐木信綱が文部省の委嘱によって作詞した。作曲者は岡野貞一《おかのていいち》。

この歌をつくるために作詞者佐佐木信綱は乃木希典《のぎまれすけ》将軍をわざわざ訪問したという。その際に乃木将軍は佐佐木信綱に、‚棗《なつめ》の木が庭に一本立っておりました。それに弾丸の痕が沢山ありました‘という話をしたという。歌詞にその棗が出てくる。

水師営＝旅順城北西の地名。明治三十八年（一九〇五）一月五日、日本陸軍司令官乃木希典とロシア陸軍司令官ステッセルが会見した小さな民家で、日露戦争中は野戦病院となっていた。ステッセルは敗戦の責任を問われて死刑を宣告されたが、乃木将軍がロシア当局に対して大連の近くの二百三高地などでの彼の勇敢な戦いぶりを伝え、弁護して彼の命を救ったという好ましい実話が伝えられている。筆者が訪問した際、水師営で日本人の観光客に説明していた常駐の中国人通訳はこのことを知らず、多くの日本人観光客の前でこのことを追加して話すと、その通訳は大変喜んで、今後に生かすと言っていた。

その民家を平成十八年（二〇〇六）八月に訪ねたが、百年前当時の記録写真でよく見かける姿そのままで、建物の中は部屋としては畳十畳余りほどの部屋が二室しかない、まことに質素な平屋のたたずまいであった。佐佐木信綱が乃木将軍から聞いたことから歌詞に入れたという〔一本の棗の木〕は、ほこりっぽくて殺風景な周囲の状景の中に、写真どおりの小さくて古びたその家の前に今は数本繁っていた。棗の木の幹には弾痕はなかった。当時と同じ木かどうかは分からない。それほどの老木に見えなかったので、おそらく乃木将軍が見たものとは入れ替わっていると思う。棗は中国が原産のクロウメモドキ科の落葉小高木で、その小さな赤い実は今も中国料理によく使われている。

歌詞の一節‚**昨日の敵は今日の友**‘の言葉は、その後日本中に流行した。

当時から昭和の終戦までの教科書四年生教材であった〝広瀬中佐〟の主人公とその歌詞に出てくる部下の杉野兵曹長などが、日露戦役で戦死した旅順港を見下ろす〔二〇三高地〕も訪れた。頂上には日本が建てた日露戦役の記念碑がそのまま残っており、国内外からの大勢の観光客たちも静かにそれを見上げていた。その山腹にロシア軍が延々と築いた強固な塹壕《ざんごう》が乃木将軍率いる日本軍の長期間にわたる猛攻撃によって、砲弾で大きく破壊された跡や無数の弾痕がそのまま残されている。乃木将軍の長男も、その二〇三高地の頂上近くで戦死し、その碑がひっそりと建っていた。

旧満洲（今の中国東北部）の、ハルビン、長春（旧新京）、瀋陽（旧奉天）、大連などのどの都会も、北京、上海、広州など中国国内の先進大都会には十年ほども近代化に立ち遅れているとは言うものの、今やすっかり近代都市に変貌している。しかも日本が統治していたときに、各都市の中心部に遺した多くの豪華な建築物がそのまま残されており、今は中国政府関係や大学などに転用されている。長春の満洲国皇帝溥儀《ふぎ》夫妻の旧住居も博物館として当時のままの完全な姿で保存されており、観光客（殆どが中国人）が絶え間なく訪れていて、どこも大混雑であった。ハルビン（当時の日本ではハルピンと言っていた）では、街を横切る松花江沿いにある〔斯大林公園〕は〔スターリン〕の当て字を用いた公園でスターリン公園という。満洲国の建国前はロシアが入り込んでいたことから付いた名称であるが、今もそのような名称を用いているのは中国人の心の大らかさからであろうが、我々には少々理解できないところである。

各都市の中心部に建つ元南満洲鉄道が経営していた旧〔やまとホテル〕は、周囲の近代建造物に劣らず、むしろ古典的で堂々としたたたずまいを見せており、今も高級ホテルとして立派に営業している。また当時日本が建設した南満洲鉄道（略称＝満鉄）も、軌道はそのまま中国東北部の最重要幹線として走っていて、当時世界の最先端を走ったスマートな日本製の〔あじあ号〕も立派に保存されているなど、中国に対して感謝の気持ちで一杯になったものである。

機関車といえば、平成十七年（二〇〇五）に二度目の雲南省文化視察で昆明市訪問の際に、明治二十八年

（一八九五）日本製の蒸気機関車が完全な姿で保存されていると聞き、現物を実際に見てその立派さに驚いた。明治維新後の明治二十八年といえば、日清戦争の二年目で、日本国内もあらゆる面でまだまだ未成熟な情況であった時期に遠路中国に輸出されていたことになり、巨大な日本製蒸気機関車が雲南省昆明という大変な奥地を走っていたのである。昆明付近の山地には、鉱物の埋蔵量も質もハイレベルの鉱山があって、フランスがその採掘利権を握り、多数の中国人労働者を酷使して大々的な産業を起こしていたので、そこへ高性能の日本製蒸気機関車が送り込まれたのであろうか。昆明西駅近くの展示場でその機関室に乗り込み、感激の余り思わず両手でその大きな車体を撫で回したものである。そこにはフランス製の蒸気機関車や客車も並べて展示してあったが、日本製の蒸気機関車は断然豪快で堅牢な堂々とした姿であった。立ち去りがたい気持ちで次の訪問地へ向かったが、この蒸気機関車も旧満洲に残る日本時代の建造物と同様に、永遠に保存して欲しい貴重な遺産である。

〝我は海の子〟　作曲者は大和田《おおわだ》愛羅《あいら》（〝汽車〟などを作曲した）ではないか？

漁村育ちの明るい心をもつ少年の抱負を述べた爽快な歌詞、晴れやかなメロディーで、第二次世界大戦後『六年生の音楽』に記載されたのを最後に姿を消した。のちに再び教科書に採用されたが一～三番のみであった。

作詞者不詳、真田範衛（兵庫県灘高等学校初代校長）、玉井《たまい》耿介《こうすけ》（国文学者）、芳賀《はが》矢一《やいち》などの名が挙がっていたが、近年以下の事情がわかった。明治四十一年に文部省が新体詩を公募したとき、鹿児島出身で、当時小樽新聞の記者だった宮原晃一郎が応募して佳作入選したもの（本人宛の入選通知等が遺族により発見された）であり、その「海の子」が改題、及び多少補作されて『尋常小学読本唱歌』に掲載された。

もともと歌詞は七番まであるが、一番～六番は男の子の強く逞しく育つ姿をうたい、七番のみ〝いで軍艦

に乗組《のり》みて　我は護《まも》らん　海の国〟とあり、当時から芽生えていた軍国調が表れている。

以上のうち〝かぞへ歌〟は明治十六年（一八八三）に出版の『小学唱歌集』第二編と明治二十年（一八八七）十二月出版の『幼稚園唱歌集』に載っていた曲である。

2．『尋常小学唱歌』第一学年用～第六学年用　文部省著作　明治四十四年五月～大正三年六月発行

①特色

・『尋常小学読本唱歌』に採用していた曲（全二十七曲）を軸に曲を選定された教科書。

・全曲邦人の作詞・作曲。

・**初めて学年用ごとに別冊となった。**

②編集委員

・編集委員は作詞委員と作曲委員に分けて任命された。

作詞委員に佐佐木信綱が入っている。

作曲委員に田村虎蔵が加わっている。

③記載曲について　☆印は『尋常小学読本唱歌』に記載されていた曲

第1学年用　（20曲）　明治44年5月8日発行　☆印＝4曲　（太字は後掲）

日の丸の旗	鳩	おきやがりこぼし	人形
ひよこ	かたつむり	牛若丸	夕立
桃太郎	☆朝顔	池の鯉	親の恩
☆烏	菊の花	☆月	木の葉

兎　☆**紙鳶《たこ》の歌**　犬　**花咲爺**

第2学年用　（20曲）　明治44年6月28日発行　☆印＝5曲

桜　**二宮金次郎**　よく学びよく遊べ　**雲雀**
☆小馬　田植　雨　蟬
☆蛙と蜘蛛　**浦島太郎**　**案山子**　☆**富士山**
仁田四郎　**紅葉**　天皇陛下　☆時計の歌
雪　梅に鶯　☆母の心　**那須与一**

第3学年用　（20曲）　明治45年3月30日発行　☆印＝4曲

☆**春が来た**　かがやく光　**茶摘**　青葉
友だち　**汽車**　虹　☆虫のこゑ
村祭　鵯越《ひよどりごえ》　☆日本の国　**雁《かり》**
取入れ　豊臣秀吉　皇后陛下　**冬の夜**
川中島　おもひやり　**港**　☆かぞへ歌

第4学年用　（20曲）　大正元年12月15日発行　☆印＝5曲

春の小川　桜井のわかれ　☆ゐなかの四季　靖国神社
蚕　藤の花　曾我兄弟　☆家の紋
雲　漁船　☆何事も精神　**広瀬中佐**
☆たけがり　霜　八幡太郎　**村の鍛冶屋**

雪合戦	☆近江八景	つとめてやまず	**橘中佐**
第5学年用	（21曲）	大正2年5月28日発行	☆印＝3曲
みがかずば	**金剛石　水は器**	八岐《やまた》の大蛇《おろち》	☆舞へや歌へや
鯉のぼり	運動会の歌	加藤清正	**海**
納涼	忍耐	鳥と花	菅公
☆三才女	日光山	**冬景色**	入営を送る
☆水師営の会見	斎藤実盛	朝の歌	大塔宮《だいとうのみや》
卒業生を送る歌			
第6学年	（19曲）	大正3年6月18日発行	☆印＝6曲
明治天皇御製	児島高徳	**朧月夜**	☆我は海の子
故郷	☆出征兵士	蓮池	灯台
秋	開校記念日	☆同胞すべて六千万	**四季の雨**
日本海海戦	☆鎌倉	新年	☆国産の歌
夜の梅	天照大神	☆卒業の歌	

〝日の丸の旗〟　高野辰之作詞、岡野貞一作曲。

〝鳩〟　第九章の『幼稚園唱歌』に記載の東　くめ作詞、滝　廉太郎作曲の〝はとぽっぽ〟とは違う曲である。この曲は終戦後間もない昭和二十二年（一九四七）発行の『一ねんせいのおんがく』まで続けて小学校教科書に記載された。‘ぽつ　ぽつ　ぽ、鳩《はと》　ぽつ　ぽつ　ぽ、…’の歌詞の歌。

〝おきやがりこぼし〟　作詞作曲者不詳。四分の二拍子で最初が半拍おくれの弱拍の曲。
〝人形〟　作詞作曲者不詳。
〝ひよこ〟　作詞作曲者不詳。
〝かたつむり〟　田村虎蔵作曲。〝でんでんむしむし　かたつむり…〟と〝かたつむり〟〝でんでんむし〟と同じ動物の名称を並列して詩が成り立っているのは、地方によってその呼び方が異なることにうまく対応できたことであろう。
〝牛若丸〟　作詞者、作曲者不詳。
〝桃太郎〟　作詞者不詳、岡野貞一作曲。

〝モモタラウサン　モモタラウサン
　オコシニツケタ　キビダンゴ
　　ヒトツワタシニ　クダサイナ…〟

の歌詞のこの曲はこれより先、明治三十三年（一九〇〇）発行の『幼年唱歌』に記載の田辺友三郎作詞・納所弁次郎作曲の〝モモタラウ〟

〝モモカラウマレタ　モモタラウ
　キハヤサシクテ　チカラモチ…〟

と張り合って作られたという。
〔桃太郎〕と名付けた童謡は、曲がついていないものも含めて二十五もある。この曲をここに採用したのは、同じ時期に発行の『尋常小学国語読本』と関係がある。つまり国語読本には桃太郎を〝モモタラウ〟と書いたが、同じ時期に唱歌でこの曲を扱うことにより、〝ラウ〟を〝ロウ〟と読むことを学ばせたということであり、他の唱歌教材もそのように他教科との関連の基に採用された(2)。

このように音楽科教科書が他教科の教科書と連携して作成されていたことは、今日の〔総合学習〕とある意味では類似した発想があったとみられる。他にも、この時代に多く発行されている高等女学校の音楽科教科書で『統合…』と名がついた音楽科教科書についても同様である。

〝池の鯉〟　武笠三作詞、作曲者不詳。

〝烏〟　作詞作曲者不詳。

〝菊の花〟　青木存義作詞、作曲者不詳。

◉青木存義《あおきながよし》（一八七九〜一九三五）　宮城県生まれ。作詞家、国文学者。東京大学卒、東京音楽学校教授、文部省図書監修官。作詞に〝どんぐりころころ〟〝さくら〟など。

〝花咲爺〟　石原和三郎作詞、田村虎蔵作曲。第二次世界大戦終戦までは〝はなさかじじい〟と言ったが、'じじい' は呼び方として相応しくないということで、戦後は〝はなさかじいさん〟に変更した。

〝二宮金次郎〟　作詞作曲者不詳。

'柴刈り縄なひ草鞋《わらぢ》をつくり…'

〝雲雀〟　三木露風作詞、山田耕筰作曲。雲雀《ひばり》は昭和三十年代頃までは、都会近くでもよく見かけた。昭和中期頃まで庶民の間でよく耳にした流行歌謡都都逸《どどいつ》か何かで、

'ぴいちくぱーちく　ひばりのこ…'

とか言って、下町の芸者たちが歌っていたことを思い出す。

上空からピイチクピイチクと、甲高く気忙しい鳴き声をたてながら、二〜三〇メートルほどの高さから時間をかけて、丁度ヘリコプターのように真っ直ぐ草むらに降りてくる、こげ茶色のしま模様で余りパッとしない

小鳥。雲雀は降りた位置から雛が待つ巣まで歩いて行くと聞いていたので、子どもの頃幾度もソッとその巣を探し回ったが、一度も見つからなかった。上空から真っ直ぐ巣に降りないのは、他の鳥などに自分の巣の位置を知らしめないためと聞いていた。舞い上がるときも、巣から歩いて離れた位置から真っ直ぐ上に飛び立つのである。自然に身につけた知恵である。

筆者が大阪教育大学在職の終盤に大学移転という大変なことがあった。移転にともない大阪府北部の池田市内にあった池田分校のオンボロ校舎の研究室も、約五〇キロ離れた大阪府東部の柏原市内にある六六万平方メートルの元土砂採集場を開発造成して完成した柏原キャンパスに移った。市内と言ってもそこは山の中で、新しく設けられた近鉄大阪教育大学前駅から少し歩いてキャンパスに入り、正門を過ぎると、日本中いや世界中でも学内にこれほどの長いエスカレーターなんてここしか見ることができないと思える学内のエスカレーター三基を乗り継いで、ようやくたどり着ける山の上である。設備・施設も前とは比較にならぬほど立派になった新しいキャンパス・学舎は快適で、ある日早朝七時頃、太陽の光が差し込みかけたばかりの研究室の窓から外の景色を眺めていると、懐かしい雲雀の鳴き声が聞こえてきて驚いた。小学生の頃以来五十数年振りに耳にした鳴き声であった。雲雀は都会の近くに今も生き続けていたことに喜びを隠せなかった。子供心に戻ってその雲雀の巣を探したくなったが、講義の準備のために時間が許さなかった。

この曲が昭和十六年（一九四一）の『ウタノホン』上を最後に消えてしまったのは、人の前から雲雀の姿が消えてしまったからであろう。

長年住み慣れた約六万平方メートルの池田分校は旧池田師範学校のあったところで、平成になって設備の充実した池田市立病院と数棟の高層マンション群が立ち並んでしまった。

〝浦島太郎〟　石原和三郎作詞、田村虎蔵作曲。『尋常小学唱歌』明治四十四年（一九一一）六月文部省が発行の第

二学年用教科書に初めて記載されて以降、昭和期に入っても記載され続けた。同時期の『尋常小学国語読本』巻三に〝ウラシマノハナシ〟として記載されている。この浦島の話は、この筋書きに非常に似た伝説が、太平洋のあちこちの島々に現存しているという話を、二年ばかり前にテレビで放映しているのを見た。その島々に旧来から存在していた伝説なのか、日本となんらかの関わりがあって日本から伝わったのか、或は逆にその島々にあった伝説が日本に伝わって、それがアレンジされて浦島の話が日本の伝説のように定着したのか、或は全く偶然同じような伝説が各地で誕生していたのかは不明である。中国の道教と関わりがあるともきいている。

〝案山子〟（かかし）　武笠　三作詞、山田源一郎作曲。

案山子は成長盛りの稲穂を食い荒らす雀追いのために、様々な工夫を凝らしたものを今日でも田んぼの中に見かけるが、昭和中期ころまでの案山子といえば、決まって人間大の〔お百姓さんの姿〕をした人形を竹の棒の先につけてあって、鳥をにらんで立っていた。

読みを〝かかし〟と書いてあるが、筆者の子どもの頃は〝かがし〟と言っていた。それが言語学的には正しいようである。

◉武笠《むかさ》　三《さん》（一八七一～一九二九）　埼玉県北足立郡の神官の家に生まれる。鹿児島の旧制第七高等学校教授、その後文部省の依頼により東京で小学唱歌の作詞に専念。〝日の丸の旗〟〝池の鯉〟〝菊の花〟〝雪〟など。同時に『国語読本』も編纂している。

◉山田源一郎《やまだげんいちろう》（一八七〇～一九二七）　東京音楽学校卒、同教官。明治三十六年（一九〇三）神田に女子音楽学校を創設（同三十九年女子音楽学校として認可を受け、また男子を対象とした日本音楽協会も併設。のち昭和二年に日本音楽学校への名称変更を認可され、日本音楽協会と合併する）。また明治三十九年に楽苑会を小松耕輔《こまつこうすけ》らと組織し、創作オペラ運動を興した。

〝富士山〟　巌谷《いわや》小波《さざなみ》作詞、作曲者不詳。

〝紅葉〟　高野辰之作詞、岡野貞一作曲。昭和十六年（一九四一）の『ウタノホン』上で一旦消えたがまた復活している。

〝雪〟　東くめ作詞　滝廉太郎作曲。昭和十六年に一旦消えたが、昭和二十二年（一九四七）復活した。

〝那須与一〟　作詞作曲者不詳。

〝春が来た〟　高野辰之作詞、岡野貞一作曲。

◉高野《たかの》辰之《たつゆき》（一八七六～一九四七）長野県豊田村（現中野市）生まれ。長野師範学校卒、同校教諭、文学博士、文部省国語教科書編纂委員、同小学校唱歌教科書編纂委員、東京大学文学部講師、東京音楽学校教授。〝日の丸の旗〟〝紅葉〟〝春が来た〟〝春の小川〟〝朧月夜〟〝故郷〟など、高野辰之の作詞に岡野貞一が作曲した多くの曲は、今も日本人の多くが愛唱している。非常に情の深い人物であったらしく、その人柄がこれら多くの童謡を作り出せたのであろうか。

東京大学では日本演劇史の講義も担当し、『日本の歌謡史』を著して文学博士となった。我が国の歌謡史の開拓者といわれている。

〝茶摘〟　作詞作曲者不詳。

‘あれに見えるは…’は京都府宇治田原村（現宇治田原町）の茶摘歌で歌われていた、

‘向こうに見えるは　茶摘じゃないか　あかね襷に　すげの笠’

を転用したものであるという。また、

‘摘めよ摘め摘め　摘まねばならぬ　摘まにゃ日本の茶にならぬ’は、

‘お茶を摘め摘め　摘まねばならぬ　摘まにゃ田原の　茶にならぬ’

を転用したという。この歌詞の中の〝田原〟を文部省唱歌教科書では〝日本〟に置き換えている。(3)

この曲は昭和十七年の『初等科音楽』で姿を消したが後に復活、そしてまた消えてしまった。高級茶は今でも手で摘むが、並のお茶は今では機械で能率よく刈り取ると聞く。女性の茶摘み姿もそれで見られなくなったからであろうか。最近の若い女性はそのような労働を避けるようになったからであろうか。生活の近代化が昔の日本の情緒を消していくのは寂しい。

〝汽車〟　作詞者不詳、大和田愛羅作曲。

〝今は山中《やまなか》　今は浜　今は鉄橋渡るぞと…〟

◉**大和田愛羅**《おおわだあいら》（一八八六～一九六二）　東京生まれ。東京音楽学校本科声楽科卒、東京府女子師範学校教諭、東京第一師範学校教授、教育音楽協会理事、関東合唱連盟理事。

大正期の子供達が汽車に憧れていた心情を見事に描いている。浜、山、鉄橋、村の家々の屋根、家の軒、森、林、田んぼ、と狭い国土を如実に示す極めて日本的で、海外の大陸などの大地では成り立たない景色である。

童謡では〝汽車ポッポ〟（富原　薫作詞、草川　信作曲）は、昭和十二年（一九三七）に静岡県御殿場市の小学校の教諭であった富原　薫の作詞である。当時御殿場には陸軍演習場があって御殿場駅ホームは連日出征兵士の見送り風景が見られ、歌詞もはじめは、

〝…僕らも手に　手に　日の丸の　旗を振り振り　送りましょう
万歳万歳万歳　兵隊さん　兵隊さん　万万歳〟

というもので、題名も〝兵隊さんの汽車〟であった。終戦直後の昭和二十年（一九四五）十二月二十七日に日本放送協会（ＮＨＫ）の歌番組〔紅白音楽試合〕に当時人気の高かった童謡歌手川田正子《かわだまさこ》がこの曲を歌う予定が、ＧＨＱ（連合国軍総司令部）から歌詞の内容が軍国調であるということで急遽取りやめとなり、即

徹夜で書き換えて、題名も〝汽車ポッポ〟に換え、歌詞も、

〝スピード　スピード　窓の外　畑も　とぶ　とぶ　家もとぶ
走れ　走れ　走れ　鉄橋だ　鉄橋だ　たのしいな〟

に取り替えたという経過があった。(4)

◉**草川《くさかわ》 信《しん》**（一八九三〜一九四八）長野市生まれ。東京音楽学校師範科卒、東京都内の小・中学校教諭。鈴木三《すずきみ》重吉《えきち》主宰の雑誌『赤い鳥』に加わって以降、本格的な作曲活動を始めて大正時代の童謡運動の一翼を担った。(5)〝夕焼小焼《ゆうやけこやけ》〟の哀愁を込めた旋律は、陽気で快活な性格であった草川 信に似合わない作風であるという。

〝村祭〟 葛原《くずはら》 𦱳《しげる》作詞か？ 南 能衛作曲。

◉**南《みなみ》 能衛《よしえ》**（一八八一〜一九四四）東京音楽学校卒、徳島師範学校教諭・和歌山師範学校教諭、東京音楽学校助教授、台南師範学校教諭、小学唱歌編集委員、楽語調査委員、中学校唱歌集編集委員。〝村の鍛冶屋〟も作曲？

〝雁〟 作詞作曲者不詳。旋律線は、将に雁がかぎ型で飛ぶ姿を表現している。

この曲名は後に〝雁がわたる〟に変わっている。

〝港〟 旗野十一郎作詞、吉田信太作曲。

◉**旗野《はたの》十一郎《たりひこ》**（一八五二〜一九〇八）〝十一郎〟は〝士郎〟あるいは〝十一良〟と記した教科書もある。いずれも本人がそのように使い分けたようである。新潟県北蒲原郡安田町（現阿賀野市）の生まれ。旗野家は新発田《しばた》藩の大庄屋で、十一郎の母親も京都の有栖川宮家に仕える学者の家柄。〝川中島〟等文部省唱歌の作詞が多い。

◉**吉田信太《よしだしんた》**（一八七〇〜一九五三）仙台生まれ。東京音楽学校甲種師範科卒、香川県の小学校教諭、広島高等師範学校教授在職中（明治二十八、九年頃＝一八九五、六）に作曲した。のち神奈川県第一・第三中学校教諭、

同視学。

日本語は二拍子系あるいは四拍子系のことばであるが、日本語の歌詞に三拍子の童謡唱歌を作曲したのは初めてであり、吉田信太は長唄や常磐津など邦楽には三拍子が無いことから、我が国で最初の三拍子の歌を作ろうと思ったという。この詩に基づく三拍子の曲〝港〟**は作曲者吉田信太が日本人に三拍子のリズムの楽しさを初めて経験させた**ことになる。

なお作詞者旗野はどこの港かを考えていなかったようであるが、作曲者吉田信太が広島高等師範学校に在職中の明治二十八～二十九年頃の作曲と想われ、広島市の宇品港に沿った公園と山手の二箇所に〝港〟の碑が建っている。大正十五年（一九二六）朝鮮総督府が発行した『普通学校補充唱歌集』には〝釜山港〟という曲名で、歌詞も変えて記載している。

この名曲は明治四十三年（一九一〇）から大正十三年（一九二四）の間、文部省唱歌の中から省かれた。その理由は、当時全国的に流行したこの〝港〟の替え歌の‚ドレミッチャン…‘の歌詞（その内容は、ミッチャンと言う名前の子供は目と耳が悪く、頭の横に禿があるというものであった）が教育上好ましくないという判断があり、本来の歌詞の内容に悪影響を及ぼしたからではないかと想われる(6)。実はこの替え歌は、京都市内に住んでいた筆者の子供の頃（昭和十五～二十年頃＝一九四〇～四五）でも、まだ一般に大流行していたことを思い出す。しかし今ではそのような歌がはやったことも忘れられている。

〝冬の夜〟　作詞作曲者不詳。

〝春の小川〟　高野辰之作詞、岡野貞一作曲。大正元年（一九一二）の『尋常小学唱歌』四には三番まで、昭和十七年の『初等科音楽一』には二番まであり、その補作者は林《はやし》 柳波《りゅうは》。

この‚小川‘は東京都内の代々木公園西にあった河骨川のことで、今は下水道の代々木幹線になっている。

当時のこの周辺は雑木林も生い茂る丘陵地で、〔さらさらと水が流れる小川〕であったのが次第にどぶ川に姿を変え、東京オリンピックを控えてコンクリートで固められた暗渠に変貌してしまって、この歌が作られた頃のような、自然の面影は完全に消えてしまっている。

〝広瀬中佐〟　作詞作曲者不詳。

日露戦役で日本海軍が旅順港に潜伏しているロシアの軍艦を港内に封鎖するために、日本から古い船舶を次々と運んで、港の入口の狭くなっている所で自爆させるという戦略を実行した。そのときに沈没寸前の船のデッキに立つ広瀬中佐は、自沈作業を共にしていた部下の杉野兵曹長の姿が見えなくなり、狭い旅順港を取り巻く陸からのロシア軍の砲弾が雨霰のように降りかかる中で、沈みゆく船内外を‘杉野はいずこ’と叫びつつ広瀬中佐自身も敵弾に当たって戦死する、という実話を元にしたのがこの曲である。教科書のこの曲が載っていたページには、その広瀬中佐の壮烈な姿の挿絵が描かれていた。学んだ日から六十八年以上も経過した今も、その挿絵を筆者ははっきり記憶している。

〝村の鍛冶屋〟　鮎川哲也は『唱歌のふるさと旅愁』p. 45に「南能衛作曲と断定していいと思う」と言っている。

〝橘中佐〟　作詞者不詳、岡野貞一作曲。橘 周太中佐は、日露戦役で明治三十七年（一九〇四）八月、首山堡で敵陣へ日本刀で乗り込み、壮烈な戦死を遂げた。金田一春彦は『日本の唱歌』中、大正・昭和篇で‘（海軍の）広瀬の方がスマートな文人肌だったのに対して、こっち（橘中佐）は蛮男のかたまりで、陸軍と海軍のちがいがよく出た’と言っている。[7]

この曲は文部省唱歌であるが、鍵谷徳三郎《かぎたにとくさぶろう》作詞、安田俊高《やすだとしたか》作曲の同名の曲もあり、その〝橘中佐（上）（下）〟は歌詞を見る限り敵ロシア軍に対して、第二次世界大戦中の米英軍への鬼畜呼ばわりのようなことは無く、戦況を語る（上）の一～十九番までを C-dur で、また（下）の一～十三番までを c-moll で淡々と語り続ける内容である。（下）は当時もあまり歌われることが無かったが、（上）は非常に親しまれ続けた曲であったと、筆者は父から聞いたことがある。この作詞者鍵谷徳三郎は、橘中佐が陸軍名古屋幼年学校校長時代の国語・漢文の教官であったという関係があった。(8)

〝金剛石　水は器〟　昭憲皇太后《しょうけんこうたいごう》作歌、奥《おく》　好義《よしいさ》作曲。この曲は当時の華族女学校（後の女子学習院）の校歌。明治二十年（一八八七）発表、明治二十九年（一八九六）に『新編教育唱歌集』に教科書では初めて記載された。この『尋常小学唱歌』では歌詞二番で〝なりぬなり〟を〝うつるなり〟と変えてある。従来雅楽調の曲であるが、終止を長調の主音ドで終えていて不自然な終止になっている。

〝鯉のぼり〟〝甍《いらか》の波《なみ》と雲《くも》の波《なみ》…〟作曲者は弘田龍太郎か？　音楽学校二年の時に、この曲を弘田自身が〝自分が作曲した〟と言っていたことから、未亡人が著作権協会にそのことを申し入れたが、学生時代の作ということで対象外にされたという。

◉**弘田龍太郎**《ひろたりゅうたろう》（一八九二～一九五二）　高知県安芸郡土居村（現安芸市）生まれ。十歳から十二歳まで三重県津市に住む。東京音楽学校器楽部卒、本居長世《もとおりながよ》に師事。在学時から童謡の作曲を手がけて、〝叱られて〟は大正九年（一九二〇）の作。ドイツに留学後、東京音楽学校教授。

歌曲〝小諸なる古城のほとり〟〝千曲川旅情の歌〟は大作。童謡に〝雨〟（北原白秋詩）、〝雀の学校〟（清水かつら詩）〝叱られて〟（清水かつら詩）、〝浜千鳥〟（鹿島鳴秋《かじまめいしゅう》詩）〝金魚の昼寝〟（鹿島鳴秋詩）、〝靴が鳴る〟（清水かつら詩）などを作曲。

苦しい家庭環境に耐えて童謡作家として実績を重ねる清水かつらと対照的な恵まれた環境にあった龍太郎とは、いいコンビで次々と作品を世に送りだし、晩年は音楽教育を重視した保育事業に専念した。

◉**清水**《しみず》**かつら**（一八九八～一九五一）　本名桂。東京深川生まれ。作家、童謡作家、詩人。父はもと常陸の国土浦藩士、かつらが二歳のときに弟が病で亡くなり、四歳のときに両親が離婚。父と再婚した継母との間に六人の子どもができて、二十四歳のときに父が亡くなった。その後はかつらが弟妹の親代わりとなり家計を支えた。かつらは京華商業学校予科を修了後（青年会館英語学校卒と記した著書もある）、東京神田の玩具・書籍店の中西屋に就職してから童謡を作るようになった。かつらの研究家別府明雄氏は、

〝かつらの作品には、自分の心情を詠んだものと風景・風俗を描いたものがあるが、『叱られて』は自らの心情を描いた典型的な作品。二番の歌詞に出てくる『越えて　あなたの　花の村』は会いたい母のいる理想郷ではないか〟

と分析し、続いて

〝しかしかつらは（註「十三　高等女学校の変遷と音楽教科書」で扱う）「『叱られて』についてはひと言も言及していない。つまりこの詩はヒットを狙ったのではなく、母親に宛てた最初で最後の手紙なのです。そのことを胸に秘めておきたかったのでしょう」。とかつらが名づけ親となって可愛がった姪の恵子《けいこ》は推測する。〟

と言っている。(9)

清水かつらは昭和十年（一九三五）に満州に渡り、満州の童話集などを編集したほか、『小学画報』編集など多数。〝靴が鳴る〟〝雀の学校〟などは弘田龍太郎の作曲によって、久しく子供たちに親しまれている。『清水かつら童謡小曲集』なども出版している。

かつらの葬儀は東京駒込の吉祥寺で執り行われ、弘田龍太郎が葬儀委員長を務めたという。そのあくる年に龍太郎自身も他界している。

●**鹿島鳴秋《かじまめいしゅう》**（一八九一〜一九五四）本名佐太郎。東京深川生まれ。詩人、劇作家で学校歌劇集など童話、童謡、

オペラなど作品は多数ある。

　第二次世界大戦後、レコード会社日本コロンビアの専属となる。

〝海〟　文部省唱歌。作詞作曲者不詳であるが、◉小山作之助に次のような話が残されている。

　〝松原《まつばら》遠《とほ》く　消《き》ゆるところ…〟

　同じく林柳波作詞・井上武士作曲に文部省唱歌〝うみ〟〝ウミハヒロイナ　大キイナ…〟がある。

◉**小山作之助**《こやまさくのすけ》（一八六四〜一九二七）新潟県大潟町（現上越市）出身。音楽取調掛卒、芝唱歌会を主宰、東京音楽学校教授、日本教育音楽協会を設立して日本の音楽教育の歩みに力を注いだ。〝夏は来ぬ〟〝川中島〟〝寄宿舎の古釣瓶〟など多くの曲を残している。晩年〝海〟は自分の作曲だと友人に伝えた（『日本の唱歌』（中）p.43）が、実状は不明である。

〝冬景色〟　作詞者不詳、作曲者は小出浩平か？　冬の湊の朝、田園の昼間の小春日より、夕暮れ時の野辺の里の景色と、のどかな風景画を見るような歌である。

〝朧月夜〟　高野辰之作詞、岡野貞一作曲。歌詞は自然を美しく表現し、旋律の親しみ易さから、日本人の心の中に深く残っている曲である。『尋常小学唱歌』の中でも名作のひとつ。

◉**岡野貞一**《おかのていいち》（一八七八〜一九四一）鳥取市古市に生まれる。東京音楽学校専修部卒、同教授。

　〝春が来た〟〝日の丸の旗〟〝故郷〟〝紅葉〟〝春の小川〟〝朧月夜〟の他、最近〝水師営の会見〟〝橘中佐〟〝夜の梅〟〝児島高徳〟なども岡野の作曲であることが判ってきた。文部省唱歌作曲家の中心的人物。

〝故郷〟　高野辰之作詞、岡野貞一作曲。

　故郷を懐かしむという詩の内容と旋律の流れが人の心を捉える。今ではこのような故郷の情景は、国内では少なくなってしまった。作曲された当時でも歌う人にとって、この内容はひとつの憧れをもって親しみ深く感じられたことであろう。

〝四季の雨〟　大和田建樹作詞？　小山作之助作曲？

〝日本海海戦〟　芦田恵之助作詞、田村虎蔵作曲。

日露戦争（日露戦役、明治三十七・八年戦役とも言う）で、明治三十八年（一九〇五）五月二十七日に東郷平八郎海軍司令長官が対馬海峡で待ち受けているところに、遠く地中海から航海してきたロシアのバルチック艦隊を発見して、'敵艦見ゆ'の報告が入り、旗艦三笠のマストに〔**皇国の興廃この一戦にあり、各員一層奮励努力せよ**〕の信号旗を揚げて始まった知能的な攻撃で、日本軍が大勝利の結果となった。東洋の小国日本が大国ロシアの最新鋭の大艦隊を完全に撃破したことは世界を驚かせ、日本海海戦は大勝利のもとに終わった。陸軍の乃木希典将軍が二〇三高地を苦戦の末攻略したのと、海軍の日本海海戦とはどちらも結果はよかったが、戦費の大量消耗から国として相当苦境に立つことになった。

なお、この教科書には次の教師用指導書が出版されている。

○『尋常小学唱歌　伴奏楽譜・歌詞評釈』第一～第六学年用　福井直秋《ふくいなおあき》著　共益商社書店　大正三年八月発行

○『尋常小学唱歌教授書』第一～第六学年用　田村虎蔵著　明治出版協会　大正二年十一月～四年三月発行

田村虎蔵が、著作当時までの十数年間東京高等師範学校教授の職にあたって、その間附属小学校・中学校での唱歌授業も担当してきた経験が豊かに生かされた内容である。

○『大阪市小学校　唱歌教授細目』大阪市小学校共同研究会編纂　青々書院印刷部　大正二年十一月発行

大阪市立小学校の現役教諭の研究会が編纂した力作で、次のような一覧表（左記はその一部）を細目にわたって作成して、各学年の年間授業の細目を示し、それら教材の楽譜を総て記載してある。

第一学年　目次

月別	検否	正教材	補充教材	作歌者	作曲者	書名	頁数
十月	検	桃太郎		文部省	文部省	尋常小学唱歌	30
同			ちんころ兵隊	北原白秋	成田為三	赤い鳥	27

○『尋常小学唱歌教授提要』上巻・下巻　計二冊　福井直秋著　大正三年九月発行

3.**『新作唱歌』**吉丸一昌《よしまるかずまさ》編　東京敬文館　明治四十五年七月～大正三年九月発行

『小学唱歌集』を作成している時、既に伊沢修二も気掛かりだったようであるが、児童生徒たちに歌わせる曲として相応しくない文語体の用語や内容に異議を唱える音楽教育者が、明治末期頃から大正期にかけて次々に現れた。東京音楽学校教授の吉丸一昌が、明治四十五年（一九一二）に出版したこの唱歌集に目を通したところ言文一致に少々配慮していたように見受けられる。

第一集から第十集まであり、作曲者は梁田《やなだ》　貞《ただし》、北村季晴《きたむらすえはる》、大和田愛羅、弘田龍太郎等のほか、ウェーバー、シューベルトなど外国人の名曲や民謡など幅広い作品を集めてあり、作詞は総て吉丸一昌。小学校から中学校まで広く採用されたようである。

4.**『改定小学唱歌集』**楽譜印刷社出版部　大正五年六月発行

教師用の図書で、全学年にわたって教材となる曲二百十六曲を記載している。

○『大正少年唱歌』一集～十二集　小松耕輔《こまつこうすけ》・梁田　貞・葛原　齒編　目黒書店

○『大正少年唱歌合本』同上編　目黒書店　大正八年一月～昭和四年十一月

この中で最もよく歌われたのが次の曲であった。

”とんび“　葛原　𦱳作詞、梁田　貞作曲。

大都会周辺でも、空高く数羽のとんびが円を描いて地上の餌を探す姿を、昭和五十年頃まではいつでもどこででも見かけたものである。比較的大きい鳥でありながら、カラスのようないたずらもしないおとなしい好感の持てる鳥である。

◉**葛原《くずはら》　𦱳《しげる》**（一八八六〜一九六一）　備後の国＝広島県の東部＝生まれ。生田流箏曲の大家葛原勾当《くずはらこうとう》の孫。東京高等師範学校英語科卒、東京九段精華高等女学校教諭、女子音楽学校講師、広島至誠女子高等学校校長。宮城《みやぎ》道雄《みちお》と関係が深い。宮城道雄の作品は、生田流箏曲の日本的な旋律の美しさに、洋楽の旋律・和声の手法を採り入れて箏の技巧に新機軸を開発した。大正九年（一九二〇）に東京有楽町で本居長世らと〔新日本音楽演奏会〕を催したことから、この種の音楽は〔新日本音楽〕として一世を風靡した。

彼と交流の深かった宮城道雄は昭和三十一年（一九五六）に六十二歳で東海道線の列車から転落死した。七歳で失明し、箏曲に入門、東京音楽学校教授、日本芸術院会員。惜しい人物を亡くしたものである。

5．**『小学生の歌』**山田耕筰編　三木露風詩　大阪開成館　大正十二年八月発行

◉**山田耕筰《やまだこうさく》**（一八八六〜一九六五）　東京生まれ。東京音楽学校本科声楽科卒、ベルリン高等音楽学校で作曲を学ぶ。帰国後東京フィルハーモニー管弦楽団を組織して、その指揮者、大正七〜八年（一九一八〜一九）にはカーネギーホールで自作管弦楽曲を演奏。日本歌曲の様式を確立し、歌曲の部類も特に北原白秋の詩に多くの作品を残している。

◉**三木露風《みきろふう》**（一八八九〜一九六四）　兵庫県龍野町（現たつの市）に生まれる。詩人。明治四十年早稲田入学、四十三年慶応に転校、翌年中退。口語詩に新しい詩風を開いた。明治四十二年（一九〇九）発行の詩集『廃

園』で文学上の地位を築いた。北海道のトラピスト修道院の講師を勤めたこともある。

次に記す雑誌『赤い鳥』の童謡運動に共鳴して、ここに童謡を記載している。

◎『赤い鳥』＝童謡運動＝

> **「赤い鳥」の標榜語《モットー》**（図61）
>
> ○現在世間に流行してゐる子供の読物の最も多くは、その俗悪な表紙が多面的に象徴してゐる如く、種々の意味に於て、いかにも下劣極まるものである。こんなものが子供の真純を侵害しつゝ、あるといふことは、単に考へるだけでも怖ろしい。　…略…

鈴木三重吉と「赤い鳥」童謡運動

鈴木三重吉《すずきみえきち》（一八八二〜一九三六）が大正七年（一九一八）七月に第一号を発行した『赤い鳥』（図60）は、最初に示す標榜語（図61）を見ると、それまでの説話的・教訓的で子供達には難解な歌詞の内容の音楽教科書であることに疑問を持ち、また当時の俗悪な読み物を徹底的に排除すべきとして、子供たちに与えるべき童謡についての強い信念と理想にむかっての実践力というものが伝わってくる。

鈴木三重吉はこの出版に全勢力を打ち込み、昭和四年（一九二九）四月から一時休刊のあと昭和六年（一九三一）一月に再発行したが、昭和十一年（一九三六）八月彼の他界によってこの事業も終わった。その間全百九十六冊発行され、この運動に賛同して協力した作家・詩人に泉　鏡花、小山内　薫、徳田秋声、高浜虚子、野上豊一郎、

図60　『赤い鳥』第一号表紙
表紙絵　清水良雄

「赤い鳥」の標榜語

○現在世間に流行してゐる子供の讀物の最も多くは、その俗惡な表紙が多面的に象徴してゐる如く、種々の意味に於て、いかにも下劣極まるものである。こんなものが子供の眞純を侵害しつゝあるといふことは、單に考へるだけでも怖ろしい。
○西洋人と違つて、われ〳〵日本人は、哀れにも殆未だ嘗て、子供のために純麗な讀み物を授ける、眞の藝術家の存在を誇り得た例がない。
○「赤い鳥」は世俗的な下卑た子供の讀みものを排除して、子供の純性を保全開發するために、現代第一流の藝術家の眞摯なる努力を集め、兼て、子供のための若き創作家の出現を迎ふる、一大區劃的運動の先驅である。
○「赤い鳥」は、只單に、話材の純清を誇らんとするのみならず、全誌面の表現そのものに於て、子供の文章の手本を授ける。
○今の子供の作文を見よ。少くとも子供の作文の選擇さるゝ標準を見よ。子供も大人も、甚だしく、現今の下等なる新聞雜誌記事の表現に毒されてゐる。「赤い鳥」誌上鈴木三重吉選出の「募集作文」は、すべての子供と、子供の教養を引受けてゐる人々と、その他のすべての國民とに向つて、眞個の作文の活例を教へる機關である。
○「赤い鳥」の運動に賛同せる作家は、泉鏡花、小川未明、小山内薫、徳田秋聲、谷崎潤一郎、高濱虚子、野上豐一郎、野上彌生子、小宮豐隆、有島武郎、有島生馬、芥川龍之介、北原白秋、島崎藤村、森林太郎、森田草平、鈴木三重吉其他十數名。現代名作家の全部を網羅してゐる。

図61　同　標榜語

野上弥生子、有島生馬、芥川龍之介、北原白秋、島崎藤村、森　鷗外、森田草平、菊池　寛、谷崎潤一郎、有島武郎、佐藤春夫、三木露風、西条八十など、当時の第一線の人物が名を連ねている。

　創刊からしばらくは歌のメロディーは記載されなかったが、読者の希望もあって創刊翌年の大正八年（一九一九）五月号に初めて西条八十作詞・成田為三作曲〝かなりや〟の楽譜を記載した（図64）。この曲はその後ドイツ留学から帰国した山田耕筰の作品などと共に〔『赤い鳥』出版一周年記念音楽会〕で少女合唱によって演奏された。『赤い鳥』に次々と記載された童謡は、近衛秀麿、本居長世、草川　信など優れた作曲家の協力を得て多くの名曲を生み出し、大正八年十月以降大正十四年（一九二五）六月にかけて〔『赤い鳥』童謡　全八集〕にまとめて刊行し、それまで学校教育に用いられなかった新しい児童生徒向けに適した名曲を数多く世に出した。

◉**西条八十**《さいじょうやそ》（一八九二～一九七〇）詩人。東京牛込生まれ。大正四年（一九一五）に早稲田大学英文科卒、後に東京帝国大学国文学科にも学んだ。早稲田大学在学中に日夏耿《ひなつこう》之介《のすけ》らと同人雑誌『聖盃』（後『仮面』と改題）を刊行し、詩人としてデビュー。その後三木露風を中心とする雑誌『未来』の同人となった。大正十三年（一九二四）から大正十五年（一九二六）までフランスに留学し、その象徴詩派の影響を受けて、洗練された技巧と繊細華麗な表現をもつロマン的・幻想的な詩風を樹立し、他の追随を許さなかった。フランス留学から帰国後早稲田大学文学部教授となった。『赤い鳥』第一巻第五号（十一月一日発行）に発表した〝かなりあ〟で童謡作家として高い評価を得て、当時**北原白秋・野口雨情と共に三大童謡作家として不動の位置を築き**、大正・昭和初期の〝お山の大将〟〝肩たたき〟〝鞠と殿さま〟〝東京行進曲〟〝東京音頭〟〝旅の夜風〟〝誰か故郷を想わざる〟〝蘇州夜曲〟〝若鷲の歌〟〝同期の桜〟、戦後の〝越後獅子の唄〟〝トンコ節〟〝青い山脈〟〝王将〟など総計二千五百の詩を書き上げている。早稲田大学で教師もしたなど多才な天才も、昭和以降は第二次世界大戦の終戦の頃まで日本中で大流行した〝東京行進曲〟など、主として極めて庶民的な流行歌の作詞に携わるようになった。それは家庭環境が影響したのか、また大変酒を好んだ人物と聞いていたが、そのことも影響したのかとも想う。

〝かなりや〟と西条八十

〝かなりや〟は『赤い鳥』に楽譜を掲載することになって、成《なり》田《た》為三《ためぞう》が依頼されて完成した曲を、ここで初めて発表したことになる。その楽譜は、『赤い鳥』第二巻第五号（大正八年五月一日発行）の冒頭に掲載されている。ところがその半年前の第一巻第五号（大正七年十一月一日発行）にも歌詞だけ掲載されていて、その詩のテーマは**〔かなりあ〕**となっている（図62）。西条八十は、はじめに〔かなりあ〕としていた題名を、実際の発音はアよりヤの方が近いとして、歌の詞として再発表の際に〝かなりや〟と書き直したのであろうか。母音で発音してみれば、発音上は〔イ〕から〔ア〕への移動の方がかなり不自然であり、〔イ〕から〔ヤ〕への移動のほ

『赤い鳥』童謡	曲名	作詞者	作曲者
第一集	〝かなりや〟	西条八十	成田為三
第二集	〝ねんねのお鳩〟	北原白秋	成田為三
第三集	〝赤い鳥小鳥〟	北原白秋	成田為三

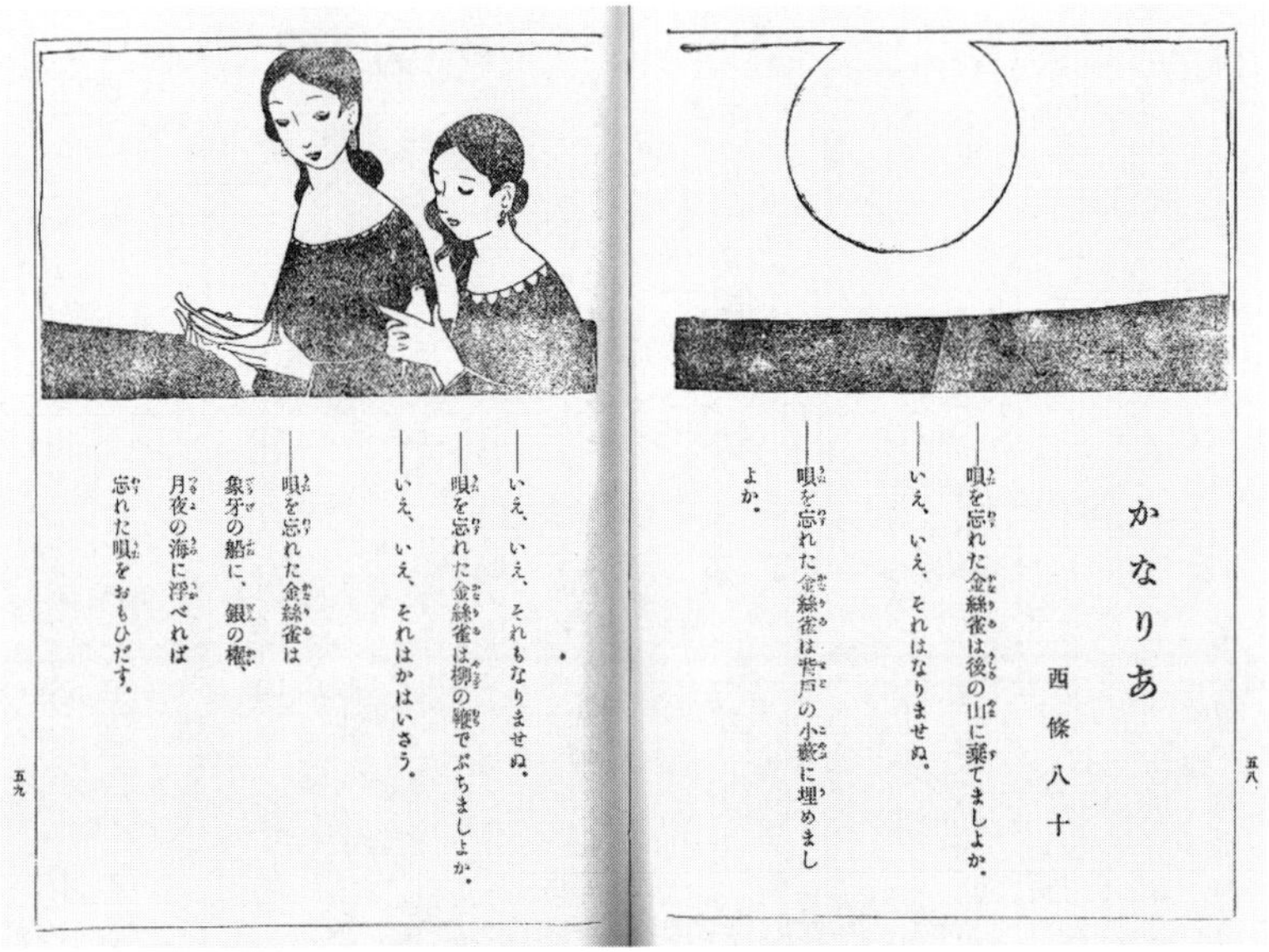

かなりあ

西條八十

——唄《うた》を忘《わす》れた金絲雀《かなりや》は後《うしろ》の山《やま》に棄《す》てましよか。

——いえ、いえ、それはなりませぬ。

——唄《うた》を忘《わす》れた金絲雀《かなりや》は背戸《せど》の小藪《こやぶ》に埋《う》めましよか。

——いえ、いえ、それもなりませぬ。

——唄《うた》を忘《わす》れた金絲雀《かなりや》は柳《やなぎ》の鞭《むち》でぶちましよか。

——いえ、いえ、それはかはいさう。

——唄《うた》を忘《わす》れた金絲雀《かなりや》は
象牙《ざうげ》の船《ふね》に、銀《ぎん》の櫂《かい》、
月夜《つきよ》の海《うみ》に浮《うか》べれば
忘《わす》れた唄《うた》をおもひだす。

五八

五九

図62　『赤い鳥』第一巻第五号

題名が〔かなりあ〕となっている。

うがずっと自然で発音し易い。西条八十は〔詩〕が〔歌詞〕になった時点でそういう問題点に配慮したのであろうか。アフリカ西方の大西洋上にスペイン領の〔カナリア諸島〕というのがある。鳥の名称としてはどうなのであろうか気になるところである。

東京で裕福な家庭に育った西条八十は、まだ学生時代に父が急死し、実兄の放蕩、財産の散逸で母・兄弟を養うために株の取引きやてんぷら屋までして働いたという。

〔かなりあ〕を書いたのはその頃で二十六歳であった。当時上野の不忍池のほとりのアパートに住んでいたが、秋のある日子供を抱いて近くの東照宮の境内を散策していた折、ふと自分が少年時代に見た教会のクリスマスの光景を思い出した。教会の中に飾られた聖夜の華麗な電球の一つだけが切れていて、その状況を一羽だけ〔歌を忘れた孤独なかなりあ〕を見ているような寂しさに想いを馳せて筆を走らせたのがこの詩であったという(10)。

◉成田為三《なりたためぞう》（一八九三〜一九四五）　秋田県森吉町

かなりや （「赤い鳥」曲譜その一）

西條八十

—唄《うた》を忘《わす》れた金絲鳥《かなりや》は、後《うしろ》の山《やま》に棄《す》てましよか。
—いえ、〳〵、それはなりませぬ。
—唄《うた》を忘《わす》れた金絲鳥《かなりや》は、背戸《せど》の小藪《こやぶ》に埋《う》めましよか。
—いえ、〳〵、それはなりませぬ。
—唄《うた》を忘《わす》れた金絲鳥《かなりや》は、柳《やなぎ》の鞭《むち》でぶちましよか。
—いえ、〳〵、それはなりませぬ。
—唄《うた》を忘《わす》れた金絲鳥《かなりや》は、
象牙《ざうげ》の船《ふね》に、銀《ぎん》の櫂《かい》、
月夜《つきよ》の海《うみ》に浮《うか》べれば
忘《わす》れた唄《うた》をおもひだす。

図63　『赤い鳥』第二巻第五号（『赤い鳥楽譜集』その一）
曲名が“かなりや”にかわっている。

ス テ マ ショ カ イ エ イ エ ソ レ ハ
ウ メ マ ショ カ イ エ イ エ ソ レ モ
ブ チ マ ショ カ イ エ イ エ ソ レ ハ

I. und II.
III.
♪=120
ナ リ マ セ ヌ
ナ リ マ セ ヌ
カ ハ イ サゥ ー

図64　“かなりや”（『赤い鳥』第二巻五号 p8〜11）

rit.
ツ キ ヨ ノ ウ ミ ニ ウ カ ベ レ バ ー
rit.
atempo
ワ ス レ タ ウー タ ナ オ モ ヒ ダ ス
atempo

ウ ー タ ヲ ワ ス レ タ カ ナ リ ヤ

ハ ザゥーゲ ノ フーネ ニ ギンノ カイ

（現北秋田市）に生まれる。秋田師範学校卒、東京音楽学校卒。大正五年（一九一六）より山田耕筰に師事し、その年に〝浜辺の歌〟を作曲。大正十一年（一九二二）よりドイツに四年間留学。帰国後第二次世界大戦で空襲に遭い焼け出されるまで、東京都北区滝野川の飛鳥山の麓に住んでいた。一般には〝浜辺の歌〟でよく知られているが、今改めて上記三曲以外の曲を見ると、どの曲を取り出して見ても、今の子供たちの間で愛唱歌として歌われ続けていても不思議ではない名曲であることに気付いた。何故それらがその後すっかり消滅してしまったのかを追求する必要がある。成田為三は**鈴木三重吉の『赤い鳥』の童謡運動に共鳴してそれに参加し、童謡運動の中心的な作曲家**となる。

他に大正期に最盛期を迎えた〔童謡運動〕の背景のもとに生まれた童謡の名曲に次のような代表作を挙げることができるであろう。

曲名	作詞者	作曲者
靴が鳴る	清水かつら	弘田龍太郎
雀の学校	清水かつら	弘田龍太郎
夕焼小焼	中村雨紅	草川　信
雨降りお月さん	野口雨情	中山晋平
しゃぼん玉	野口雨情	中山晋平

〝靴が鳴る〟　大正八年（一九一九）『少女号』の編集者であった清水かつらが作詞し発表された。まだ履物は下駄や草履が普通の時代に、子供が靴を履いて嬉々としている姿が目に浮かぶ。この曲を当時アメリカの名子役シャーリー・テンプルが歌い、そのレコードで全米に知られたという。(11)

〝夕焼小焼〟

◉中村雨紅《なかむらうこう》（一八九七〜一九七二）　本名高井宮吉。東京生まれ。童謡詩人、東京都立青山師範学校卒、野口雨情に師事、音楽と詩の会、雨情会会員、日本詩人連盟。

〝しゃぼん玉〟

◉野口雨情《のぐちうじょう》（一八八二〜一九四五）　本名英吉。茨城県生まれ。東京専門学校（早稲田大学）英文科中退。北原白

秋と共に童謡、民謡の普及に努めた。また本居長世や中山晋平などの作曲によって、多くの作品を残している。

◉**中山晋平**《なかやましんぺい》（一八八七～一九五二）　長野県生まれ。長野師範学校卒、東京音楽学校ピアノ科卒、本居長世に作曲を学ぶ。芸術座に参加、大正三年（一九一四）上演の『復活』に際して作曲した〝カチューシャの唄〟に続いて、〝さすらいの唄〟（北原白秋詩）〝ゴンドラの唄〟（吉井勇詩）〝砂山〟（北原白秋詩）など。童謡では〝てるてる坊主〟（浅原鏡村詩）、〝あの町この町〟（野口雨情詩）、〝雨降りお月さん〟（野口雨情詩）、〝鞠と殿さま〟（西条八十詩）、〝証城寺《しょうじょうじ》の狸囃子《たぬきばやし》〟（野口雨情詩）、〝しゃぼん玉〟（野口雨情詩）〝背くらべ〟（海野厚《うんのあつし》詩）、〝黄金虫《こがねむし》〟（野口雨情詩）。歌謡曲・歌曲では〝船頭小唄〟（野口雨情詩）、〝出船の港〟（時雨音羽《しぐれおとわ》詩）、〝鉾をおさめて〟（時雨音羽詩）、〝波浮の港〟（野口雨情詩）、〝東京行進曲〟（西条八十詩）。民謡では〝東京音頭〟（西条八十詩）など。以上のように、作風は非常に幅広く、しかしいずれも日本的な情緒が漲っていて、大正・昭和初期～中期の多くの人々に親しまれた。

4　大正末期から昭和初期までの教科書・教材

1．『文部省認定　点字　尋常小学唱歌』第一学年用～第六学年用　大阪毎日新聞社編纂　大阪毎日新聞社　大正十三年三月発行

点字教科書が大正期に存在していたこと、そしてその編纂・発行を新聞社が実践していたことは驚きである。これに対して当時の教育界はどのように受け止めていたのか。身体障害児童に対する国としての取り組みはどこまで実践していたのか、その実態を知る必要がある。

2. **『検定唱歌集』**尋常科用　田村虎蔵編　大正十五年四月発行
3. **『検定唱歌集』**高等科用　田村虎蔵編　大正十五年十月発行

○『検定唱歌集』教師用伴奏書　昭和二年に発行されている。

この編者も田村虎蔵であろう。

この時期の教科書に記載の曲で、その後久しく歌い継がれた曲に次のようなものがある(12)（備考には筆者による補足を含む）。

曲名	作詞者	作曲者	備　考（歌詞の歌いだし等）（太字は後掲）
金太郎	石原和三郎	田村虎蔵	"まさかりかついで金太郎…"
桃太郎	田辺友三郎	納所弁次郎	"桃から生まれた桃太郎…"
花咲爺	石原和三郎	田村虎蔵	"裏のはたけでぽちがなく…"
浦島太郎	同	同	"昔々浦島は、子供のなぶる亀を見て…"（註　後に"助けた亀に連れられて"に変わった）
お星様	同	楠美恩三郎	"オヒサマ　ニシニ　カクレテ…"
一寸法師	巌谷小波《いわやさざなみ》	田村虎蔵	"ユビニ　タリナイ　イッスンボウシ…"
お月様	石原和三郎	納所弁次郎	"お月様えらいな、お日様の兄弟で…"
大寒小寒	同	田村虎蔵	"大寒小寒冬の風…"
兎と亀	同	納所弁次郎	"もしもし亀よ亀さんよ…"
大江山	同	田村虎蔵	"昔丹波の大江山…"
二宮尊徳	桑田春風	同	"あしたに起きて山に柴刈り…"

元冠	大橋銅造	同	〝元軍十万元軍十万…〟
秋の夜半	佐佐木信綱	ウェーバー	Carl Maria von Weber（1786～1826）の作曲したオペラ〝魔弾の射手〟序曲より、ホルンのソロ部分
助け船	同	イギリス民謡	昭和期の中学教科書にもよく扱われていた曲
愛らしき花	大和田建樹《おおわだたけき》	ブラームス	J. Brahms（1833～1897）の〝子守唄〟として我が国でも後年に他の歌詞で広く歌われ続けている。
橘媛	同	ジルハー	Friedrich Silcher（1789～1860）作曲の〝ローレライ〟で、今日まで日本人は中学時代に学んだ曲である。
星の界《よ》	杉谷代水《すぎたにだいすい》	コンバース	Charles Crozat Converse（1832～1918）この曲も昭和・平成期になっても同じ曲名で中学教科書に記載されている。
日本海海戦	芦田恵之助	田村虎蔵	〝敵艦見えたり近づきたり…〟

これらの曲の撰者は井上武士《いのうえたけし》であるが、彼より少々若年の筆者にとっても全く同感覚で選び出せる曲なので、その多く重なったままここに記載した。

〝兎と亀〟　極めて読みやすい文体が旋律とよく調和して、子どもたちに久しく慕われ歌い続けてきた曲である。

〝大江山〟　源　頼光が丹波（今の兵庫県篠山市付近）の大江山に住む鬼退治をしたという伝説を元に作られた曲。

〝二宮尊徳〟　二宮尊徳《にのみやそんとく》（一七八七～一八五六）通称金次郎《きんじろう》、実名は尊徳（たかのり）。農村復興指導者。江戸時代末期、徳川幕府第十代将軍家治の頃の人物で、神奈川県足柄平野を流れる酒匂川の氾濫と父の病で貧窮に陥り、幼児のころから薪を背負って燃料を集め、縄をなったりして家計を助けた。父に代わって村の夫役にも出かけた。十四歳のときに父を、十六歳のときに母を亡くし、遺産の田地も洪水でなくして、二人の弟は亡母の里に、自分は伯父に引き取られて日雇いの仕事を続けながら学問に励み、また自宅の廃田を復興させて二十歳になって自宅に帰り、一家を再興。後に小田原藩の財政復興に貢献したことが認められて、小田原藩主大久保氏の命で領内の視察・指導した功績が著しく、老中水野忠邦からも印旛沼分水開削工事を命じられて成功。同じく忠邦の命で日光領八十九箇村の復興開発に努め、その完成を待たず下野国今市（のち栃木県今市町、今市市となり、現日光市）で死去。明治維新後も彼の報徳思想に基づく報徳会が、彼の高弟たちによって組織されて継承された。

彼の遺徳を教育の場で子どもたちに伝えるべく、全国の小学校校門付近に彼の銅像が建てられていた。筆者の自宅にも非常に容姿の整った〔二宮尊徳の銅像〕が昔からあり、座敷の床の間に置いてある。高さ約七〇センチほどの青銅製の小型であるがずっしりと重く、各学校に建っていた人物大の銅像と同様、薪（たきぎ・まき）を背負って手には本を持ち、読みながら歩いている少年時代の姿である。学校の校門付近に建っていた銅像は終戦後撤去されてしまった。あるいは戦時中に軍の要請で、銅を供出したところもあったと思われる。

四十年ほど前に小田原から酒匂川沿いに車で走り、山あいにある尊徳の住居跡を見学したことがある。田地の一角に〔二宮尊徳の耕地跡〕の表示も立っていて、たわわに実った稲が収穫を待っていた。道路沿いには瀟洒な〔二宮尊徳記念館〕が建っている。

童謡唱歌に出てくる犬と鬼

・〝花咲爺〟に出てくる犬の名前について

童謡唱歌の〝花咲爺〟では犬の名前が〝ポチ〟、童話絵本では〝シロ〟と異なった名前がついている。

ポチ：童謡唱歌の〝ポチ〟という名前がついた理由としては、次のようなものがある。

1．法師説＝犬は地下の様子を探る霊的な力を持つと信じられてきた。〝花咲爺〟でも犬は畑で鳴き、土を掘ると大判小判がざくざくと出てきた。このことから宗教をつかさどる法師《ほうし》になぞらえて、〝ホウシ〟

の発音から〝ポチ〟と言い慣わされた。

2．外来語説＝欧米の文化を採り入れた明治時代に、外来語を犬の名前に宛てることが流行した。その場合、英語でまだら模様を意味するspotty、pretty、フランス語のpetitなどの読み方が基になって〝ポチ〟が流行したもので、当時はハイカラな名前として流行した。

シロ：童話絵本の〝白〟について。犬はこどもの守り神とする信仰があった。安産を祈願して戌の日に腹帯をする習慣が今も残っている。犬が大きな役割を果たす〝花咲爺〟には、命への慈しみがこめられている。そして白色には神聖や畏敬の念を意味させていたとみられている。〔守護神〕としての役割を、近しい存在の犬に負わせていたことに多くの人が納得してきた。それが久しく〝花咲爺〟が親しまれてきた理由である。(13)

・**鬼の数え方**について

〝一寸法師〟では〝オニガイッピキ　アラワレイデテ…〟と鬼を一匹二匹と数えているのに対して、〝大江山〟では〝オニドモヲ　ヒトリノコサズ…〟と一人二人と数えている。この違いについて〝一人と呼ぶのは何だかしゃくに障り、一匹と呼ぶには人間くさい愛嬌もあって、鬼の数え方はなかなか悩ましい〟(14)と読売新聞に記しているのはなかなか微笑ましい記事である。

◉**巌谷小波**《いわやさざなみ》（一八七〇～一九三三）　本名季雄《すえお》。東京生まれ。独逸語協会学校普通科卒、ベルリンにてベルリン大学附属東洋語学校の講師、帰国後童話作家として活躍。『日本お伽噺』『世界お伽噺』などを遺す。

4．**『大正小学唱歌』**全二冊　福井直秋著　共益商社書店　大正十五年十月発行

一つの童謡集。民間の出版社が発行した『童謡集』で文部省の検定を受けたものは殆ど無かったようであるが、この唱歌集は珍しく検定済（昭和二年七月二十七日）となっている。つまり福井直秋はこの唱歌集が教科書とし

て全国に普及することを、それ程強く望んでいたからではないかと想像する。

5.『新選唱歌教材』全一冊　共益商社書店編集部編集　共益商社書店　昭和二年九月発行

編集が共益商社書店編集部となっているが、実際は東京音楽学校教授の任にあった島崎赤太郎のようである。これは明治三十五年（一九〇二）四月に共益商社楽器店が発行した『唱歌教科書』の記載曲に伴奏譜を加えたりした改訂版。曲数は十五曲。

◎日米親善人形交歓会　昭和二年

当時アメリカ各地に於いて大正十三年（一九二四）に成立した「排斥移民法」によって日本人排斥運動が日に日に激しさを増し、日本から帰国したばかりの宣教師グリック博士はじめ、その状況を憂いた心あるアメリカ市民らが、日米親善の願いをこめて全米各地の子供たちや一般市民に呼びかけて、友情のしるしとしてセルロイド製の〔青い眼の人形〕が一万二千七百三十九体も日本に贈られた。日本側もそれに答えて高価な日本人形を五十八体アメリカに贈ったところ、全米の何千という都市や町からそれらの引き取り希望が殺到したという。その際に日本からの使節団は六グループに分かれて半年かかって約五百都市を親善訪問したという。

先述の「排斥移民法」成立の三年後、昭和二年（一九二七）に大阪では、今も中之島の大阪市役所の東隣に当時のまま建つ大阪市立中央公会堂に於いてその交歓会を催し、筆者の父松村順吉の生前の話では大阪府知事・大阪市長・文部省関係者・外務省関係者など大勢が会場を埋めつくしていたという。ステージで大阪府立大手前高等女学校の生徒たちの合唱・松村順吉教諭の指揮で演奏された曲には、このあとに記す二曲（〝青い眼の人形〟と〝赤い靴〟）などがあった（その時の写真が筆者の手元にあったものを大きく拡大して、平成十六年（二〇〇四）十月〜十一月の大阪教育大学主催《昔の教科書展》で展示場の一角を飾ったのが次の写真図65である）。

しかし第二次世界大戦は状況を一転させ、日本では多くの〔青い眼の人形〕が〔敵性人形〕として学校の校庭などで切り刻まれ、焼き捨てられたり行方不明となってしまった。第二次世界大戦が終わって、アメリカでは破損しながらもボストン児童博物館で大切に保管されていた日本人形の一体で、当時アメリカで〔ミス・ミヤコ・キョート〕と名づけられていたものを、平成十五年（二〇〇三）にデュカキス・マサチューセッツ州知事の訪日を機に修復のため日本に里帰りし、修理も成功して、平成十六年十一月十七日に東京で皇太子ご夫妻やマンスフィールド駐日アメリカ大使が立ち会って、嫁ぎ先であるボストン児童博物館に返還の催しがとり行われた。返還には日本のちびっこ大使百人が、別の日本人形を携えて日米親善のためアメリカへ旅立った。これには谷口禎一ボストン日本総領事や指揮者の小沢征爾氏、ボストン児童博物館前館長のマイケル・スポック氏らの働きかけが実ったものである。(15)

図65　新築成って間もない大阪市中央公会堂で日米親善人形交歓会が盛大に催された。昭和２年（1927）のことであった。
ステージのバックに小さな日米の人形が並んでいる。右側にアメリカ人親善大使の姿が見える。

戦時中に学校の屋根裏や戸棚に隠して焼却処分の難を逃れ、現存する三百二十四体のうち、〔メリーちゃん〕と名づけて無事保管されている群馬県沼田市立利根東小学校の〔青い眼の人形〕など百六十五体を集めて、長崎市の長崎歴史文化博物館において、八十年ぶりに彼女らは顔を合わせたという。(16)

◎『金の星』

斎藤《さいとう》佐次郎《さじろう》が大正八年（一九一九）十一月から昭和四年

（一九二九）六月までの約九年半の間、鈴木三重吉の『赤い鳥』が目指す童謡運動の芸術至上主義に対抗して、キンノツノ社から発行した童謡雑誌に『金の船』（大正十一年六月から『金の星』に、社名も金の星社に改名）があり、〝こどもの興味や関心にもっと応えることを本誌の主眼とする〟として、野口雨情や若山牧水の作品を採り入れた。中でも野口雨情の情緒豊かな作品は数多く、〝七つの子〟〝青い眼の人形〟〝十五夜お月さん〟などは、久しく愛唱歌として親しまれた。

〝青い眼の人形〟　野口雨情作詞、本居長世作曲。この曲は『金の船』大正十年（一九二一）十二月号に初めて発表された。大正デモクラシーで国内がゆれていたころである。また『金の星童謡曲譜集』第一集に掲載された童謡百三十余りの中の一曲でもある。また先述のようにアメリカで日本人排斥運動が猛り狂う大正十二年（一九二三）に、心あるアメリカ人たちは関東大震災の被災地支援をしてくれている。本居長世はその答礼使節団を引き連れてハワイとアメリカ西海岸へと向かったが、その際に当時童謡歌手の先駆けとして一世を風靡していた彼の長女と次女の歌唱、特に〝青い眼の人形〟は各地の移民日本人たちにもアメリカ人たちにも熱狂的に受け入れられたと『唱歌・童謡ものがたり』読売新聞文化部著　に記している(17)。

〝赤い靴〟　野口雨情作詞、本居長世作曲。この〔赤い靴〕をはいた女の子のモデルは佐野きみという哀れな環境で生まれ育ち、僅か九歳で亡くなった実在の女の子である。この子は静岡県清水市（現静岡市）出身の母と、ある事情で刑務所に入っていた男との間にできた子で、母が北海道の未開の開拓地へ入植のために向かう際、三歳になっていたその子供を連れて行けず、やむを得ずアメリカ人宣教師に預けた。この宣教師が歌詞にある〝異人さん〟である。母一人北海道に入植。函館で知り合った男と結婚したが入植・開拓の生活は二年余りで挫折し、男が札幌で新聞社に就職したときに、隣家の住人が偶然にも同じ新聞社に勤めていた野口雨情だった。野口雨情はこの実話をもとにアレンジして〝赤い靴〟を書いたという。その後の調査に、当時北海道テレ

ビ記者の菊地《きくち》　寛《ひろし》氏が辛苦を重ねた。判明した実情は……。アメリカ人宣教師夫妻は、子供が六歳のときに東京・六本木の教会附属の孤児院にその子を預けてアメリカに帰り、夫妻共に既にロスアンゼルス郊外で亡くなっていたが、子供は不明で横浜や函館の外人墓地も探し、そして僅かな情報を基に調査に取り掛かった東京青山墓地の管理事務所に於いて厖大な埋葬者名簿の中からその子の名前を発見。埋葬者名簿には、

佐野きみ　静岡県平民　明治四十四年九月十五日死亡　死因　結核性腹膜炎

と記されていたという。〔赤い靴をはいていた女の子きみ〕はこの時九歳の生涯を閉じたのである。‘異人さん’である宣教師は、母親から預かった〔赤い靴を履いた子供〕が六歳のときに既に重い結核に犯されていて、アメリカへ連れて帰れなかったのである。

記者菊地　寛がこの調査に取り掛かったきっかけは、昭和四十八年（一九七三）に北海道新聞夕刊に載った短い投稿記事であった。投稿者は北海道空知郡中富良野町（富良野市の北）の六十歳の女性で、文面には自分の生まれる十年前、異人さんに連れられていった義姉への思いがつづられていたことから、記者も、もし生きていれば是非会ってみたいという強い思いが動機であったという。[18]

『唱歌・童謡ものがたり』にはこれに続く後日談が載っていて涙を誘う。

以上の実話を我々日本人は殆どの者が全く知らずに、ただ〔童謡〕として聞き、歌っていたのは、なんと無知なことであったのだろうか。筆者も七十四歳になってこの書を読み、余りにも衝撃的な事実を知って、この曲を今までのように気軽に歌い聞くことが出来なくなった思いである。

横浜の海辺にある山下公園に〔赤い靴〕を履いた可愛い女児の像がある。赤いくつを履いてにこやかな表情で公園を散策する人々を見つめて立っている。

◉**本居長世**《もとおりながよ》（一八八五〜一九四五）　東京生まれ。国文学者本居宣長五世の孫、東京音楽学校本科卒、明治天皇御

製や童謡の作曲に専念した。

6.『**高等小学唱歌**』文部省著作　昭和五年五月発行

7.『**新日本小学唱歌**』第一輯〜第六輯　成田為三・小松耕輔編　東京宝文館　昭和五年十月発行

○上記教科書各輯に附録として解説書が小冊子で出ており、次にあげる解説者が各輯を二人ずつ組んで書き上げている。

草川宣雄（東京音楽学校講師）　青柳善吾（東京高等師範学校教諭）

成田為三（作曲家）　山本　寿（広島高等師範学校教諭）

小出浩平（東邦音楽短期大学教授）　大和田愛羅（東京女子師範学校教諭）

8.『**新尋常小学唱歌**』各学年別計六冊　日本教育音楽協会編　音楽教育書出版協会　昭和六年五〜十月発行　文部省検定済（昭和七年一月）

大正十一年（一九二二）十二月に小山作之助を中心に創設された〔日本教育音楽協会〕は、彼の没後の昭和三年（一九二八）五月、東京音楽学校校長乗杉嘉寿《のりすぎよしひさ》が同協会会長に就任し、東京音楽学校教授兼同協会理事長の島崎赤太郎を編集委員長として全六冊が発行された。

特色1.**第一学年用では総て文字はカタカナを使用。**（第二次世界大戦終戦後は国語科で最初に学ぶ文字がひらがなに変わったが、それまではカタカナが学習する最初の文字であった。）

2.記載する曲について、その歌詞の内容を表現する挿し絵を示して児童が曲の理解を深める手段とした。

○『新尋常小学唱歌』教師用　日本教育音楽協会編　音楽教育書出版協会　昭和六年六月発行

○『新尋常小学唱歌』伴奏及解説　日本教育音楽協会編　音楽教育書出版協会　昭和七年二〜五月発行　各学年別に発行されている。

9．『新訂尋常小学唱歌』文部省著作　大日本図書株式会社　昭和七年三～十二月発行

これは『尋常小学唱歌』の改定・増補版である。

新訂尋常小学唱歌　　記載曲　総計163曲

（☆印は先の『尋常小学唱歌』に新しく加えられた曲、計57曲、太字は後掲）

第1学年用　昭和7年3月30日発行　（記載曲　計27曲中　☆印7曲）

日の丸の旗　鳩　☆**兵隊さん**　おきやがりこぼし
☆電車ごっこ　人形　ひよこ　☆砂遊び
かたつむり　牛若丸　朝顔　夕立
桃太郎　☆僕の弟　池の鯉　親の恩
☆**一番星みつけた**　烏　菊の花　月
木の葉　☆つみ木　兎　☆雪達磨
紙鳶の歌　犬　花咲爺

第2学年用　昭和7年4月6日発行　（記載曲　計27曲中　☆印10曲）

桜　☆ラヂオ　二宮金次郎　雲雀
☆折紙　小馬　田植　☆竹の子
雨　☆金魚　蟬　蛙と蜘蛛
☆こだま　浦島太郎　☆**ポプラ**　☆**かけっこ**
案山子　☆がん　富士山　☆**影法師**

紅葉	時計の歌	☆うちの子ねこ	雪
梅に鶯	母の心	那須与一	

第3学年用　昭和7年4月6日発行　（記載曲　計27曲中　☆印11曲）

春が来た	かがやく光	☆摘草	☆木の芽
茶摘	青葉	☆蛍	汽車
☆燕	虹	☆夏休	☆波
☆噴水	虫のこゑ	村祭	鵯越《ひよどりごえ》
雁がわたる	☆赤とんぼ	取入れ	☆麦まき
日本の国	☆飛行機	豊臣秀吉	冬の夜
川中島	☆私のうち	かぞへ歌	

第4学年用　昭和7年12月10日発行　（記載曲　計27曲中　☆印10曲）

春の小川	☆かげろふ	ゐなかの四季	靖国神社
蚕	☆五月	藤の花	☆動物園
☆お手玉	曾我兄弟	☆夢	雲
漁船	☆夏の月	☆牧場の朝	☆水車
広瀬中佐	たけがり	☆山雀	霜
八幡太郎	村の鍛治屋	☆餅つき	雪合戦
近江八景	何事も精神	橘中佐	

第5学年用　昭和7年12月10日発行　（記載曲　計27曲中　☆印7曲）

みがかずば	金剛石　水は器	八岐《やまた》の大蛇《おろち》	舞へや歌へや
鯉のぼり	菅公	忍耐	朝日は昇りぬ
☆朝の歌	日光山	☆山に登りて	海
納涼	☆風鈴	加藤清正	鳥と花
大塔宮	☆秋の山	☆いてふ	入営を送る
冬景色	水師営の会見	**児島高徳**	三才女
☆進水式	☆雛祭	卒業生を送る歌	

第6学年用　昭和7年12月10日発行　（記載曲　計27曲中　☆印12曲）

明治天皇御製	朧月夜	☆**遠足**	☆我等の村
☆瀬戸内海	**四季の雨**	日本海海戦	我は海の子
☆日本三景	☆凧	蓮池	☆森の歌
☆**滝**	出征兵士	故郷	秋
灯台	天照大神	☆鶯	鎌倉
☆霧	☆鳴門	☆雪	☆**スキーの歌**
夜の梅	斎藤実盛	卒業の歌	

〝兵隊さん〟　作詞者不詳、信時　潔作曲。

◉**信時《のぶとき》　潔《きよし》**（一八八七〜一九六五）　大阪生まれ。作曲家。東京音楽学校本科器学部卒、同校研究科作曲部卒、ド

イツに留学し、ゲオルク・シューマンに作曲を学ぶ。東京音楽学校教授、昭和十七年（一九四二）日本芸術院会員、昭和三十九年（一九六四）文化功労者、翌年勲三等旭日中綬章受章。歌曲〝沙羅〟〝北秋の〟〝あかがり〟、昭和十二年（一九三七）に〝海行かば〟、その他『信時潔独唱曲集』『信時潔合唱曲集』など。信時潔の作品は、この教科書に目を通しただけでも、〝兵隊さん〟〝一番星みつけた〟〝影法師〟〝動物園〟などがある。われわれが子どもの頃には、作曲者が誰であるかも知らずに歌っていた可愛い童謡唱歌を、幾つも遺していることには改めて感動すら覚える。当時の第一級作曲家の多くが、童謡にまでも真剣に取り組んでいた事に敬意を表する。

〝一番星みつけた〟 生沼 勝?、信時 潔作曲。日本音名でト・イ・ロの僅か三音のみで作曲されている誰もが知っている曲である。また、

〝一番星みつけた　あれあの森の　杉の木の上に〟

と、たったそれだけの詩である。しかし童謡というものは、子どもたちが作られたままの音を正確に歌っているとは限らない場合が多い。同じ歌でも地方のことばのイントネーションによっては、東北地方、近畿北部・中部・南部、中国地方、中部地方など、またそれらの山一つ越えた地域とでも、それぞれ違って歌っていることを、筆者は各地へのわらべうた研究調査で確認している。伝承音楽の類なども含めてそのようなことが日常的に存在するものである。昭和五十年代のある日、ある研究者が学会で、一つのわらべうたの旋律が地方によって異なるという証明に、各地の子供たちに歌わせて採譜した楽譜を使って発表した。その中には京都で採譜した楽譜もあって、採譜した市内の場所まで示してあった。京都生まれで京都育ちの筆者には、直ぐにその楽譜には変な音がぱらぱらとあることが目に付き、歌わせた子どもは地方からの転居者であったに違いないと即座に感じた。このことに気がつかずに発表してしまったのである。その研究者にはその場で指摘したが、研

究者にとってはそのような落とし穴がどこにでもあるということである。

〝ポプラ〟　井上《いのうえ》赳《たけし》作詞、信時 潔作曲。

〝かけつこ〟　作詞者不詳、下総皖一作曲。

〝影法師〟　作詞者不詳、信時 潔作曲。

〝摘草〟　作詞者不詳、長谷川良夫作曲。

◉**長谷川良夫《はせがわよしお》**（一九〇七〜一九八一）　東京生まれ。作曲家。東京音楽学校甲種師範科卒、信時 潔、プリングスハイムに師事、日本ビクターで編曲・女声合唱団指揮、東京音楽学校・東京芸術大学作曲科教授。教科書に関わったのは、信時 潔との縁があったことからであった。『作曲法教程』上・下巻、管弦楽曲〝管弦楽のためのバラード〟、歌曲〝希望の歌〟他器楽曲が多い。プリングスハイム先生は、筆者も学生時代に学んだが、当時はすでに相当のご老体でありながら、非常に誠実な指導をされていた姿を思い出す。

〝蛍〟　井上 赳作詞、下総皖一作曲。わらべ歌の、

〝蛍《ほたる》のやどは川《かは》ばた楊《やなぎ》、楊《やなぎ》おぼろに夕《ゆふ》やみ寄《よ》せて…〟

の歌詞は今も歌われている曲であるが、この曲は残念なことに、徐々に忘れられつつあるのではないかと思う。今では特に都会付近では蛍の姿が激減しつつあり、子どもたちの梅雨時の楽しい遊びがまた減っていくのは寂しい思いがする。

◉**下総皖一《しもふさかんいち》**（一八九八〜一九六二）　本名覚三。埼玉県生まれ。埼玉師範学校卒、東京音楽学校師範科卒、ベルリン音楽学校卒、パウル・ヒンデミットに師事、東京音楽学校教授。文部省唱歌に作品が多い。『音楽通論』『対位法』『和声学』『作曲法』など。

黄色表紙の『音楽通論』は音楽に進む学生たちにとって非常に理解し易い内容であり、筆者も受験時にこ

れを熟読した。後進の学生の指導に活用した期間は長い。

〝動物園〟 井上 赳作詞、信時 潔作曲。

〝お手玉〟 作詞者不詳、沢崎定之作曲。

●沢崎定之《さわざきさだゆき》（一八八九～一九四九） 和歌山生まれ。声楽家。東京音楽学校声楽科卒、東京音楽学校教員、ベートーヴェンの第九交響曲の日本人初演（大正十三年＝一九二四）に出演。沢崎四重唱団を主宰。

〝牧場の朝〟 杉村楚人冠作詞？ 船橋栄吉作曲。

●船橋栄吉《ふなはしえいきち》（一八八九～一九三二） 声楽家、作曲家。東京音楽学校声楽科卒、ベルリン高等音楽学校に留学、東京音楽学校教授、ベートーヴェンの第九交響曲の日本人初演（大正十三年）に沢崎定之とともに出演、文部省視学委員、中等教育検定委員。作曲に〝父と子〟〝乳草〟など。

●杉村楚人冠《すぎむらそじんかん》（一八七二～一九四五） 本名広太郎。和歌山県生まれ。新聞記者、随筆家。英吉利法律学校（現中央大学）卒。通訳や翻訳の仕事に従事、朝日新聞に入社後、明治四十年（一九〇七）に『大英遊記』を連載。イギリスやアメリカの新聞事情を調査研究し、外国一流新聞社の制度を採りいれて朝日新聞に初めて調査部・記事審査部を創設した。大正期以降は朝日新聞を代表して国際的に活躍した。小説も書き、『楚人冠全集』十八巻がある。

〝水車《みずぐるま》〟 作詞者不詳、片山頴太郎作曲。

●片山頴太郎《かたやまえいたろう》（一八九四～一九七五） 大阪府生まれ。東京音楽学校本科器楽部卒、信時 潔に師事、大阪音楽大学教授（音楽理論）、ＮＨＫ嘱託。歌劇『三井寺』など。

〝山雀《やまがら》〟 作詞者不詳、酒井 悌作曲。

●酒井《さかい》 悌《やすし》（一八九六～一九五九） 東京生まれ 作曲家。東京音楽学校本科器楽部卒、日本音楽学校、慶応義塾

大学普通部、成蹊学園などに勤務、ラポーニ・クヮルテットメンバー、関東合唱連盟理事。

〝鯉のぼり〟　弘田龍太郎作曲？　明治・大正期の〝鯉のぼり〟が小学生には難曲と思えるがどうであろうか。

〝甍《いらか》の波と雲の波…〟の歌詞。

〝児島高徳《こじまたかのり》〟　作詞者不詳、岡野貞一作曲。

〝遠足〟　佐野保太郎作詞、信時　潔作曲。

◉**佐野保太郎**《さのやすたろう》（一八八七～一九四九）兵庫県篠山市生まれ。国文学者。東京帝国大学国文学科卒、文部省図書監修官として国語教科書の編集。著書『徒然草講義』など。

〝四季の雨〟　大和田建樹作詞か？　小山作之助作曲か？

〝滝〟　作詞者不詳、長谷川良夫作曲。

〝スキーの歌〟　林　柳波作詞、橋本国彦作曲。

◉**橋本国彦**《はしもとくにひこ》（一九〇四～一九四九）東京生まれ。作曲家。東京音楽学校本科器学部（ヴァイオリン）卒、オーストリア・ドイツに留学、東京音楽学校で音楽理論・作曲を教授、日本ビクターの専属作曲家。

10．**『小学新唱歌』**第一学年用～第六学年用　日本音楽研究会　大阪開成館　昭和七年四月発行

11．**『新高等小学唱歌』**全二冊　日本教育音楽協会編集　音楽教育書出版協会　昭和七年十月発行　文部省検定済（昭和八年一月）

この頃の日本教育音楽協会は、教科書出版にも意欲的だった。

『新尋常小学唱歌』と同じ編集委員によって編集されたもので、各冊二十五曲のうちの殆どが新作で、『中学唱歌』にあった〝荒城の月〟滝　廉太郎作曲などのほか、フォスターの〝優しき心〟（〝Old Folks at Home〟現在〝故郷の人々〟で知られている）や、シューベルトの〝子もり歌〟（〝Wiegenlied〟）など外国曲も数曲採り入れている。

教師用に伴奏及び解説付きの本も同時に発行されている。

12.『小学新唱歌』全六冊本　日本音楽研究会編集　大阪開成館　昭和七年十二月発行　文部省検定済（昭和八年九月）

○教師用に伴奏譜、曲目解説の図書が発行されている。

代表的な記載曲

第三学年用　三木露風作詞、山田耕筰作曲〝ひばり〟

第六学年用　松岸寛一作詞、永井幸次（大阪府立清水谷高等女学校教諭・大阪音楽大学の創設者）作曲〝飛行機〟

（この曲は筆者も子供の頃よく歌った。軽快で軍国調とは全く関係のない名曲である）

13.『最新昭和小学唱歌』全六冊　日本教育唱歌研究会編集　大阪日本唱歌出版社　昭和九年二月発行　文部省検定済（昭和九年七月）

○『教師用伴奏譜』が別に二学年分ずつまとめて発行されている。

代表的な記載曲

第一学年用　〝アサガホ〟　川路柳虹作詞、井上武士作曲。

第五学年用　〝日本海海戦〟　芦田恵之助作詞、田村虎蔵作曲。

14.『最新昭和小学唱歌』全六冊　日本教育唱歌研究会編纂　関西　大阪宝文館　関東　日本ノート・学用品ＫＫ

昭和九年二月発行

15.『新訂高等小学唱歌』第一学年用〜第二学年用　文部省著作　昭和十年三〜八月発行

特徴

・全て新曲である。

・各学年用ともに男女別冊になっている。小学校の高等科は中学一～二年生と同年齢であり、男子の変声期も始まることから男女別冊にする必要があった。
・第一学年用に二部合唱曲を数曲含んでおり、第二学年用に二部輪唱曲・二部合唱曲、第三学年用には、二部合唱曲・三部輪唱曲を採用している。

○以下どの教科書にも教師用が発行されている。

16.『**最新昭和小学唱歌**』　日本教育唱歌研究会編　大阪宝文館　昭和十年三月発行

○『最新昭和小学唱歌』伴奏　日本教育唱歌研究会編纂　大阪宝文館　昭和十年三月発行

一～二年用、三～四年用、五～六年用の三冊

17.『**児童唱歌**』全六冊　日本教育音楽協会編集　音楽教育書出版協会　昭和十年四～十二月発行　文部省検定済

18.『**新日本唱歌**』尋常科第一学年用～高等科第二学年用。全八冊　初等音楽研究会編集　大阪日本音楽社　昭和十年四月発行

（昭和十年八月）

代表的な記載曲

第一学年用　〝シタキリスズメ〟〝オヒナサマ〟　田村虎蔵作曲（田村虎蔵『検定唱歌集』掲載）

19.『**高等小学新唱歌**』日本音楽研究会編集　大阪開成館　昭和十年九月発行　文部省検定済（昭和十一年三月）

第一学年用、第二学年用各男子用と女子用の計四冊からなり、昭和七年十二月発行の『小学新唱歌』の姉妹編。

代表的な記載曲

第二学年用　〝ヴォルガの舟唄〟（ロシア民謡）　〝別れ〟（フォスター作曲〝My Old Kentucky Home〟）

フォスターはペンシルバニア州ピッツバーグの生まれで、〝夢路より〟〝金髪のジェニー〟のモデルはフォスタ

ーの妻ジェインである。

20・『新撰尋常小学唱歌』全六冊　小松耕輔・梁田《やなだ》貞《ただし》・葛原　𦱳共著　東京目黒書店　昭和十年十二月発行　文部省検定済（昭和十二年一月）

これは『大正幼年唱歌』（大正四〜七年発行）と『大正少年唱歌』（大正八〜昭和四年発行）に記載の曲を改めて扱い、新曲も加えてある。

○『小学生の歌』三木露風詩　山田耕筰編　大阪開成館　大正十二年八月発行

緒言に〝此の唱歌はすべて現行の国定小学教科書に準拠した〟とある。

5　その他の唱歌・唱歌集

○『郊外教授摘用　唱歌集』目賀田万世吉《めがたまよきち》作曲　大阪柴田亀齢堂　明治四十三年十月発行

当時、目賀田万世吉は大阪府師範学校教諭であった。

第一・二学年用　曲目〝博物場〟〝中ノ島公園〟〝桜ノ宮〟〝十三堤《じゅうそうつつみ》〟

第三・四学年用　曲目〝玉手山〟〝四條畷〟〝箕面〟（当時は〝みのも〟と読ませている）〝神戸〟

第五・六学年用（修学旅行）：〝千早城趾〟〝山崎〟〝奈良〟〝和歌山〟

○『参宮鉄道唱歌』国鉄関西線　目賀田万世吉作曲　葛城郁文舎印刷部　明治？年発行

○『大日本偉人唱歌集』教育音楽協会編纂　東京開発社　大正五年三月発行

○〝奉祝国民歌紀元二千六百年〟紀元二千六百年奉祝会・日本放送協会制定（図66）

○〝紀元二千六百年頌歌〟（紀元二千六百年奉祝会選定）　東京音楽学校作詞作曲（図67）

一般にはこの曲が初めて発行されたのは日本放送協会の〔国民歌謡〕とされているが、掲載されている国民歌謡の第五十六輯が昭和十四年（一九三九）十二月三十日発行であり、『興亜国民歌集』日本教育音楽協会編が昭和十四年十二月十四日発行となっているので、『興亜国民歌集』の発行の方が十六日早い。

なお〝奉祝国民歌紀元二千六百年〟の方は、〔国民歌謡〕の昭和十四年十二月十五日発行の第五十五輯が最初のようである。

ここで言う〔紀元〕はいわゆる〔皇紀〕で、皇紀二千六百年は昭和十五年（一九四〇）、つまり第二次世界大戦勃発で米英との戦いが始まる一年前であった。皇紀紀元二千六百年二月十八日～十九日には、日本放送協会（現ＮＨＫ）が山田耕筰、橋本国彦などの指揮によってリヒァルト・シュトラウス（Richard Strauss）等外国人作曲の祝典曲と共に演奏された録音を流し、国を挙げて盛りあがった記憶が、当時小学校一～二年生であった筆者にも鮮明に残っている。もちろん当時、全国の小・中学校の音楽の教科書にない曲であったが、特に〝奉祝国民歌紀元二千六百年〟の方は溌剌とした曲風で、全国の多くの学校で音楽授業でも学んだ曲の一つである。一方〝頌歌〟の方は、我々の年代の中には記憶に残っている者が殆どいないことが、最近の同窓会で問うてみて判った。どちらかというと〝頌歌〟の方が芸術性も高く、品格のある名曲であるという印象で、筆者はまだ小学校一～二年生の当時から、〝頌歌〟の方が強く印象に残っており、好んだ曲である。

註

（1）読売新聞〔うた物語　唱歌・童謡〕平成十年（一九九八）八月二十三日掲載記事参照
（2）右同
（3）『日本の唱歌』（上）明治篇　金田一春彦・安西愛子編　講談社文庫　昭和五十二年十月発行　p. 324
（4）読売新聞〔うた物語　唱歌・童謡〕平成十年（一九九八）十一月二十九日掲載記事参照

f
mf
cresc.
キゲンハニセンロクビャクネンアアイチオク
きげんはにせんろくびゃくねんああてうーこく
キゲンハニセンロクビャクネンアアハウーコク
きげんはにせんろくびゃくねんああさんらん
キゲンハニセンロクビャクネンアアイヤサカ
ff
1.2.3.4.
5.
ノームネハナルー
のーくもあをしー
ノーチハイサムー
のーこのこくゐー
ノーヒハノボルー

図66　“奉祝国民歌紀元二千六百年”（『国民歌謡』第五十五輯　社団法人日本放送協会　昭和14年12月15日発行）

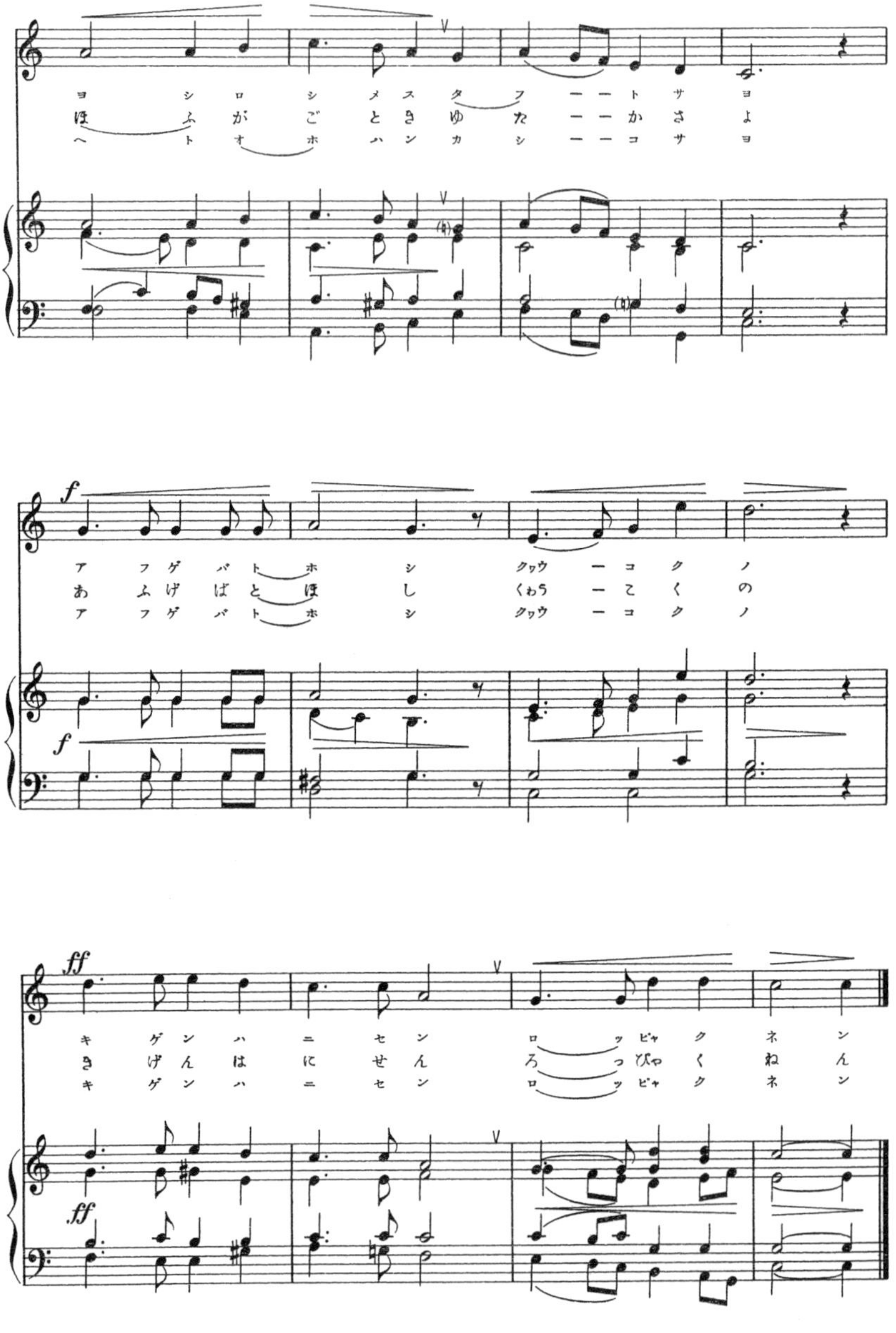
ヨ シ ロ シ メ ス タ フ ー ー ト サ ヨ
ほ ふ が ご と き ゆ た ー ー か さ よ
ヘ ト ス ホ ハ ン カ シ ー ー コ サ ヨ
f
ア フ ゲ バ ト ホ シ クヮウ ー コ ク ノ
あ ふ げ ば と ほ し くゎう ー こ く の
ア フ ゲ バ ト ホ シ クヮウ ー コ ク ノ
ff
キ ゲ ン ハ ニ セ ン ロ ッ ピャ ク ネ ン
き げ ん は に せ ん ろ っ ぴゃ く ね ん
キ ゲ ン ハ ニ セ ン ロ ッ ピャ ク ネ ン

図67　“紀元二千六百年頌歌”（『国民歌謡』第五十六輯　社団法人日本放送協会　昭和15年12月30日発行）

(5) 右同　十二月六日掲載記事参照
(6) 註(3)　p.96
(7)『日本の唱歌』(中) 大正・昭和篇　金田一春彦・安西愛子編　講談社文庫　昭和五十四年七月発行　p.32
(8)『日本の唱歌』(下) 学生歌・軍歌・宗教歌篇　金田一春彦・安西愛子編　講談社文庫　昭和五十七年五月発行　p.158〜163
(9) 読売新聞〔うた物語　名曲を訪ねて〕平成十年 (一九九八) 九月七日掲載記事参照
(10) 読売新聞　平成十年 (一九九八) 十月四日掲載記事参照
(11) 右同　九月六・十三日掲載記事参照
(12)『音楽教育明治百年史』井上武士著　音楽之友社　昭和四十二年十二月発行　p.111〜115
(13) 朝日新聞　平成十六年 (二〇〇四) 八月二十七日掲載記事参照
(14) 読売新聞〔編集手帳〕平成十六年 (二〇〇四) 二月三日掲載記事参照
(15) 朝日新聞夕刊　昭和六十一年 (一九八六) 二月五日掲載記事参照
(16) 読売新聞　平成十九年 (二〇〇七) 二月十九日掲載記事参照
(17)『唱歌・童謡ものがたり』読売新聞文化部著　岩波書店　平成十一年八月発行　p.42
(18) 右同　p.66〜69

(付記) 二〇一一年発行の『童謡・唱歌でたどる音楽教科書のあゆみ』では、〟京都高等工芸学校校歌〝の作曲者を信時潔としていたが、田中正平の誤りであった。田中正平作曲の校歌についてここに記す。

旧制の〟京都高等工芸学校校歌〝(新制の京都工芸繊維大学校歌の前の校歌) も雅楽調で実に格調が高い作品で、歌っていても自然に襟を正したくなるような曲である。二〇〇五、六年に、筆者の母のヴァイオリンの教え子で旧制京都工芸専門学校の卒業生が我が家にみえて、〝校歌の旋律だけの楽譜はあるが、同窓会ではどうしても伴奏付で歌いたいという希望が強くなってきたので、よろしく〟とのことだった。自分は声楽・音楽教育学が専門で作曲が専門ではない上に、作曲者田中正平の、その旋律だけの楽譜に目を通しただけで、その雰囲気に圧倒されてしまったことから、結局伴奏楽譜は、東京芸大で学び、声楽家で長年自分が指導しているコーラスのために作詞作曲や編曲を数多く手がけている実姉 (尾田　翠) に回して事なきを得たことを思い出す。田中正平の作品には特有の高い芸術性を秘めた曲が多い。

十一 「国民学校令」と音楽教科書

1 「国民学校令」と音楽教育の位置付け

昭和十六年（一九四一）三月一日に発令された「小学校令改正」を別名「国民学校令」という。

小学校令改正

（昭和十六年三月一日
勅令第百四十八号）

国民学校令

第一章 目的

第一条 国民学校ハ皇国ノ道ニ則リテ初等普通教育ヲ施シ国民ノ基礎的錬成ヲ為スヲ以テ目的トス

第二章 課程及編成

…略…

第四条 国民学校ノ教科ハ初等科及高等科ヲ通ジ国民科、理数科、体錬科及芸能科トシ高等科ニ在リテハ実業科

ヲ加フ
国民科ハ之ヲ分チテ修身、国語、国史及地理ノ科目トス
理数科ハ之ヲ分チテ算数及理科ノ科目トス
体錬科ハ之ヲ分チテ体操及武道ノ科目トス但シ女児ニ付テハ武道ヲ欠クコトヲ得
芸能科ハ是ヲ分チテ**音楽**、習字、図画及工作ノ科目トシ初等科ノ女児ニ付テハ裁縫ノ科目ヲ、高等科ノ女児ニ付テハ家事及裁縫ノ科目ヲ加フ

…略…

第六条　国民学校ノ教科用図書ハ文部省ニ於テ著作権ヲ有スルモノタルベシ但シ**郷土ニ関スル図書**、歌詞、**楽譜等ニ関シ文部大臣ニ於テ別段ノ規定ヲ設ケタル場合ハ此ノ限ニ在ラス**

…略…

上記第六条で芸能科音楽は、郷土に関する図書と共に文部省の規制が比較的厳しくなかったことは、非常に幸いであった。従って、音楽教科書は文部省発行以外のものも使用することができたのである。また**この改正で初めて**

'コレヲ欠クコトヲ得' といった例外的な扱いが完全に姿を消し、〔音楽科〕が義務教育の重要な一学科としての全国実施へ踏み出した。この「小学校令改正」は、第二次世界大戦勃発の三ヶ月前の発令であるが、これに準じてその二週間後に発令された「小学校令施行規則改正」には、**音楽科の具体的な指導内容**を示している。

小学校令施行規則改正

（昭和十六年三月十四日
文部省令第四号）

……略……

第二十九条　芸能科音楽ハ歌曲ヲ正シク歌唱シ音楽ヲ鑑賞スルノ能力ヲ養ヒ国民的情操ヲ醇化スルモノトス

初等科ニ於テハ平易ナル単音唱歌ヲ課シ適宜輪唱歌及重音唱歌ヲ加ヘ且《かつ》音楽ヲ鑑賞セシムベシ又器楽ノ指導ヲナスヲ得

高等科ニ於テハ其程度ヲ進メテ之ヲ課スベシ

歌唱ニ即シテ適宜楽典ノ初歩ヲ授クベシ

歌詞及楽曲ハ国民的ニシテ児童ノ心情ヲ快活純美ナラシメ徳性ノ涵養《かんよう》ニ資スルモノタルベシ

児童ノ音楽的資質ヲ啓発シテ高雅ナル趣味ヲ涵養シ国民音楽創造ノ素地タラシムベシ

発音及聴音ノ練習ヲ重ンジ自然ノ発声ニヨル正シキ発音ヲナサシメ高低強弱音色律動和音等ニ対シ鋭敏ナル聴覚ノ育成ニ力ムベシ

祝祭日等ニ於ケル唱歌ニツキテハ周到ナル指導ヲナシ敬虔ノ念ヲ養ヒ愛国ノ精神ヲ昂揚スルニ力ムベシ

学校行事及団体行動トノ関連ニ留意スベシ

国際情勢が風雲急を告げる当時の政治的な影響がにじみ出ているこの小学校令及びその関連法規は、学校名が〔国民学校〕に変更されたほか、教科としての音楽にも大きな影響を及ぼしていることが、この改正令で鮮明に示されている。

これまでの「小学校令施行規則」には無く、今回初めて示された事柄は、

①　小学校初等科の教科名が初めて〔音楽〕となって、〔唱歌〕が今まで独立した教科であったのが〔芸能科〕に所属することになり、〔芸能科音楽〕が正式な名称となった。

②**鑑賞教育**を正式に教科の指導内容として採り入れ、各学年に**鑑賞用レコードを配布**した。
③**器楽の指導**を指導内容に採り入れた。
④**楽典の指導**を指導内容に採り入れた。
⑤**国民音楽の創造**という大きな目標を掲げた。
⑥**鋭敏な聴覚の育成を目標にした聴音の訓練**を採り入れた。
⑦**祝祭日における音楽を重視**し、その指導を強く求めた。
⑧**学校行事・団体行動と音楽教育の関連性を重視**した。

と、過去にない具体的な指導目標が示されている。この中で⑥の〔**鋭敏な聴覚の育成**〕について、その当時実施された訓練の方法は、音楽授業の毎時最初の数分をつかってカデンツの各主要三和音（基本形・転回形）を先生がピアノで弾き続けて、生徒たちに日本音名でハホト、ハヘイ、ロニト、ホトハなどと大声で答えさせる機械的な授業風景から始まった。ハホト、ハヘイ、ロニトと日本音名を全面的に使うようにしたのは、国家主義の徹底からである。当時日本は三国（日本・ドイツ・イタリア）同盟を強く結んでいたが、それまで使用していたドレミはイタリア語であり、イタリアは同盟国の一国でありながら、それすらも回避した国家主義の徹底ぶりをここでも見ることが出来る。以上のように日本音名を用いた和音聴音は実施したが、日本音名唱（日本音名での歌唱）は全く実施された記憶はない。従って読譜力を身につけさせるという面は全く無視していた。

当時の生徒は上記のように授業での和音の聞き取りの目的を全く知らず、結構得意になってその授業に参加したものであるが、その目的が〔**敵機の本土来襲時に備えて、敵機の爆音と日本の軍用機のそれと聴き分ける耳を育てよう**〕ということであったと知ったのは、自分が音楽教師生活にはいってから後であった。

しかし筆者としては飛行機の爆音のような〔雑音〕はこのような和音訓練で習得できるものではなく、訓練の方法としてはむしろ〔音色の区別〕を適確に捉える何らかの手法を用いなければ意味がなかったと思っている。事実昭和十九年（一九四四）四月から二十一年（一九四六）三月までの国民学校六年生と旧制中学一年生の時、戦時疎開で生まれて以来の京都市内から離れて、大阪府下の富田林町（現在の富田林市）内中心部に移り住んでいた。頻繁にあった空襲の度に緊急放送としてラジオから必ず繰り返し流れた〝タダイマB29ノ三十機編隊ガ富田林上空ヲ北上中〟などの臨時ニュースの通り、大阪・堺・神戸などに来襲の米機B29の大編隊は必ず富田林市（当時は富田林町）の頭上一万メートル以上の高度を通過した。昭和十六年（一九四一）十二月八日の第二次世界大戦勃発以来、小学校（国民学校）の各普通教室の正面黒板のサイドには、各種敵機と日本の軍用機の側面図と平面図が掲示されていて、毎日それが目に入っていた我々は、大阪市や堺市・神戸市などを空襲するために大編隊で頭上を通過したB29爆撃機やグラマン戦闘機、カーチス戦闘機と日本の邀撃機などの型が視覚的に即判断出来たのは勿論であるが、敵機の姿を視覚で捉えるより以前に、筆者は聴覚的に敵機（B29爆撃機・グラマン戦闘機など）や日本の飛行機の爆音に、〔音色〕としての大きな差があって、それを聴き分けていたことを今でも明確に記憶している。つまり筆者は**〔音色〕で敵機の種類を聴き分けていた**のである。

その一例を記す。筆者が戦時疎開先の大阪府立富田林中学校一年生であった昭和二十年（一九四五）七月（終戦はこの約一ヶ月あと）のある暑い昼間、各学年に毎週一時間配当されていた〔作業〕の時間で、富田林中学校の正門前の石川という川の河原に開墾していた学校の広い農園でサツマイモの畝の草引きをしていると、西南方の河内長野方面から聴き慣れない金属性の強い爆音が聞こえてきた。ただひとり立ち上がってその方向を見ていると、西山（富田林市と堺市方面の間にある低い山地の富田林側からの俗称で、今はPL教団が建てた白色の大きな塔が目に付くなだらかな小山の連峰）すれすれに超低空でグラマン戦闘機が次々と大阪方面に飛んで行くのを発見し〝先生敵機です！〟と思わず大声で叫んだ。作業をしていた先生方も生徒たちもみんな驚いて騒ぎ出したその直後に、警戒警報をとばして空襲警報があちこちで鳴り響いた。恐らく紀伊半島の沖あいまで進出していた敵航空母艦から飛び立ったと思えるグラマンの幾つかの小編隊は、紀伊半島沖から紀伊水道上を、超低空で大阪まで進入してきたために、日本軍の対空聴音器やレーダーは見逃してしまったのであろう。これは敵機の爆音を、将に〔音色〕で聴き分けた例である。つまり**当時の学校で実施していた機械的なカデンツ聴き分け訓練は、〔音色〕の聴き分けとはかけ離れた意味のないものであったと思えてならない。《爆音の聴き分け》はあくまでも《〔音色〕の聞き分け》に尽きると**思えるのである。

なお昭和の初期には**笈田光吉**《おいだこうきち》の〔絶対音感教育〕や、音楽学会で研究発表もした**松村順吉**《まつむらじゅんきち》の松村式音名を使って絶対音感教育と和音感訓練とを結びつけて指導する方法など、全国の数箇所で様々な手法の指導を実践していたようである。文部省はそれらのどれか、あるいは複数の実践を教育効果ありと認めて、上記昭和十六年（一九四一）三月発令の「小学校令施行規則改正」の第二十九条に第六項が盛り込まれたのであろう。

ここで松村式音名と、それを用いてハ長調の簡単な曲〝春が来た〟を歌う場合の例を示してみる。

歌　詞＝	はるがきた	はるがきた	どこにきた
ドレミ唱＝	ソミファソラ	ソミファソド	ラソミドレ
日本音名唱＝	トホヘトイ	トホヘトハ	イトホハニ
松村式音名唱＝	ナサタナハ	ナサタナア	ハナサアカ

松村式音名では、日本音名のハニホヘトイロハを母音のア行、つまりアカサタナハマアと読み替える。その半音上昇音名（♯音）を母音のエ行エケセテネヘメエ、重嬰音（𝄪音）を母音のイ行イキシチニヒミイ、半音下降音名

(♭音)を母音のオ行オコソトノホモオ、重変音(♭♭音)を母音のウ行ウクスツヌフムウとし、母音が統一されてすっきりしている。筆者は若年時の大阪教育大学附属池田中学校・高等学校池田校舎の教諭時代に、授業にこれを採り入れて教科書の歌唱教材を使って一年ばかり実験してみたことがある。そこで一見合理的に見えたこの音名唱の、使用上に欠陥も発見した。例えば特に小学校低学年の〝春がきた〟の曲を歌った場合を例にとってみると右記のようになり、日本音名での歌唱に慣れないせいもあって読みにくいのは仕方がないとして、変化記号が一切付かないハ長調の曲の場合、全曲がア行で統一がとれている松村式では、発声がどうのと厳しく指導すればするほど、生徒から〝あごがだるくなる〟の声があがった。その点ドレミ唱法は母音に変化があって口の形も変化して非常に歌いやすい。

日本音名唱では、変化音が多ければ多いほど、いちいち〝嬰ヘ・変ホ・変イ〟などとは、とても歌えるものではないが、松村式は各音を母音一音で歌わせるので、その点では極めて簡単であり便利な上に、各母音が出揃って発声指導も効果があがる。しかし前記のような簡単なハ長調の曲が多い小学校低学年では、特に問題が大きすぎる。その点昭和期に入ってからは、ドレミ唱法が全国の音楽教育に浸透して、習慣から慣れにつながり、固定ドと移動ドをうまく使い分けることも可能で、なんとか授業もすすめられる。とは言っても学校音楽教育では、指導教師も読譜指導の困難さに耐えられず、ドレミの階名唱による読譜指導を完全に諦めてしまっている教師も多々いる現状については、何か解決策を考えねばならない。

音名改革については、大正・昭和期には他に日本人だけでも、大阪音楽大学初代学長永井幸次をはじめ多くの音楽教育者の試案が発表されている。しかしそういう試みも今日では全く成されなくなったのではないだろうか。

なお、伊沢修二は、ディットリッヒとともに〔ドケミハソダチド〕という階名唱を考案して、音楽学校で試用したようである。これは〔ドレミファソラシド〕と各母音の序列が同じで、その使用上の差はどうなのかを想像すると理解しがたいものがある。

〔永井式新音名〕については『来し方八十年』永井幸次著に記されている。(1)

2　国民学校の教科書

①昭和十六年（一九四一）に「国民学校令」が公布される一年前から国定教科書としての音楽教科書の作成に当たり、昭和十五年（一九四〇）五月に次の編集委員が任命された。

小松耕輔（東京女子師範学校教授）　松島彜《つね》（女子学習院教授）
井上武士（東京高等師範学校教諭）　橋本国彦（東京音楽学校教授）
下総皖一（東京音楽学校助教授）　小林愛雄（詩人）
林　柳波（詩人）　城多又兵衛（東京音楽学校助教授）翌十六年に橋本国彦が辞任した後に、加わった。

②国民学校音楽教科書の出版

『ウタノホン』上　文部省　印刷者・大日本図書株式会社　昭和十六年二月発行（図68）
『うたのほん』下　文部省　印刷者・大日本図書株式会社　昭和十六年三月発行（図68）
『初等科音楽』一〜四　文部省　発行者・大日本図書株式会社　昭和十七年三月〜十八年二月発行（図69）

・特徴

記載曲の多くが新作で、教師用も別に発行して各教材の指導上の注意事項、伴奏楽譜を綿密に記述している。

初等科には必修曲を指定している。

・記載曲（☆印は必修として指定した曲）

『ウタノホン』上　（21曲うち☆印必修曲8曲）　昭和16年3月31日発行　（太字は後掲）

☆ガクカウ	☆ヒノマル	ユフヤケ　コヤケ	ヱンソク
カクレンボ	ホタル　コイ	☆ウミ	☆**オウマ**
☆オ月サマ	モモタラウ	タネマキ	☆ハト　ポッポ
コモリウタ	オ人ギャウ	オ正月	デンシャゴッコ
カラス	☆兵タイゴッコ	☆ヒカウキ	ウグヒス

『うたのほん』下　（22曲うち☆印8曲）　昭和16年3月31日発行

君が代	きげん節	☆春が　来た	さくら　さくら
国引き	☆軍かん	雨ふり	☆花火
たなばたさま	☆うさぎ	長い　道	☆朝の　歌

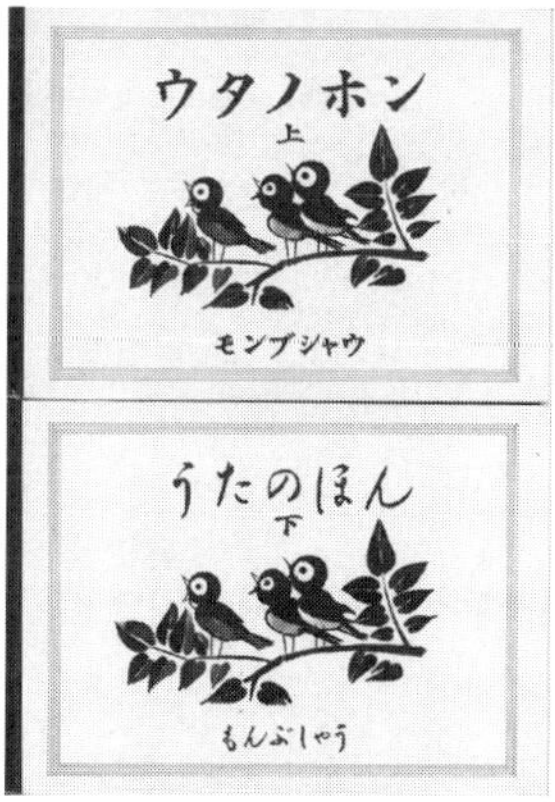

図68 ②『ウタノホン』上
『うたのほん』下

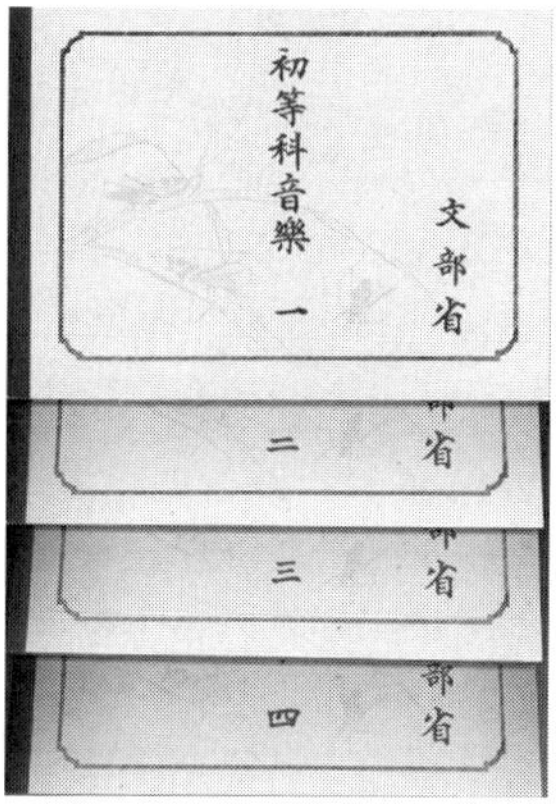

図69 ③『初等科音楽』一～四

富士の 山	☆菊の 花	かけっこ	たきぎひろひ
おもちゃの戦車	羽根つき	☆兵たいさん	ひな祭
日本	☆羽衣		

『初等科音楽』一　（26曲うち☆印7曲）　昭和17年3月31日発行

君が代	勅語奉答	天長節	明治節
一月一日	紀元節	☆春の小川	**鯉のぼり**
天の岩屋	☆**山の歌**	**田植**	なはとび
☆子ども八百屋	☆軍犬利根《とね》	秋	稲刈
村祭	☆**野菊**	☆田道間守《たぢまもり》	潜水艦《せんすゐ》
餅つき	☆軍旗	**手まり歌**	雪合戦
梅の花	三勇士		

『初等科音楽』二　（26曲うち☆印8曲）　昭和17年3月31日発行

君が代	勅語奉答	天長節	明治節
一月一日	紀元節	春の海	作業の歌
若葉	☆機械	☆千早城	野口英世《のぐちひでよ》
☆水泳の歌	山田長政	青い空	船は帆船よ
☆靖国《やすくに》神社	☆**村の鍛冶屋《かぢや》**	ひよどり越	☆入営
グライダー	☆**きたへる足**	かぞへ歌	広瀬中佐
☆少年戦車兵	無言《むごん》のがいせん		

『初等科音楽』三　（27曲うち☆印6曲）　昭和17年3月31日発行

君が代　勅語奉答　天長節　明治節
一月一日　紀元節　昭憲《せうけん》皇太后御歌　金剛石《こんがうせき》・水は器　朝礼の歌
大八洲《おほやしま》　忠霊塔《ちゆうれいたふ》　赤道越えて　**麦刈**
海　☆戦友　☆揚《やう》子《す》江《かう》　大東亜
☆牧場《まきば》の朝　聖徳《しやうとく》太子　橘《たちばな》中佐　秋の歌
☆捕鯨船《ほげいせん》　特別攻撃隊　**母の歌**　冬景《げ》色《しき》
☆小楠公《せうなんこう》　☆白衣の勤め　桃山

『初等科音楽』四　（27曲うち☆印7曲）　昭和18年2月28日発行

君が代　勅語奉答　天長節　明治節
一月一日　紀元節　明治天皇御製　☆敷島の
☆おぼろ月夜　姉　☆日本海海戦　晴れ間
四季の雨　われは海の子　満洲のひろ野　肇国《はつくに》の歌
☆体錬《たいれん》の歌　落下傘《らつかさん》部隊　御民われ　渡り鳥
☆船出　鎌倉　☆少年産業戦士　**スキー**
水師営の会見　早春　☆日本刀

『高等科音楽』一（男子用）　（19曲）　昭和19年4月30日発行

君が代　勅語奉答　天長節　明治節

一月一日	紀元節	海ゆかば	青年の歌
八紘《はっくわう》為宇《ゐう》	麦うち歌	元寇《こう》	大地を耕す
白虎隊	木枯の朝	落日	空を護る
児島高徳《こじまたかのり》	機械に生きる	学びの庭に	

『高等科音楽』一（女子用）（19曲）　昭和19年4月30日発行

君が代	勅語奉答	天長節	明治節
一月一日	紀元節	海ゆかば	女子青年の歌
四季の月	麦うち歌	鏡	大地を耕す
ますらをの母	しろがねも	落日	小楠公《せうなんこう》の母
児島高徳《こじまたかのり》	星の光に	学びの庭に	

”カクレンボ“　作詞者不詳、下総皖一《しもふさかんいち》作曲。

”オウマ“　林　柳波作詞、松島　彝作曲。‚オウマノオヤコハ　ナカヨシコヨシ…‚ の歌詞。

大正時代にはどこの農家でも牛馬を飼っていて、荷物を背に積んだ親馬が、後からついてくる子馬を心配そうに見ながら歩いていく情景が、生活の一部として溶け込んでいた。しかし ”オウマ“ は平成七年の教科書を最後に姿を消した。時代の近代化で、農家は耕運機を使い始めて周辺に馬の姿を見なくなったからである。

●**林《はやし》 柳波《りゅうは》**（一八九二〜一九七四）　群馬県沼田市の農家の三男として生まれる。東京の明治薬学校（現明治薬科大学）卒、同校講師、詩人、俳人、童謡作家。舞踊家のきむ子と再婚後 ‚童謡に踊りをつけて欲しい‚ と依頼に来た野口雨情に勧められて童謡も手がけるようになった。柳波が千葉県の今の成田市三里塚にあった三里塚御料牧場で、娘を連れて訪れた時の印象を詩に表したのがこの歌のもとだという。三里塚は、今は成田空港になっている。

〝ウミ〟（'ウミハヒロイナ　大キイナ…'）〝オウマ〟などの作詞。沼田市の林 柳波の母校沼田市立沼田小学校校庭に、柳波自筆のオウマの詩碑が建っているが、この小学校の生徒たちですら、今ではこの歌を正確に歌えなくなっているという。(4)

◉**松島《まつしま》彝《つね》**（一八九〇～一九八五）山形市生まれ。福島県立高等女学校卒、東京音楽学校本科器楽部（ピアノ専攻）卒。女子学習院教授、国民学校音楽科教科書編集委員。

先祖は水戸藩士で、父は裁判官。父は病弱だった娘彝を夏休みによく温泉宿へ湯治に連れて行ったという。父を説得して東京音楽学校に進んだ。卒業後ヨーロッパへ留学の希望にもえていたところ、父が脳溢血で倒れて断念。また当時学習院院長の乃木希典《のぎまれすけ》＝〝水師営の会見〟で歌われているように、明治三十七・八年の日露戦争（日露戦役とも三十七・八年戦役とも称した）で、名を残した（後述）＝から、華族学校（のちの学習院女子部）の教官になるよう要請されて、大正元年（一九一二）から三十六年間教壇に立った。また文部省の音楽科教科書編集委員に女性では初めて任命された。第二次世界大戦後は学習院教官を去り、仏教音楽に情熱を傾け、全国の寺院を回ってお経を収集して作曲に専念した。〝般若波羅蜜多讃歌〟は九十分の大曲。

生涯に作曲した曲は一千曲に及ぶ。晩年は骨粗しょう症を患い、寝たきりの生活を送ったが、病室でもお経に作曲をし続けていたという。(5)

童謡唱歌　〝手まり歌〟〝ひな祭り〟。ほかに著書に『音楽概論』『ピアノ奏法の研究』などがある。

〝鯉のぼり〟　作詞者不詳、作曲者**井上武士**。'お日さまのぼる　もえたつみどり'

〝山の歌〟　久保田宵二《くぼたしょうじ》作詞、長谷川良夫《はせがわよしお》作曲。

●**久保田宵二**《くぼたしょうじ》（一八九九～一九四七） 長野県生まれ。歌人。東京大学卒、東京大学講師、昭和女子大学講師。

〝田植〟 井上赳《いのうえたけし》作詞、中山晋平《なかやましんぺい》作曲。中山晋平らしい歌謡曲風の曲である。'そろた　出そろた　さなへがそろた…' の歌詞。

〝野菊〟 石森延男作詞、下総皖一作曲。

●**石森延男**《いしもりのぶお》（一八九七～一九八七） 北海道札幌市生まれ。国語教育学者、児童文学作家。札幌師範学校卒、東京高等師範学校卒、文部省図書局にて国定教科書の編集に従事、第二次世界大戦後は進駐軍占領下の国定教科書の編集、学習指導要領国語科編集の中心人物。昭和女子大学教授、光村出版ＫＫで検定教科書の編集にも尽力。児童文学作品『コタンの口笛』（昭和三十二年）はベストセラーとなる。

〝餅つき〟 作詞者不詳、井上武士作曲。

〝手まり歌〟 武内俊子作詞、松島彝《つね》作曲。童謡として扱える秀作。

〝若葉〟 松永みやを作詞、平岡均之《ひらおかきんし》作曲。終戦後も久しく教科書に記載されている。

●**松永**《まつなが》**みやを**（一九〇二～　？　） 本名宮生。鹿児島県生まれ。東京豊島師範学校卒、日本大学卒、富士幼稚園園長、日本歌謡芸術協会常任理事。

●**平岡均之**《ひらおかきんし》（一九〇一～一九七六） 秋田県生まれ。熊谷中学校卒、宮原禎次《みやはらていじ》に師事、日本民謡調の美しい作品が多い。

〝村の鍛冶屋〟 国民学校になって、文語体の歌詞を使用できなくなったことに準じて、歌詞を次のようにかえている。

'暫時《しばし》も　やまずに'　→　'しばしも　休まず'
'あるじは　名高き　いつこく老爺《おやぢ》'　→　'あるじは　名高い　いつこく者よ'

〝鉄より堅しと　ほこれる腕に〟→〝鉄より堅いと　じまんの腕で〟
〝勝りて堅きは　彼が　こゝろ〟→〝打ちだす　刃物に　心　こもる〟

〝きたへる足〟　片桐顕智作詞、成田為三作曲。

◉片桐顕智《かたぎりあきのり》（一九〇九～一九六九）　長野県生まれ。東京大学国文科卒、NHK文芸部長、放送文化研究所所長。

〝麦刈〟　白鳥省吾作詞、井上武士《いのうえたけし》作曲。

◉白鳥省吾《しらとりしょうご》（一八九〇～一九七三）　宮城県生まれ。詩人。早稲田大学英文科卒、日本文芸家協会会員、日本詩人連盟会長。大正三年（一九一四）の『世界の一人』は当時の詩としては珍しい口語体の詩集、雑誌『新少年』主宰、他に詩集・童謡集も多い。

〝母の歌〟　野上弥生子作詞、下総皖一作曲。

◉野上弥生子《のがみやえこ》（一八八五～一九八五）　本名ヤヱ。大分県臼杵町（現臼杵市）生まれ。小説家。明治女学校高等科卒、夏目漱石などに師事。『真知子』は高く評され、その他多くの作品がある。日本芸術院会員、文化勲章受章。

〝スキー〟　時雨音羽《しぐれおとわ》作詞、平井康三郎作曲。

◉時雨音羽《しぐれおとわ》（一八九九～一九八〇）　本名池野音吉。北海道生まれ。詩人、作詞家。日本大学法科卒。〝出船の港〟（中山晋平作曲）、〝君恋し〟（佐々紅華《さ さ こう か》作曲）、〝おらが牧場〟（藤井清水《ふじいきよみ》作曲）など。

◉平井康三郎《ひらいこうざぶろう》（一九一〇～二〇〇二）　本名保喜。高知県生まれ。東京音楽学校器学部卒、ヴァイオリンをポーラックに師事、作曲科に再入学して作曲と指揮をプリングスハイムに師事。昭和二十二年（一九四七）まで東京音楽学校で教職につく。歌曲〝平城山《ならやま》〟、交声曲〝大仏開眼〟、〝紅椿〟〝箏コンチェルト〟〝チェロソナタ〟、歌曲集『平井康三郎歌曲集』など。日本民謡や邦楽の要素を採り入れた作風が特徴。

"海ゆかば" 大伴家持作歌　信時《のぶとき》 潔《きよし》作曲。『万葉集』にある大伴家持の長歌の一節に、信時 潔が作曲した。第二次世界大戦の最中、昭和十八年（一九四三）十二月に文部省・大政翼賛会（"翼賛"とは力を添えて天子などを援けることで、〔大政翼賛会〕が当時の東条英機首相の提唱で発足した）が、この曲を儀式用の曲として定めて全国の教育界に布告した。当時"海ゆかば"はラジオ放送の電波でしばしば流れ、聴くたびに戦争の悲壮感が身にしみた。巨大な機体を銀色に包んだＢ29爆撃機の大編隊の無差別爆撃にさらされ、毎日のように高高度を偵察機がただ一機で悠々とわれわれの頭上を通り過ぎるのを見上げながら、この戦いは、いつどのような結末に収まるのかと不安感に襲われた。でも国民の総てがある程度は察していながらも、寝ても醒めても米兵に竹槍で立ち向かう自分の姿が頭の中を駆け巡って〔銃後の守り〕に決意は固かった。筆者も国民学校六年生のときに、上陸してきた米兵に一人で玄関口に準備していた竹やりで立ち向かう夢を本当に見た。しかしそのような不安を誰に対しても口に出さなかった。家族の間でも一度もそのような弱音を吐く者はなかったのである。

戦時中によく歌った曲には陸軍や空軍関係の曲は多かったが、海軍の曲はそれに比べて少なかったように思う。"海ゆかば"は名曲には違いないが、戦場の兵士の姿を想い心が塞ぐ重厚な曲であった。でも、いま改めてこの信時 潔の音の扱いをみると、やはり人に真似のできない高度な才能を感じる。

この教科書は昭和十九年（一九四四）四月発行であるから、その四ヶ月前の昭和十八年（一九四三）十二月に文部省が"海ゆかば"を儀式に用いるようにと布告したことと関係があったと想える。この曲を儀式用にという布告早々に、高等科一年用と二年用の教科書に記載してある。しかし尋常科六年間の教科書には記載されていない。筆者は昭和十八年には国民学校（小学校）五年生であったが、ラジオ放送でいつでも耳に入っていた曲であったので、いつでも歌えた。中学校・師範学校の教科書にも記載してあるが、終戦を迎えて戦後の教科書には、もちろんすべての教科書から外れている。

なお国民学校教科書についても、各学年用に各々教師用指導書が発行されているが、他に次のような教師用指導書が出版されている。全国的に器楽教育が進展していない当時としては、どの程度使用されたか不明であるが、貴重なものである。

○『国民学校　器楽指導の研究』上田友亀著　共益商社書店　昭和十八年四月発行

昭和二十年（一九四五）八月十五日の第二次世界大戦終戦によって、教育も民主化が進むこととなって、従来の〔国民学校〕が廃止され、昭和二十二年（一九四七）四月一日から〔小学校〕に名称も変更されて、音楽の教科書の内容も大きく改訂された。

そしてそれまでの国定教科書が主流であった音楽科教科書も、昭和二十四年（一九四九）度からは再び検定制度に基づいた検定教科書に戻ったのである。終戦からこの検定教科書が整うまでは、各教科でいわゆる〔黒ぬり教科書〕と言って、戦時中発行の教科書で戦後不適当とする部分を、生徒各自が先生の指示通り墨で黒くぬりつぶして使用した。音楽の教科書も例外ではなかった。

註

（1）『来し方八十年』永井幸次著　大阪音楽短期大学楽友会出版部　昭和二十九年十二月発行　p.203

（2）『ウタノホン』上・下　日本学舎　昭和五十二年十二月発行より転載。

（3）『初等科音楽』一〜四　日本学舎　昭和五十二年十二月発行より転載。

（4）読売新聞〔うた物語　名曲を訪ねて〕平成十二年六月十八日掲載記事参照

（5）右同　平成十二年六月二十五日掲載記事参照

十二　中学校の変遷と音楽教科書

1　中学校の開設

庶民子弟の教育

明治以前の各地の藩校では、従来寺子屋や家塾に学ぶ庶民の子弟の入学を許さず、僅かに入学を許可する藩はあったが、志願するものは極めて稀であった。明治に入って各藩は、教育の機会均等を進めようという努力は続けたようである。例えば静岡藩では明治元年（一八六八）十一月に、「武家社家出家百姓町人並其子弟厄介召使等ニ至ル迄志アル輩ハ学問所へ罷越稽古可致事」という布令を出している(1)。その後、明治政府が「大中小学規則」を布告し、これに従って早速学校の開設に備える地方（岩国藩、東京府等）があった(2)。

明治五年（一八七二）の「学制」発布以前の中学校には、府・藩・庁が新たに経営するものや従来の藩校の維持継続もあったが、多くは廃藩置県の際あるいは「学制」発布に際して閉鎖されたようである(3)。

中等教育については、明治十九年（一八八六）の諸学校令が発令されるまで、国として積極的に制度化されなかったこともあって、地域によっては自発的に自由な教育活動が推進されてきた経過がある。しかし各地域の教育政策の相違や経済的背景、文化的伝統の相違、庶民の教育への関心度・積極性などによって、様々な展開をみせている。そのうち二例のみを簡単に記してみる。(4)

・**東京府中学**が明治三年（一八七〇）四月に駿河台に開設するにあたり、米を年に六百石で校費に充てた。使用教科書はまだ規定されておらず、一等生徒は書経・公法・明律等、二等生徒は左伝連邦史略等、三等生徒は論語、地球説略等の科業が成された記録がある。しかし開設直後の火災で再興できずに廃校となった。

・**京都府中学**が明治三年十二月、二条城北の旧京都所司代屋敷跡に開設。

明治元年（一八六八）太政官が京都に〔皇学所〕及び〔漢学所〕を設け、明治二年（一八六九）十二月にその両学所を合併し〔大学校代〕と名付け、間もなくこれを廃止して明治三年十二月に、二条城北側に〔京都府中学〕の設置とともに両学所の師弟をここに移して就学させた。当時の京都府知事が自ら事実上の校長となり、今日まで続く**我が国最初の中学校の開校式を挙行**した。この中学校には小学校も附設して、生徒は華族をはじめ士族が主で一般庶民も含まれていた。就学年齢は十六歳から二十二歳であった。その後場所は移転したが、第二次世界大戦終戦後の学制改革まで、京都府立京都第一中学校（略称京一中）として存続し、これは開設以来今日まで途切れることなく運営された**我が国最古の中学校**であり、湯川秀樹などノーベル賞受賞者三名をはじめ、各界の有名人を無数に輩出している。筆者も戦時疎開で通学していた大阪府立富田林中学校から、京一中二年生への編入試験に合格して京一中の出身者の一人であるが、旧制中学校が五年間で学業を終えるところを、四年生に進級の時点で戦後の学制改革によって新制度化の高等学校に自動的に入学することになったために、京一中の卒業生名簿には〔昭和二十年度入学〕という変則的な形で記載されている。全国でそのような事態が起こったのであるが、省みれば終戦直後の教育界も大変複雑な時代であった。京一中は現在京都府立洛北高等学校として、その長い歴史を受け継いでいる。

「学制」については〔二「学制」の発布と音楽（唱歌）の扱い〕に記した通り、「学制」第百九条で全国八大学区、一大学区を三十二中学区（全国で二百五十六中学校）、一中学区に二百十小学区（一大学区で六千七百二十小学校・全国で五万三千七百六十小学校）の開設を規定しているが、実施状況は不完全なまま、その七年後の明治十二年（一八七九）九月に発令された「教育令」別名〔自由教育令〕によって「学制」は廃止された。教科目は下等中学教科として国語学、習字、図画等二十教科の最後に〔奏楽〕とあるが、小学校と同様に〝当分欠〟とある。上等中学の教科に音楽の教科目は見当たらない。

明治十一年（一八七八）設立の公立中学校は全国で三十五校あり、うち、例えば大阪府下では十校（府立、中船場、華陽、千秋、澱北、立花、曾根崎、杭全、刈田、池田）が開設されている。

「中学校教則」が制定されて初等中学の教科に、

〝修身…略…図画及唱歌、体操トス　但唱歌ハ教授法ノ整フヲ待テ之ヲ設クヘシ〟

とあり、高等中学でも〔唱歌〕は教科目として示されてはいるが、〝土地ノ状況ニヨリ〟あるいは〝其学科ヲ加除シ…〟の項目に準ずる「中学校教則大綱」を見ると、小学校と同様に実際には授業は行われていない。

2　教科書の編纂・検定と音楽教科書

中学校教科書の採定については、明治十三年（一八八〇）以来その準備に着手し、明治十五年（一八八二）十二月には各府県から招集した学務吏員に対して、その採定には非常に慎重にという訓示を出している。明治十六年（一八八三）に文部省は小・中学校・師範学校の教科図書の撰用・変更には、文部省の取り調べの伺い書を必要とするとした。しかしながらそういったことは中学校の音楽科（唱歌科）にはまだ全く関係がなかった。つまり当時の音楽科は教科書作成にすら取りかかれていなかったのである。

明治十八年（一八八五）三月に中学教員学力検定試験が実施されて〔唱歌科〕の合格者には、ただ一名吉田　象の名がある。(5) しかし彼のその後の消息については全く不明である。

明治十九年（一八八六）四月十日の「中学校令」に準ずる「尋常中学校ノ学科及其程度」を見ると、

尋常中学校ノ学科及其程度

（明治十九年六月二十二日 文部省令第十四号）

第一条　尋常中学校ノ学科ハ倫理国語…略…地理歴史数学博物物理化学習字図画**唱歌**及体操トス…略…**但**…略…

唱歌ハ当分之ヲ欠クモ妨ケナシ

…略…

第三条　尋常中学校ニ於テハ五級ヲ設ケ…

	第五級 第一年	第四級 第二年	第三級 第三年	第二級 第四年	第一級 第五年
唱歌	二	二			

…略…

（註　唱歌の週間授業時数は、一・二年にのみ各二時間を指定している）

第五条　…略…

唱歌　単音及複音唱歌

…略…

のように時間配当と指導内容も示しているが、実施の形跡は不明である。

3　中学校の教科書

1．『中等唱歌集』編纂兼発行者　高等師範学校附属東京音楽学校　明治二十二年十二月発行（図70）

我が国最初の中学校の音楽教科書である。

記載曲

君が代	紀元節	天長節	旭の旗	三千余万
矢玉ハ霰	君が代の初春	織なす錦	御稜威の光	御国の民
保昌	凱旋	国旗	火砲《ほづつ》の雷《らい》	埴生《はにゅう》の宿
身も世も忘れ	君は神	憲法発布の頌		

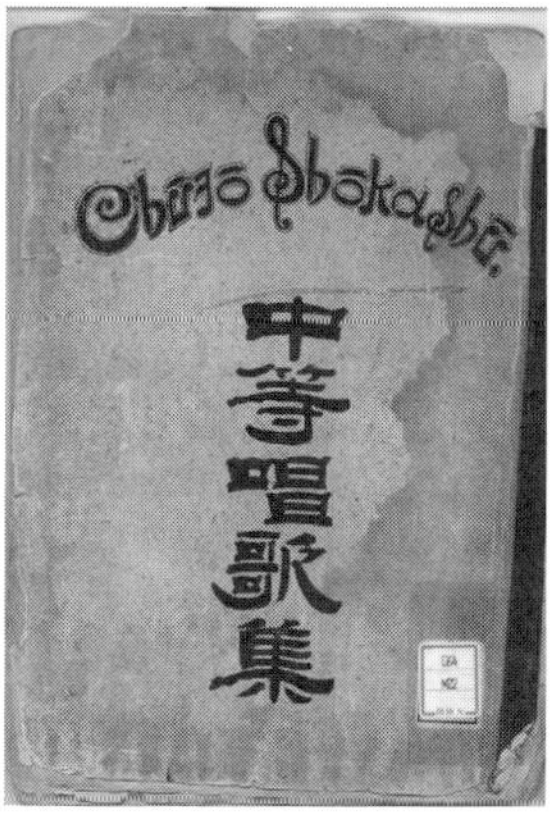

図70　1．『中等唱歌集』

・主な記載曲

〝天長節〟　明治二十六年（一八九三）八月十二日に『官報』で〔祝日大祭日儀式唱歌〕が公布される以前にここで発表した形になっている。当時の外国人雇教師ソーブレーが和声付けをしたと印刷されている。勿論明治天皇のご生誕記念祝歌である。

〝矢玉ハ霰〟　作歌は里見《さとみ》　義《ただし》。作曲は伊沢修二。

〝君が代の初春〟　アメリカ出版の唱歌集に〝Wake, wake the morning”という歌詞で記載されている。邦語作詞者は里見《さとみ》 義《ただし》。

“火砲の雷”“ほづつのらい”と読ませている。遠藤 宏は、里見 義がつけた曲名であり、読み方も彼がきめたのであろうと言う。[6] 旋律はドイツの当時の準国歌“ラインの守り”。

“埴生《はにゅう》の宿” 原名は“Home, sweet home”、作詞はアメリカの劇作家兼俳優のペイン（John Howard Payne：一七九一～一八五二）。'はにゅう'は'貧しい粗末な家'の意。

作曲はビショップ（Sir H.R.Bishop：一七八六～一八五五）。『Franklin Square Song Collection No.1』（アメリカの出版）には、イタリアのシシリー島の歌調となっている。ビショップが一八二三年にヨーロッパ各地で上演した自作のオペラ『クラリ』（Clari）の中で、この曲が演奏され大評判になったという。[7]

邦語作詞者は里見 義。原詩に忠実で、彼の訳詩第一号ではないかといわれている。元は“埴生の庭”としていたものが、歌詞も改定されてここにある歌詞に落ち着いた。[8] 竹山道雄《たけやまみちお》（一九〇三～一九八四、独文学者）が戦後まもなく児童雑誌に連載し、出版・映画化もされてベネチア映画祭でサン・ジョルジョ賞を受賞した『ビルマの竪琴』（市川崑監督）は大反響を起こしたが、テーマ音楽に哀愁を帯びたこの曲を使って鑑賞者の心を捉えた。

2．『明治唱歌抜萃 中等唱歌』 大和田《おおわだ》建樹《たけき》・奥《おく》 好義《よしいさ》同選 中央堂書店 明治二十八年三月出版（図71）

ページの最初にL.W.Masonの写真を記載し（その写真は本書の第三章図2に記載のメーソンの肖像写真と同じもので、音楽関係の図書に出てくる彼の肖像写真はすべてこれと同じものである）、続く緒言（特に〔緒言〕とは書いていない）に、

右ニ掲グルハ米国音楽博士ルーサル、ホワイチング、メーソン先生ノ肖影ナリ。先生ハ去ル明治十三年ヨリ明治十五年マデ我文部省ノ聘ニ応ジテ音楽取調掛、東京師範学校、東京女子師範学校、及ビ学習院ニ於テ教授ノ労ヲ

執リ実ニ我邦学校唱歌ノ基ヲ闢《(開)》カレタリ。好義不肖ト雖《(いえ)》ドモ嘗《(かつ)》テ同僚上真行、辻則承二氏ト共ニ先生ニ就キテ業ヲ受ケ今尚ホ其教授法ヲ継ギ唱歌授業ニ従事スルハ全ク先生ノ賜ト謂《(言う)》フベシ。此度明治唱歌ノ選成ルニ当リ聊カ厚恩ヲ謝センガ為メ其肖影ヲ写シテ世ノ同学諸君ニ示ス。

奥　好義

と記している。この文面を見ると、当時音楽取調掛においてメーソンに学んだ学徒たちが、如何にメーソンを慕い、短期間ながら情熱を傾けて彼から学んだか、そしてその学んだ知識を如何に後続に伝える努力に徹していたかを推察することができる。なおこの文面は、同時期に発刊した『明治唱歌抜萃小学唱歌』にも同文を記載してある。

3．『新編中等唱歌』奥　好義・内田正義編　明治二十七年九月発行　文部省検定済（明治二十七年九月）

この教科書の最後のページの奥付を見ると、次のように記してある。

明治二十七年九月二十七日文部省検定済　版権所有
明治二十五年十二月十八日印刷
同　年同月二十日出版
撰者　東京府士族　奥　好義
発行者　東京府士族　内田正義
印刷者　東京府平民　杉原弁次郎
発売元　東京日本橋区通三丁目八番地　寛裕舎

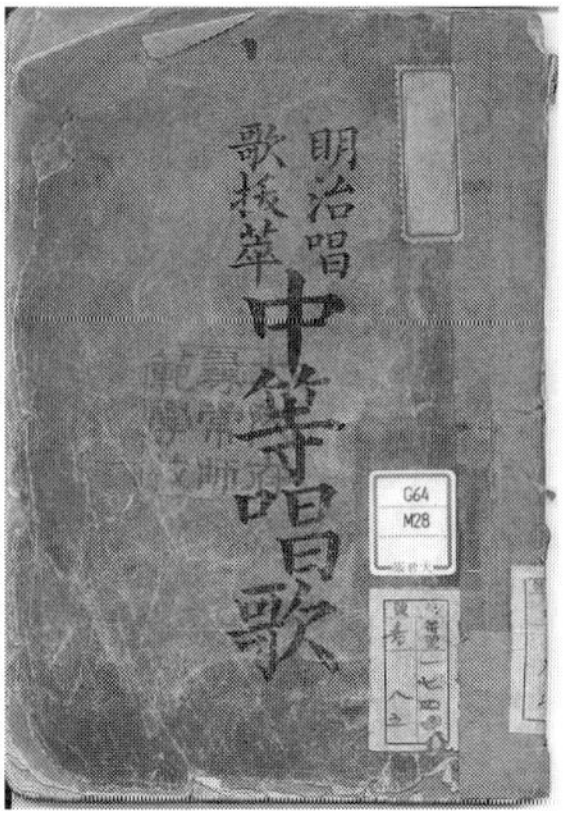

図71　2．『明治唱歌抜萃中等唱歌』

L・W・メーソンの愛弟子の奥好義が、“地理教育鉄道唱歌”を作曲した大和田建樹と協力して編集し、出版した教科書。

日清戦争の後、日露戦争までの間に発令された明治三十二

年（一八九九）二月八日の「中学校令改正」に準じる「中学校編成及設備規則」には、

中学校編成及設備規則

（明治三十二年二月八日
文部省令第三号）

…略…

第三条　学級ハ同学年ノ生徒ヲ以テ編成スヘシ倫理、体操及**唱歌**ニ限リ学年又ハ学級ノ異ナル生徒ヲ合シテ同時ニ教授スルコトヲ得

…略…

とあり、この頃になると一般に教科書も使用し始めた唱歌の授業実施方法に幅を持たせている。これは音楽教員の不足と音楽教材・教具の不足が原因と考えられる。

明治三十四年（一九〇二）三月五日に発令の「中学校令施行規則」では授業時間配当が第一、二、三学年各一時間に変更されているが、'**唱歌ハ当分之ヲ欠クコトヲ得**' とあり、小学校と同様に全国的な実施はまだ殆ど不可能であったことをうかがわせている。

中学校令施行規則

（明治三十四年三月五日
文部省令第三号）

…略…

第一章　学科及其ノ程度

…略…

第十二条　唱歌ハ歌曲ヲ唱フコトヲ得シメ美感ヲ養ヒ心情ヲ高潔ニシ兼テ徳性ノ涵養ニ資スルヲ以テ要旨トス

と極めて簡単な文面ながら、**初めて中学校音楽（唱歌）教育の目的を明示**した。

実はこの「施行規則」の発令以前の明治三十年（一八九七）九月に、文部省は尋常中学校教科細目調査委員を三十数名に委嘱して（唱歌については上原《うえはら》六四郎《ろくしろう》と上《うえ》真行《さねみち》の二名）、翌年明治三十一年（一八九八）四月に文部省はその報告を受けている。

4．『中学唱歌』　東京音楽学校編　明治三十四年三月発行（図72）

東京音楽学校編とあるが、実質は滝　廉太郎が中心になって出版に至った教科書のようである。

「中学校令施行規則」発令直後に世に出た中学校音楽教科書である。日清戦争と日露戦争の中間の時期に発行されており、全三十八曲中ただ一曲〝朝起の鐘〟が口語体で、この教科書には曲のテーマの下にわざわざ**（俗語体）**と記してある。他は総て文語体である。この教科書は大正八年（一九一九）一月までに二十九版までの再版があり、かなり長期間使用された。

滝　廉太郎は、この教科書の出版二ヶ月後に、留学のためヨーロッパに向けて出発している。

・主な記載曲

〝荒城の月〟　土井晩翠作詞、滝　廉太郎作曲。（図73）

この楽譜は原曲のままであり、第三小節のEisの音が使われているが、**山田耕筰が編曲したときに♯**

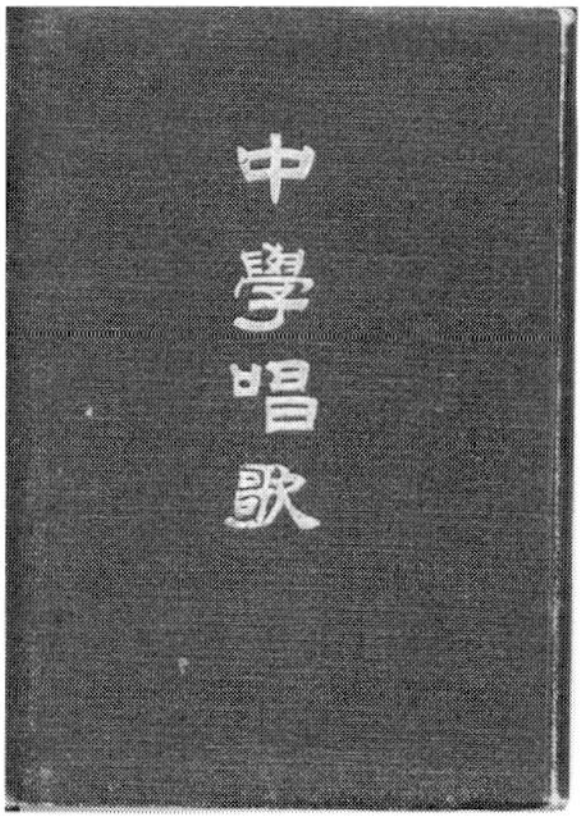

図72　4．『中学唱歌』

縦横15センチメートル、11センチメートルの小型の教科書。滝　廉太郎の“荒城の月”“箱根八里”が初めて記載された教科書。

を除いたことから、今日では♯を用いずにE音で演奏する場合が多い。

歌詞，春高楼の花の宴　めぐる盃影さして…，の，めぐる盃，とは江戸時代の武士の宴会では同じ盃が一同の間を巡ったもので、盃を通して主君と家臣の間で強い絆が結ばれた。いわば盟約の儀式であった。盃も正式の宴では三つ重ねの盃で一杯ずつ飲ませ（一献）、それを三回巡らせる儀礼を〔式三献〕と言い、〔三三九度〕はその名残である。儀式やマナーは時代と共に変わるが、その根底にある日本人の感覚に根ざした部分はこれからも生き続けるであろう。土井晩翠もそのような感覚をもってこの詩を書いたのであろう(9)。

この曲は海外でもその名が通っている。

竹田市の岡城址に筆者も約三十年前に訪れた。町並みから外れて坂道を登り、突然視界に入ったものは、小高い山懐に拡がる複雑に折れ曲がった城の石垣の、幽玄という言葉が適確と思える景色であった。夕暮れ近く人っ子一人見当たらない寂しい自然の中で、その苔むす石垣の根元一帯には樹木や雑草が生い茂り、将に〔荒城〕そのものの姿に惹き込まれた。滝 廉太郎が少年時代に見つめていた〔荒城〕への思いと重なって胸が熱くなり、しばらくその場を去りがたかった。天守閣も今は無く、そのあたりは全く殺風景で早々と再び来た道を戻り、先ほどのずっしりと地に足を踏みしめている城の石垣を見渡せる坂道に立ってみた。人の手入れの跡はどこにも見当たらない。これで天守閣が再建されれば観光客が多く踏み込んで人の手入れも行き届くようになり、〔荒城〕は荒城でなくなってしまうに違いない。永遠に今のままの姿であって欲しいと願ったものである。土井晩翠の詩に心を打たれた滝 廉太郎の心情になりきったひと時であった。ここに月が上がれば〝荒城の月〟は見事に再現されるところであった。

◉**土井《どい》晩翠《ばんすい》**（一八七一～一九五二）　本名林吉。，つちい，が正式な読みかたであるが、昭和九年（一九三四）に，どい，と改称した。仙台市生まれ。東京大学英文科卒。英文学者、翻訳家。東京大学在学中に雑誌『帝国

荒城の月

図73　“荒城の月”（『中学唱歌』）

滝 廉太郎は、この〔荒城〕を大分県竹田の岡城だと言っているようだが、“荒城の月”の記念碑はほか二箇所にもある。

(其二) 箱根八里

コ ケ ナメラカ 一夫関ニ アタルヤ
こけ なめらか 一夫関ニ あたるや
cresc.
万丈モ ヒラクナシ 天下ニタビスル 剛毅ノモノノフ
万丈も ひらくなし 山野にかりする 剛毅のますらを
大タウコシニ アシダガケ ハチリノイハネ フミナラス
獵じうかたに わらぢがけ はちりのいはね ふみやぶる
カクコソ アリシカ 往時ノモノノフ
かくこそ あるなれ 當時のますらを

二十四

図74　“箱根八里”（『中学唱歌』）

箱根の山を中国河南省の黄河中流域にある函谷関と比べて規模は大きいと歌っている。箱根の峠にも函谷関にも関所があるが、関所の規模は、函谷関の方が比較にならないほど大きい。

文学』編集委員を嘱任され、自作の新体詩をこれに掲載して好評を得た。後にこれを一巻にまとめたのが詩集『天地有情』（明治三十二年＝一八九九＝発行）である。この格調高い作品によって一躍島崎藤村に並ぶ詩人と認められたという。明治三十三年（一九〇〇）から昭和九年（一九三四）まで第二高等学校教授、そして名誉教授となる。その間ヨーロッパに留学、帰国後東北帝国大学で英文学の講師も勤めた。

岡崎匠吾氏の最近の研究調査結果を次に示しておく。土井晩翠の作詞による校歌や寮歌は計二百五十三編、社歌や市歌は十七編。活躍の舞台は三十七都道府県にわたり、樺太《サハリン》・中国などの旧日本領土やブラジルにまで足跡を残している。都道府県別では、晩翠の出身地である宮崎県の六十九編が最も多く、次いで山形県二十六編、福島県二十編と東北六県で過半数を占めている。晩翠の歌に曲を付けた作曲家は判明しただけで六十五人。山田耕筰の二十四曲、信時 潔の十八曲などである。(10)

◉滝《たき》 廉太郎《れんたろう》（一八七九〜一九〇三） 東京に生まれる。父の転勤で各地を転々としたが、少年時代を大分県竹田で過ごし、当地の高等小学校卒、東京音楽学校卒。明治三十四年（一九〇一）六月に文部省留学生としてドイツに渡り、十月ライプツィヒ王立音楽院に入学したが、病気になり翌三十五年九月帰国の途につく。故郷の大分で療養、二十五歳（満年齢二十三歳十ケ月）の若さで死去。**日本人の作曲家として世界的に知れ渡った最初の人物**と言える。作品は多く歌曲・童謡の類で、〝花〟〝雀〟〝鳩ぽっぽ〟などがある。また平成になって彼の作曲した〝ピアノ協奏曲〟の楽譜が新たに発見されて、その演奏をテレビで放映された際に偶然見たが、モーツァルトの曲風に似ている印象を受けた。

〝箱根八里〟 鳥居 忱《まこと》作詞、滝 廉太郎作曲。（図74）

この曲は〝**荒城の月**〟**とともにこの教科書の発行によって初めて国内に知れ渡ったことになる**。またこの曲は〝荒城の月〟と共に、彼がドイツ留学に際して明治三十四年（一九〇一）三月に催された送別会において初演された曲である。しかし文部省の発行でないこの教科書に記載の各曲は無記名で、滝　廉太郎の名はない。前記「中学校令施行規則」を基にして明治三十五年（一九〇二）二月に菊池文部大臣は「中学校授業要目」を定め全国の中学校に指示している。これは**文部省が中学校に発令した音楽に関する最初の具体的な授業要目**であった。そこに記す〔唱歌〕についての文面を見てみる。

中学校授業要目

（明治三十五年二月）
文部省訓令第三号

…略…

唱　歌

…略…

教授上ノ注意

一、気息演習、発音演習、拍子演習、調子演習、発想演習等ハ之ヲ遺漏ナク併セ授クルニハ楽譜ニ依ルコト最モ便ナレハ唱歌教授ノ際歌曲ト附帯シテ之ヲ授クヘシ

二、唱歌ヲ授クルニハ常ニ生徒ノ感情ヲ興起センコトニ留意シ其ノ品位ヲ高雅ニシ気韻ヲ雄大ナラシメンコトヲ力ムヘシ

三、唱歌ヲ授クルニハ其数ノ多キヲ求メスシテ十分之ニ熟達セシメ其ノ歌詞ヲ永ク記憶セシメンコトヲ要ス

四、生徒ヲシテ唱歌セシムル際常ニ姿勢ニ注意セシメ又成ルヘク教員及楽器ニ依頼スルコトナカラシムヘシ

五、生徒中声嘶《せいせい》、咳嗽《がいそう》等ノ疾患アル者及変声期ニ際セル者ニハ便宜唱歌ヲ免除スヘシ

六、授業用備品ハ次ノ例ニ依ルヘシ

風琴、洋琴又ハばいおりん、譜表ヲ記入シタル黒板、掛図、掛図台、調音叉、めとろのーむ、譜表台

（註　当時法律関係の文章はカタカナを用いたので、文中の外国語は現在とは逆にひらがなを用いている）

以上の各項目を見ると、この頃になると、例えば変声期についての注意事項等の項目まであることから、各地の音楽教師の実践を基に作成した文面であることが想像できる。また我が国の教育法規の中では、ここで初めて〝提琴〟を〝ばいおりん〟と記している。

5．**『中等教科唱歌集』** 楠美恩三郎《くすみおんざぶろう》編　弘文館　明治三十六年発行

○『中等教科唱歌集』伴奏附　楠実恩三郎編　弘文館　明治三十六年発行　文部省検定済（明治三十七年十月）

6．**『中等音楽教科書』** 巻一～巻三　北村季晴《きたむらすえはる》編　共益商社書店　明治四十一年四月～四十三年三月発行

歌唱曲は極めて少なく、楽典・発声の生理的解明などに大半のページを割いている珍しい教科書である。変声期を迎えることを勘案してのことだと想うが、理屈っぽくて活用しにくい教科書であったろうと想う。

7．**『中等唱歌』** 東京音楽学校編　共益商社楽器店　明治四十二年五月発行　文部省検定済（明治四十三年一月）（図75）

明治三十四年（一九〇二）三月発行の『中学唱歌』が、中学生のみを対象にしたものであったのに対して、この教科書は師範学校・中学校・高等女学校の教科用図書として編纂されたもので伴奏付きである。編者に東京音楽学校雇外国人教師アウグスト・ユンケル（August Junker）、ハインリッヒ・ヴェルクマイステル（Heinrich Werkmeister）の協力を得て、教授＝鳥居《とりい》 忱《まこと》、武島又次郎、富尾木知佳《とみおぎちか》、島崎赤太郎《しまざきあかたろう》、吉丸一昌《よしまるかずまさ》、乙骨三郎《おつこつさぶろう》、助教授＝楠見恩三郎、田村虎蔵、岡野貞一、南《みなみ》 能衛《よしえ》、文部省の嘱託講師で視学官の吉岡郷甫《よしおかきょうほ》が編集委員となって完成したものである。

全三十曲中外国曲十八、そのうち外国フォークソングが七曲も入っている。土井林吉《どいりんきち》（晩翠《ばんすい》）作歌、山田源一郎作曲の〝ヲーターロー〟〝孔子〟、ロッシーニ作曲の〝湖上の月〟など外国曲が過半数のこの教科書に、日露戦争勝利によって日本領土になって四年目の樺太《からふと》が、そのまま〝樺太《からふと》〟（図76・77）の曲名で記載されている。記載曲の中に**Schwäbisches Volkslied**（ドイツ南部スイスとの国境地帯の民謡）が旗野十一郎《はたのたりひこ》の作詞で記載されてい

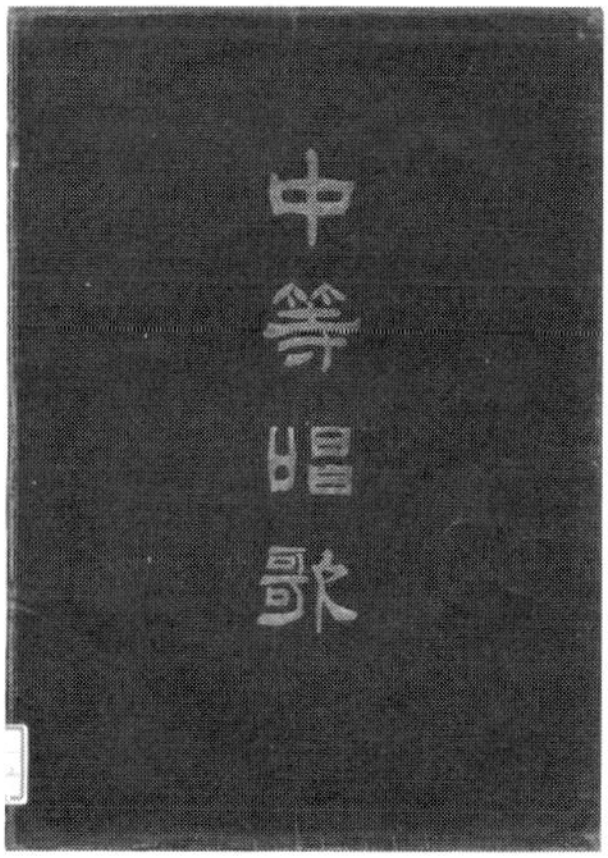

図75 『中等唱歌』

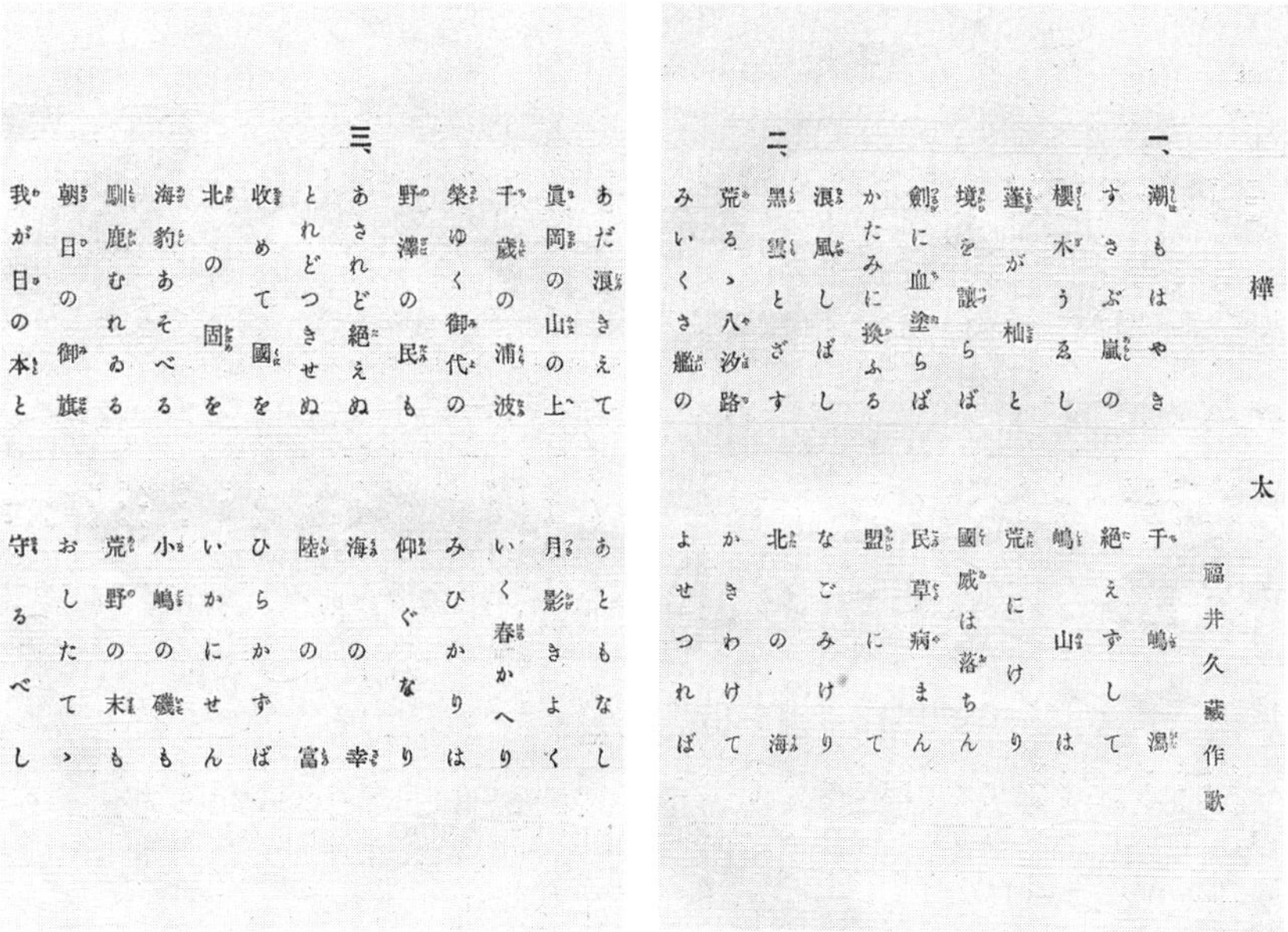

樺太

福井久藏作歌

一、潮もはやき　千島潟
すさぶ嵐の　絶えずして
樫木うゑし　嶋山は
蓬が杣と　荒にけり
境を譲らば　國威は落ちん
劍に血塗らば　民草病まん
かたみに換ふる　盟にて
浪風しばし　なごみけり

二、黒雲とざす　北の海
荒るゝ八汐路　かきわけて
みいくさ艦の　よせつれば
あだ浪きえて　あともなし
眞岡の山の上へ　月影きよく
千歳の浦波　いく春かへり
榮ゆく御代の　みひかりは
野澤の民も　仰ぐなり

三、あされど絶えぬ　海の幸
とれどつきせぬ　陸の富
收めて國を　ひらかずば
北の固を　いかにせん
海豹あそべる　小嶋の磯も
馴鹿むれゐる　荒野の末も
朝日の御旗　おしたてゝ
我が日の本と　守るべし

図76 “樺太”（『中等唱歌』）

mf
f
かひをゆづらばこくゐはおちんつろぎにち
チカノヤマノヘツキカゲキヨクチトセノウ
ざらしあそべるをじまのいそもとなかいむ
mf
f
ぬらばたみぐさやまんかたみにかよ──るち
ラナミイクハルカヘリサカユクミヨーノミ
れゐろあらののすゑもあさひのみはーたお
かひーにーてなみかぜしばしなごーみけり
ヒカーリーハノザハノタミモアフーゲナリ
したーてーてわがひのもとともーろべし
ff
rit.
ff
rit.

樺　太
♩=120.
益山鎌吾作曲
mf
一 うしほもはーやきちしーまがたすさーぶあー
二 クロクモトーザスキターノウミアルールヤー
三 あされどたーえぬうみーのさちとれーどつー
らしのたえずーしーて さくらぎうゑしし一
シホヂカキローケーテ ミイクサブネノヨー
きせぬくがのーとーみ をさめてくにをひー
f
p
mp
まーやまーは よもぎがそまーとあれーにけり さ
セーツレーバ アダナミキエーテアトーモナシ マ
らーかずーば きたーのかためをいかーにせん あ

図77　“樺太”（『中等唱歌』）

なかなかの名曲でありながら、今はすっかり忘れられているのは残念である。
る。またドイツの古い民謡（Altdeutsches Volkslied）の一つが〝墓詣〟のテーマで記載されているが、この曲など

8．『中等唱歌教科書』第一巻〜第三巻　中田　章・島田英雄共編　東京共益商社書店　大正五年十一月発行

第一巻には教師用指導書（伴奏譜）があり、全十七曲中次の二曲には英語の歌詞が付いている。

"Twinkle, Twinkle, Little Star !"

"Tick ! Tick !"

大正八年（一九一九）二月の「学校令改正」に伴う「中学校令施行規則」第四十二条に、

〝各学科目ノ教授ハ其ノ目的及方法ヲ誤ルコトナク互ニ相聯シテ補益センコトヲ要ス〟

とあるのは、時代に即応した教育内容を求める一つの手段としてそのように記したものと想われる。唱歌は第一第二学年に各一時間ずつ配当している。

昭和六年（一九三一）一月の「中学校令施行規則中改正」で、それまでの中学校関係の法令では〔唱歌〕と表示

中学校令施行規則中改正　（昭和六年一月十日　文部省令第二号）

…略…

第二条　中学校ノ学科目ハ修身、公民科、国語漢文、歴史、地理、外国語、数学、理科、実業、図画、音楽、作業科、体操トス

…略…

されていたのが、ここで初めて〔音楽〕と記され、またそれまで附記されていた〝当分欠クコトヲ得〟がここには見当たらず、音楽科が完全な〔必修科目〕として扱われたのもこれが最初である。

この改正では、授業時間の各学年配当表が甲号表・乙号表に分かれていて、その組み合わせに選択の余地があり非常に複雑でなかなか理解しがたいものである。しかし、とにかく音楽科の扱いが必修科目に昇格したことは大きな進歩である。

9.『中等教育音楽教科書』巻一〜？　楽書刊行協会編　高井楽器店　昭和六年発行

10.『昭和中等音楽教科書』巻之一〜？　永井幸次・田中銀之助共編　大阪音楽学校　昭和六年発行

11.『中学音楽教科書』吉田信太・井上武士共著　共益商社　昭和六年九月発行

12.『中学校用音楽教科書』上巻・下巻　弘田龍太郎編　富山堂　昭和七年十月発行

13.『標準男子音楽教科書』上巻・下巻　小川一朗・黒沢隆朝《くろさわたかとも》共編　共益商社書店　昭和七年八月発行

○『男子音楽教授資料集成』上記教科書の指導書　共益商社　昭和八年十二月発行

14.『新定中学音楽教科書』上巻　信時潔ほか共編　大阪開成館　昭和八年七月発行

15.『新男子音楽教科書』巻一〜？　若狭万次郎編著　共益商社書店　昭和十年十二月発行

○『新男子音楽教科書』教授用　共益商社書店　昭和十年十二月発行

教授用には男子生徒用に記載の曲・楽典及びそれらの解説、歌詞の評釈に加えて補充教材・鑑賞用教材も多数あり、非常によくまとまった指導書である。

16.『中等教育音楽教科書』巻一〜？　楽書刊行協会　昭和十一年〜十二年発行

昭和十八年（一九四三）一月の「中等学校令」とそれに準ずる「中学校規程」が昭和十八年三月二日に発令されているが、小学校が昭和十六年（一九四一）三月に改定された「国民学校令」に於いて、音楽の位置付けが

〔芸能科〕に組み込まれたことに合わせて、中学校ではそれより二年遅れで同じく音楽科が〔芸能科〕の一教科として扱われることになった。

中学校規程 （昭和十八年三月二日 文部省令第二号）

…略…

第六条　**芸能科**ハ国民生活ニ須要ナル芸術技能ヲ修練セシメ工夫創造及鑑賞ノ力ヲ養ヒ国民的情操ト実践的性格トヲ陶冶シ我ガ国芸能ノ創造発展ニ培フヲ以テ要旨トス

芸能科ハ之ヲ分チテ**音楽**、書道、図画及工作ノ科目トス

…略…

17．**『男子音楽教科書』**若狭万次郎編著　東京中等教科書　昭和九年九月発行

4　その他中学校用副教科書・師範学校用図書

○『中等単音唱歌』益山鎌吾著　十字屋楽書籍　明治三十四年九月発行

○『輪唱歌集』小山作之助編　共益商社書店　明治三十六年八月発行

○『輪唱複音唱歌集』鈴木米次郎・野村成仁《のむらせいじん》共編　十字屋　明治三十六年七月発行

○『初等楽典教科書』山田源一郎・多《おおの》梅稚《うめわか》共著　開成館　明治三十七年三月発行

○『訂正重音唱歌集』第一集・第二集　小山作之助編　共益商社楽器店　明治三十七年四月発行
○『師範学校　楽典教科書』楽書刊行協会編纂　高井楽器　大正二年五月発行
○『師範音楽』本科用　文部省　昭和十八年七月発行

なお、右記の楽典関係図書等は、高等女学校用に発行されたものもあるようである。

註

（1）『中学教育史稿』桜井　役著　臨川書店　昭和五十年四月発行　p. 11～12
（2）右同　p. 13～14
（3）『明治前期学校成立史』本山幸彦編　未来社　昭和四十年十一月発行　p. 14
（4）『中学教育史稿』桜井　役著　臨川書店　昭和五十年四月発行　p. 14
（5）右同　p. 209
（6）『明治音楽史考』遠藤　宏著　東京有朋堂　昭和二十三年四月発行　p. 219
（7）右同　p. 216
（8）右同
（9）読売新聞　平成十七年十月二十六日掲載記事参照
（10）読売新聞夕刊　平成十八年十二月十二日掲載記事参照。この研究者は大阪星光学院中・高校　岡崎匠吾教諭

十三　高等女学校の変遷と音楽教科書

1　明治初期の女子教育

我が国には江戸時代から既に〔女学校〕の名称が存在したが、これは〔女子が通う学校〕の意味で使われていたもので、中等教育を施す女学校という意味を指すものではなかった。明治時代に入ってからも、このような漠然とした〔女学校〕の概念はなおしばらく続いたようで、女子中等教育期間を表す名称として使われ始めたのは、小学校を卒業した女子の数が次第に多くなって、彼女等が上級の学校への進学を希望するようになった明治十年代になってからであり、男子の中学校設立より少し遅れていた。

・東京女学校　明治四年（一八七一）十二月に文部省は官立の女学校（年齢は八歳〜十四歳）を東京に設置することについての布達を出している。そして女学校は明治五年（一八七二）二月に開設されたが、同年八月に公布された「学制」には小学校での女子に関するかぎり、教育上の考慮は何も無かった。明治五年十一月に〔東京女学校〕の名称に改められているが、文部省の「年報」をみると、当初の就学年限は六年間で生徒数は計三十八名、学業の内容は相当高度なものであったようである。

京都では明治五年（一八七二）四月に京都市上京区の旧九条殿河原邸に華士族の女子七十八名に英語並びに高等の和洋女紅を教える新英学校及び女紅場が開設され、六月には生徒数一五九名の教育現場を明治天皇が臨御された記録がある。これがわが国初の公立女学校と言えるもので、後の京都府立京都第一高等女学校。戦後の京都府立鴨沂高等学校である。京都御所の東隣りに在り、筆者が卒業した高校である。

大阪では明治十五年（一八八二）九月に大阪市北区の大阪府師範学校内に附属裁縫場を設立したが、明治十八年（一八八五）にこれを廃し、仮に附属女子師範科を置き、明くる明治十九年にこれを廃し、女学科を設け、同年内に師範学校女学科より独立して大阪府女学校と称した。そして明治二十年に大阪府高等女学校と改称したのが、のちの大阪府立大手前高等女学校であり、現在の大阪府立大手前高等学校である。

なお当時は女学校・中学校と師範学校の音楽教科書は共通のものがほとんどであった。従って手元にある師範学校関係のものも並列して扱った。

2　高等女学校の誕生

当時中学校は尋常中学校と高等中学校の二段階であったが、女学校が〔高等女学校〕の名称で規定されたのは、明治二十四年（一八九一）十二月十四日の「中学校令中改正」が最初である。

（明治二十四年十二月十四日
勅令第二百四十三号）

中学校令中改正

…略…

第十四条　高等女学校ハ女子ニ須要ナル高等普通教育ヲ施ス所ニシテ尋常中学ノ種類トス
高等女学校ハ女子ニ須要ナル技芸専修科ヲ設クルコトヲ得
…略…

続いて明治二十八年（一八九五）一月二十九日に修業年限を六ヶ年とした（但し修業年限四ヶ年の尋常小学校の卒業生若しくはこれと同等の学力を有する者という入学条件）「高等女学校規程」が発令されて、ここに至って**高等女学校の位置付けが男子の中学校と同種の教育機関として確立**された。

高等女学校規程

（明治二十八年一月二十九日
文部省令第一号）

高等女学校規程ヲ定ムルコト左ノ如シ
高等女学校規程
第一条　高等女学校ノ学科目ハ修身、国語、外国語、歴史、地理、数学、理科、家事、裁縫、習字、図画、**音楽**、体操トス…略…
外国語、図画、**音楽**ハ府県立学校ニ就キテハ文部大臣ノ許可ヲ受ケ其ノ他ノ学校ニ就キテハ地方長官ノ許可ヲ受ケテ之ヲ欠クコトヲ得…略…

小学校・中学校では、まだ〔唱歌〕という名称を使っているこの時期に、高等女学校で〔音楽〕としている。またここにも音楽が，欠クコトヲ得，とあるが、欠く場合の条件に小学校・中学校と異なる点は、外国語、図画と同様に，文部大臣か府県知事の許可を受けなければならない，とあることである。小・中学校ではそのような手続きを必要としない。

次に明治三十二年（一八九九）二月の「高等女学校令」に準じる同年二月九日発令の「高等女学校編成及設備規則」には、これも同時期の「中学校令」と類似の内容ではあるが、音楽に関して当時の小・中学校と異なる点は、第六条で，校舎ハ左ノ諸室ヲ備フヘシ，として，理科、裁縫、図画、**音楽等ノ各特別教室**，と指示していることである。この指示は同時期の小・中学校には見られない項目である。

> 高等女学校編成及設備規則
>
> （明治三十二年二月九日
> 文部省令第五号）
>
> …略…
>
> 第三条　学級ハ同学年ノ生徒ヲ以テ編成スヘシ
> 修身、裁縫、音楽、体操及手芸ニ限リ学年又ハ学級ノ異ナル生徒ヲ合シテ同時ニ教授スルコトヲ得
>
> …略…
>
> 第六条　校舎ハ左ノ諸室ヲ備フヘシ
> 一　生徒各学級ニ応スル通常教室
> 二　理科、裁縫、図画、**音楽等ノ各特別教室**
>
> …略…
>
> 前項ノ諸室ハ差支ナキ限リニ於テ便宜兼用スルコトヲ得
>
> …略…
>
> 第十五条　既設高等女学校ニシテ第一条乃至第十条ノ規定ニ依リ難キ事情アルトキハ明治三十五年三月三十一日

マテニ其事由ヲ具シテ文部大臣ノ指揮ヲ受クヘシ

明治三十四年（一九〇一）三月二十二日の「高等女学校令施行規則」では、

高等女学校令施行規則

（明治三十四年三月二十二日
文部省令第四号）

…略…

第一章　学科及其程度

第一条　高等女学校ノ学科目ハ修身、国語、外国語、歴史、地理、数学、理科、図画、家事、裁縫、**音楽**、体操トス但シ修業年限ヲ短縮シタル学校ニ於テハ外国語ヲ欠ク

外国語ハ英語又ハ仏語トス

…略…

音楽ハ学習困難ナリト認メタル生徒ニハ之ヲ課セサルコトヲ得

と、それまでの「高等女学校規定」（明治二十八年一月発令）では音楽の授業を欠くことは公立女学校では知事の許可、私立女学校は地方長官の許可を得なければ不可能であったのが、ここでは〝学習困難な生徒に限る〟と〈欠くことができる**条件**〉が極めて限定された。つまり**女学校ではここから音楽は必修教科**になったと見てよいであろう。毎週授業時数は一〜四学年まで均等に二時間ずつの配当となっている。

昭和十八年（一九四三）三月「**高等女学校規程**」では同時期の中学と同じ形式で、**音楽は芸能科**に組み込まれた。

3　高等女学校の教科書

1.『新編中等唱歌』奥 好義編　発行者内田正義　明治二十五年十二月発行　文部省検定済（明治二十七年九月）

高等女学校・尋常師範学校教科書での使用を目的としている。当時の教科書には'中等…'とあるのに、対象を師範学校にも広げたものが多いが、その件については表紙を見ただけでは判断できないものが多い。緒言を読まねばその辺の理解を誤る。

2.『女学唱歌』第一集・第二集　山田源一郎編　共益商社楽器店　明治三十三年八月～三十四年五月発行

最初の〔序〕に伊沢修二が助言のような文章を記している。昭和初期には二十五版を重ねている。当時山田源一郎は東京女子師範学校で教鞭をとっていた。

3.『統合女学唱歌』第一～第四　開成館音楽課編纂　東京　開成館　明治四十二年二月発行　文部省検定済（明治四十二年五月）（図78）

中学校教科書の表紙が黒、濃紺色あるいはこげ茶色一色で何の飾り気も無いきわめて地味であるのに対して、高等女学校の教科書はどの出版社もよく工夫した図案が美しい。紙質も女学校のほうが上質である。

・主な記載曲

"港"　旗野《はたの》士良《たりひこ》作曲（旗野十一郎と同人物で、本人自身が士良とも記したようである）

4.『女子音楽教科書』巻之一～巻之五　計五巻　永井幸次・田中銀之助編　大阪開成館　明治四十二年五月発行（図79）の巻の一以降明治四十三年十月までに巻の四まで発行。その後改訂版を昭和五年十月に巻之一から巻之五を発行しているが、扱う曲や楽典内容を相当変えたところがある。

5．『教科統合女学唱歌』田村虎蔵編纂　巻の一～巻の四　国定教科書共同販売所　明治四十三年九月十一日発行（図80）

◉永井幸次《ながいこうじ》（一八七四～一九六五）鳥取県生まれ。東京音楽学校卒、大阪で〔七声会〕を結成し、大正四年十月十一日大阪音楽学校（現大阪音楽大学）を設立した人物であるが、この教科書が出版された明治四十三年（一九一〇）は、彼が大阪府立清水谷高等女学校教諭に赴任して三年目であり、兵庫県立第一神戸高等女学校教諭の田中銀之助と親しく、二人が協力してこの教科書出版に取り組んだ。昭和三十三年（一九五八）大阪音楽大学に昇格と同時に初代学長となり、終生その職にあって関西の音楽教育に尽力した。筆者の母方の祖父佐藤籌太郎《さとうかずたろう》は上記〔七声会〕のひとりであり、松村順吉も大阪音楽学校創設の初期には大阪府立夕陽丘高等女学校教諭と兼務で無給与の教員として永井幸次に協力した。そのような協力者は他にも多くいたと想う。文部省が設定した〔祝日大祭日儀式唱歌〕にある〝明治節〟を作曲した杉江《すぎえ》秀《ひいず》も協力者の一人である。

〔七声会〕の七という数字はドレミファソレシの七音から思いついた名称である。

◉田中銀之助《たなかぎんのすけ》（一八八〇～一九四七）兵庫県生まれ。東京音楽学校甲種師範科卒、兵庫県立第一神戸高等女学校教諭。亡くなるまで永井幸次の最大の協力者で、大阪音楽学校（現大阪音楽大学）でも教鞭をとった。

図78　3．『統合女学唱歌』

図79　4．『女子音楽教科書』

大阪開成館は三木楽器店の出版部であり、第九章にも触れたが、また後述の赤表紙の『コールユーブンゲン』は非常に長寿の出版物である。『コールユーブンゲン』は他社でも発行されていたが、これは全国の多くの高等女学校で教材の一つとして利用され、特に高等女学校の教科書にはその一部が記載されて練習曲として活用されたものもあった。また各地の音楽大学・教育系大学音楽科などの入試準備に必要とした時代は長い。

特徴

・楽典内容が一巻～五巻を通して非常に充実して記されている。

・音程練習に多彩な楽曲を使用している。

主な記載曲

〔巻之二〕 〝秋のよる〟 グルーバー（Franz Gruber）の〝きよしこの夜〟（'Silent night…'の歌詞）。邦語作詞は武島又次郎で今の日本語歌詞ではない。

〔巻之三〕 〝他郷の月〟 中村秋香作歌、ヘイス（W. S. Hays：一八三七～一九〇〇）の曲。昭和期以降も、歌詞は異なるが中学校教科書に必ず記載されていた曲、〝冬の星座〟。

〔巻之四〕 〝秋夜懐友〟 ライトン（W. T. Wrighton）作曲。これも昭和期以降も中学校で記載されている。

〝ブラームスの子守唄〟 これも昭和中期以降も中学校教科書に必ず記載されている。

〔巻之五〕 〝高き誉〟 ウィンナー（S. Winner）作曲。同声四部合唱用にアレンジされている。他も殆どが合唱曲。

○『女子音楽教科書教師用補習』 永井幸次・田中銀之助編纂　高井楽器　明治四十四年一月発行

6．**『補習女子音楽教科書』** 永井幸次・田中銀之助編纂　大阪開成館　明治四十四年四月発行

7．**『女子教育音楽教科書』** 第一巻～第四巻　音楽研究会編　大阪開成館　大正五年十月発行（文部省検定済　昭和

五年一月）

○『女子教育音楽教科書』ピアノ伴奏上・下　開成館音楽課著　開成館　大正五年十月発行

8.『女学唱歌』一～？　山田源一郎編　共益商社　昭和二年発行

9.『女学唱歌読本』壹～？　福井《ふくい》直秋《なおあき》編　共益商社書店　昭和三年三月発行

10.『昭和女子音楽教科書』巻之一～巻之五　計五巻　永井幸次・田中銀之助共編　大阪音楽学校楽友会出版部　昭和四年四月発行（図81）

・永井幸次が大阪音楽学校設立十四年目に師範学校及高等女学校音楽科用として出版したものである。

・学年を通しての練習曲に『Cateano Nova』『Abt』『Concone』から多くの曲を採用している。

筆者が若年時の大阪教育大学附属高校池田校舎教諭時代には授業で『Concone 50』を副教材として久しく使用し、歌詞の無い楽譜であるが旋律も伴奏も美しく、生徒たちは大変好み、非常に教育効果をあげることができた。また音楽に進む学生たちのレッスンには、この『コンコーネ50』に加えて『コンコーネ25』も常に活用し、大学での声楽レッスンには『コンコーネ15』も使用したが、これらも声楽の基礎指導に幾度繰り返し

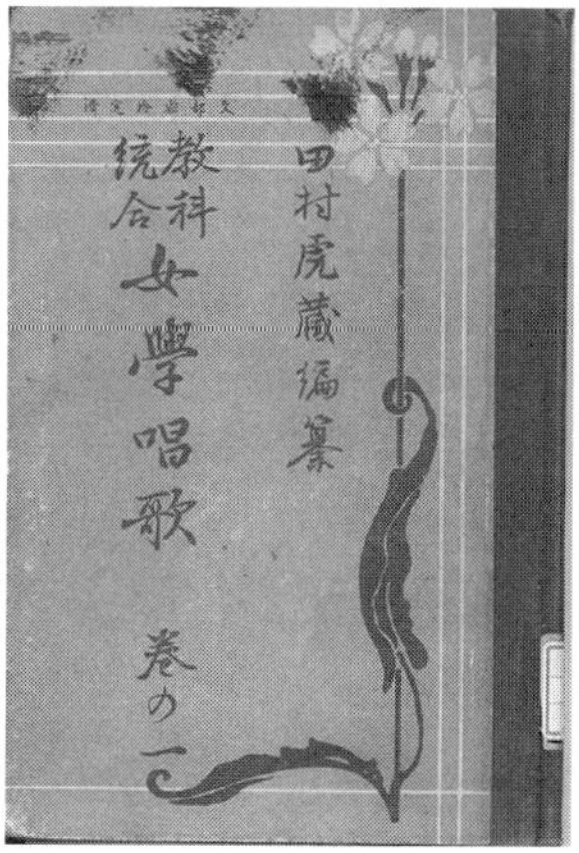

図80　5.『教科統合女学唱歌』

図81　10.『昭和女子音楽教科書』

歌っても、また幾度伴奏を繰り返し弾いても飽きることのない曲集で、声楽の指導には非常に成果があった。だが、今ではこれらを活用している声楽指導者は少なくなっている。

・主な記載曲

〔巻之五〕

〝響く唄声〟　キュッケン（F. W. Kücken）作曲。昭和期の高等女学校教科書には必ず記載されていた名曲である。

〝月下の思ひ〟　ヘンデルのオペラ『Rinaldo』より〝Lascia ch'io pianga〟（泣かせたまえ）という名曲で、音楽学校で声楽を学ぶ者が必ず指導を受ける曲の一つであり、平成十六年（二〇〇四）頃にはテレビでコマーシャルに使われていた。

〝夜の平和〟　シューベルトの〝小夜曲〟。

11．『**高等女学校音楽教科書**』1～5　計五巻　渡辺弥蔵・山本《やまもと》寿《ひさし》共編　大阪・東京宝文館　昭和四年九月発行

〔図82〕高等女学校と女子師範学校での使用を目的に出版された。

・主な記載曲

〔2〕〝楽しき鐘の音〟　福屋基千代作歌、クリスマスの歌の〝Jingle bell〟。

〔3〕〝野菊〟　武田宇作歌、シューベルト作曲の〝野ばら〟が、ここでは〝野菊〟になっている。

〝我は見出でぬ　野菊の花～〟

〝野ばら〟はゲーテの詩を用いてシューベルトが作曲したものであるが、信州大学の名誉教授坂西八郎氏は〝野ばら〟の関連資料を収集して、**総数八十八曲の〝野ばら〟の楽譜**を発見、その日本語版を出版している。

“春に寄す”　小泉木羊作歌、スカルラッティ（Alessandro Scarlatti）作曲の“Gia il sole dal Gange”（陽はのぼりぬ）という軽快な歌曲。

“THE STAR SPANGLED BANNER”　Francis Scott Key 作詞の、今のアメリカ合衆国国歌（一九三一年制定）。

“VOLGA BOAT SONG”　Russian Folks Song

〔4〕“楽しき日”　小泉木羊作歌、ブラームスの“Sonntag”（日曜日）。爽やかな名曲。

“村の秋”　文学博士藤村作、キュッケンの作曲で、昭和中・後期の女学校・高等学校でも教科書によく記載されていた軽快な曲。

“思ひ出”　文学博士藤村作、ユングスト（H. Jüngst）作曲。昭和後期に入っても、各地の合唱団などでよく歌った合唱曲。

“希望の囁き”　後藤夏子作歌、ホーソン（Alice Hawthorne）作曲のこの曲は、昭和中期～後期にかけて各地の合唱団などでも大好評でよく歌ったが、その時期の楽譜にある歌詞は、この教科書の歌詞とは異なっている。

図82　11.『高等女学校音楽教科書』

“LA MARSEILLAISE”　Rouget de L'isle 作曲。

“HOME, SWEET HOME”　Henry R. Bishop 作曲。

“THE LORELEY”　Fr. Silcher 作曲。

〔5〕“ANNIE LAURIE”　Lady Scott 作曲。

“THE LINDEN-TREE”　Franz Schubert 作曲“Der Linden-baum”、“菩提樹”。

12.『新撰音楽教科書』第一巻～？　東京音楽協会編　東京培風館

昭和四年九月発行

13．『師範　音楽教本』二部用　福井直秋編　帝国書院　昭和六年十二月発行

師範学校の教授要目に準じて作成されたもので、楽曲はすべて外国のものを記載している。

・主な記載曲

〝桜〟　フォスター作曲　〝Old black Joe〟。

〝舟歌〟　ロシア民謡。

〝凱歌〟　ヘンデル作曲　〝凱旋の歌〟。日本でも運動競技において優勝者の表彰式で流れる曲。

〝月下の舟遊〟　イタリア民謡　〝Santa Lucia〟。

〝夜の静思〟　グルーバー（F. Gruber）作曲　〝聖夜〟。'きよしこの夜…'　の歌詞。

〝狩りの歌〟　ウェーバー作曲。

14．『新選芸術唱歌』1～5　計五巻　シンキヤウ社編輯部　昭和七年四月発行（図83）

・この教科書は高等女学校及び師範学校の教科用に作成された。

・下総皖一の作曲が多いのは、彼が編集者であったのか？　しかし今日残っている曲は殆ど無い。

・主な記載曲

〔1〕〝春風〟　ドイツ民謡。江南文三作歌。今日幼児用ピアノ曲集などによく扱われている曲。

〝春の空〟　ドイツ民謡。影山てる子作歌。今日幼児用ピアノ曲集などによく扱われている曲。

〝帰れ友〟　アイルランド民謡。昭和中・後期の小・中学校教科書に記載されている。

〝子守唄〟　シューベルト作曲。日本語歌詞は今日まで一般に歌われている近藤朔風《こんどうさくふう》訳詞。訳詩の　'眠れ眠れ母の胸に…'　はこの教科書で初めて見かけた。

"ロオレライ"　近藤朔風作歌、ジルヒェル作曲。'なじかは知らねど　心わづらひ…'　の歌詞。

"浜千鳥"　鹿島鳴秋作詞、弘田龍太郎作曲。この曲は、京文社発行の『童謡小曲集』第六編より転載した。

教科書に記載はこれが最初か？

〔2〕"叱られて"　清水かつら作詞、弘田龍太郎作曲。

"森の小路"　小林愛雄作歌、ウェーバー作曲。昭和中・後期以降も中学校教科書に必ず記載の　"秋の夜半"。

"ねんねの国"　江南文三作歌、モーツァルト作曲　"子守歌"。歌詞は今と異なる。

"揺籃の歌"　永村農三作歌、ヘイス（W. S. Hays）作曲。歌詞は異なるが現在まで　"冬の星座"　の曲名で中学校教科書に記載され、歌い続けられている。

"埴生の宿"　ビショップ作曲。

〔3〕"桜散る"　林古渓作歌、フォスター作曲　"My Old Kentucky Home"。

"舟人の唄"　プッチーニ作曲オペラ　"蝶々夫人"　より。

"菩提樹"　近藤朔風作歌、シューベルト作曲。この詩も現在歌われている。

図83　14.『新選芸術唱歌』

"森の歌"　葛原𦱳作歌、キュッケン作曲。昭和中・後期そして現在もよく教科書に記載されている名曲。

"追懐"　近藤千穂子作歌、スペイン民謡。現在まで歌い続けられている　"追憶"。

"あはれの少女"　大和田建樹作歌、フォスター―ドヴォルザーク、下総皖一編曲。昭和中・後期以降も中学一年用教科書に必ず記載の曲　"Old Folks at Home"、"故郷の人々"。

〔4〕"光と愛〟 林古渓作歌、ヘンデル作曲オペラ『Serse』より"Largo"。
"雲雀の歌〟 高野辰之作歌、メンデルスゾーン作曲。この曲も昭和中・後期以降、中学校三年教科書などに、このままの歌詞で記載されている。
"いとしの小鳥〟 緒園よし子作歌、イタリア民謡とあるが、カプア(E. di. Capua)作曲の"O sole mio"。
"ニーナ〟"Nina"永村農三作歌、ペルゴレージ作曲。
〔5〕"かへらぬ鳥〟 江南文三作歌、マスネー(J. Massenet)作曲、"Elegie"。今も高等学校教科書によく記載されている。
"荒野の薔薇〟 シューベルト作曲"野ばら〟で、'童は見たり 荒野の薔薇…'の歌詞の伊藤武雄作歌は極くまれで、近藤朔風訳詩が今もそのまま歌われている。
"ドナウ河の波〟 堀内敬三作歌、イヴァノヴィチ-シュワルム(Ivanovici-Schwalm)作曲、下総皖一編曲。"ドナウ河のさざ波〟として知られている。
"霊異〟 近藤朔風作歌、ベートーヴェン作曲。"稜威《みいつ》〟という題名で現在も高校教科書に記載されている。
"ソルヴェイグの歌〟 堀内敬三作歌、グリーグ作曲。現在も高校教科書に記載されている。
"代々木の宮〟 林古渓作歌、モーツァルト作曲の"Ave Verm Corpus"。
"流浪の民〟 石倉小三郎作歌、シューマン作曲、石倉小三郎訳詩は、今もそのままの歌詞で歌っている。
北朝鮮に拉致された横田めぐみさんが中学生のときにソプラノソロをした、というニュースで当時の歌声が流れたのはこの曲である。
"アヴェ マリア〟 堀内敬三作歌、グノー作曲。
"婚礼の合唱〟 桃井京次作歌、ワグナー作曲、今日結婚式の花婿花嫁の入場で使われる曲。

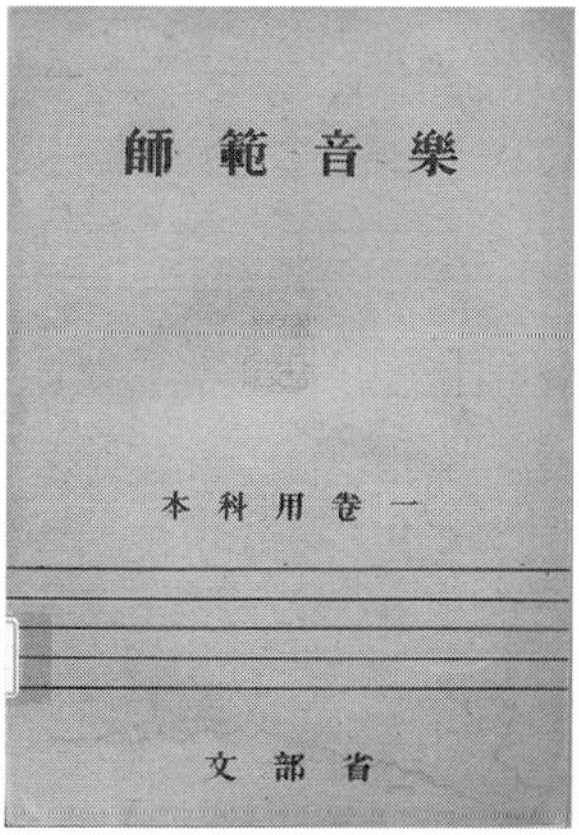

図84　23.『師範音楽』本科用

15．『標準女子音楽教科書』第一編〜第五編　計五編　黒沢隆朝・小川一朗・林　幸光共編　共益商社書店　昭和八年五月発行

16．『中等女子音楽教科書』巻之一〜巻之五　計五巻　船橋栄吉・内藤俊二共編　大阪開成館　昭和八年七月発行

この教科書には教師用も発行されていて、楽典の知識、歌唱練習曲、楽曲の解説、それに非常に幅広い鑑賞曲の解説、聴音練習法等まで実に充実した指導書である。

17．『女子音楽新教本』青柳善吾編　目黒書店　昭和十年七月発行

18．『音楽』一〜五　乗杉嘉寿《のりすぎよしひさ》編　帝国書院　昭和十二年二月発行

19．『標準師範学校本科第二部音楽教科書』第一編〜二編　黒沢隆朝・小川一朗共編　共益商社　昭和十三年三月発行

20．『改定標準女子音楽教科書』第一編〜第五編　黒沢隆朝他共編　昭和十三年九月発行

21．『女子音楽教科書』黒沢隆朝・小川一朗・林　幸光共編　中等学校教科書株式会社　昭和十三年九月発行

22．『標準師範学校音楽教科書』第一編〜第二編　黒沢隆朝・小川一朗共編　共益商社　昭和十三年十二月発行

23．『師範音楽』本科用巻一・巻二　発行兼著作　文部省　昭和十八年六月発行（図84）

昭和十八年（一九四三）といえば日本の第二次世界大戦終戦の二年前。従って記載された曲は如何に戦時色にまみれているかと思えるが、最初の儀式唱歌に続く曲は左記のようで、案外それが少ないのは意外である。

・歌曲

1．桜　2．四季　3．ほととぎす　4．平安の花

5．夏は来ぬ　6．くろしお　7．南方航空路　8．日本農道の歌
9．水辺歌　10．靖国神社　11．健歩の歌　12．婦人従軍
13．霜月　14．朝びらきの歌　15．箱根八里　16．古歌四首
17．防人の歌　18．野村望東尼　19．われた茶碗　20．わが陸軍
21．鉄　22．白楽天

このあと基本練習、音楽理論、日本音楽史に相当程度ページを割いている。

24．**『師範器楽』**本科巻一・巻二　文部省　昭和十八年七月発行

全七十八曲のピアノ・オルガン練習曲が記載されているが、その程度は『バイエル』に似た教則本であり、その進度は急速で、学生にとっては非常に難解であったと想像する。

4　楽典など副教科書・師範学校用図書　他

○『補脩楽典入門』多　梅稚著　大阪中井書店　明治三十三年三月発行

○『オルガン教則本』島崎赤太郎編　共益商社書店　明治三十二年十二月発行

これは昭和十五年（一九四〇）には百五十一版が発行されている長寿の教則本である。

○『重音唱歌集』小山作之助編　共益商社楽器店　明治三十四年四月発行

これは一般家庭にとどまらず、高等小学校＝尋常小学校卒生が進学できる教育機関で、就学二ヶ年間＝以上の音楽科で使用する目的で作成された。

○『楽典教科書』入江好次郎著　共益商社楽器店　明治三十五年六月発行

○『輪唱複音唱歌集』鈴木米次郎編　十字屋　明治三十六年七月発行
師範学校・高等女学校・中学校での使用を目的に編集してある。

○『初等オルガン教科書』天谷《あまや》 秀《しゅう》・多 梅稚共編　大阪開成館　明治三十七年十二月発行　文部省検定済
緒言に

　'本書は由来師範学校、高等女学校其の他同一程度学校のオルガン教科書に適当なる書籍なきを憂ひ、茲に同校教科書に充てんがため、編纂したるものなり'

とあり、高等女学校では授業にオルガンを奏する技術も含め器楽指導を推進することも望んでの出版物であったようである。他にもこれに類したものが多く出版されている。

○『普通楽典教本』開成館音楽課編纂　東京開成館・大阪開成館　明治四十一年十月発行
発行元に東京開成館と大阪開成館の二つが並記されているので誰しもこの二社は兄弟会社かと思えたが、三木佐知彦現三木楽器社長に問うと、元来全く無関係だったと言っておられた。

○『撰定オルガン教本』開成館音楽課編纂　東京開成館　明治四十二年五月発行　文部省検定済
文部省検定済とあるところから、高等小学校や女学校関係で使用されることを主な目的としたことが判る。

○『オルガン軌範教本』吉田信太著　大阪開成館　明治四十三年五月発行

○『音程教本』福井直秋著　共益商社書店　明治四十五年三月発行
これは大正十一年（一九二二）十一月までに百二版再版発行されている。本書は師範学校、高等女学校での使用を目的とする。

○『師範学校　楽典教科書』楽書刊行協会編纂　高井楽器店蔵版　大正二年五月発行　文部省検定済（大正二年十二月）

○『初等オルガン練習書』坂井勝太郎編　坂井勝太郎　大正二年六月発行

○『高等女学校楽典教科書』楽書刊行協会編纂　東京　高井楽器店　大正二年六月発行

○『オルガン教科書』島崎赤太郎閲　中田章編　東京共益商社書店　大正四年二月発行　文部省検定済

○『新編楽典教科書』天谷秀著　東京修文堂　大正四年四月発行　文部省検定済（師範学校並高等女学校音楽科大正四年五月）

○『オーガン教本』全　島崎赤太郎閲　共益商社書店編　共益商社書店　大正四年十月発行

○『高等女学校　楽典教本』福井直秋著　共益商社書店　大正四年十一月発行　文部省検定済（師範学校・高等女学校　大正五年一月）

○『続オーガン教本』全　島崎赤太郎閲　共益商社書店編兼発行　大正五年十月発行　文部省検定済（師範学校・高等女学校　大正六年一月）

○『唱歌　基本練習教科書』大和田愛羅著　東京高井楽器店　大正六年八月発行

○『オルガン・ピアノ教科書』楠美恩三郎編　東京高井楽器店蔵版　大正六年八月発行　文部省検定済（大正七年一月）

○『標準オルガン教本』田中銀之助編　大阪開成館　大正十二年十月発行

○『女子リードアルバム』佐々木すぐる著　大正十二年十一月印行（図85）

◉佐々木《さささき》すぐる（一八九二～一九六六）本名英《すぐる》。兵庫県高砂市生まれ。姫路師範学校卒、東京音楽学校甲種師範科卒、浜松師範学校教諭、後に上京して作曲に専念、コロンビア専属として多くの童謡を発表。昭和十五～十六年（一九四〇～四一）頃に作曲した〝お山の杉の子〟は全国の子供たちが好んで歌った可愛い曲である。今でも通じる明るい曲であるが、まったく忘れられてしまったのは杉の花粉症公害が問題になったことが原

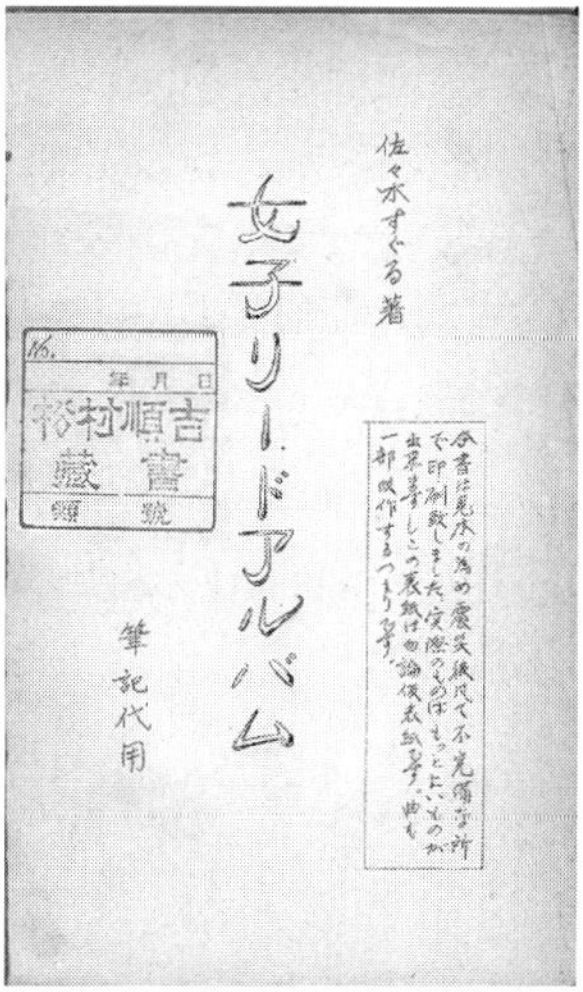

図85『女子リードアルバム』中表紙
右下枠内の文面から、このガリ版（謄写版）印刷物が大正十二年（一九二三）九月一日に発生した関東大震災の二ヶ月後に東京市内で印刷されたことがわかる。佐々木すぐるから筆者の父松村順吉に届いた実物である。

因か？

他に"月の砂漠""京人形""青い鳥""ニャンニャンおどり""昭和の子"などがある。

この『女子リードアルバム』はいわゆるガリ版印刷（謄写版印刷）である。**《関東大震災》（大正十二年九月一日発生）の僅か二ヶ月後の印刷**で、著者が緊急にPRを兼ねてガリ版印刷で製本して各所に配布されたもので、当時筆者の父のところにも次の文面を添えて届いた。

> 本書は見本の為め震災の後凡て不完備な所で印刷致しました。実際のものはもっとよいものが出来ますし、この表紙は勿論仮表紙です。曲も一部改作するつもりです。
> （原文のまま）

○『新編　声楽教本』　音楽協会声楽研究会編　大阪日本楽器株式会社　大正十四年一月発行
○『新編　声楽教本』　音楽協会声楽研究会編　広文堂書店　大正十四年一月発行
○『コールユーブンゲン』（CHORÜBUNGEN）Franz Wüllner 著　信時　潔編　大阪開成館　大正十三年十二月発行（図86）

これは、名誉哲学博士F・ヴュルナーがミュンヘン音楽学校の合唱練習書として作成した読譜基礎練習のための単旋律の曲集で、数百曲の総てが無伴奏であるが、大阪教育大学名誉教授故山県茂太郎（二〇〇六年二月没）が、総ての曲に伴奏を作曲した努力の結晶の、印刷したような美しい自筆による楽譜を作成、筆者にはその原書を寄贈されている。

○『ピアノおるがん音階指づかい教本』全　島崎赤太郎・萩原英一郎編著　大正十五年四月発行
○『標準楽典教科書』信時　潔著　大阪開成館　大正十五年七月発行
○『楽典』林　幸光著　新響社　昭和二年発行
○『実力本位　自学自習』巻一・巻二　小川一朗編著　敬文堂　昭和二年一月発行
○『新撰　女声唱歌集』伊達　愛編　共益商社書店　昭和四年四月発行
○『女学校唱歌読本伴奏譜』福井直秋編　共益商社書店　昭和四年五月発行
○『昭和声楽教科書』上巻・下巻　永井幸次・田中銀之助共編　大阪音楽学校楽友会　昭和四年九月発行
○『中等教育音楽教科書』巻一～巻三　楽書刊行会編　東京高井楽器店　昭和五年一月発行
○『新選芸術唱歌』第一集～第四集　下総皖一編　シンキヤウ社　昭和五年四月発行
○『現代　楽典教科書』吉田恒三著　大阪開成館　昭和五年九月発行

図86　大正13年初版以降昭和中期までの『コールユーブンゲン』

図87　昭和中期からの表紙、この赤表紙が目に付いた『コールユーブンゲン』

○『女声曲集』第一編・第二編　伊達愛　共益商社書店　昭和五年九月発行
○新制『中楽典』酒井《さかい》悌《やすし》著　三喜堂　昭和八年九月発行
○『新選重音唱歌集』井上武士編著　共益商社書店　昭和八年十月発行
○『中等声楽教科書』楽書刊行協会編　高井楽器店　昭和九年八月発行　文部省検定済（昭和十年一月）
○『読譜練習と音程』大和田愛羅著　盛林堂　昭和十年十月発行
○『標準師範学校本科第二部音楽教科書』第一編・第二編　黒沢隆朝・小川一朗共編　共益商社書店　昭和十三年三月発行
○『女子音楽教科書』黒沢隆朝・小川一朗・林　幸光共編　中等学校教科書株式会社　昭和十三年九月発行
○『儀式行事用唱歌』中等学校教科書株式会社著　中等学校教科書株式会社　昭和十九年発行

以上高等女学校教科書の内容を一覧すると、戦後の中学校・高等学校教科書に記載の楽曲の多くが明治後期以降昭和初期の高等女学校の教科書に既に採用されて、それら楽曲の中から外国曲の場合は楽曲名や歌詞を改良して採用している楽譜が多いとはいえ、現今の中学・高等学校教科書にも採用されている曲が非常に多いことがよくわかる。

ということは教科書の編集に当たり、当時の高等女学校や女子師範学校の音楽教育に携わった多くの教育関係者と、小学校・中学校教科書の編集に携わった教育関係者と比較した場合、女学校関係者の方が時代の波に流されず、時代を超越した音楽そのものの価値観、また音楽教育の価値観に誤りが少なかったからか、若しくは文部省の検定が小・中学校よりも高等女学校の方には、より柔軟に対応していたからか、あるいはその両者であったのかもしれないと想う。

十四　〔国民歌謡〕日本放送協会

第二次世界大戦開戦の三年前から、わが国の音楽教育および国民全体の音楽振興に大きく貢献した事柄に、日本放送協会（ＮＨＫ）の〔国民歌謡〕の事業がある。当時は民間放送がなかった時代で、国内のラジオ放送は日本放送協会の第一放送と教育・教養番組を主とする第二放送の二本の電波しか流れていなかった。〔国民歌謡〕の番組は特に教育の現場とは直接関わりは無かった放送ではあったが、ラジオのスピーカーから流れた歌曲は、当時日本全国に浸透し、教科書には記載されていないそれらの音楽（歌唱曲）が、小・中学校・高等女学校・師範学校・高等学校・専門学校・大学に於いても、また一般家庭での愛唱歌という面でも教育的効果をもたらした事業であった。

〔国民歌謡〕は昭和十一年（一九三六）十一月にラジオテキスト第一輯（図88）が発行されて以降、それらの曲は毎日全国で国民の耳に入り、親しんだ曲が多かった。

〔国民歌謡〕
昭和十一年（一九三六）十一月から毎週一冊（二曲）のペースで昭和十六年（一九四一）一月まで出版し続けた。〝椰子の実〟〝母の歌〟〝愛国進軍歌〟〝愛馬進軍歌〟〝朝〟〝隣組〟などがここで発表された。

図88　〔国民歌謡〕第一輯
昭和十一年十一月発行

第一輯の大阪中央放送局文芸課推奨の二曲〝心のふるさと〟〝祖国の柱〟から始まって、以後昭和十六年（一九四二）一月発行の第七十七輯の最終版まで各二曲ずつ（一曲、三曲の場合も数輯ある）楽譜が記載されている。

時代に即した軍国調の作品が多いなかで、さわやかで自然の豊かさや、日本情緒の深さを感じとれる作品で芸術性の高い曲などは、戦時色の強い歌詞の一部を改編するなどして終戦後は教科書に採用されたものもある。

今では非常に複雑な心境ながら、強く印象に残っている曲も含めて数曲を挙げてみよう。

曲目	作詞	作曲	発行		備考
〝朝〟（図89）	島崎藤村	小田進吾	第三輯	昭和11年11月	
〝椰子の実〟（図90）	島崎藤村	大中寅二	第三輯	昭和11年11月	
〝新鉄道唱歌〟					
第一編	土岐善麿	堀内敬三	第十五輯	昭和12年5月	
第二編	佐佐木信綱	堀内敬三	第二十輯	昭和12年7月	
第三編	与謝野晶子	堀内敬三	第二十三輯	昭和12年8月	
〝母の歌〟（図91）	板谷節子	橋本国彦	第十九輯	昭和12年7月	
〝愛馬進軍歌〟（図92）	陸軍省撰定		第四十輯	昭和14年1月	
〝くろがねの力〟	浅井新一	江口源吾	第五十一輯	昭和14年9月	体育用行進曲

奉祝国民歌〝紀元二千六百年〟	紀元二千六百年記念奉祝会 NHK		第五十五輯	昭和14年12月	紀元二千六百年奉祝会・NHK制定
〝紀元二千六百年頌歌〟	東京音楽学校		第五十六輯	昭和14年12月	
〝隣組〟（図93）	岡本一平	飯田信夫	第六十五輯	昭和15年6月	
〝歩くうた〟（図94）	高村光太郎	飯田信夫	第七十六輯	昭和15年12月	
〝めんこい小馬〟（図95）	サトウ・ハチロー	仁木他喜雄 片山頴太郎編曲	第七十七輯	昭和16年1月	

〝朝〟（図89）

◉小田《おだ》進吾《しんご》（一八六九～一九四五）本名高階哲応、別名高階哲夫。東京音楽学校器楽科（ヴァイオリン）卒、東京中央放送局洋楽部員、晩年は名古屋放送局の指揮者。

当時の国民歌謡には〝朝〟を題材にした曲が多い。筆者もまだ少年の頃であったが、いつもこの曲を口ずさんでいたことを思い出す。

〝椰子の実〟（図90）

◉大中《おおなか》寅二《とらじ》（一八九六～一九八二）東京に生まれる。同志社大学経済学部卒、在学中は同志社大学グリークラブマネージャー・伴奏者として活躍。山田耕筰に師事し、ドイツ留学中はヴォルフに作曲を学ぶ。東洋英和女子短大保育科教授、作曲家大中《おおなか》恩《めぐみ》は子息。〝椰子の実〟など多数作曲。オルガニスト、合唱指揮でも活躍。

れよさーらーばー さーよあらーし
ホヒセーヨートー サーケーブカナ
mf
野ーーにー出ーで よ野ーに 出でーよ いー
ワラーヂートク結ヘカーマ モトーレ カゼ
mf
ねの穂は 黄にみのーりたり
ニイナナク ウーマモーヤーレ
8va
ff

朝（勞働雜詠三部作の中）

島崎藤村作詞
小田進吾作曲

力強く元氣に

図89 “朝”（〔国民歌謡〕第三輯）

1. 2.
く つ き
タ ビ ゾ
f
3.
な み だ お も ひ や る 八 重 の し ほ じ ほ い づ れ の 日 に 一 か く
に 一 に か へ ら ん

椰子の實

島崎藤村作詞
大中寅二作曲

図90　“椰子の実”（〔国民歌謡〕第三輯）

東京帝国大学の学生であった民俗学者柳田国男が、明治三十一年（一八九八）の夏に愛知県の伊良湖岬の浜で偶然椰子の実を拾ったことを、東京に帰って詩人の島崎藤村に話したことをもとに藤村が詩を作り、詩集『落梅集』（明治三十四年発行）に掲載したというのが通説である。[1] しかし朝日新聞記事には、〝この曲が名曲というだけでなく柳田と藤村という近代日本の巨人が若き日に交差した歌として俄然注目された。伊良湖に歌碑が作られ、ヤシの実流しのイベントが始まる。ところで、藤村はこのことをずっと沈黙していたようで、ある人へのはがきには「日清戦争に従軍せし人の携え帰りし椰子椀などにヒントを得て作った」と書いている。曲についても特に言及した形跡はない。〟と記載してあった。[2] この詩の誕生については、二人のどちらの発言が真実なのであろうか。

この曲は東海林太郎《しょうじたろう》が昭和十一年（一九三六）七月十三日にＪＯＡＫ（日本放送協会東京放送局）で歌い放送で流したのが最初であると、どの記録を見ても記している。しかしそれより約ひと月前の六月十五日に同じく東京放送局で当時の名テナー歌手永田絃次郎が歌ったという書を確かにこの目で読んだのであるが、今は確認できないのが残念である。なお永田絃次郎は第二次世界大戦前後に、朝鮮に渡ったまま行方不明になった。永田絃次郎の声は確かに非常に透明度が高く美しかったことを筆者もよく記憶している。彼が当時の歌曲を歌うレコードが我が家に数枚あるが、これらは勿論ＳＰ版である。

なお東海林太郎が歌った〝椰子の実〟は、その後この曲の全国普及に大きく貢献した。

◉**島崎藤村**《しまざきとうそん》（一八七二〜一九四三）　本名春樹。長野県馬籠《まごめ》（現岐阜県中津川市）に生まれる。明治学院卒、『文学界』を北村透谷等とともに創刊。明治三十九年（一九〇六）の『破戒』で日本の自然主義文学を確立。大正二年渡仏、『夜明け前』など文学史上名声を残す作品を多く出版。〝椰子の実〟は明治時代に作詩し、詩集『落梅集』に収めてあったものに大中寅二が作曲した。藤村の詩は多く作曲されている。

藤村の生誕地の信州馬籠《まごめ》の石畳の坂道をしばらく登ると途中に藤村記念館（馬籠本陣跡）がある。そこから北へ小さな山を越すと妻籠《つまご》宿。東の伊那谷へと抜けて広い谷あいを流れる天竜川に沿って上流に向かうと伊沢修二の生誕地の高遠《たかとお》町が在り、伊沢修二の旧家、高遠藩の藩校進徳館、桜の名所高遠城跡がまとまって見学できる。高遠町郷土館には伊沢修二の遺した貴重なものが展示してあり、この地には伊沢修二の遺徳を偲ぶ場が広がっている。

〝母の歌〟（図91）　JOBK（日本放送協会大阪放送局）で大阪放送合唱団の演奏によって発表された子守唄であるが、今日では殆ど忘れられてしまった名曲である。昭和十二年（一九三七）十一月に中村淑子が歌ったレコードがビクターから発売された。

〝愛馬進軍歌〟（図92）　軍歌には長調の勇壮な曲が多いかと思いがちだが、何故か短調の曲が多く、この曲もそのひとつであり、激しい戦場で土砂降りの雨の中を黙々と重い歩兵砲を曳く馬の姿を想像して、子供ながらいつも胸が熱くなったことを記憶している。

〝隣組〟（図93）〔隣組〕は江戸時代の〔五人組〕に準じて、当時内務省通達で設置されたのであるが、この曲は昭和十五年（一九四〇）六月十九日から徳山《とくやま》　璉《たまき》の歌唱指導で毎夜七時三十分から全国に放送された。

終戦まで身近にあったこの曲は、物資がそろそろ乏しくなって、世界大戦へ突入一年半前の作品ということもあり、暗さの全く無い、軽快で可愛く、明るいこのメロディーは、大戦が窮地に追い込まれる終戦まで、本当に大人にも子供にも辛さを忘れさせてくれた曲であった。毎日のようにB29の爆撃にさらされた厳しい生活の中で、近所付き合いの深まりはこの曲の影響が大きかったように思える。作詞者岡本一平自身も当時隣組副会長として活躍したと言う。[3]

◉**岡本一平《おかもといっぺい》**（一八八六〜一九四八）　北海道に生まれる。風刺漫画家。歌人・小説家岡本かの子の夫、昭和四十五

バウーーヤ　ウミノコ　スクスク
ばらーーや　やまのこ　てをふーっ
バウーヤモ　ターーッテ　タカラカ
poco a poco cresc.
トシーホノ　イブキデ
てい一まに　あのみね
ニイーマニ　キミガヨ
f
mf
rit.
1.2. a tempo
ソダツ　ワ　ネーー
のぼるわ　ねーー
3. a tempo rall.
ウタフーーワ　ネーー
Fine

母 の 歌

搖籃曲のテムポで
やさしく、穏かに

板谷節子作詞
橋本國彦作曲

図91 “母の歌”（〔国民歌謡〕第十九輯）

図92　“愛馬進軍歌”（〔国民歌謡〕第四十輯）（註：陸軍省の公募に応じた作。久保井信夫作詞、新城正一作曲。）

カ ホ ナ ジ ミ ー マ ハ シ テ チャ ウ ダ イ クヮ イ ラ ン
み そ しゃ う ゆ ー ご は ん の た き か た か き ね ご
クヮ ジ ド ロ ボ ウ タ ガ ヒ ニ ヤ ク ダ ツ ヨ ウ ジ ン
ひ と しょ た い ー こ こ ろ は ひ と つ の や ね の つ
f
パン シ ラ ー セ ラ レ タ リ シ ラ セ タ リ ー
し を し ー へ ら れ た り を し へ た り ー
ボウ タ ス ー ケ ラ レ タ リ タ ス ケ タ リ ー
き ま と ー め ら れ た り ま と め た り ー
f
mf
f

隣　組

岡本一平 作詞
飯田信夫 作曲

図93　“隣組”（〔国民歌謡〕第六十五輯）

年（一九七〇）に大阪府吹田市で開催された大阪万国博覧会で〔太陽の塔〕を作成した画家岡本太郎の父。
東京美術学校（現東京芸術大学美術学部）卒。この他の作詞は見当たらない。

〝歩くうた〟（図94）第二次世界大戦へ突入の一年前に発表されたこの重い短調の曲は、終戦も近いと暗黙のうちに自覚し始めた頃、定期的にあるはずの食料をはじめ生活物資の配給も遅配・欠配が続き、国民の総てが空腹に耐えて〈銃後を守る〉涙ぐましい忍耐の姿を思い出させる。

●高村光太郎《たかむらこうたろう》（一八八三〜一九五六）詩人、彫刻家。東京美術学校（現東京芸術大学美術学部）卒、ヨーロッパ・アメリカを回って彫刻の研究、第二次世界大戦中は〔日本文学報国会〕の詩部会会長を務め、愛国の詩を多く残している。妻智恵子との出会いから死後の追慕までの詩を集めた『智恵子抄』、大戦後の作に『典型』など。

●飯田信夫《いいだのぶお》（一九〇八〜一九九一）大阪に生まれる。東京帝国大学工学部卒、山田耕筰に師事して作曲・指揮法を学ぶ。NHKの祝祭典用管弦楽曲懸賞募集で〝序曲〟が一等入選して作曲家としても認められた。
安西愛子は〝歩くうた〟について当時のことを‘こういう歌を聞かされ、歌わされる一般人はわびしい気持ちだった’と言っているが、当時の軍歌とはまた違った意味での人間の力強さを感じさせる特有の雰囲気を持った曲であった。辛い苦しい思い出を、自分には一面懐かしさも伴って思い起こす曲である。

〝めんこい小馬〟（図95）サトウ・ハチロー作詞、仁木他喜雄作曲、片山顕太郎編曲。

●サトウ・ハチロー（一九〇三〜一九七三）本名佐藤八郎。東京に生まれる。立教中学他、八回中学を転校し、西条八十などに師事、詩人。第二次世界大戦後は、低調化した童謡を救済するために〔新童謡運動〕を起こす。〝めんこい小馬〟（仁木他喜雄作曲）、〝リンゴの歌〟（万城目《まんじょうめ》正《ただし》作曲）、〝小さい秋みつけた〟（中田喜直《なかたよしなお》作曲）など多くの童謡、童謡調の詩を作っている。日本童謡協会初代会長に就任。日本著作権協会会長もつとめた。

〔国民歌謡〕は昭和十六年（一九四一）までに百五十曲が発表され、そのすべてがＮＨＫラジオ放送で流れたが、昭和十六年二月に〔国民歌謡〕は〔われらの歌〕に名称が変わった。それは何故か？〔歌謡曲〕という名称は不適当と思える曲ばかりで筆者も当時子どもながらおかしいと気付いていた。同様のことを日本放送協会も考慮したのではないかと想う。

◎”朝だ元気で“（図96）八十島《やそじま》稔《みのる》作詞、飯田信夫作曲。

昭和十一年（一九三六）に作曲された曲であるが、終戦によって日本人の総てが食料の遅配・欠配、電力の節約による停電続き、衣料もスフ（ステープルファイバー：Staple Fiber＝強固な繊維＝の略）や人絹（人造絹糸の略）の貧しい生地に身体を包み、日本中の多数の大・中・小都会が無差別爆撃によって廃墟と化し、住居を失った家族が近くの川沿いに焼け焦げたトタンや板切れを拾い集めて小屋を作り、川の水で渇きを満たして身を寄せ合い寝起きして、飢えと不安にうち沈んでいたときにも、この曲はどこからか聞こえてきた。生活から笑顔がなくなってしまった悲惨な状況の終戦後の復興においても、ラジオから流れるこの明るい曲に耳を傾け、只々黙々と忍耐の日々をおくる我々の心に新しい希望を持たせてくれた。それが”朝だ元気で“であった。

筆者は終戦後疎開先の大阪府富田林町（現在は富田林市）から京都御所東側の梨木神社（幕末維新に功あった三条実万・実美父子を祭ってある）裏にあった我が家に戻ったのであるが、我々日本人の家々では都市ガスも止まり、電力不足のために連日長時間停電で、毎夜ただ一本のローソクの明かりに肩を寄せ合って家族が暮らしている時も、アメリカ進駐軍によって接収されてアメリカ軍の将校家族の住む隣の大邸宅には、いつもこうこうと電気がついていた。筆者は雪が深々と降り積もる冬の日も、夏はむらがる蚊に悩まされながらも、毎夜数時間その大邸宅の門灯の下に立って教科書を開いて勉強をしたものである。ある夜そこへ外出から帰ってきた

mf
f
アールケアルケ(エ) ヒガーシヘ ニシーヘ
あーるけあるけ(エ) けぶーれる ゆくーて
アールケアルケ(エ) シホーフク セナーカ
あーるけあるけ(エ) だいーちの きはーみ
mf
アールケアルケ(エ) ミチアルミチモ アルケアルケ
あーるけあるけ(エ) はてなきのづら あるけあるけ
アールケアルケ(エ) ミヲキルフブキ アルケアルケ
あーるけあるけ(エ) うみさへそらさへ あるけあるけ
f
mf
D.C.
ミチナキミチモ アールケアルケ(エ)
こごしきいはね あーるけあるけ(エ)
イテツクメハナ アールケアルケ(エ)
われらをとどめず あーるけあるけ(エ)
D.C.

歩くうた

高村光太郎 作詞
飯田信夫 作曲

図94　“歩くうた”（〔国民歌謡〕第七十六輯）

mf
カ ケ ー テ ー ー イ コ ー カ ヨ
げ ん ー き に ー た ー ー か く
テ ガ ー ラ ヲ ー タ ー ー テ タ
ら た ー つ て ー や ろ ー か よ
ミ ン ー ナ デ ー バ ン ー ザ イ
ー ヲ カ ー ノ ミ チ ー
ー な い ー て み ろ ー
ー オ ハ ー ナ シ ヲ ー
ー や ま ー の ら た ー
ー シ テ ー ヤ ル ゾ ー
f
1.2.3.4.
5.
ハ イ ド ハ イ ド ウ ヲ カ ノ ミ チ
ハ イ ド ハ イ ド ウ な い て み ろ
ハ イ ド ハ イ ド ウ オ ハ ナ シ ヲ
ハ イ ド ハ イ ド ウ や ま の ら た
ハ イ ド ハ イ ド ウ シ テ ヤ ル ゾ
mp
sf

図95　“めんこい小馬”（〔国民歌謡〕第七十七輯）

げんきでおきよーあさはこころも
あかるくおきよーあさはこころも
そろうておきよーあさはうれしい
からりとはれる
からりとはれる
みどりのそらだ
あなたもわたしも
あなたもわたしも
あなたもわたしも
きみらもぼくも
きみらもぼくも
きみらもぼくも
ひとりのこらず
ひとりのこらず
ひとりのこらず
おきーよあさだー2あさだ
おきーよあさだー3あさだ
おきーよあさだー
1.2.
3.
f
mf

朝だ元気で

八十島《やそじま》 稔 作詞　飯田信夫 作曲

一、
朝だ朝だよ　朝日がのぼる
空にまっかな　日がのぼる
みんな元気で　元気で起きよ
朝は心もからりと晴れる
「あなたもわたしも　きみらもぼくも
ひとり残らず　起きよ朝だ」

二、
朝だ朝だよ　朝日がのぼる
きょうも歓喜の日がのぼる
みんな明るく　明るく起きよ
朝は心もからりと晴れる
「あなたもわたしも　きみらもぼくも
ひとり残らず　起きよ朝だ」

三、
朝だ朝だよ　朝日がのぼる
町にいなかに　日がのぼる
みんなそろうて　そろうて起きよ
朝はうれしい緑の空だ
「あなたもわたしも　きみらもぼくも
ひとり残らず　起きよ朝だ」

図96　“朝だ元気で”（『中学生の音楽』1　教育芸術社　昭和40年3月　p. 28・29より転載）

若い日本人のメイドが‘何してるの’と尋ね、‘勉強してるのです’と答えると、今のいわゆるコスプレ風に身を包んだ若いそのメイドは、ただ‘ふーん’とあごを突き出して言うだけで、くぐり門をバタンと閉めて中へ消えていったことを思い出す。同じ日本人なのに英雄と乞食（こじき＝当時、物もらいを言うのに使った言葉）の差のように感じて屈辱感に打ちひしがれる思いをしながらも、‘今に見ておれ’と歯を食いしばって耐えたことは生涯忘れられない。終戦直後はそのような時代であった。

なお歌詞にある‘燃ゆる大空’は軍国調用語であるとして、戦後しばらくは‘空に真っ赤な’に改訂して歌っていた。

◉八十島《やそじま》 稔《みのる》（一九〇六〜　？　）本名加藤英弥《ひでみ》。福岡市に生まれる。研修英語卒、詩人、俳人。詩集『赤い羅針盤』など、句集に『ざくろ』など。

ここで改めて明治末期から終戦の昭和二十年までの我が国の音楽界を大まかに見つめなおしてみる。

明治四十年（一九〇七）に、東京フィルハーモニーが第一回演奏会。

瀬戸口藤吉海軍軍楽隊長指揮の軍楽も、盛んに一般公開演奏を開催。

帝国劇場でのオペラ公演。三浦 環（柴田 環）の登場。歌劇〝蝶々夫人〟がヨーロッパで大流行。

このころからレコードが売りだされ始める。

大正時代に入ると、軍楽も一層充実し、演奏の質も向上。

大正五年（一九一六）にF・エッケルト（明治初期に我が国の洋楽に関わる大きな貢献をした人物）が京城（ソウル）で死去。

西洋楽器が大量に売れ始める。

大正十一年（一九二二）に、我が国で初めてバッハの曲が演奏される（東京音楽学校奏楽堂）。

交響楽団や合唱団も次々組織され、大正十四年（一九二五）には大阪フィルハーモニーも結成される。

昭和の時代に入ると、世界各国から各分野の演奏家が来日。

ブライロフスキー、シゲティ、ジンバリスト、ガリクルチ、シャリアピン、ケンプ、ティボー、メッテル、エルマン、ワインガルトナー、メニューイン、クロイツァー、フォイアマン、ローゼンシュトック、グルリット、等。

日本人の各界での活躍も目立つ。

近衛秀麿、長坂好子、高折宮次、松平頼則、諏訪根自子、高木東六、大田黒元雄、原　智恵子、池内友次郎、伊藤武雄、木下　保、矢田部勁吉、関　兼子、堀内敬三、豊増　昇、山田和男、尾高尚忠、等。

と無数の音楽家が活躍した中で、昭和十六年（一九四一）十月十日には国策として音楽関係の雑誌が統合される憂き目に会っている。

昭和十八年（一九四三）には決戦下の日本において、米英の音楽（ジャズなど）が普及していることへの〈頽廃音楽の追放〉〈敵国の楽譜廃棄〉が叫ばれる。

昭和二十年（一九四五）八月十五日の終戦直後、早くも十月頃には、レコード界は活気付き、各会社の名称も戦前の名称に戻している。戦時中の制約を解かれて日本音響はビクターに、日蓄はコロンビアに、大東亜はポリドールに、帝蓄はテイチクに、富士はキングにと変わっている。

このような記録は筆者の手元だけでも無数にあり、記述すればきりがないので、以上そのほんの一部のみとしたが、終戦後の我が国は教育行政面でも大改革がなされて、新しい民主国家として再出発を始め、音楽教育も全く新鮮な取り組みを始め、音楽教育界と同様に音楽界も新しい時代を迎えたのである。

註

（1）『日本の唱歌』（中）大正・昭和篇　金田一春彦・安西愛子編　講談社文庫　昭和五十四年七月発行　p.212〜213

（2）朝日新聞〔うたの旅人〕ヤシの実は黒潮に乗って　平成二十年五月十七日掲載記事参照

（3）註（1）　p.237

〈参考文献〉

『楽典』　（文部省　明治16年7月印行）

『音楽雑誌』　（音楽雑誌社　明治23年9月発行第一号他）

『音楽理論』　（鳥居 忱著　東京金港堂　明治24年8月発行）

『玉淵叢話』上・中・下巻　（三木佐助著作兼発行　東京大阪開成館　明治35年8月発行）

『日本人名辞典』　（芳賀矢一著　思文閣　大正3年9月発行）

『赤い鳥』童謡　第一集～第八集　（鈴木三重吉編　赤い鳥社　大正8年10月～14年6月発行）

『現代音楽大観』　（日本名鑑協会・東京日日通信社　昭和2年11月発行）

『小学校唱歌教授細目　尋常科』　（大阪市共同研究会編　昭和2年11月発行）

『世界音楽全集』第十八巻・第三十五巻　（田辺尚雄編　春秋社　昭和6年1月・7年7月発行）

『本邦洋楽変遷史』　（三浦俊三郎著　日東書院　昭和6年10月発行）

『本邦音楽教育史』　（日本教育音楽協会編　音楽教育書出版協会　昭和9年9月発行）

『絶対音感及和音感教育法』　（笈田光吉　シンキヤウ社　昭和12年7月発行）

『京都音楽史』　（吉田恒三ほか編纂　京都音楽協会　昭和17年6月発行）

『音楽五十年史』　（堀内敬三著　鱒書房　昭和17年12月発行）

『国民学校　器楽指導の研究』　（上田友亀著　共益商社書店　昭和18年4月発行）

『聴覚教育の新研究』　（小泉 洽著　東京開成館　昭和18年11月発行）

『明治音楽史考』　（遠藤 宏著　東京有朋堂　昭和23年4月発行）

『来し方八十年』　（永井幸次著　大阪音楽短期大学楽友会出版部　昭和29年12月発行）

『君が代の歴史』（山田孝雄著　宝文館出版　昭和31年1月発行）
『日本唱歌集』（堀内敬三・井上武士編　岩波書店　昭和33年12月発行）
『教科書の変遷　東京書籍五十年の歩み』（東京書籍社史編纂委員会編纂　昭和34年10月発行）
『明治音楽物語』（田辺尚雄著　青蛙房　昭和40年9月発行）
『明治前期学校成立史』（本山幸彦編　未来社　昭和40年11月発行）
『日本の洋楽百年史』（井上武士監修　秋山龍英編著　第一法規出版　昭和41年1月発行）
『標準音楽辞典』（音楽之友社　昭和41年4月発行）
『高遠町誌』（高遠町教育委員会編　（高遠町長）北原三平　昭和41年10月25日発行）
『音楽教育明治百年史』（井上武士著　音楽之友社　昭和42年12月発行）
『図説　明治百年の児童史』（唐沢富太郎著　講談社　昭和43年9月発行）
『幼稚園教育九十年史』（文部省　ひかりのくに昭和出版株式会社　昭和44年9月発行）
『洋楽事始』音楽取調成績申報書　東洋文庫188（伊沢修二・山住正己校注　平凡社　昭和46年6月発行）
『近代の日本教科書総覧』（海後宗臣・仲 新編　講談社　昭和46年7月発行）
『世界大百科事典』（平凡社　昭和47年4月発行）
『京一中洛北高校百年史』（校史編集委員会編京一中創立100周年・洛北高校創立20周年記念事業委員会　昭和47年7月発行）
『学制百年史』（文部省　昭和47年10月発行）
『学制百年史』資料編（文部省　帝国地方行政学会　昭和47年10月発行）
『日本唱歌全集』（井上武士編　音楽之友社　昭和47年12月発行）

『学制の研究』（倉沢 剛著 講談社 昭和48年3月発行）

『大阪府教育百年史』（大阪府教育委員会 昭和48年3月発行）

『日本国国歌正説』（佐藤仙一郎著 全音楽譜出版社 昭和49年2月発行）

『中学教育史稿』（桜井 役著 臨川書店 昭和50年4月発行）

『音楽教育成立への軌跡』（東京芸術大学音楽取調掛研究班編 音楽之友社 昭和51年7月発行）

『日本の唱歌』（上）明治篇（金田一春彦・安西愛子編 講談社文庫 昭和52年10月発行）

『日本の唱歌』（中）大正・昭和篇（金田一春彦・安西愛子編 講談社文庫 昭和54年7月発行）

『日本の唱歌』（下）学生歌・軍歌・宗教歌篇（金田一春彦・安西愛子編 講談社文庫 昭和57年5月発行）

『幼稚園教育百年史』（文部省 ひかりのくに株式会社 昭和54年8月発行）

『近代日本音楽教育史』Ⅰ（田甫桂三編 学文社 昭和55年9月発行）

『京都小学三十年史』（京都市小学校創立三十年紀念会編 第一書房 昭和56年9月発行）

『明治維新人名辞典』（吉川弘文館 昭和56年9月発行）

『みんなで考えよう 日本の教科書制度 再び戦争の道具にさせまい』（教科書検定訴訟を支援する全国連絡会教科書制度検討委員会 代表・永井憲一編 教科書検定訴訟を支援する全国連絡会 昭和57年7月発行）

『新音楽辞典 人名』（堀内久美雄編集兼発行 音楽之友社 昭和57年10月発行）

『洋楽伝来史』（海老沢有道著 日本基督教団出版局 昭和58年2月発行）

『海軍軍楽隊 日本洋楽史の原点』（楽水会編・橋本勝見監修 国書刊行会 昭和59年5月発行）

『季刊 音楽教育法』第58号臨時増刊号（エイデル研究所 音楽之友社 昭和60年8月発行）

『国定教科書』（粉河　宏著　新潮社　昭和60年10月発行）
『伊沢修二　その生涯と業績』（高遠町図書館編著　高遠町　昭和62年10月発行）
『楽のまなびや』大阪音楽大学創立七〇年史（学校法人大阪音楽大学　昭和63年3月発行）
『日本音楽教育文化史』（上原一馬著　音楽之友社　昭和63年4月発行）
『music gallary 35　唱歌のふるさと　花』（鮎川哲也著　音楽之友社　平成4年5月発行）
『洋楽導入者の軌跡』（中村理平著　刀水書房　平成5年2月発行）
『奈良県音楽近代史』（平井　啓著　平成7年12月発行）
『唱歌・童謡ものがたり』（読売新聞文化部著　岩波書店　平成11年8月発行）
『日本童謡辞典』（上　笙一郎編　東京堂出版　平成17年9月発行）

〈参考教科書〉

『小学唱歌集』初編・第二編・第三編（文部省　明治14年11月出版版権届～明治17年3月発行）
『新編教育唱歌集』（教育音楽講習会編纂　東京開成館発行　明治29年1月発行）
その他多数

掲載図版資料所蔵一覧

p88（図27）	『小学唱歌集用オルガンピアノ楽譜』　表紙
p91（図29）	『音楽指南』　表紙
p91（図30）	『音楽問答』　表紙
p91（図32）	『近世楽典教科書』　表紙
p150（図53）	『小学唱歌』全6冊　表紙
p150（図54）	『明治唱歌抜粋小学唱歌』　表紙
p156（図56）	『新編教育唱歌集』第一集　“螢”　歌詞・楽譜
p156（図57）	『新編教育唱歌集』第二集　“埴生の宿”　歌詞・楽譜
p163（図59）	『新式唱歌』　指導法の挿絵、“箱庭”　歌詞・楽譜
p204（図60・61）	『赤い鳥』第一号　表紙・標榜語（日本近代文学館　昭和43年11月復刻）
p206（図62）	『赤い鳥』第一巻第五号　“かなりあ”　歌詞（同上）
p207（図63）	『赤い鳥』第二巻第五号　“かなりや”　歌詞（同上）
p208～211（図64）	『赤い鳥』第二巻第五号　“かなりや”　歌詞・楽譜（同上）
p261（図70）	『中等唱歌集』　表紙
p263（図71）	『明治唱歌抜粋中等唱歌』　表紙
p265（図72）	『中学唱歌』　表紙
p267（図73）	『中学唱歌』　“荒城の月”　歌詞・楽譜
p268・269（図74）	『中学唱歌』　“箱根八里”　歌詞・楽譜
p273（図75）	『中等唱歌』　表紙、
p273（図76）	『中等唱歌』　“樺太”　歌詞
p274・275（図77）	『中等唱歌』　“樺太”　歌詞・楽譜
p289（図80）	『教科統合女学唱歌』　表紙

＊上記掲載図版資料は大阪教育大学附属図書館所蔵、その他は著者架蔵資料である。

あとがき

歴史関係の研究で最も苦労することは、まず資料の収集がどこまで可能かということである。ようやく希望のものが手元に入っても、その苦労の賜物の信頼性が必ずしも一〇〇パーセントとはいえないし、同じ事柄の経過についても名のある異なった研究者が異なった経過を主張することがよくあるので、今となってはどれが真実か確認のしようがないということがしばしばあり、本書ではそれらを併記せざるをえない場合がよくあった。

また過去に出版されている音楽教科書、音楽教育関係図書は、他にも多数あることを十分承知しているが、本書では筆者が手元で確認できた図書のみを扱った。

本書は、筆者が大阪教育大学大学院の創設時以来担当していた特別講義〈日本音楽教育史〉の集大成ともいえるものであるが、歴史というものは残念なことに、時間の経過とともに忘れ去られてしまうものである。また時には、歴史の捏造事件まで発生することがあるのは許しがたい。

世界は日々変化しつつある。それも日々発展のプロセスをたどればよいのであるが、時には後退することもある。過去は常に現在を支えてきた。現在は未来を支える義務がある。過去を知ることは現在をより一層強く支える糧となる。最近世界の自然破壊が急速に進み、自分の子どもや孫の世代には一体どういう状況になるのかと地球規模の心配をしない者はいないであろう。そのことを音楽教育の世界に置き換えてみると、心ある音楽教育者はやはり同様の思いで音楽教育の未来を見つめている。未来にとっての大切な過去である現在を堅実に歩むためにも、現在を支える過去を少しでも正確に知る必要がある。無知なまま世相に流されることは危険である。特定のイデオロギーに流された情況判断は極めて危険である。我々は過去をより深く知ることによって、その長所を生かす可能性が拡がり、過去の失敗を繰り返すことなく、子どもたちのために常に新鮮な教育環境を築く道を開くことができる。この度の出版の真意はそこにあることもご理解いただきたいと思う。

尚、本書には、今日では許されない差別用語も、一つの記録として一部そのまま記載したことを断っておく。

おわりに、この書を出版するに際し、和泉書院社長廣橋研三氏はじめ社員の皆様には様々なご教示をいただき、深く感謝する次第である。

平成二十三年九月一日

松村直行

人名索引

○　同一人物の姓名の表示が複数ある場合は、それらを並列して記した。
○　人物についての解説が少しでもある場合は、そのページ数を太字で記した。
○　姓名あるいは姓か名のどちらかの読み方が不明の場合は、慣例の読みに従ったが、なお難読の場合は音訓みとした。
○　外国人の場合は姓を片仮名で表記し、(　) 内は名、姓の順にアルファベットで表記した。

青木存義（あおき ながよし）　**189**
青柳善吾（あおやぎ ぜんご）　179, 222, 295
秋山龍英（あきやま たつひで）　13, 53, 136
芥川龍之介（あくたがわ りゅうのすけ）　204
浅井新一（あさい しんいち）　304
浅野建二（あさの けんじ）　181
浅原鏡村（あさはら きょうそん）　213
芦田恵之助（あしだ えのすけ）　200, 215, 230
安達音治（あだち おとじ）　175
安達　孝（あだち たかし）　179
天谷　秀（あまや しゅう）　297, 298
鮎川哲也（あゆかわ てつや）　153, 176, 196
アラン（Robert Alain）　82
有島生馬（ありしま いくま）　204
有島武郎（ありしま たけお）　204
有栖川宮熾仁（ありすがわのみや たるひと）　5, 11, 76
粟島三之助（あわしま さんのすけ）　169
安西愛子（あんざい あいこ）　93, 157, 233, 238, 318, 328
安藤　敬（あんどう けい）　179
飯田信夫（いいだ のぶお）　305, 317, **318**, 319, 321, 325
池内友次郎（いけのうち ともじろう）　327
池辺義象（いけべ よしかた）　169
伊沢修二（いさわ しゅうじ）　35, 36, **37**, **38** **図3・図4**, **39**, 40～42, 45, 46, 49, 59, 60, 65, 76, 82, 96, 101, 112, 118～120, 123, 128～131, 132, 140図49, 148, 150, 161, 180, 201, 245, 261, 286, 311
石倉小三郎（いしくら こさぶろう）　294
石黒行平（いしぐろ こうへい）　9, 10
石原重雄（いしはら しげお）　169
石原和三郎（いしはら わさぶろう）　**164**, 189, 190, 214
石森延男（いしもり のぶお）　**252**
板谷節子（いたや せつこ）　304, 313
市川　崑（いちかわ こん）　262
一柳安次郎（いちやなぎ やすじろう）　174, 175
一柳芳風子（いちやなぎ ほうふうし）　175
泉　鏡花（いずみ きょうか）　203
伊藤武雄（いとう たけお）　294, 327
稲垣千頴（いながき ちかい）　46, 61, 63, 64, 67, 69, 74, 75, 118
井上　馨（いのうえ かおる）　76
井上　赳（いのうえ たけし）　227, 228, 252

井上武士（いのうえ たけし）13, 53, 133, 136, 176, 199, 215, 230, 238, 246, 251～253, 277, 301
伊庭秀賢（いば ひでかた）133
今関栄蔵（いまぜき えいぞう）168
入江好次郎（いりえ よしじろう）92, 175, 297
岩倉具視（いわくら ともみ）18, 29, 76
巌谷小波（いわや さざなみ）192, 214, **217**
イヴァノヴィチ（Iosif Ivanovici）294
ウィーベ 92
ウィルソン（Marcius Willson）57
ウィンナー（S. Winner）288
上　真行（うえ さねみち）46, **47**, 116, 130～132, **133**, 138図47, 151, 161, 180, 263, 265
ウェーバー（Carl Maria von Weber）201, 215, 292, 293
上田友亀（うえだ ともき）255
上原六四郎（うえはら ろくしろう）116, 130, 265
ウェブ（Webbe）74
ウェラー（Walter Weller）6
ヴェルクマイステル（Heinrich Werkmaister）272
ウェルナー（Heinrich Werner）89
＊音楽関係の辞書には名前が出てこない人物であるが、日本では歌曲“ウェルナーの野ばら”で知られている。

ヴォルフ（Hugo Philipp Jacob Wolf）305
内田粂太郎（うちだ くめたろう）173
内田正義（うちだ まさよし）263, 286
内田弥一（うちだ やいち）46
ヴュルナー（Franz Wüllner）299
瓜生繁子＝繁（うりゅう しげこ、しげ）46, 92, 116, 130, 169
海野　厚（うんの あつし）179, 213
江口源吾（えぐち げんご）304
エッケルト（Franz Eckert）4, 5, 8, 45, 122, 125, 128, **135**, 136, 326
エジソン（Thomas Alva Edison）158
江南文三（えなみ ぶんぞう）292～294
海老沢有道（えびさわ ありみち）13
エルマン（Mischa Elman）327
閻杰（えんき）ii
遠藤　宏（えんどう ひろし）ii, iv, 13, 41, 53, 75, 88, 93, 136, 262, 279
笈田光吉（おいだ こうきち）244
大石良雄（おおいし よしお）151
大木喬任（おおき たかとう）49, 128
大田黒元雄（おおたぐろ もとお）327
大槻如電（おおつき じょでん）169
大伴家持（おおともの やかもち）254
大中寅二（おおなか とらじ）304, **305**, 309, 310
大中　恩（おおなか めぐみ）305
多　梅稚（おおの うめわか）92, 151, 153, **160**, 174, 278, 296, 297
多　忠廉（おおの ただきよ）119
多　忠基（おおの ただもと）162
多　夏（おおの なつ）160
太　安万侶（おおの やすまろ）160
大橋銅造（おおはし どうぞう）215
大村益次郎（おおむら ますじろう）11
大山　巌（おおやま いわお）122
大和田愛羅（おおわだ あいら）179, 184, **193**, 201, 222, 298, 301
大和田建樹（おおわだ たけき）149, **151**, 153, 154, 160, 162, 174, 200, 215, 229, 262, 263, 293
岡崎匠吾（おかざき しょうご）270, 279
岡野貞一（おかの ていいち）169, 173, 180,

181, 187, 188, 192, 195, 196, **199**, 229, 272
岡本一平　（おかもと いっぺい）　305, **311**, 317, **318**
岡本かの子（おかもと かのこ）　311
岡本太郎　（おかもと たろう）　318
小川一朗　（おがわ いちろう）　277, 295, 300, 301
奥　好義　（おく よしいさ）　46, **47**, 76, 123, 129, 131, 132, 140図49, 149, 151, 161, 197, 262, 263, 286
奥山フサ　（おくやま ふさ）　179
尾崎紅葉　（おざき こうよう）　148
小山内　薫（おさない かおる）　203
小沢征爾　（おざわ せいじ）　219
緒園よし子（おその よしこ）　294
小田進吾　（おだ しんご）　304, **305**, 307
織田信長　（おだ のぶなが）　11
尾田　翠　（おだ みどり）　238
尾高尚忠　（おたか ひさただ）　327
落合直文　（おちあい なおぶみ）　169
乙骨三郎　（おつこつ さぶろう）　272
尾原昭夫　（おはら あきお）　181

鍵谷徳三郎（かぎたに とくさぶろう）　196, 197
影山てる子（かげやま てるこ）　292
鹿島鳴秋　（かじま めいしゅう）　197, **198**, 199, 293
片桐顕智　（かたぎり あきのり）　**253**
片野東四郎（かたの とうしろう）　101図38, 102
片山頴太郎（かたやま えいたろう）　**228**, 305, 323
勝　安房＝海舟（かつ やすふさ＝かいしゅう）　131, 132, **133**
勝　承夫　（かつ よしお）　78
加藤司書　（かとう ししょ）　82, 118
嘉納治五郎（かのう じごろう）　161
カプア　（E. di. Capua）　294
加部厳夫　（かべ いずお）　46, 75, **78**, 82, 105, 118, 119
鎌田真平　（かまた しんぺい）　3
唐沢富太郎（からさわ とみたろう）　93
ガリクルチ（Amelita Galicurci）　327
カルコット（John Wall Callcott）　83
川路柳虹　（かわじ りゅうこう）　230
川田正子　（かわだ まさこ）　193
川村純義　（かわむら すみよし）　3
キー（Francis Scott Key）　291
菊池　寛　（きくち かん）＝文学者　204
菊池盛太郎（きくち せいたろう）　179
菊地武信　（きくち たけのぶ）　92
菊地　寛　（きくち ひろし）＝記者　221
城多又兵衛（きた またべえ）　246
北白川宮能久（きたしらかわのみや よしひさ）　76
北原白秋　（きたはら はくしゅう）　197, 201, 202, 204, 205, 212, 213
北村季晴　（きたむら すえはる）　169, 201, 272
紀　貫之　（きの つらゆき）　160
木下　保　（きのした たもつ）　327
木村正辞　（きむら まさこと）　131, 132, **133**
キュッケン（Friedrich Wilhelm Kücken）　290, 291, 293
金田一春彦（きんだいち はるひこ）　65, 88, 93, 196, 233, 238, 328
草川　信　（くさかわ しん）　193, **194**, 204, 212
草川宣雄　（くさかわ のぶお）　179, 222
九条兼実　（くじょう かねざね）　63
葛原勾当　（くずはらこうとう）　202
葛原　齒＝しげる（くずはら しげる）　194, 201, **202**, 232, 293
楠美恩三郎（くすみ おんざぶろう）

161, 173, 180, 214, 272, 298
グノー(Charles Gounod) 294
久保井信夫(くぼい のぶお) 315
久保田宵二(くぼた しょうじ) 251, **252**
倉沢　剛　(くらさわ ごう) 33
グリーグ＝グリーク(Edvard Hagerup Grieg) 294
グリック 218
グルーバー(Franz Xaver Gruber) 288, 292
グルリット(Manfred Gurlitt) 327
クレーン(Efgenn kröhn) 3
クロイツァー(Leonid Kreutzer) 327
グローバー女史 162
黒川真頼　(くろかわ まより) 116, 131, 132, **134**
黒沢隆朝　(くろさわ たかとも) 277, 295, 301
桑田春風　(くわだ しゅんぷう) 214
ゲーテ(Johann Wolfgang von Goethe) 89, 290
ケンプ＝ケンプフ(Wilhelm Kempff) 327
小出浩平　(こいで こうへい) 199, 222
小泉木羊　(こいずみ ぼくよう) 291
幸田　延　(こうだ のぶ) 46
皇太子(日本平成)(こうたいし) 219
神津専三郎(こうづ せんざぶろう) 35, 38, **39**, **40**, 130
孝明天皇　(こうめいてんのう) 117
コーエン 162
ゴーブル(Jonathan Goble) 27
後藤捷一　(ごとう しょういち) 181
後藤夏子　(ごとう なつこ) 291
小中村清矩(こなかむら きよのり) 131, 132, **133**
近衛秀麿　(このえ ひでまろ) 204, 327
小林愛雄　(こばやし あいゆう) 246, 293
小松耕輔　(こまつ こうすけ) 191, 201, 222, 232, 246
小村寿太郎(こむら じゅたろう) 39
小山作之助(こやま さくのすけ) 10, 118, 131, 132, 139図46, 148, 160, 161, 168, 173, 174, 179, 180, **199**, 200, 222, 229, 278, 279, 296
コレルリ　(Arcangelo Corelli) 110
近藤朔風　(こんどう さくふう) 292～294
近藤千穂子(こんどう ちほこ) 293
コンバース(Charles Crozat Converse) 215

西行　(さいぎょう) 63
税所敦子　(さいしょ あつこ) 119
西条八十　(さいじょう やそ) **204**, **205**, 206, 207, 209, 213, 318
斎藤佐次郎(さいとう さじろう) **219**
坂井勝太郎(さかい かつたろう) 298
酒井　悌　(さかい やすし) **228**, 301
阪田一郎　(さかた いちろう) 173
坂西八郎　(さかにし はちろう) 290
坂本龍馬　(さかもと りょうま) 2
サグデン(W. Sugden) 83
桜井雅人　(さくらい まさと) 83
桜井　役　(さくらい まもる) 279
佐々紅華　(ささ こうか) 253
佐々木すぐる(ささき すぐる) **298**, 299
佐佐木信綱(ささき のぶつな) 154, 161, 162, 181, 182, 185, 215, 304
佐々木吉三郎(ささき よしさぶろう) 173
佐藤籌太郎(さとう かずたろう) 134, 287
佐藤維親　(さとう これちか) 101図38, 102
佐藤仙一郎(さとう せんいちろう) 120, 136
佐藤誠実　(さとう のぶざね) 116
サトウ・ハチロー 305, **318**, 323
佐藤春夫　(さとう はるお) 204

里見　義　（さとみ ただし）
46, 75, 78, 82, 89, 261, 262
真田範衛　（さなだ のりえ）　184
佐野きみ　（さの きみ）　220, 221
佐野保太郎（さの やすたろう）　**229**
ザビエル（Francisco de Xavier）　1
沢崎定之　（さわざき さだゆき）　**228**
沢辺琢磨　（さわべ たくま）　2
三条実美　（さんじょう さねとみ）
18, 20, 36, **47**, 76, 319
三条実万　（さんじょう さねつむ）　319
シーボルト（Philipp Franz von Siebold）　12
時雨音羽　（しぐれ おとわ）　213, **253**
シゲティ　（Joseph Szigeti）　327
慈鎮＝慈円（じちん、じえん）　**63**
品川弥二郎（しながわ やじろう）　11
篠田利英　（しのだ としひで）　116
芝　葛鎮　（しば ふじつね）　46,
47, 75, 119, 122, 131, 132, **133**, 141図48
柴田清熙　（しばた きよてる）　63
渋谷　愛　（しぶや あい）　168, 169
島崎赤太郎（しまざき あかたろう）　162, 169,
179, 180, 218, 222, 272, 296, 298, 300
島崎藤村　（しまざき とうそん）
204, 270, 291, 304, 307, 309, **310**
島田英雄　（しまだ ひでお）　276
島津斉彬　（しまづ なりあきら）　4
清水かつら（しみず かつら）
197, **198**, 212, 293
下総皖一　（しもふさ かんいち）
227, 246, 250, 252, 253, 292～294, 300
シャーデ　78
シャリアピン（Fyodor Ivanovich Shalyapin）　327
シューベルト（Franz Schubert）
201, 229, 290～294
シューマン（Georg Alfred Schumann）　226
＊一般によく知られているR. A. シューマンではなく、1866年ザクセン地方のケーニッヒシュタイン生まれで、1900年代中ごろに亡くなるまで、ブレーメンフィルハーモニー管弦楽団や、ベルリンジングアカデミーの指揮などの功績で、叙勲教授の称号を得た。極めて個性的な合唱法を用いての指導をした人物である。
シューマン（Robert Alexander Schumann）　294
シュトラウス（Richard Georg Strauss）　233
昭憲皇太后　（しょうけんこうたいごう）
5, 133, 146, 197
東海林太郎　（しょうじ たろう）　310
聖徳太子　（しょうとくたいし）　i, 175
ジョーダン夫人　67
白鳥省吾　（しらとり しょうご）　**252**
ジルハー＝ジルヒェル（Friedrich Silcher）
215, 291, 293
新城正一　（しんじょう しょういち）　315
ジンバリスト（Eflem Zimbalist）　327
神武天皇　（じんむてんのう）　117, 132
スカルラッティ（Alessandro Scarlatti）　291
杉江　秀　（すぎえ ひいず）　132, **134**, 287
杉江満直　（すぎえ みつなお）　134
杉谷代水　（すぎたに だいすい）　215
杉原弁次郎（すぎはら べんじろう）　263
杉村楚人冠（すぎむら そじんかん）　**228**
杉山長谷雄（すぎやま はせお）　154
スコット夫人（Lady John Douglas Scott）　83, 291
鈴木重嶺　（すずき しげね）　131, 132, **133**
鈴木政吉　（すずき まさきち）　12, 158
鈴木三重吉（すずき みえきち）
194, **203**, 212, 220
鈴木米次郎（すずき よねじろう）
161, 179, 278, 297

スターリン(Iosif Vissarionovich Stalin)　183
ステッセル(Anatolii Mikhailovich Stessel)　182
スポック　219
諏訪根自子(すわ ねじこ)　327
関　兼子　(せき かねこ)　327
瀬戸口藤吉(せとぐち とうきち)　4, 326
相馬御風　(そうま ぎょふう)　154
千家尊福　(せんげ たかとみ)　131, 132, **133**, 161
ソーブレー　261

高折宮次　(たかおり みやじ)　327
高木東六　(たかぎ とうろく)　327
高崎正風　(たかさき まさかぜ)　118, 119, 131, 132, **133**
高島秋帆　(たかしま しゅうはん)　3
高野辰之　(たかの たつゆき)　187, **192**, 195, 199, 294
高橋健自　(たかはし けんじ)　175
高浜虚子　(たかはま きょし)　203
高嶺秀夫　(たかみね ひでお)　38
高村光太郎(たかむら こうたろう)　305, **318**, 321
高村智恵子(たかむら ちえこ)　318
滝　廉太郎(たき れんたろう)　166～168, 187, 192, 229, 265～267, **270**, 271
ダクロン　(Gustave Charles Dagron)　**6**, 7, 9
武内俊子　(たけうち としこ)　252
武島又次郎＝羽衣(たけしま またじろう、はごろも)　272, 288
武田宇作　(たけだ うさく)　290
竹山道雄　(たけやま みちお)　262
橘　周太＝橘中佐(たちばな しゅうた)　196, 197
　＊中佐は当時の軍隊の階級の名称。
伊達　愛　(だて あい)　300, 301
田中銀之助(たなか ぎんのすけ)　277, 286, **287**, 288, 289, 298, 300
田中正平　(たなか しょうへい)　92, 238
田中不二麿(たなか ふじまろ)　**29**, 30, 36, 41, 76, 122
田辺友三郎(たなべ ともさぶろう)　164, 188, 214
谷　勤　(たに いそし)　131
谷口禎一　(たにぐち さだかず)　219
谷崎潤一郎(たにざき じゅんいちろう)　204
玉井耿介　(たまい こうすけ)　184
田村虎蔵　(たむら とらぞう)　92, 148, 149, 162, **163**, 166, 168～170, 172, 173, 179, 185, 188～190, 200, 214, 215, 230, 231, 272, 287
団　伊玖磨(だん いくま)　65
田甫桂三　(たんぽ けいぞう)　93
陳　舜臣　(ちん しゅんしん)　73, 74, 93
辻　高節　(つじ たかみち)　131, 132, **133**, 142図50, 143図51
辻　則承　(つじ のりつぐ)　46, 76, 263
恒川鐐之助(つねかわ りょうのすけ)　101図38, 102
坪内逍遥　(つぼうち しょうよう)　164
ディットリッヒ＝ジットリヒ(Rudolf Dittrich)　**89**, 135, 245
ティボー(Jacques Thibaud)　327
デュカキス　219
寺島宗則　(てらしま むねのり)　41
テルシャック　9
テンプル(Shirley Temple)　212
土井晩翠＝林吉(どい ばんすい、りんきち)　154, 265, **266**, **270**, 272
ドヴォルザーク(Antonín Dvořák)　293
東儀季治　(とうぎ すえはる)　162
東儀季芳　(とうぎ すえよし)　119
東儀彭質　(とうぎ たけたか)　46

東宮鉄麿(とうぐう てつまろ)　119, 162
東郷平八郎(とうごう へいはちろう)　200
東条英機　(とうじょう ひでき)　254
遠山甲子　(とおやま きね)　46
土岐善麿　(とき ぜんまろ)　154, 304
常磐花香　(ときわ かこう)　174
徳川家治　(とくがわ いえはる)　215
徳田秋声　(とくだ しゅうせい)　203
徳山　璉　(とくやま たまき)　311
富尾木知佳(とみおぎ ちか)　272
トムソン(W. Thomson)　88
外山国彦　(とやま くにひこ)　179
外山正一　(とやま まさかず)　7, 8
豊増　昇　(とよます のぼる)　327
鳥居　忱　(とりい まこと)　46, 92, 110, 111, **112**, 113, 116, 130, 162, 270, 272

内藤俊二　(ないとう しゅんじ)　295
永井憲一　(ながい けんいち)　176
永井建子　(ながい けんし)　**9, 10**
永井幸次　(ながい こうじ)　**134, 230**, 245, 246, 255, 277, 286, **287**, 288, 289, 300
永井繁子　(ながい しげこ)→瓜生繁子
長坂好子　(ながさか よしこ)　327
中田　章　(なかた あきら)　276, 298
中田喜直　(なかだ よしなお)　318
永田絃次郎(ながた げんじろう)　310
中浜万次郎(なかはま まんじろう)　37
中村秋香　(なかむら あきか)　161, 288
中村雨紅　(なかむら うこう)　**212**
中村祐庸　(なかむら すけつね)　3, 4, 122
中村淑子　(なかむら よしこ)　311
中村理平　(なかむら りへい)　3, 6, 13, 136
中村林松　(なかむら りんしょう)　153
永村農三　(ながむら のうぞう)　293, 294
中山晋平　(なかやま しんぺい)　212, **213**, 252, 253
夏目漱石　(なつめ そうせき)　253
成田為三　(なりた ためぞう)　201, 204, 205, **206**, 209, **212**, 222, 253
南堂知足　(なんどう ともたり)　153
仁木他喜雄(にき たきお)　305, 318, 323
ニコライ　2
西　周　(にし あまね)　76, 148
西　謙蔵　(にし けんぞう)　3
西川虎吉　(にしかわ とらきち)　12
二宮尊徳＝金次郎(にのみや そんとく、たかのり、きんじろう)　**215, 216**
仁徳天皇　(にんとくてんのう)　i
ネーゲリ(Hans Georg Nägeli)　74, 78
納所弁次郎(のうしょ べんじろう)　130, 148, 149, 161, **162**, 163, 164, 168, 172, 173, 179, 188, 214
野上豊一郎(のがみ とよいちろう)　203
野上弥生子(のがみ やえこ)　204, **253**
乃木希典　(のぎ まれすけ)　182, 183, 200, 251
野口雨情　(のぐち うじょう)　205, **212**, 213, 220, 250
野尻精一　(のじり せいいち)　116
信時　潔　(のぶとき きよし)　**225, 226**, 227～229, 254, 270, 277, 299, 300
野村秋足　(のむら あきたり)　64, **65**
野村成仁　(のむら せいじん)　278
乗杉嘉寿　(のりすぎ よしひさ)　222, 295

ハーク(Hark)　82
バーンズ(Robert Burns)　75
ハイドン(Franz Joseph Haydn)　75, 83, 110
ハインリッヒ(独逸国皇孫)　5
芳賀矢一　(はが やいち)　184

萩原英一郎(はぎはら えいいちろう) 300
橋本勝見 (はしもと かつみ) 3, 13
橋本国彦 (はしもと くにひこ) **229**, 233, 246, 304, 313
長谷川良夫(はせがわ よしお) **227**, 229, 251
旗野十一郎＝士郎＝十一良＝士良(はたの たりひこ) 161, 162, **194**, 195, 272, 286
バッハ(Johann Sebastian Bach) 327
林 きむ子(はやし きむこ) 250
林 古渓 (はやし こけい) 293, 294
林 広季 (はやし ひろすえ) 129, 130
林 広継 (はやし ひろつぐ) 119
林 広倫 (はやし ひろみち) 123
林 広守 (はやし ひろもり) 118, 119, **123**, 129〜132
林 幸光 (はやし ゆきみつ) 295, 300, 301
林 柳波 (はやし りゅうは) 195, 199, 229, 246, **250**, **251**
原 智恵子(はら ちえこ) 327
原田宗助 (はらだ そうすけ) 121
布哇国皇帝(はわいこくこうてい) 6
阪 正臣 (ばん まさおみ) 119, 131
東 くめ (ひがし くめ) 148, 149, **166**, 168, 187, 192
東 貞一 (ひがし ていいち) **166**
東 基吉 (ひがし もときち) 148, **149**, 166
東伏見宮嘉彰(ひがしふしみのみや よしあきら) 76
樋口勘次郎(ひぐち かんじろう) 163
ビショップ(Henry Rowley Bishop) 262, 291, 293
ビゼー (Georges Bizet) 8
日夏耿之介(ひなつ こうのすけ) 204
平井 啓 (ひらい けい) 137
平井康三郎(ひらい こうざぶろう) 181, **253**
平岡均之 (ひらおか きんし) **252**
ピルキントン(Jane Pilkington) 122
広瀬武夫＝(ひろせ たけお)広瀬中佐 182, 196
　＊中佐は当時の軍隊の階級の名称
弘田龍太郎(ひろた りゅうたろう) **197**, 198, 201, 212, 229, 277, 293
ヒンデミット(Paul Hindemith) 227
フェントン(Annie Maria Fenton) 121
フェントン(John William Fenton) 3〜5, 120, **121**, **122**
フォイアマン(Emanuel Feuermann) 327
フォスター(Jean Foster) 232
フォスター(Stephen Collins Foster) 229, 231, 292, 293
溥儀 (ふぎ) 183
福井久蔵 (ふくい きゅうぞう) 273
福井直秋 (ふくい なおあき) 179, 200, 201, 217, 289, 292, 297, 298, 300
福沢諭吉 (ふくざわ ゆきち) 20, 112
福屋基千代(ふくや もとちよ) 290
藤井清水 (ふじい きよみ) 253
藤山一郎 (ふじやま いちろう) 73
藤原忠通 (ふじわらの ただみち) 63
二葉亭四迷(ふたばてい しめい) 148
プッチーニ(Jiacomo Puccini) 11, 293
船橋栄吉 (ふなはし えいきち) **228**, 295
富原 薫 (ふはら かおる) 193
芙蓉 (ふよう) 119
ブラームス(Johannes Brahms) 215, 291
ブライロフスキー(Alexander Braillowsky) 327
ブラウン 107
プリングスハイム(Klaus Pringsheim) 227, 253
ブロスナン 83
ヘイス(W. S. Hays) 288, 293
ペイン(John Howard Payne) 262
ベートーヴェン(Ludwig van Beethoven) 228, 294

別府明雄（べっぷ あきお） 198
ペルゴレージ(Giovanni Battista Pergolesi) 294
ヘンデル(Georg Friedrich Händel)
110, 290, 292, 294
北条時頼（ほうじょう ときより） 174
ホーソン(Alice Hawthorne) 291
ポーラック 253
保科寅次（ほしな とらじ） 179
堀内敬三（ほりうち けいぞう） 11,
13, 47, 130, 133, 137, 154, 294, 304, 327
堀沢周安（ほりざわ しゅうあん） 132
ポンペ(Pompe) 16

マスネー(Jules Emile Massenet) 294
益山鎌吾（ますやま かねみち） 275, 278
松岸寛一（まつぎし かんいち） 230
松島　彝（まつしま つね）
179, 246, 250, **251**, 252
松園郷美（まつぞの さとみ） 179
松田　昌（まつだ まさ） ii
松平頼則（まつだいら よりつね） 327
松永みやを（まつなが みやお） **252**
松野クララ（まつの くらら） **47**
松村順吉（まつむら じゅんきち）
77, 134, 159, 166, 218, 244, 287, 299
松本良順（まつもと りょうじゅん） 16
真鍋広助（まなべ こうすけ） 96
真鍋定造（まなべ さだぞう） 96
丸山作楽（まるやま さくら） 131
万城目　正（まんじょうめ ただし） 318
マンスフィールド 219
三浦俊三郎（みうら としさぶろう）
3, 7図1, 13, 57, 63, 93, 121, 136, 158
三浦（旧姓柴田）環（みうら たまき） 326
三木佐助（みき さすけ）（四代目）
155, **158**, 159, 174〜176
初代　158、三代目　158、五代目　159、
六代目　159
三木佐知彦（みき さちひこ）（七代目）160, 297
三木露風（みき ろふう）
189, **202**, 204, 230, 232
水野忠邦（みずの ただくに） 215
箕作秋坪（みつくり しゅうへい） 39
水戸光圀（みと みつくに） 161
南　能衛（みなみ よしえ） 180, **194**, 196, 272
源　頼政（みなもとの よりまさ） 74
源　頼光（みなもとの よりみつ、らいこう） 215
宮城道雄（みやぎ みちお） ii, 202
宮原晃一郎（みやはら こういちろう） 184
宮原禎次（みやはら ていじ） 252
ムーア(Thomas Moore) 88
武笠　三（むかさ さん） 189, **191**
村岡範為馳（むらおか はんいち） 116
村山素行（むらやま そこう） 133
明治天皇（めいじてんのう）
5, 121, 122, 128, 132, 133, 146, 221, 261
メーソン(Luther Whiting Mason) 35, **36**図2,
37, 38, 41, 43, 45, 46, 59, 76, 90, 99,
111, 112, 115, 133, 158, 262, 263
目賀田種太郎（めがた たねたろう）
35, 36, 39〜41, 112
目賀田万世吉（めがた まよきち）
134, 174, 175, 232
メッテル(Emmanuel Metter) 327
メニューイン(Yehudi Menuhin) 327
メンデルスゾーン(Jakob Ludwig Felix Mendelssohn)
294
モーツァルト(W. A. Mozart) 88, 270, 293, 294
物集高見（もずめ たかみ） 148, 166
本居豊頴（もとおり とよかい） 131

本居長世　（もとおり ながよ）
197, 202, 204, 213, 220, **221**
本居宣長　（もとおり のりなが）　65, 221
本山幸彦　（もとやま ゆきひこ）　279
桃井京次　（ももい きょうじ）　295
百瀬三郎　（ももせ さぶろう）　325
森　鷗外　（もり おうがい）　204
森　節子　（もり せつこ）　180
森田草平　（もりた そうへい）　204
モルレー(David Murray)　25, 29, 32
文武天皇　（もんむてんのう）　i

ヤジロウ　1
安田俊高　（やすだ としたか）　196
八十島　稔（やそじま みのる）
319, 324, 325, **326**
矢田部勁吉（やたべ けいきち）　327
柳田国男　（やなぎた くにお）　310
梁田　貞　（やなだ ただし）　201, 232
山井基万　（やまのい もとかず）　119, 131
山県茂太郎（やまがた しげたろう）　300
山勢松韻　（やませ しょういん）　46, 76
山田和男　（やまだ かずお）　327
山田源一郎（やまだ げんいちろう）
92, 161, 169, **191**, 272, 278, 286, 289
山田耕筰　（やまだ こうさく）
189, **202**, 204, 206,
212, 230, 232, 233, 265, 270, 305, 318
山田美妙　（やまだ びみょう）　10, **148**, 166
山田孝雄　（やまだ よしお）　136
山田　簾　（やまだ れん）　175
山中　恒　（やまなか つね）　154
山葉寅楠　（やまは とらくす）　12, 158
山辺赤人　（やまべの あかひと）　75
山本　寿　（やまもと ひさし）　222, 290
山本正夫　（やまもと まさお）　179
湯浅譲二　（ゆあさ じょうじ）　154
湯川秀樹　（ゆかわ ひでき）　258
ユングスト(H. Jüngst)　291
ユンケル(August Junker)　272
横田めぐみ（よこた めぐみ）　294
与謝野晶子（よさの あきこ）　154, 304
吉井　勇　（よしい いさむ）　213
吉岡郷甫　（よしおか きょうほ）　272
吉岡平助　（よしおか へいすけ）　96
吉田　象　（よしだ しょう）　260
吉田信太　（よしだ しんた）
92, **194**, **195**, 277, 297
吉田恒三　（よしだ つねぞう）　174, 301
吉丸一昌　（よしまる かずまさ）
55, **57**, 201, 272
四元義豊　（よつもと よしとよ）　122

ライトン(W. T. Wrighton)　288
リール(Rouget de L' isle)　291
ルイザシュレル夫人　9
ルジェ・ド・リール(Rouget de L'isle)　291
ルソー(Jean Jacques Rousseau)　63, 110
ルルー(Charles Edouard Gabriel Leroux)
7, **8**, 9, 135
ローゼンシュトック(Joseph Rosenstock)　327
ロッシーニ(Gioacchino Antonio Rossini)　272

ワインガルトナー(Felix Weingartner)　327
若狭万次郎（わかさ まんじろう）　277, 278
若山牧水　（わかやま ぼくすい）　220
ワグナー(Wilhelm Richard Wagner)　295
渡辺薫之助（わたなべ くんのすけ）　116
渡辺弥蔵　（わたなべ やぞう）　290

図 書 索 引

○　項目について比較的詳しく解説してある場合は、そのページ数を太字で記し、また例えば203～212とある場合は、その間の同書名のページ数は省略したことを示す。

○　図版のあるものについてはそのページ数に続けて図版番号を示した。
例　204図60

○　著者・編者が不明の場合は、空白にした。

○　発行所・発行年月については、別記の参考文献に記載し、ここでは必要な場合のみ記した。

◆参考図書

書　名	著者・編者・作曲者	ページ
『赤い鳥』	鈴木三重吉編	194, 201, **203～212**, 204図60･61, 206図62, 207図63, 208～211図64, 220
『赤い羅針盤』	八十島稔著	326
朝日新聞		93, 238, 328
『伊沢修二　その生涯と業績』	高遠町図書館編著	53
『ウィルソン・リーダー』(The School and Family Series, by Marcius Willson)	M. ウィルソン	57
『音楽』		**55**
『音楽概論』	松島彝著	251
『音楽教育成立への軌跡』	東京芸術大学音楽取調掛研究班編	36, 53, 90, 93, 109, 113
『音楽教育明治百年史』	井上武士著	176, 238
『音楽五十年史』	堀内敬三著	13, 130, 137
『音楽雑誌』	音楽雑誌社	**8**, **9**, 10, 13, 115, 117, 135, 136
『音楽通論』	下総皖一著	227
『海軍軍楽隊　日本洋楽史の原点』	楽水会編　橋本勝見監修	3, 13

『学制の研究』	倉沢剛著	33
『学制百年史』資料編	文部省	34

＊本書にある教育法規の多くはこの書を参考にしており、以下その各々のページ数は省略する。

『学制百年史』	文部省	176
『官報二五五三号』(明治25年1月7日)	文部省	116
『官報』(明治26年8月12日)		261
『教育雑誌』		4, 5
『君が代の歴史』	山田孝雄著	136
『京都学校の記』	福沢諭吉著	20
『京都小学三十年史』	京都市小学校創立三十年紀念会編	34
『京都の歴史 七 維新の激動』	京都市編	34
『玉淵叢話』	三木佐助著	159図58, 176
『吉利支丹物語』		2
『近代日本音楽教育史』I	田甫桂三編	93
『金の船』『金の星』	斎藤佐次郎編	219～220
『金の星童謡曲譜集』		220
『クラリ』	H.R. ビショップのオペラ	262
『源氏物語』	紫式部著	55
『言文一致』	物集高見	148
『高等小学国語読本』	文部省	173
『古今集註』		120
『古今六帖』		120
『古今和歌集』	紀貫之、紀友則、凡河内躬恒、壬生忠岑撰	63, 74, 120, 122
『国民学校　器楽指導の研究』	上田友亀著	255
『国民教育新撰唱歌』	田村虎蔵編	170
『来し方八十年』	永井幸次著	246, 255
『古事類苑』	小中村清矩他編	133, 134
『作歌法』	吉丸一昌著	57
『作曲法』	下総皖一著	227
『作曲法教程』	長谷川良夫著	227
『THE SCHOOL SONG ECHO』		83
『The Training School Song Book』	トムソン(Thomson)編	88
『拾玉集』	慈円(慈鎮)	63
『ショイプリン子供唱歌集』		88
『小学国語読本』	文部省	164

『小学算術書』	文部省	57
『小学唱歌教科書編纂誌』		180
『小学読本』	文部省	57
『唱歌・童謡ものがたり』	読売新聞文化部著	220, 221, 238
『唱歌のふるさと　花』	鮎川哲也著	153, 176
『唱歌のふるさと　旅愁』	鮎川哲也著	196
『少女号』	清水かつら編集	212
『新古今和歌集』	藤原定家他撰	63
『尋常国語読本』	金港堂書籍発行	168
『尋常小学国語読本』	文部省	173, **188**, 191
『新体詞選』	山田美妙編	10
『図説　明治百年の児童史』上	唐沢富太郎著	93
『世界音楽全集』	春秋社	136, 144
『世界大百科事典』	平凡社	93, 176
『箏曲集』(COLLECTION OF JAPANESE KOTO MUSIC)	文部省音楽取調掛	ii, **49**～**51**図５, **52**図６～図８, 92
『対位法』	下総皖一著	227
『大東軍歌』		10
『竹取物語』		55
『中学教育史稿』	桜井役著	279
東京日日新聞		5
『東京のわらべ歌』	尾原昭夫著	181
『奈良県音楽近代史』	平井啓著	137
『日本外史』	頼山陽著　神津専三郎(英訳)	39
『日本国国歌正説』	佐藤仙一郎著	136
『日本の歌謡史』	高野辰之著	192
『日本の唱歌』(上)明治篇	金田一春彦・安西愛子編	83, 93, 157, 233
『日本の唱歌』(中)大正・昭和篇	金田一春彦・安西愛子編	196, 238, 328
『日本の唱歌』(下)学生歌・軍歌・宗教歌篇	金田一春彦・安西愛子編	238
『日本の洋楽百年史』	井上武士監修　秋山龍英編著	13, 53, 136
『信時潔合唱曲集』	信時潔作曲	226
『信時潔独唱曲集』	信時潔作曲	226
『ピアノ奏法の研究』	松島彜著	251
『標準音楽辞典』	音楽之友社	123, 136
『平井康三郎歌曲集』	平井康三郎著	253

『米国学校法』	田中不二麿著　文部省	28
『蓬莱山』		120
『補脩楽典入門』	多梅稚著	296
『補脩楽典入門』完	多梅稚著	90
『本邦音楽教育史』	日本教育音楽協会編	136
『本邦洋楽変遷史』	三浦俊三郎著	3, 7, 13, 57, 63, 93, 121, 136, 158
『摩太福音書』	ゴーブル訳	27
『万葉集』		75, 175, 254
『三井寺』	片山頴太郎作曲の歌劇	228
『みんなで考えよう　日本の教科書制度　再び戦争の道具にさせまい』	教科書検定訴訟を支援する全国連絡会教科書制度検討委員会　代表・永井憲一編	171, 176
『明治音楽史考』	遠藤宏著	ii, iv, 13, 41, 53, 93, 136, 279
『明治前期学校成立史』	本山幸彦編	279
『洋琴教則本』	奥好義著	47
『洋楽伝来史』キリシタン時代から幕末まで	海老沢有道著	13
『洋楽導入者の軌跡』	中村理平著	3, 6, 13, 136
読売新聞		238, 279
読売新聞〔うた物語　唱歌・童謡〕		93, 233
読売新聞〔うた物語　名曲を訪ねて〕		238, 255
『楽石叢誌』	伊沢修二主宰機関誌	38
『落梅集』	島崎藤村作	310
『Rinaldo』	ヘンデル作曲	290
『六段』	八橋検校作曲	55
『和漢朗詠集』	藤原公任撰	74, 120
『和声学』	下総皖一著	227

◆小学校・中学校・高等女学校・師範学校で、児童生徒が一般に用いていた音楽（唱歌）教科書と副教科書類（幼稚園で用いていた唱歌集を含む）

書　名	**著者・編者・作曲者**	**ページ**
『一ねんせいのおんがく』	文部省	187
『ウタノホン』上	文部省	190, 192, **246**, **247**図68, **250**, **251**

『うたのほん』下	文部省	**246～248**, 247図68
『オーガン教本』全	島崎赤太郎閲　共益商社書店編	298
『オルガン軌範教本』	吉田信太著	297
『オルガン教科書』	島崎赤太郎閲　中田章編	298
『オルガン教則本』	島崎赤太郎編	296
『オルガン・ピアノ教科書』	楠見恩三郎編	298
『音楽』	乗杉嘉寿編	295
『音楽概論』	松島彜著	251
『音楽指南』(National Music Teacher)	L.W.メーソン著　文部省	**90**, 91図29
『音楽問答』(中学校・師範学校教科書用)	文部省	**90**, 91図30
『音楽利害』	神津専三郎著	39, 92
『音楽理論』	鳥居忱著	91図31, **92**, **110～113**
『音程教本』	福井直秋著	297
『改定小学唱歌集』	楽譜印刷社出版部	201
『改定標準女子音楽教科書』	黒沢隆朝他共編	295
『楽典』	文部省	90, 91図28, **107～110**, 112, 113
『楽典』	林幸光著	300
『楽典教科書』	著作兼発行者入江好次郎	92
『楽典教科書』	入江好次郎著　共益商社楽器店発行	297

＊上記の二書は書名も著作者も同じであるが、発行元が異なる。これは、一つの出版物を東京と大阪などの複数の出版社から発行することによって、各地域ごとの売上げ部数を高め、より多くの利を求めたのであろうと想像する。これは、著作権というものが未設定あるいは未発達の時代の産物であり、著作権協会が堅実に活動する今日では考えられないことである。

『学校唱歌』	明治音楽会編	**162**
『学校唱歌』	東京銀座十字屋発行　著者不明	169
『教科掛図』(Teaching Charts)	L.W. メーソン	57
『教科適用幼年唱歌』	納所弁次郎・田村虎蔵共編	149, **162**, 163, 188
『教科統合少年唱歌』	納所弁次郎・田村虎蔵共編	**172**
『教科統合女学唱歌』	田村虎蔵編纂	286, 289図80
『近世楽典教科書』	田中正平校閲　田村虎蔵編纂	91図32, 92
『現代　楽典教科書』	吉田恒三著	301
『検定唱歌集』尋常科用	田村虎蔵編	214
『検定唱歌集』高等科用	田村虎蔵編	214
『高等科音楽』一	文部省	**249**, **250**, **254**
『高等国語読本唱歌』	小山作之助編	168

『高等小学新唱歌』　日本音楽研究会編集　231
『高等小学唱歌』　納所弁次郎・田村虎蔵共編　173
『高等小学唱歌』　文部省　222
『高等女学校音楽教科書』　渡辺弥蔵・山本寿共編　**290, 291**図82
『高等女学校楽典教科書』　楽書刊行協会編纂　298
『高等女学校　楽典教本』　福井直秋著　298
『公徳唱歌』　渋谷愛作歌　田村虎蔵・納所弁次郎など作曲　**168**
『国語読本唱歌』高等　帝国書籍株式会社編輯所編　170
『国語読本唱歌』尋常　帝国書籍株式会社編輯所編　170
『国定小学読本唱歌』高等科　田村虎蔵編　修文館発行　173
『国定小学読本唱歌集』高等科　元元堂書房発行　173
『国定小学読本唱歌集』尋常科　内田粂太郎・楠美恩三郎・岡野貞一共編　173
『国民教育新撰唱歌』　田村虎蔵編　**170**
『最新昭和小学唱歌』　日本教育唱歌研究会編集　大阪日本唱歌出版社発行　230
『最新昭和小学唱歌』日本教育唱歌研究会編纂　関西　大阪宝文館　関東　日本ノート・学用品 KK　230
日本教育唱歌研究会編　大阪宝文館　231
*上記二つの教科書の内容は同じであるが、発行元が異なる。このようなことは当時、他でも多く見られる。(『楽典教科書』の項参照のこと)

『児童唱歌』　日本教育音楽協会編集　231
『師範音楽』本科用　文部省　279, **295**図84
『師範　音楽教本』二部用　福井直秋編　292
『師範学校楽典教科書』　楽書刊行協会編纂　279, 297
『師範器楽』本科　文部省　296
『重音唱歌集』　小山作之助編　174, 296
修正『小学読本唱歌』(尋常科用)　目賀田万世吉作曲　174
『唱歌掛図』(National Music Charts)　L.W. メーソン著　**35～37**
『唱歌掛図』　伊沢修二・メーソン　**41**
『唱歌掛図』　文部省　57, **90**
『唱歌　基本練習教科書』　大和田愛羅著　298
『唱歌教科書』　北村季晴・島崎赤太郎・岡野貞一・石原重雄編　共益商社楽器店　169, 218
『唱歌教科書』生徒用　共益商社楽器店編　170
*上記二つの教科書は、発行年月・発行社ともに全く同じであり、しかも全く同じ内容であるが、表示が異なっている。(『楽典教科書』の項参照のこと)

『唱歌幼稚園』　目賀田万世吉著　175

『小学唱歌』　伊沢修二編輯　118, **150**図53
『小学唱歌集』初編 第二編 第三編　文部省音楽取調掛編纂
38, 41, 46, 48, **57～89**, 58図9～図11, 90, 93, 95, 97, 101, 102, 115～118, 148, 149, 179, 185, 201
『小学新唱歌』　日本音楽研究会　229
『小学新唱歌』　日本音楽研究会編集　230, 231
『小学生の歌』　三木露風詩　山田耕筰編　**202**, 232
『昭和女子音楽教科書』　永井幸次・田中銀之助共編　**289**図81, **290**
『昭和声楽教科書』　永井幸次・田中銀之助共編　300
『昭和中等音楽教科書』　永井幸次・田中銀之助共編　277
『女学唱歌』　山田源一郎編　286, 289
『女学唱歌読本』　福井直秋編　289
『女子音楽教科書』　永井幸次・田中銀之助編　**286～288**, 287図79
『女子音楽教科書』　黒沢隆朝・小川一朗・林幸光共編　295, 301
『女子音楽新教本』　青柳善吾編　295
『女子教育音楽教科書』　音楽研究会編　288
『初等オルガン教科書』　天谷秀・多梅稚共編　**297**
『初等オルガン練習書』　坂井勝太郎編　298
『初等科音楽』一～四　文部省　181, 193, 195, **246～249**, 247図69, **251～253**
『初等楽典教科書』　山田源一郎・多梅稚共編　東京・大阪開成館　92
『初等楽典教科書』　山田源一郎・多梅稚共著　開成館　278
＊上記の同名の教科書は、内容も編者も同じであるが、発行年月と発行元が異なる。(『楽典教科書』の項参照のこと)
『新高等小学唱歌』　日本教育音楽協会編集　229
『新作唱歌』　吉丸一昌編　57, 201
『新式唱歌』(一名トニックソルファー唱歌集)　鈴木米次郎編　**161**, **162**, 163図59
『尋常国語読本唱歌』　小山作之助編　168
『尋常小学唱歌』　文部省　**185～200**, 201, 223
『尋常小学唱歌』　佐々木吉三郎・納所弁次郎・田村虎蔵共編　173
『尋常小学読本唱歌』　文部省　**179～185**
『新尋常小学唱歌』　日本教育音楽協会編　222, 229
新制『中楽典』　酒井悌著　301
『新撰音楽教科書』　東京音楽協会編　291
『新選芸術唱歌』　シンキヤウ社編輯部　**292～294**, 293図83
『新選芸術唱歌』　下総皖一編　300

『新選重音唱歌集』　井上武士編著　301
『新選唱歌教材』　共益商社書店編集部編集　218
『新撰尋常小学唱歌』　小松耕輔・梁田貞・葛原𦱳共著　232
『新男子音楽教科書』　若狭万次郎編著　277
『新訂高等小学唱歌』　文部省　230
『新訂尋常小学唱歌』　文部省　**223〜229**
『新定中学音楽教科書』　信時潔ほか共編　277
『新日本唱歌』　初等音楽研究会編集　231
『新日本小学唱歌』　成田為三・小松耕輔編　222
『新編楽典教科書』　天谷秀著　298
『新編教育唱歌集』　教育音楽講習会編纂
65, **67**, 68図15（数字譜入り楽譜）, 69図16, 72図19（数字譜入り楽譜）
東京開成館発行
『新編教育唱歌集』　大阪三木書店　三木佐助発行　**155〜157**, 158, 159, 197
『新編中等唱歌』　奥好義編　内田正義発行　286
『新編中等唱歌』　奥好義・内田正義編　**263**
＊本書は明治27年９月発行で、同名の前書は明治25年12月発行。また編者と発行者の記し方も異なるが、内容は同じである。（『楽典教科書』の項参照のこと）
『撰定オルガン教本』　開成館音楽課編纂　297
『続オーガン教本』　島崎赤太郎閲　共益商社書店編　298
『大正小学唱歌』　福井直秋著　217
『男子音楽教科書』　若狭万次郎編著　278
『中学音楽教科書』　吉田信太・井上武士共著　277
『中学校用音楽教科書』　弘田龍太郎編　277
『中学唱歌』　東京音楽学校編　229, **265〜270**, 265図72, 272
『中等音楽教科書』　北村季晴編　272
『中等教育音楽教科書』　楽書刊行協会　277, 300
『中等教科唱歌集』　楠美恩三郎編　272
『中等唱歌』　東京音楽学校編　**272〜275**, 273図75
『中等唱歌教科書』　仲田章・島田英雄共編　**276**
『中等唱歌集』　編纂兼発行者　高等師範学校附属東京音楽学校　117, **261**, **262**, 261図70
『中等女子音楽教科書』　船橋栄吉・内藤俊二共編　295
『中等声楽教科書』　楽書刊行協会編　301
『中等単音唱歌』　益山鎌吾著　278
『帝国読本唱歌』　目賀田万世吉作曲　174

『訂正重音唱歌集』	小山作之助編	279
『統合女学唱歌』	開成館音楽課編纂	**286**, 287図78
『読譜練習と音程』	大和田愛羅著	301
『ピアノおるがん音階指づかい教本』全	島崎赤太郎・萩原英一郎編著	300
『標準オルガン教本』	田中銀之助編	298
『標準楽典教科書』	信時潔著	300
『標準師範学校音楽教科書』	黒沢隆朝・小川一朗共編	295
『標準師範学校本科第二部音楽教科書』	黒沢隆朝・小川一朗共編	295, 301
『標準女子音楽教科書』	黒沢隆朝・小川一朗・林幸光共編	295
『標準男子音楽教科書』	小川一朗・黒沢隆朝共編	277
『普通楽典教本』	開成館音楽課編纂	297
『普通楽典大要』	開成館音楽課編纂	93
『普通学校補充唱歌集』	朝鮮総督府発行	195
『普通唱歌集』	恒川鐐之助校閲兼撰曲　佐藤維親編輯	96, **101～106**, 101図37・図38
『保育唱歌』		148
『補脩楽典入門』	多梅稚著	92, 296
『補習女子音楽教科書』	永井幸次・田中銀之助編纂	288
『明治唱歌抜萃小学唱歌』	大和田建樹・奥好義共編	150図54, **151**, 263
『明治唱歌抜萃中等唱歌』	大和田建樹・奥好義同選	**262**, 263図71
『文部省認定　点字　尋常小学唱歌』	大阪毎日新聞社編纂	**213**
『洋琴教則本』	奥好義著	**47**
『幼稚園唱歌』	東くめ・滝廉太郎編	166, **167**, **168**, 187
『幼稚園唱歌集』	文部省	64, 65, 96, 106, 148, **149**, 185
『幼稚唱歌集』	真鍋定造編輯撰譜	**95～99**, 95図34・図35, 98図36
『幼年唱歌』	納所弁次郎・田村虎蔵共編	**163**, **164**
『輪唱歌集』	小山作之助編	278
『輪唱複音唱歌集』	鈴木米次郎・野村成仁共編	278
『輪唱複音唱歌集』	鈴木米次郎編	297

＊上記の同名の書は同じ発行元（十字屋）であり、内容も同じであるが、編者の表示が異なる。（『楽典教科書』の項参照のこと）

◆幼稚園・小学校・中学校・高等女学校・師範学校教員用図書および教科書以外の音楽教育図書

書　名	著者・編者・作曲者	ページ
『Abt』	フランツ　アプト(Franz Abt)	289
『大阪市小学校　唱歌教授細目』	大阪市小学校共同研究会編纂	200
『音楽訓蒙』全	ウィーベ著　菊地武信訳　文部省編輯局	**92**
海事唱歌『航海唱歌』	大和田建樹著	174
『Cateano Nova』		289
『兼平唱歌』	吉田恒三作曲	174
『儀式行事用唱歌』	中等学校教科書株式会社著	301
『儀式唱歌附祝日大祭日唱歌』	共益商社発行	135
『教育勅語唱歌』	栗島三之助作歌　落合直文校閲　山田源一郎作曲	169
『教科適用進行曲粋』	開成館音楽課編纂	93
『軍艦唱歌』	大槻如電作歌　山田源一郎作曲	169
『検定唱歌集』教師用伴奏書	田村虎蔵編	214
『興亜国民歌集』	日本教育音楽協会編	233
『郊外教授摘用　唱歌集』	目賀田万世吉作曲	232
『コールユーブンゲン』(CHORÜBUNGEN)	フランツ ヴュルナー著　信時潔編	159, **288**, **299**, **300**図86・図87
『国民学校　器楽指導の研究』	上田友亀著	255
〔国民歌謡〕ラジオテキスト	日本放送協会	233, 235図66, 237図67, **303〜323**, 303図88, 306・307図89, 308・309図90, 312・313図91, 314・315図92, 316・317図93, 320・321図94, 322・323図95, 324・325図96
『国教唱歌集』	小山作之助編	160
『Concone』	コンコーネ(Giuseppe Concone)作曲　畑中良輔編	289
『コンコーネ50』『コンコーネ25』『コンコーネ15』		**289**

＊『コンコーネ』は50曲まとめたものが50の数字で示されており、25　15も同様の意味である。そして数字の大きい曲集から小さい曲集へと曲のレベルが高くなっている。中声用、高声用、低声用が発行されている。

『最新昭和小学唱歌』教師用伴奏譜	日本教育唱歌研究会編集　大阪日本唱歌出版社発行	230
『最新昭和小学唱歌』伴奏	日本教育唱歌研究会編纂　大阪宝文館発行	231

＊上記二種は内容が同じで、発行社が異なる。

『参宮鉄道唱歌』国鉄関西線	目賀田万世吉作曲	232

『実力本位　自学自習』	小川一朗編著	300
『清水かつら童謡小曲集』	清水かつら作詩　弘田龍太郎作曲	198
『修身教典唱歌』	瓜生繁編	169
『祝祭日唱歌楽譜』	共益商社発行	135
『祝祭日唱歌集』	共益商社発行	135
『祝日唱歌伴奏譜』	島崎赤太郎閲　福井直秋著	134図45
『祝日大祭日唱歌重音譜』	共益商社発行	135
“君が代”に、ドイツ人R. エッケルトが和声付けした楽譜		124～127図44
『俊寛唱歌』	吉田恒三作曲	174
『唱歌教科書』教師用	共益商社楽器店編	170
『唱歌萃錦』	奥好義編	149
『唱歌幼稚園』	目賀田万世吉著	175
『小学唱歌集用オルガンピアノ楽譜』	発行者兼編纂者　東京音楽学校	88図27, **89**, 93
『女学校唱歌読本伴奏譜』	福井直秋編	300
『女子音楽教科書教師用補習』	永井幸次・田中銀之助編纂	288
『女子教育音楽教科書』ピアノ伴奏	開成館音楽課著	289
『女子リードアルバム』	佐々木すぐる著	**298**, **299**図85
『女声曲集』	伊達愛編	301
『進行曲』(Marches)	瓜生繁編輯	91図33, **92**
『進行曲』(March)	瓜生繁編輯	92
『尋常小学唱歌教授書』	田村虎蔵著	200
『尋常小学唱歌教授提要』	福井直秋著	201
『尋常小学唱歌　伴奏楽譜・歌詞評釈』	福井直秋著	200
『新尋常小学唱歌』教師用	日本教育音楽協会編	222
『新尋常小学唱歌』伴奏及解説	日本教育音楽協会編	222
『新選重音唱歌集』	井上武士編著	300
『新撰　女声唱歌集』	伊達愛編	300
『新男子音楽教科書』教授用	共益商社書店	277
『新編　声楽教本』	音楽協会声楽研究会編	299
『西洋楽語小解』	目賀田種太郎・伊沢修二共著	112
『世界一周唱歌』	池辺義象作歌　田村虎蔵作曲	169
『大正少年唱歌』	小松耕輔・簗田貞・葛原凿編	201, 232
『大正少年唱歌合本』	小松耕輔・梁田貞・葛原凿編	201
『大正幼年唱歌』	小松耕輔・梁田貞・葛原凿編	232
『大日本偉人唱歌集』	教育音楽協会編纂	232

『男子音楽教授資料集成』	小川一朗・黒沢隆朝共編	277
『中等教科唱歌集』伴奏附	楠美恩三郎編	272
忠勇義烈『皇国勇壮軍歌集』	奈良　阪田一郎作曲	173
『忠勇軍歌集』	小山作之助編	173
『地理教育鉄道唱歌』	大和田建樹作歌　多梅稚作曲	**151**図55, **152**
地理教育『鉄道唱歌』	多梅稚・目賀田万世吉作曲	174
『地理歴史唱歌』	一柳安次郎作詞　目賀田万世吉他作曲	174
『地理歴史鉄道唱歌』	南堂知足作詞　中村林松作曲	**153**
『童謡小曲集』	京文社発行	293
新潟県『地理唱歌』	入江好次郎作曲　安達音治	175
『日本唱歌』	多梅稚編	160
日本全国『地理摘要唱歌』	常磐花香作詞　小山作之助作曲	174
『日本遊戯唱歌』	東京銀座十字屋発行	169
『バイエル』	バイエル（Ferdinand Beyer）	296
『バイオリン指南』	三木楽器店発行	159
『博覧会記念唱歌』	一柳芳風子作詞　目賀田万世吉作曲	175
『羽衣唱歌』	吉田恒三作曲	174
『鉢の木唱歌』	吉田恒三著	174
『ピアノ奏法の研究』	松島彝著	251
Franklin square song collection		83
『方舞』（DANCE MUSIC）	吉田信太編	92
『補習女子音楽教科書』	永井幸次・田中銀之助編纂	288
『明治唱歌』	大和田建樹・奥好義同選	149
『明治唱歌　幼稚の曲』	大和田建樹・奥好義同選	149
『明治天皇御遺徳奉頌大正国民唱歌』	一柳安次郎作歌　目賀田万世吉作曲	175
『遊戯唱歌』：総て数字譜		174
『養蚕唱歌』	秀英舎編輯　山田源一郎作曲	169
『陸軍唱歌』	大槻如電作歌　山田源一郎作曲	169
歴史教育『日本歴史唱歌』	高橋健自作詞　目賀田万世吉作曲	175

曲名索引

○　作詞者・作歌者、また作曲者名が不詳の場合は空白にした。

○　同じ曲名でも、カタカナ・ひらがな・漢字と表記が異なっている場合は、同じ項目に続けて並記した。

○　同じ曲名でも、異なった曲の場合は、別項目にした。

○　異なった曲名でも、同じ曲の場合は、同じ項目に続けて並記した。

　＝　の記号で列記している場合も、同じ曲である。

　＝　の前に記した曲名は、現在用いている曲名である。

　＝　の後に記した曲名は、明治・大正・昭和のはじめのころまでの教科書で用いていた曲名である。但し外国曲名は、明治・大正・昭和・平成を通して同じ場合が多い。

○　明治・大正・昭和のはじめころまでの教科書に記載されていた曲名の後に、（　）に入れて記した曲名は、現在用いられている曲名である。

○　読みにくい曲名や誤りやすい曲名などには、振り仮名を付した。

○　**太字**について

①　曲名と作曲者名は**太字**で記した。

②　その曲についての解説が少しでもある場合は、ページ数を太字で記し、また例えば**128～131**とある場合は、その間にある同じ曲のページ数は省略したことを示す。

○　‘　’内に歌詞の歌いだしを示した。歌詞の表記は本文に掲載のあるものは、その表記に従い、それ以外は原典（現物の教科書）に拠った。

○　楽譜や歌詞などの図版がある場合は、そのページ数のあとに、図版番号を示した。

　例　7図1。

○　外国語の曲名については、最後にまとめて記した。

○　本書にある曲名でも、余り重要でないものは省略した。

曲　名	作詞者・作歌者・訳詞者	作曲者	ページ
愛馬進軍歌	陸軍省撰定		303, **304**, **311**, 314～315図92
‘くにを出てから　幾月ぞ　共に死ぬ気で　この馬と～’			
愛らしき花(ブラームスの子守唄)	大和田建樹	**ブラームス**	**215, 288**
アヴェ　マリア	堀内敬三	**グノー**	**294**
青い山脈	西条八十	**服部良一**	205
青い鳥		**佐々木すぐる**	**299**
青い眼の人形	野口雨情	**本居長世**	218, **220**
‘青い眼をした　お人形は　アメリカ生まれの　セルロイド～’			
あふ《お》げバ《ば》尊し		**H. N. D**	82, **83**, 84図23
‘あふげバたふ《とう》とし　わが師の恩～’			
赤い靴	野口雨情	**本居長世**	218, **220**
‘赤い靴　はいてた　女の子～’			
赤い鳥小鳥	北原白秋	**成田為三**	**205**
‘赤い鳥　小鳥　なぜなぜ赤い　赤い実をたべた’			
あかがり	神楽歌早歌	**信時潔**	**226**
‘あかがりふむな　あとなるこ　われもめはあり　さきなるこ～’			
赤とんぼ			224
‘秋の水　すみきつた　流《ながれ》の上を赤とんぼ～’			
＊同名の、三木露風作詞、**山田耕筰**作曲の“赤とんぼ”‘夕やけ小やけの　赤とんぼ’〈5年生の音楽〉の“赤とんぼ”ではない。			
あがれ	稲垣千頴		**61, 63**
‘あがれ　あがれ　広野のひばり～’			
秋の夜半	佐佐木信綱	**ウェーバー**『魔弾の射手』序曲より	**215**
秋のよる(きよしこの夜)	武島又次郎	**グルーバー**	**288**
‘皎月《こうげつ》かかり　清風そよぐ～’			
朝	島崎藤村	**小田進吾**	303, **304**, **305**, 306～307図89
‘朝はふたたびここにあり～’			
アサガホ《お》・朝顔			180, 185, 223
‘毎朝　毎朝　咲くあさがほ《お》は～’			
アサガホ《お》	川路柳虹	**井上武士**	**230**
＊『新日本小学唱歌』(東京宝文館　昭和5年) に出ていたもの。			
朝だ元気で	八十島稔	**飯田信夫**　百瀬三郎編曲	**319**, 324～325図96

‘朝だ朝だよ　朝陽《ひ》がのぼる～’

あの町この町　野口雨情　**中山晋平**　**213**

‘あの町　この町　日が暮れる　日が暮れる～’

アポロ賛歌　76

天津日嗣《あまつひつぎ》　78, 116, 117, 157

‘あまつ日つぎのみさかえは～’

雨　186, 223

‘降れ降れ雨よ　都の雨よ～’

雨　北原白秋　**弘田龍太郎**　197

‘雨がふります　雨がふる　遊びにゆきたし　傘はなし～’

雨露　イタリア・シシリア民謡　61, **75**, 157

‘雨露に　おほ《お》みやは　あれはてにけり～’

雨ふり　松永みやを　**中山晋平**　247

‘雨　雨　ふる　ふる　田に　はたに～’

＊北原白秋作詩、中山晋平作曲の“あめふり”‘あめあめ　ふれふれ　かあさん　が～’は、平成になってもよく歌われている。

雨降りお月さん　野口雨情　**中山晋平**　**212, 213**

‘雨降りお月さん　雲の蔭　お嫁にゆくときゃ　誰とゆく～’

歩くうた　高村光太郎　**飯田信夫**　**305, 318,** 320～321図94

‘歩け　歩け　歩け歩け　南へ北へ　歩け歩け～’

荒野《あれの》**の薔薇・荒野のばら・野菊**（旋律はシューベルトの“野ばら”と同じだが歌詞は異る）

ゲーテ　伊藤武雄作歌　**シューベルト**　**290, 294**

‘童は見たり　荒野の薔薇　朝とく清く　嬉しや見んと～’

＊今日では近藤朔風訳詩‘童は見たり　野中のばら～’を用いている。

あは《わ》**れの少女**（Old Folks at Home, 故郷の人々）

大和田建樹　**フォスター作曲・ドヴォルザーク編曲**　下総皖一編曲　**229, 293**

‘吹きまく風は　顔を裂き～’

池の鯉　武笠三　185, **189, 191**, 223

‘出て来い　出て来い　池の鯉～’

一月一日　稲垣千頴　**小山作之助**　**118**

一月一日　千家尊福　**上真行**　**131, 132,** 138図47, 157, 248～250

‘年の始めの　例《ためし》とて　終《おわり》なき世の　めでたさを～’

一番星みつけた　**信時潔**　223, **226**

‘一番星みつけた　あれあの森の　杉の木の上に’

一寸法師　巌谷小波　**田村虎蔵**　**214, 217**

‘ユビニ　タリナイ　イッスンボウシ　チイサイカラダニ　オオキナノゾミ～’
いとしの小鳥（O sole mio）　緒園よし子作歌　**カプア**　**294**
‘朝日さす　我が窓辺に～’
ウォーターロー＝ヲーターロー　土井林吉（晩翠）　**山田源一郎**　**272**
‘渦巻く硝煙　飛び散る弾雨～’
ヴォルガの舟唄　ロシア民謡　**231**
うさぎ　**151**, 247
‘うさぎ　うさぎ　なに見て　はねる～’
兎　186, 223
‘私は兎と申すもの～’
兎と亀　石原和三郎　**納所弁次郎**　**164**, **214**, **215**
‘もしもし亀よ　亀さんよ～’
牛若丸　石原和三郎　**田村虎蔵**　**163**, 164
‘父は　おわりの　つゆときえ　母は平家に　とらえられ～’
牛若丸　185, **188**, 223
‘京の五条の橋の上　大のを《お》とこの弁慶は～’
うつくしき　スコットランド民謡　稲垣千頴　61, **67**, 70図17
‘うつくしき　わが子やいづ《ず》こ～’
渦（ABC の歌　Twinkle, Twinkle, little star）　102, 104図40, **105**
‘見よ〳〵子供　うづ《ず》まく水を～’
海　187, **199**, 225, 249
‘松原遠く　消ゆるところ　白帆の影は浮かぶ～’
うみ・ウミ　林柳波　**井上武士**　**199**, 247, **251**
‘ウミハヒロイナ　大キイナ～’
海ゆかば　大伴家持作歌　**信時潔**　**226**, 250, **254**
‘海ゆかば　みづ《ず》くかばね　山ゆかば　草むすかばね～’
浦島太郎　石原和三郎　**田村虎蔵**　**163**, **164**, 186, **190**, **191**, **214**, 223
‘昔々浦島は　子供のなぶる亀を見て～’
＊『尋常小学唱歌』二　文部省　明治44年発行では、‘昔々浦島は　助けた亀に連れられて～’に変えてある。

ABC の歌＝渦　105
越後獅子の唄　西条八十　**万城目正**　**205**
ゑ《え》のころ　**伊沢修二**　**150**
‘ゑのころ　こいこい　ままくはせう《わしょう》’
Elegie＝かへ《え》らぬ鳥　**マスネー**　**294**

遠足・エンソク	佐野保太郎　**信時潔**	**225, 229**
王将	西条八十　**船村徹**	**205**
オウマ	林柳波　**松島彜**	247, **250**, 251
‘オウマノ　オヤコハ　ナカヨシ　コヨシ～’		
大江山	石原和三郎　**田村虎蔵**	**163**, 164, **214, 215**
‘昔　丹波の大江山～’		
狼と犬	**山田源一郎**	169
大寒小寒	石原和三郎　**田村虎蔵**	**214**
‘大寒《おおさむ》小《こ》寒《さむ》　冬の風～’		
Old black Joe＝桜	**フォスター**	**292**
オーストリア国歌		48
おきやがりこぼし（おきあがりこぼし）		185, **188**, 223
‘投《はう》り出されて　ころ〳〵転び～’		
治る御代《みよ》・治まる御代	東宮鉄麿	83, 117, **119**, 120
‘治る御代《みよ》の　春の空～’		
お正月	東くめ　**滝廉太郎**	**166**, 168
‘もういくつねると　お正月～’		
オ正月		247
‘早ク来イ来イ　オ正月～’		
お蝶夫人（蝶々夫人）	**プッチーニ**	11, 326
お月様	石原和三郎　**納所弁次郎**	**214**
‘お月様えらいな　お日様の兄弟で～’		
オ月サマ		247
‘出タ　出タ　月ガ　マルイマルイ～’		
お手玉	**沢崎定之**	224, **228**
‘一二三四五《ひいふうみよいつ》つのあつかひ《い》～’		
オ人ギャウ《ぎょう》	**下総皖一**	247
‘イツモ　ツカヒ《イ》ニ　イクトキハ～’		
オヒナサマ	**田村虎蔵**	**231**
お星さま	石原和三郎　**楠美恩三郎**	**214**
‘オヒサマ　ニシニ　カクレテ～’		
朧月夜・おぼろ月夜	高野辰之　**岡野貞一**	187, **192, 199**, 225, 249
‘菜の花畠に　入日《いりひ》薄れ～’		
思ひ《い》づ《ず》れバ・思ひ出れば	稲垣千頴　**スコットランド民謡**	61, **75**, 157
‘おもひいづれば　三年《みとせ》のむかし～’		

思ひ《い》出　島崎藤村　**ユングスト**　**291**
‘山路踏みて　我等は行きぬ～’
＊同名の曲で、ベイリー作曲・古関吉雄作詩 “Long Long Ago”・“久しき昔” が、中学校ではよく教科書に記載されていた。

お山の杉の子　吉田テフ子　**佐々木すぐる**　**298**
‘むかしむかしの　そのむかし　椎の木林《ばやし》の　すぐそばに～’
お山の大将　西条八十　**本居長世**　**205**
‘お山の大将　俺《おれ》ひとつ～’
おらが牧場　時雨音羽　**藤井清水**　**253**
凱歌（凱旋の歌）　**ヘンデル**　**292**
‘いざあげよ　勝鬨《かちどき》を～’
＊今はスポーツ大会の表彰式で、勝利者に贈る曲として　よく使われている。
凱旋　261
かへ《え》らぬ鳥（Elegie）　江南文三作歌　**マスネー**　**294**
‘あは《わ》れ　わびしや　わが鳥　帰る時なく～’
帰れ友　アイルランド民謡　江南文三作歌　**292**
‘山辺に　霞立てば　帰れや　わが友～’
薫りに志らるゝ　里見義　61, **75**, 157
‘かを《お》りにしらるゝ　花さく御園《みその》～’
案山子　武笠三　**山田源一郎**　186, **191**, 223
‘山田の中の一本足の案山子　天気のよいのに蓑笠《みのかさ》着けて～’
ガクカウ《がっこう》　**下総皖一**　247
‘ミンナデ　ベンキャウ　ウレシイナ　コクミンガクカウ　イチネンセイ’
カクレンボ　**下総皖一**　247, **250**
‘カクレンボスル　モノ　ヨットイデ～’
かけつこ　**下総皖一**　223, **227**
‘あつまれ　あつまれ　かけつこだ～’
かけっこ　**下総皖一**　248
‘かけっこ　かけっこ　とべ　とべ　走れ～’
影法師　**信時潔**　223, **226**, **227**
‘ピヤノの音に　足並そろへ《え》～’
風車と子供　**106**
‘まはれ　まはれ　車よ車～’
＊“進め～～” のメロディー。
霞か雲か　ドイツ民謡　加部厳夫作歌　**ネーゲリ**

78, 79図20, 157

‘かすみか雲か　はたゆきか～’

＊‘かすみか雲か　ほのぼのと～’は、『4年生の音楽』昭和22年発行教科書にある勝承夫作歌の歌詞。

かすめる空　**シャーデ**　**78**

‘かすめるそらに　雨ふれば～’

かぞへ《え》歌　180, **181**, **185**, 186, 224, 248

＊“かぞへ歌”は、江戸時代のものも、教科書にあるものも，旋律は同じであるが、歌詞が時代によって、また教科書によって異なっている。

江戸時代の“かぞへ歌”の歌詞は、

‘一つとや　一夜明くれば　にぎやかで～’

がひとつの例として残っているが、教科書記載の歌詞は、次のように様々である。

『幼稚唱歌集』全　明治20年発行の第二十七“一ツトヤー”（97ページ）

‘一つとや　人は心が　第一よ’

『幼稚園唱歌集』全　文部省　明治20年発行（185ページ）では、

‘一つとや　人々一日《ひとひ》も　忘《わす》るなよ～’

“大祭日数へ歌”（117ページ）では、

‘一月とや　一月一日四方拝　旭旗《はた》を樹《た》て～’

『尋常小学唱歌』第三学年用　文部省　明治45年発行（186ページ）および『新訂尋常小学校唱歌』第三学年　文部省　昭和7年発行（224ページ）では、

*‘一つとや　人々忠義を第一に～’*の歌詞

『初等科音楽二』文部省　昭和17年発行（248ページ）では、

*‘一つとや　ひとりで早起き　身を清め～’*の歌詞、この作詞者は権藤花代

肩たたき　西条八十　**中山晋平**　205

‘母《かあ》さん　お肩を　たたきましょう～’

かたつむり　**田村虎蔵**　185, **188**, 223

‘でんでん虫虫《むしむし》　かたつむり～’

かちかちやま　東くめ　**168**

カチューシャの唄　島村抱月・相馬御風　**中山晋平**　**213**

かなりや　西条八十　**成田為三**　**204～211**, 206図62, 207図63, 208～211図64

‘唄を忘れた金糸鳥《かなりや》は　後《うしろ》の山に棄《す》てましょか～’

鎌倉　180, 187, 225, 249

‘七里が浜のいそ伝ひ《い》　稲村が崎　名将の～’

カラス・鳥　180, 185, 223

‘かあ〜〜烏が　啼《な》いていく〜’
カラス　　247
‘カラス　カラス　カンザブラ《ロ》ウ　アノ山　クヮ《カ》ジダ〜’
樺太《からふと》　福井久蔵　益山鎌吾　**272**, 273図76, 274〜275図77
‘潮《うしお》もはやき　千嶋潟　すさぶ嵐の　絶えずして〜’
かり　日本わらべうた　伊沢修二改作　**151**
‘かりかり渡れ　大きなかりは先に〜’
雁・雁がわたる　　186, **194**, 224
‘雁がわたる　鳴いてわたる　鳴くはなげきか　喜《よろこび》か〜’
狩りの歌　堀江時三　ウェーバー　**292**
‘山又山　雪にま白し　ただ意気込み　狩りくらや〜’
カルメン　ビゼー　8
川中島　旗野十一郎　小山作之助　186, **194**, **199**
‘千曲犀川二川《にせん》の間　甲越二軍の戦場こゝか〜’
管弦楽のためのバラード　長谷川良夫　**227**
菅公《かんこう》　大和田建樹　多梅稚　**153**
‘学者の家に　身は出《い》でて　たちまち上《のぼ》る　雲の上〜’
菅公　　187, 225
‘日かげさへ《え》ぎるむら雲に　干すよしもなき濡衣を〜’
神嘗祭《かんなめさい》　加部厳夫　東儀季芳　**119**
神嘗祭　木村正辞　辻高節　**131**, **132**, 142図50
菊（庭の千草）　アイルランド民謡　里見義　83, 86図25, **88**
‘庭の千草も　むしのねも〜’
菊の花　青木存義　185, **189**, 223
‘見事に咲いた　かきねの小菊〜’
菊の花　武笠三　**191**
菊の花　小林愛雄　井上武士　248
‘きれいな　花よ　菊の花　白や　黄色の　菊の花〜’
紀元節・きげん節　高崎正風　伊沢修二　116〜**118**, **131**, **132**, 140図49, 157, 247〜250, 261
‘雲にそびゆる高千穂の　高根おろしに　草も木も〜’
紀元二千六百年頌歌　紀元二千六百年奉祝会選定　東京音楽学校（作詞も）　**232**, **233**, 236〜237図67, **305**

‘遠《とお》すめろぎのかしこくも　はじめたまひ《い》しおほ大和《おやまと》～’

汽車　**大和田愛羅**　154, 184, 186, **193**, 224

‘今は山中《やまなか》　今は浜　今は鉄橋渡るぞと～’

汽車ポッポ　富原薫　**草川信**　**193**

‘汽車汽車　ポッポポッポ　シュッポシュッポ　シュッポッポ～’

＊同名の曲に，本居長世作詞作曲の‘おやまのなかゆく　きしやポッポ～’がある。

北秋の　清水重道　**信時潔**　**226**

‘北秋の　峡《かい》のこごしき　道のくま～’

きたへ《え》る足　片桐顕智　**成田為三**　248, **253**

‘大空晴れて深みどり　心はひとつ　日はうらら～’

希望の歌　**長谷川良夫**　**227**

希望の囁き　後藤夏子作歌　**ホーソン**　**291**

‘清きあこがれ　真珠《またま》いだけば～’

君が代　**フェントン**　**4**, **5**, 120図42, **121**

君が代　**ウェブ**　48, 61, **74**, **75**, 117

‘君が代は　ちよにやちよに　さゞれいしの　巌となりて　こけのむすまで～’

君が代：現在歌っている曲　日本古歌　**林広守**　5, 102, 103図39, **105**, **118**, **120～123**, 123図43, 124～127図44, **128～132**, **135**, 157, 247～250, 261

‘君が代は　千代に八千代に　さゞれ石の　巌となりて　こけのむすまで’

君が代の初春　里見義　116, 157, **261**, **262**

君恋し　時雨音羽　**佐々紅華**　**253**

教育勅語拝読之歌　阪正臣　**119**

京都高等工芸学校校歌　**田中正平**　**238**

京人形　**佐々木すぐる**　**299**

きよしこの夜＝秋のよる　武島又次郎作歌　**グルーバー**　**288**

＊今の歌詞は由木康訳詞の‘きよしこの夜　星はひかり～’

金魚の昼寝　鹿島鳴秋　**弘田龍太郎**　**197**

‘赤いべべ着た　可愛い金魚～’

金太郎　石原和三郎　**田村虎蔵**　**163**, **214**

‘まさかりかついで　金太郎～’

金髪のジェニー　フォスター作詩　津川主一訳　**フォスター**　**231**

‘夢に見し　わがジェニーは　ブロンドの髪　ふさふさと～’

靴が鳴る　清水かつら　弘田龍太郎　197, 198, 212
‘お手《てて》　つないで　野道を　行けば～’
雲　サグデン(W. Sugden)　里見義訳詞　カルコット　82, 83, 88
‘瞬 間《またたくひま》に　はやまをお《お》ほ《お》ひ《い》～’
雲　157, 186, 224
‘朝日に燃ゆれば　もみの絹～’
くろがねの力　浅井新一　江口源吾　304
‘清新《せいしん》の血は　朝日ともえて～’
月下《げっか》の思ひ《い》(Lascia ch’io pianga)　ヘンデル　290
‘月高く　空に照り　雲消えて　星かくる～’
月下の舟遊(Santa Lucia)　イタリア民謡　白沢清人　292
月下の陣　永井建子　永井建子　9
‘宵のかがり火　かげうせて～’
元寇《げんこう》　永井建子　永井建子　9, 250
‘四百余州を挙《こぞ》る　十万余騎の敵～’
元寇　大橋銅造　田村虎蔵　214
‘元軍十万　元軍十万～’
元始祭《げんしさい》　芙蓉　山井基万　119
元始祭　鈴木重嶺　芝葛鎮　131, 132, 141図48
鯉のぼり　弘田龍太郎？　187, 197, 225, 229
‘甍《いらか》の波と　雲の波～’
鯉のぼり　井上武士　248, 251
‘お日さまのぼる　もえたつみどり～’
孔子　土井林吉(晩翠)　山田源一郎　272
荒城の月　土井晩翠　滝廉太郎　229, 265～267図73, 270
‘春高楼の　花の宴　めぐる盃　かげさして～’
こうま・小馬　180, 181, 186, 223
‘はいしい　はいしい　あゆめよ小馬～’
孝明天皇祭　加部厳夫　多忠廉　119
孝明天皇祭　本居豊頴　山井基万　131
五月の風　加部厳夫　スコットランド曲　ロベルト・アラン　78, 82, 117, 158
‘いつかの風も　とを《お》かの雨も～’
黄金虫《こがねむし》　野口雨情　中山晋平　213

‘黄金虫は　金持ちだ～’
故郷の人々・Old Folks at Home＝優しき心　フォスター　**229, 293**
児島高徳　**岡野貞一**　187, **199**, 225, **229**, 250
‘船坂山や杉坂と　御《み》あと慕《した》ひて院の庄～’
湖上の月　吉岡郷甫作歌　**ロッシーニ**　**272**
子もり歌・子守唄・シューベルトの子守歌　近藤朔風訳詞　**シューベルト**　229, **292**
‘眠れ眠れ　母の胸に　眠れ　眠れ　母の手に～’
コモリウタ　247
‘ネンネン　コロリヨ　オコロリヨ　バウヤ《ぼうや》ハ　ヨイ子ダ　ネンネシナ’
小諸なる古城のほとり　島崎藤村　**弘田龍太郎**　**197**
金剛石　昭憲皇太后　**奥好義**　157, 187, **197**, 225, 249
‘金剛石もみがかずば～’
ゴンドラの唄　吉井勇　**中山晋平**　**213**
婚礼の合唱　桃井京次作歌　**ワグナー**　**294**
‘来ませよ　御座《みくら》に　我等立たむ　供揃《ぞろ》い～’
才女《さいじょ》（アニー・ローリー　Annie Laurie）　**ジョン・スコット夫人**　82, 85図24, **88**, 157
‘かきながせる　筆のあやに～’
小枝《さえだ》　82, **88**
‘さえだにやどれる　小鳥さへ《え》～’
栄行《さかゆ》く御代《みよ》　加部厳夫　**ポルトガル曲**　78, 81図22, **82**, 117
‘さかゆく御代に　うまれしも～’
さくら　青木存義作詞　**189**
桜・さくら・さくらさくら　日本琴うた　50～51図5, 247
‘さくらさくら　やよひのそらは　みわたすかぎり～’
桜（Old black Joe）　白沢清人作歌　**フォスター**　**292**
‘霞みは四方《よも》になびき　桜は野山に咲き～’
桜散る（My Old Kentucky Home）　林古渓作歌　**フォスター**　**293**
‘山風　そよと渡れば　桜の咲き満つ梢～’
さけ花よ・Autumnsong　**ドイツ民謡**　83, **88**
‘さけ花よ　さくらの花よ～’
さすらいの唄　北原白秋　**中山晋平**　**213**
小夜曲＝夜の平和　**シューベルト**　**290**
さよならの歌　スコットランド民謡　藤山一郎　**73**
沙羅《さら》　清水重道　**信時潔**　**226**
‘林　音なく　日の暮れは　ゆめのごとし～’

散歩唱歌	大和田建樹	**多梅稚**	153, 154
叱られて	清水かつら	**弘田龍太郎**	197, 198, 293

‘叱られて　叱られて　あの子は町まで　お使ひ《い》に～’

四季の雨	大和田建樹？	**小山作之助？**	187, 200, 225, 229, 249

‘降るとも見えじ春の雨～’

シタキリスズメ		**田村虎蔵**	231
しゃぼん玉	野口雨情	**中山晋平**	212, 213

‘しゃぼん玉　とんだ　屋根まで　とんだ～’

秋《しゅう》季《き》皇霊祭《こうれいさい》	阪正臣	**小山作之助**	131
十五夜お月さん	野口雨情	**本居長世**	220
秋《しゅう》夜《や》懐友《かいゆう》		**ライトン**	288

‘手《た》なれの小箏《おごと》　共にかきなで～’

＊昭和20年代後半からの中学校音楽科教科書では，“ほととぎす”の曲名で，次のような歌詞（近藤朔風・野口耽介作詞）に変わっている。‘おぐらきよわを　ひとりゆけば　くもよりしばし　つきかげもれて～’

春《しゅん》季《き》皇霊祭	谷勤・阪正臣	**小山作之助**	131
春秋《しゅんじゅう》季皇霊祭	阪正臣	**外国曲**	119

＊春季皇霊祭と秋季皇霊祭の二つの祭祀は異なるが、ここではそれを一つにまとめているところを見ると、同じ曲を用いることにしたようである。

昭憲皇太后御歌　金剛石《こんごうせき》	昭憲皇太后	**奥好義**	157, 187, 197, 225, 249

‘金剛石もみがかずば～’

昭憲皇太后御歌　水は器	昭憲皇太后	**奥好義**	187, 225, 249

‘水はうつは《わ》にしたがひ《い》て～’

＊上記の“金剛石”と同じ旋律であり、この二曲は常に並列して記載されている。

証《しょう》城《じょう》寺《じ》の狸囃子《たぬきばやし》	野口雨情	**中山晋平**	213

‘証　証　証城寺　証城寺の庭は～’

昭和の子	久保田宵二	**佐々木すぐる**	299

‘昭和　昭和　昭和の子供よ　僕たちは～’

新鉄道唱歌　第一編	土岐善麿	**堀内敬三**	154, 304
新鉄道唱歌　第二編	佐佐木信綱	**堀内敬三**	154, 304
新鉄道唱歌　第三編	与謝野晶子	**堀内敬三**	154, 304
新鉄道唱歌　上野―仙台	土井晩翠	**杉山長谷雄**	154
新鉄道唱歌　直江津―金沢	相馬御風	**杉山長谷雄**	154
神武天皇祭	阪正臣	**芝葛鎮**	119
神武天皇祭	丸山作楽	**林広守**	131

水師営の会見　佐佐木信綱　**岡野貞一**　180, **181**, **182**, 187, **199**, 225, 249, 251
‘旅順開城約成りて　敵の将軍ステッセル～’
スキー　時雨音羽　**平井康三郎**　249, **253**
‘山は白銀　朝日を浴びて～’
スキーの歌　林柳波　**橋本国彦**　225, **229**
‘輝く日の影　はゆる野山～’
すゝめ〳〵・進め〳〵　フランス民謡　加部厳夫　96, 97, 98図36, **99**, **105**, **106**, 157
‘すゝめ〳〵　足とくすゝめ～’
＊後にアメリカで“Children go to and fro”という童謡になる。
雀　東くめ　**滝廉太郎**　**168, 270**
雀の学校　清水かつら　**弘田龍太郎**　**197, 198, 212**
‘ちいちいぱっぱ　ちいぱっぱ　雀の学校の　先生は～’
砂山　北原白秋　**中山晋平**　**213**
‘海は荒海　向ふ《う》は　佐渡よ～’
隅田川　グレゴリアリアン・チャント　里見義　61, **75**, 157
‘すみだがはらの　あさぼらけ～’
皇《すめら》御国《みくに》　加藤司書・加部厳夫　**伊沢修二**　78, **82**, 117～**119**, 157
‘すめらみくにの　ものゝふは～’
背《せい》くらべ　海野厚　**中山晋平**　**213**
‘柱のきずは　おとどしの　五月五日の　背《せい》くらべ～’
聖夜＝夜の静思　**グルーバー**　**292**
船頭小唄　野口雨情　**中山晋平**　**213**
箏コンチェルト　**平井康三郎**　**253**
蘇州夜曲　西条八十　**服部良一**　205
ソルヴェイグの歌　堀内敬三作歌　**グリーグ**　**294**
‘冬はゆきて　春過ぎて～’
大《たい》祭日数へ《え》歌　**117**
大仏開眼　**平井康三郎**　**253**
田植　186, 223
‘白い菅笠　赤だすき　揃ひ《い》姿の早少女が～’
田植　井上赳　**中山晋平**　248, **252**
‘そろた　出そろた　さなへ《え》が　そろた～’
鷹狩　82, **88**
‘しらふの鷹を　手にすゑもち～’
高き誉　**ウィンナー**　**288**

滝　**長谷川良夫**　225, **229**
‘あへ《え》ぎ登る山の懸路に　はや聞《きこ》ゆるは　滝の音～’
他郷の月（冬の星座）　中村秋香　**ヘイス**　**288**, 293
タコノウタ・紙鳶《たこ》の歌　180, 186, 223
‘紙鳶《たこ》紙鳶《たこ》揚《あが》れ　風よくうけて～’
助け船　イギリス民謡　佐佐木信綱作歌　**215**
橘中佐　**岡野貞一**　187, **196**, **199**, 224, 249
‘かばねは積《つも》りて山を築《つ》き～’
橘中佐　鍵谷徳三郎　**安田俊高**　**196**
‘遼陽城頭夜は闌けて～’
橘媛　大和田建樹　**ジルハー**　**215**
たなばたさま　権藤はなよ・林柳波　**下総皖一**　247
‘ささの葉　さらさら　のきばに　ゆれる～’
楽しき鐘の音（Jingle bell）　福屋基千代作歌　**290**
‘東の空　紫だちて～’
楽しき日（Sonntag, 日曜日）　小泉木羊作歌　**ブラームス**　**291**
‘天地《あめつち》にあまねく　照りわたる春陽～’
旅の夜風　西条八十　**万城目正**　**205**
誰か故郷を想わざる　西条八十　**古賀正男**　**205**
小さい秋みつけた　サトウハチロー　**中田喜直**　**318**
‘だれかさんが　だれかさんが　だれかさんが　見つけた～’
小さなハンス・Boat Song・Lightly row! Lightly row!・ボートの歌＝蝶々　**63, 64**
チェロソナタ　**平井康三郎**　**253**
地久節　税所敦子　**林広守**　**119**
千曲川旅情の歌　島崎藤村　**弘田龍太郎**　**197**
乳草　**船橋栄吉**　**228**
父と子　**船橋栄吉**　**228**
千早城　三木露風　**山田耕筰**　248
茶摘　186, **192**, 224
‘夏も近づく八十八夜　野にも山にも若葉が茂る～’
蝶々（Boat Song・Lightly row! Lightly row!・ボートの歌）
スペイン民謡？ドイツ曲？　野村秋足・稲垣千頴　48, 61, **63**～**67**, 64図13, 66図14, 68図15, 69図16, 157
‘てふ〵《ちょうちょう》てふ〵《ちょうちょう》　菜《な》の葉《は》にとまれ～’
蝶々夫人＝お蝶夫人　**プッチーニ**　11, 326

勅語奉答　勝安房　**小山作之助**　**131, 132,** 138～139 図46, 157, 248～250

‘あやにかしこき　すめらぎの～’

ちんころ兵隊　北原白秋　**成田為三**　201

追憶＝追懐　スペイン民謡　古関吉雄　**293**

‘星影やさしく　またたくみ空を～’

＊この曲は『明治唱歌』明治28年発行に、曲名が“追懐”で、歌詞もその項にあるもので記載されていた。

追懐（追憶）　スペイン民謡　近藤千穂子作歌　**293**

‘沈める鐘の音　霞みに消えて～’

＊追憶の項参照のこと。

ツキ・月　180, 185, 223

‘出た〳〵月が　円い〳〵　まんまるい～’

月の砂漠　加藤まさを　**佐々木すぐる**　**299**

‘月の砂漠を　はるばると　旅の駱駝《らくだ》が　ゆきました～’

燕　78, **82**

‘こよや〳〵　こよつばくらめ～’

摘草　**長谷川良夫**　224, **227**

敵は幾万　山田美妙　**小山作之助**　**10**

‘敵は幾万ありとても　すべて烏合の勢なるぞ～’

鉄道唱歌：第一集東海道編　大和田建樹　**多梅稚**　**151, 152, 160**

‘汽笛一声新橋を　はや我汽車は離れたり～’

＊第二集（山陽・九州編）以下、第五集（関西・参宮・南海編）まで大和田建樹作詞で発表されている（154ページ）。この他に“電車唱歌”石原和三郎作詩、田村虎蔵作曲という東京都（当時は東京市）内の名所めぐりを歌った楽しい曲がある。歌詞は延々52番まである。

出船の港　時雨音羽　**中山晋平**　**213, 253**

手まり歌　武内俊子　**松島彝**　248, **251, 252**

‘てんてんてん　天神さまの　お祭で～’

てるてる坊主　浅原鏡村　**中山晋平**　**213**

‘てるてる坊主　てる坊主　あした天気に　しておくれ～’

天長節　伊沢修二　**伊沢修二**　116, 117, **118,** 119

天長節　黒川真頼　**奥好義**　**131, 132,** 140図49, 157, 248～250, **261**

‘今日の吉《よ》き日は大君《おおきみ》の～’

天長節歌　高崎正風　**伊沢修二**　**119**

同期の桜　西条八十　**大村能章**　**205**

‘貴様と俺とは　同期の桜～’
東京音頭　西条八十　中山晋平　205, 213
東京行進曲　西条八十　中山晋平　205, 213
動物園　井上赳　信時潔　224, 228
‘動物園ののどかな午後は　孔雀《くじゃく》がすつかり得意になつて～’
年たつけさ　ドイツ民謡　ネーゲリ　78, 80図21
‘としたつけさの　そのにぎは《わ》ひ《い》は’
ドナウ河の波（ドナウ河のさざ波）　堀内敬三作歌　イヴァノヴィチ-シュワルム　下総皖一編曲　294
‘夕べとなれば美し　ドナウの水の薄明かり～’
隣組　岡本一平　飯田信夫　303, 305, 311, 316～317図93
‘とんとん　とんからりと　となりぐみ～’
鳥の声　ドイツ民謡　78, 79図20
‘鳥の声　木々の花～’
どんぐりころころ　青木存義　梁田貞　189
‘どんぐりころころ　ドンブリコ～’
トンコ節　西条八十　古賀政男　205
とんび　葛原齒　梁田貞　202
‘とべとべ　とんび　空高く～’
那須与一　186, 192, 224
‘源平勝負の晴《はれ》の場所～’
夏は来ぬ　佐佐木信綱　小山作之助　199, 296
‘うの花のにほ《お》ふ《う》垣根に　時鳥《ほととぎす》～’
七つの子　野口雨情　本居長世　220
寧楽《なら》の都・寧良の都　82, 88, 158
‘ならのみやこの　そのむかし～’
平城山《ならやま》　北見志保子　平井康三郎　253
‘ひと恋ふ《う》は　かなしきものと　平城山に～’
ニーナ・Nina　永村農三作歌　ペルゴレージ　294
‘二日ふれども　ニーナは　ニーナは～’
新嘗祭《にいなめさい》　加部厳夫　林広継　119
新嘗祭　小中村清矩　辻高節　131, 132, 143図51
二宮《にのみや》金次郎　186, 189, 223
‘柴刈り縄なひ《い》草鞋《わらじ》をつくり～’
二宮尊徳　桑田春風　田村虎蔵　214～216
‘あしたに起きて　山に柴刈り～’

＊二宮金次郎は二宮尊徳の通称である。

日本海海戦　芦田恵之助　田村虎蔵　200, 215, 225, 230, 249
‘敵艦見えたり　近づきたり～’

ニャンニャンおどり　西岡水朗　佐々木すぐる　299
‘こねこが　手をふる　首をふる～’

庭の千草《ちぐさ》＝菊　アイルランド民謡　里見義　88

人形　185, 188, 223
‘わたしの人形は　よい人形～’

閨《ねや》の板戸　稲垣千頴　48, 61, 69
‘ねやのいたどの　あけゆく空に～’

ねんねのお鳩　北原白秋　成田為三　205

ねんねの国（モーツァルトの子守歌）　江南文三作歌　モーツァルト　293
‘花から花へ　蝶々が飛べば～’

野菊　石森延男　下総皖一　248, 252
‘遠い山から吹いて来る　こ寒い風にゆれながら～’

野菊（旋律はシューベルトの野ばら）　ゲーテ　武田宇作歌　シューベルト　290
‘我は見いでぬ　野菊の花～’

野口英世　248
‘磐梯山の動かない　姿にも似たその心～’

野ばら＝野菊　シューベルト　290, 294

墓詣《はかもうで》　Altdeutsches Volkslied（ドイツ古民謡）　276

箱庭　樋口勘次郎　163図59

箱根八里　鳥居忱　滝廉太郎　268～269図74, 270, 296
‘箱根の山は　天下の険　函谷関も物ならず～’

はしれちょうとっきゅう　山中恒　湯浅譲二　154

抜刀隊・Batto Tai　外山正一　ルルー　7図1, 8
‘我は官軍　我が敵は～’

鳩・ハトポッポ　185, 187, 223, 247
‘ぽっ　ぽっ　ぽ　鳩　ぽっ　ぽ　豆がほしいか　そらやるぞ～’

鳩ぽっぽ　東くめ　滝廉太郎　166, 168, 187, 270
‘鳩ぽっぽ　鳩ぽっぽ　ポッポポッポと　とんでこい’

花　武島羽衣　滝廉太郎　270

花競　50図５

花咲爺《じじい》（はなさかじいさん）　石原和三郎　田村虎蔵　163, 214, 216, 217
‘うらのはたけで　ぽちがなく～’

花咲爺　186, **189**, 223
‘正直爺が灰まけば　野原も山も花ざかり～’
花鳥《はなとり》（ウェルナーの“野ばら”）　ゲーテ　里見義　**ウェルナー**　83, 87図26, **89**
‘山ぎは《わ》しらみて　雀はなきぬ～’
埴生《はにゅう》**の宿**　里見義　**ビショップ**　156図57数字譜, 158, 261, **262**, **293**
‘埴生の宿も　わが宿　玉のよそひ《い》　うらやまじ～’
母の歌　野上弥生子　**下総皖一**　249, **253**
‘母こそは　命のいづ《ず》み　いとし子を胸にいだきて～’
母の歌　板谷節子　**橋本国彦**　303, **304**, **311**, 312～313図91
‘ごらんよぱ《ほ》うや　あの海を　沖は朝凪《なぎ》　お陽《ひ》さまよ～’
母の心　180, 186, 224
‘朝早くから　井戸ばたで～’
波浮の港　野口雨情　**中山晋平**　**213**
浜千鳥　鹿島鳴秋　**弘田龍太郎**　**197**, **293**
‘青い月夜の　浜辺には～’
浜辺の歌　林古渓　**成田為三**　**212**
‘あした浜辺を　さまよへ《え》ば　昔のことぞ　しのばるる～’
春が来た　高野辰之　**岡野貞一**　180, 186, **192**, **199**, 224, 247
‘春が来た　春が来た　どこに来た～’
春風　ドイツ民謡　江南文三作歌　**292**
‘春風　春風　花の声は　森にみちて～’
春に寄す（Gia il sole dal Gange）　小泉木羊作歌　**スカルラッティ**　**290**
‘軒の緋桃《ひもも》　うららに咲き～’
春の小川　高野辰之　**岡野貞一**　186, **192**, **195**, **196**, **199**, 224, 248
‘春の小川は　さら〳〵流る～’
＊昭和17年の『初等科音楽一』では‘さらさら行くよ’に変更、以下にも歌詞の変更がある。
春の空　ドイツ民謡　影山てる子　**292**
‘ああ　かの眺望《ながめ》よ～’
春の野　83, **88**
‘いつしか雪もきえにけり～’
春の弥生・春のやよひ《い》　慈鎮　48, 61, **63**, 102, 157
‘春のやよひの　あけぼのに～’
般若波羅蜜多讃歌《はんにゃはらみたさんか》　**松島彜**　**251**

ピアノ協奏曲　**滝廉太郎**　**270**

光と愛（ラールゴ・Largo）　林古渓作歌　**ヘンデル**　**294**

‘月は照り　星照る～’

飛行機　松岸寛一　**永井幸次**　**230**

久しき昔・Auld Lang Syne（蛍の光）　スコットランド民謡　69

＊同じ曲名で，イギリスの作曲家ベイリーの“Long Long Ago”“久しき昔”（近藤朔風訳詞）があり、これも昭和、平成の中学校教科書に記載されてきた。

一ツトヤー　97

‘ひとつとや　ひとはこころが　だいいちよ～’

雛祭　225

‘お行儀《ぎやうぎ》正《ただ》しい内裏《だいり》さま～’

＊平成になってもよく歌われている“ひなまつり”の作詞者、作曲者、正式の曲名、そしてその歌詞は、山野三郎作詞、河村光陽作曲の“うれしいひな祭り”‘あかりをつけましょぼんぼりに～’である。

ひな祭　林柳波　**平井康三郎**　248

‘赤い　ま《も》うせん　しきつめて～’

ヒノマル　**岡野貞一**　247

‘アヲ《オ》ゾラ　タカク　ヒノマル　アゲテ～’

日の丸の旗　高野辰之　**岡野貞一**　185, **187**, **192**, **199**, 223

日の丸の旗　武笠三　191

‘白地に赤く　日の丸染めて～’

ひばり・雲雀　三木露風　**山田耕筰**　186, **189**, **190**, 223, 230

‘ぴい～～とさへ《え》づ《ず》る雲雀　囀りながら何処まであがる～’

雲雀《ひばり》の歌　高野辰之作歌　**メンデルスゾーン**　**294**

‘おお雲雀　高くまた　軽《かろ》く　何をか　歌ふ《う》～’

響く唄声　犬童球渓作歌　**キュッケン**　**290**

‘聞けや　妙《たえ》に響く　楽の調べ～’

姫松　日本琴うた　51図5

ひよこ　185, 188, 223

‘ひよ～ひよこ　ちひ《い》さなひよこ～’

広瀬中佐　182, 186, **196**, 224, 248

‘轟く砲音《つつおと》　飛《とび》来る弾丸～’

ファウスト　**グノー**　10

富士山・ふじの山　巌谷小波　157, 180, 186, **192**, 223,

‘あたまを雲の上に出し　四方の山を見おろして～’

富士の山　248

‘大昔から　雲の上　雪をいただく～’

富士山《ふじのやま》・Brightly Green　加部厳夫　**ハイドン**　48, 61, **75**

‘ふもとに雲ぞ　かゝりける～’

舟歌　ロシア民謡　**292**

‘こげやこげ　いさみてこげや～’

舩子《ふなこ》(Row Your Boat, 船をこげよ)　里見義　**ライト**　82, **88**

‘やよふな子　こげ舩を　こげよ＼／～’

舟人の唄　**プッチーニ**　**293**

冬景色《ふゆげしき》　**小出浩平？**　187, **199**, 225, 249

‘さ霧《ぎり》消《き》ゆる湊《みなと》江《え》の　舟に白し　朝の霜～’

冬の星座＝揺籃《ゆりかご》の歌　堀内敬三　**ヘイス**　288, **293**

‘木枯らしとだえて　さゆる空より～’

冬の夜　186, 195, 224

‘燈火《ともしび》ちかく衣《きぬ》縫ふ《う》母は～’

ブラームスの子守唄＝愛らしき花　今中楓渓作詩　**ブラームス**　**215, 288**

‘眠《ねむ》れよ兒《こ》よ　子宝《こだから》わが子～’

故郷《ふるさと》　高野辰之　**岡野貞一**　187, **192, 199**, 225

‘兎追《い》ひしかの山　小鮒釣りしかの川～’

兵隊さん・兵たいさん　**信時潔**　223, **225, 226**, 248

‘鉄砲かついだ　兵隊さん～’

兵隊さんの汽車(汽車ポッポ)　富原薫　**草川信**　**193**

＊現在‘走れ走れ走れ　鉄橋だ鉄橋だたのしいな’の末尾の部分は、*‘万歳万歳万歳　兵隊さん兵隊さん万万歳’*であった。

紅椿《べにつばき》　**平井康三郎**　**253**

奉祝国民歌紀元二千六百年　紀元二千六百年奉祝会・日本放送協会制定　**232, 233**, 234～235図66, **305**

‘金鵄《きんし》輝く　日本の　栄《はえ》ある光　身に受けて～’

蓬莱山《ほうらいさん》　琵琶歌　122

鉾《ほこ》をおさめて　時雨音羽　**中山晋平**　**213**

星の界《よ》　杉谷代水　**コンバース**　**215**

‘月なきみ空に　きらめく光　嗚呼《ああ》その星影　希望のすがた～’

菩提樹　近藤朔風作歌　**シューベルト**　291, **293**

‘泉にそいて　茂る菩提樹～’

＊この曲にはほかに、石倉小三郎作詩の‘泉のほとり　みどりしげき～’がある。

蛍・蛍の光・Auld Lang Syne・久しき昔(蛍の光)

スコットランド民謡　稲垣千頴か？　48, 61, **69**, 71図18, 72図19数字譜入り, **73**, **74**, 156図56数字譜, 157
‘ほたるのひかり　まどのゆき～’
蛍　井上赳　**下総皖一**　224, **227**
‘蛍のやどは川ばた楊《やなぎ》　楊おぼろに　夕やみ寄せて～’
ホタルコイ　林柳波　**下総皖一**　247
‘ホウ　ホウ　ホタル　コイ～’
火《ほ》砲《づつ》の雷《らい》　261, **262**
＊旋律は“ラインの守り”（ドイツ準国歌）。
ポプラ　井上赳　**信時潔**　223, **227**
‘高い空につつ立つポプラ～’
牧場の朝　杉村楚人冠？　**船橋栄吉**　224, **228**, 249
‘ただ一面に立ちこめた　牧場の朝の霧の海～’
誠ハ人の道　里見義作歌　**モーツァルト**　82, **88**, 157
‘まことはひとの道ぞかし～’
魔弾の射手の序曲　**ウェーバー**　**215**
毬《まり》　田辺友三郎　**164**
‘ワレラノマリモ　アソブガゴトク～’
鞠歌《まりうた》　105図41, **106**
‘イノジトヤ　イトケナキトキ　マナバズバ～’
鞠と殿さま　西条八十　**中山晋平**　**205**, **213**
‘てんてん手鞠《てんまり》　てん手鞠　てんてん手鞠の　手がそれて～’
マルセイエーズ　リール　**リール**　**8**
稜威《みいつ》・神のみいつ＝霊異　**ベートーヴェン**　**294**
水車《みずぐるま》　**片山頴太郎**　224, **228**
水は器　昭憲皇太后　**奥好義**　187, **197**, 225, 249
‘水はうつは《わ》にしたがひ《い》て～’
瑞穂　ドイツ民謡　83, **88**, 116, 117
‘蒼生《あおひとぐさ》の　いのちの種と～’
道は六百八十里　石黒行平　**永井建子**　**9**, **10**
‘道は六百八十里　長門の浦を　船出して～’
港　旗野十一郎　**吉田信太**　186, **194**, **195**
＊同じ曲名で旗野十一郎作詞の‘空も港も夜《よ》ははれて～’も、よく歌われた曲であった。
みてらの鐘の音　里見義　**ハーク**　78, **82**
見渡セバ・見わたせば・見渡せば（むすんでひらいて）

柴田清煕・稲垣千潁　**ルソー**　48, 61, 62図12, **63**, 157
‘見わたせば　あを《お》やなぎ　花桜《はなざくら》　こきまぜて～’
麦刈　白鳥省吾　**井上武士**　249, **253**
‘麦はさらさら　黄金《こがね》の穂波～’
虫のこゑ《え》　180, **181**, 186, 224
‘あれ松虫が鳴いてゐ《い》る　ちんちろ〳〵　ちんちろりん～’
むすんでひらいて＝見わたせば・見渡せば
ルソー　63
村雲　76
村の秋　島崎藤村　**キュッケン**　**291**
‘黄金なす　垂穂《たるほ》　風にゆるる～’
村の鍛冶屋《かじや》　186, 194, **196**, 224, 248, **252**, **253**
‘暫時《しばし》もやまずに　槌《つち》うつ響《ひびき》～’
＊国民学校『初等科音楽二』の歌詞は‘しばしも休まずつち打つ響き～’など、口語体への変更がある。

村祭　葛原齒？　**南能衛**　186, **194**, 224, 248
‘村の鎮守の神様の　今日はめでたい御《お》祭《まつり》日《び》～’
明治節，明治節唱歌　堀沢周安　**杉江秀**　**132**, **134**, 144図52, 248～250
‘あじやの東日いづ《ず》るところ　ひじりの君のあらは《わ》れまして～’
めんこい小馬　サトウ・ハチロー　**仁木他喜雄**　**片山頴太郎**編曲　**305**, **318**, 322～323図95
‘ぬれた小馬のたて髪を　撫でりや両手に朝の露～’
餅つき　224
‘今日はうちでは餅つきぢや《じゃ》　ぺつたんこ　ぺつたんこ～’
餅つき　**井上武士**　248, **252**
‘ぺったん　ぺったん　お餅つき～’
紅葉《もみじ》　高野辰之　**岡野貞一**　186, **192**, 199, 224
‘秋の夕日に照る山紅葉～’
桃太郎　**山田源一郎**　169
桃太郎　**岡野貞一**　185, **188**, 201, 223
‘桃太郎さん〳〵　お腰につけた黍《きび》団子　一つわたしに下さいな’
桃太郎　田辺友三郎　**納所弁次郎**　**188**, **214**
‘ももからうまれた　ももたら《ろ》う～’
モモタラウ　247

‘ハタハ　日ノマル　青イ海～’
森の歌　葛原齒作歌　キュッケン　293
‘森に響けよ　森の歌よ～’
森の小路《こみち》　小林愛雄作歌　ウェーバー　弘田龍太郎編曲　293
‘森の小路わけて行けば～’
優しき心（Old Folks at Home＝故郷の人々）
フォスター　229
椰子の実　島崎藤村　大中寅二　303, 304, 305, 308～309図90, 310
‘名も知らぬ　遠き島より　流れ寄る　椰子の実一つ～’
矢玉《やだま》八霰《あられ》　里見義　伊沢修二　261
柳すすき　61, 63
‘なびけ　やなぎ　河瀬の　風に～’
山雀《やまがら》　酒井悌　224, 228
‘くるくる廻る　目が廻る　とんば《ぼ》う返り～’
大和撫子《やまとなでしこ》　稲垣千頴・里見義　芝葛鎮　48, 61, 75, 157
‘やまとなでしこ　さま〳〵に～’
＊ほかに、『高等女学校音楽教科書』昭和4年発行などには、同名の曲で、異なった曲が記載されている。
山の歌　久保田宵二　長谷川良夫　248, 251
‘とぶよ　とぶよ　白雲　そよぐ　そよぐ　木々の葉～’
やよ御民《みたみ》　ハイドン　82, 83
‘やよみたみ　稲をうゑ《え》　井の水をたゝへ《え》～’
夕焼小焼　中村雨紅　草川信　194, 212
‘夕焼小焼で　日が暮れて　山のお寺の　鐘がなる～’
ユフ《う》ヤケ　コヤケ　下総皖一　247
‘カアカアカラス　オヤマヘカヘ《え》ル～’
雪　武笠三　191
雪・雪やこんこ　東くめ　滝廉太郎　168, 186, 192, 224
‘雪やこんこ霰《あられ》やこんこ　降っては降っては～’
雪の進軍　永井建子　永井建子　9, 10
‘雪の進軍　氷をふんで～’
夢路より　フォスター　231
揺籃《ゆりかご》の歌（冬の星座）　永村農三作歌　ヘイス　288, 293
‘あは《わ》れゆりかご　静かにゆれて～’
＊同じ曲名で、北原白秋作詞、草川信作曲の‘揺籃のうたを　カナリヤが歌うよ～’がある。

代々木の宮（Ave Verm Corpus）　林古渓作歌　モーツァルト　294
‘わが神　かしこき　わが～’
夜の梅　岡野貞一　187, 199
‘梢まばらに咲初《さきそ》めし　花はさやかに見えぬども～’
夜の静思《せいし》（Silent Night・聖夜）　グルーバー　292
‘風はなぎて　灯《ともしび》しづか　心をこめて　書《ふみ》読む我の～’
夜の平和（シューベルトの小夜曲・Serenade）
シューベルト　290
‘夜は　もの静かに　おとづれて～’
リンゴの歌　サトウ・ハチロー　万城目正　318
流浪の民　石倉小三郎作歌　シューマン　294
‘ぶなの森の葉がくれに　宴《うたげ》ほがひ　賑《わ》はしや～’
霊異（神のみいつ・稜威《みいつ》）　近藤朔風作歌　ベートーヴェン　294
‘おごそかの　神のみわざ～’
露営の夢　永井建子　永井建子　9
ロオレライ（ローレライ・Lorelei）　近藤朔風　ジルヒェル　215, 293
‘なじかは知らねど　心わづ《ず》らひ《い》～　’
六段・六段の調べ　八橋検校？　76
我大君《わがおおきみ》　97, 116
若葉　松永みやを　平岡均之　248, 252
‘あざやかなみどりよ　あかるいみどりよ～’
若紫　稲垣千頴　ネーゲリ　48, 61, 74, 157
‘わかむらさきの　めもはるかなる～’
別れ・桜散る（My Old Kentucky Home）　フォスター　231, 293
若鷲の歌　西条八十　205
我は海の子・われは海の子　180, 184, 185, 187, 225, 249
‘我は海の子白浪の　さわぐいそべの松原に～’
ヲーターロー（ウォーターロー・The Battle of Waterloo）
土井林吉（晩翠）作歌　山田源一郎　272

外国語曲名

ANNIE LAURIE　Lady Scott　88, 291
‘Max welton’s are Where early falls the dew’
Auld Lang Syne　69

Autumnsong		88
Ave Verm Corpus	Wolfgang Amadeus Mozart	294
Boat Song		63
Bonnie doon		75
Brightly Green	Franz Joseph Haydn	75
Children go to and fro		99
Clari	Henry R. Bishop	262
Der Lindenbaum	Franz Schubert	291
Elegie	Jules Emile Massenet	294
Freut euch des Lebens		78
Frühlings Ankunft	Hans Georg Nägeli	78
Gia il sole dal Gange	Alessandro Scarlatti	290
Glorious Apollo	Samuel Webbe	74
HOME SWEET HOME	Henry R. Bishop	262, 291
'Mid pleasure and palaces though we may roam'		
Jingle bell		290
LA MARSEILLAISE	Rouget de L'isle	291
'Allons enfants de la patrie～'		
Largo	Georg Friedrich Händel	294
Lascia ch'io pianga	Georg Friedrich Händel	290
Lightly row! Lightly row!		64
My Old Kentucky Home	Stephen Collins Foster	231, 293
Nina	Giovanni Battista Pelgoresi	294
O sole mio	Eduardo di. Capua	294
Old black Joe	Stephen Collins Foster	292
Old Folks at Home	Stephen Collins Foster	229, 293
Rinaldo	Georg Friedrich Händel	290
Santa Lucia	Itarian Folksong	292
Serse	Georg Friedrich Händel	294
SONG FOR THE CLOSE OF SCHOOL	H. N. D	83
Sonntag	Johannes Brahms	291
The Blue Bell of Scotland		67
The distant clock	Hark	82
THE LINDEN-TREE (Der Lindenbaum)	Franz Schubert	291
'By the well before the doorway There stands a lindentree~'		

THE LORELEY	Friedrich Silcher	291
'I know not what spell is enchanting ~'		
THE STAR SPANGLED BANNER	Francis Scott Key	291
'Oh! say, can you see, ~'		
The wind rose	H. Werner	89
Tick! tick!		276
Trust and Honesty	Wolfgang Amadeus Mozart	88
Twinkle, Twinkle, Little Star!		105, 276
VOLGA BOAT SONG	Russian Folks Song	291
'Pull, Boys, Pull' !'		
Wake, wake the morning		261
Wiegenlied	Franz Schubert	229
Winter ade!	German Folksong	78

普及版あとがき

本書は、二〇一一年に、大阪出版界の老舗・和泉書院より出版していただき、早や七ヶ年余り過ぎました。このたび、誤字誤植を正し一部改訂を加え、普及版として刊行の運びとなりました。

その間、多くの読者から、「我が国の音楽教育関係の歴史書は幾冊か価値のある書として出版されているが、この書もよく調査研究した跡が見られる」等の文書をいただきました。

しかし、本書の記述内容以外に、まだまだ重要な史実が隠されているに違いありません。

今後、この美しい我が国の素晴らしい音楽の流れに目を向け、研究を深める方々のご活躍を願って止みません。

平成三十一年二月四日

松村直行

■ 著者紹介

松村直行（まつむら　なおゆき）　昭和８年３月７日　京都市生まれ。

学歴　京都学芸大学（現京都教育大学）教育学科（教育学専攻）卒、大阪学芸大学（現大阪教育大学）特別教科（音楽）課程声楽専攻卒、同専攻科（音楽）修了。

職歴　大阪府立島上高等学校講師。大阪教育大学附属池田中学校・附属高等学校池田校舎教諭。浪速短期大学講師。大阪教育大学教授（声楽・合唱・教材研究・教科教育法、大学院では日本音楽教育史、声楽教育研究を担当）。神戸大学教育学部併任。大阪教育大学附属池田中学校校長・附属高校池田校舎主任兼務。平成10年３月大阪教育大学停年退官。大阪青山短期大学教授（学科長）。大阪教育大学名誉教授。

業績　合唱指揮多数。論文「ことばとリズム・ハーモニー」など多数。著書『変声期と教材』『大正期の音楽教育』『大学院修士課程の現状と未来に向けて』など多数。学会発表「シンクロスコープを利用した発声指導」。研究調査「文部省科学研究費助成金による〈日本伝統音楽の研究調査〉」など３件。

その他　大阪楽友協会会長。日本教育大学協会＝国立大学の全国組織＝音楽部門大学部会近畿地区代表。NHK学校音楽コンクール審査員。日本教育音楽協会理事。大阪府池田市社会教育委員会委員。講演会多数。中国文化視察〔彭 飛（ポンフェイ）京都外国語大学教授企画・指導〕で中国各地へ24回。

童謡・唱歌でたどる音楽教科書のあゆみ
―明治・大正・昭和初中期―〈普及版〉
シリーズ 扉をひらく 2

二〇一九年四月二五日　初版第一刷発行

著　者　松村直行
発行者　廣橋研三
発行所　和泉書院
〒543-0037　大阪市天王寺区上之宮町七―六
電話　〇六-六七七一-一四六七
振替　〇〇九七〇-八-一五〇四三
印刷・製本　亜細亜印刷
装訂　森本良成／定価はカバーに表示

ISBN978-4-7576-0888-7 C1373